**이중표**

전남대학교 철학과를 졸업한 뒤 동국대학교 대학원에서
불교학 석·박사 학위를 취득했다. 이후 전남대학교
철학과 교수로 재직했으며, 정년 후 동 대학교 철학과
명예교수로 위촉됐다.
호남불교문화연구소 소장, 범한철학회 회장, 불교학연구회
회장을 역임했으며, 현재 불교 신행 단체인 '붓다나라'를
설립하여 포교와 교육에 힘쓰고 있다.
저서로는 『정선 맛지마 니까야』, 『정선 쌍윳따 니까야』,
『정선 앙굿따라 니까야』, 『붓다의 철학』, 『니까야로 읽는
금강경』, 『니까야로 읽는 반야심경』, 『담마빠다』,
『숫따니빠따』, 『불교란 무엇인가』, 『붓다가 깨달은 연기법』,
『근본불교』 외 여러 책이 있으며, 역서로
『붓다의 연기법과 인공지능』, 『불교와 양자역학』 등이 있다.

精選
정선

디
가
니
까
야

Dīgha-Nikāya

이
중
표 역해

精選
정선
디가니까야
Dīgha-Nikāya

이 중 표 역해

불광출판사

## 머리말

오늘날 불교계의 가장 큰 문제는 신행의 지침이 되는 우리말 불경이 없다는 것이다. 팔만대장경이라는 방대한 경전이 있지만 정작 누구나 볼 수 있고 이해할 수 있는 불경은 없는 것이 불교계의 현실이다. 필자는 30여 년 전에 누구나 쉽게 읽고 이해할 수 있는 우리말 불경의 편찬을 시도했다. 그런데 초기경전에서 대승경전에 이르는 모든 불경 가운데 중요한 경전들을 정선(精選)하여 번역해 체계적으로 편찬하려다가 선정의 기준과 경전의 양이 문제가 되어 중도에 포기하였다. 그 후에 이 문제를 고심하다가 불경의 범위를 석가모니 부처님의 말씀을 담은 초기경전으로 한정해야 된다는 생각에 이르게 되었다.

　　대승경전도 불경으로 전승되고 있지만, 이것은 대승불교권에 한정되어 있기 때문에 남방불교 전통에서는 받아들여지지 않으므로, 널리 통용될 수 있는 불경으로는 적합하지 않다. 그리고 대승불교도 석가모니부처님의 가르침에 뿌리를 두고 있기 때문에 범위를 초기경전으로 한정해도 대승불교를 충분히 포용할 수 있다고 생각한다.

　이와 같은 생각에 10여 년 전, 초기경전인 『니까야(Nikāya)』와 『아함경(阿含經)』 가운데서 중요한 경전을 정선하여 불경을 편찬하는 작업을 시작하였다. 『니까야』와 『아함경』은 서로 다른 전승의 초기경전이지만, 그 내용은 대동소이하다. 그런데 『아함경』은 한역된 것이기 때문에 『니까야』에 비하여 의미를 명쾌하게 이해하기 어려운 부분이 많다. 이런 점을 고려하여 『니까야』를 중심으로 편찬하면서 『아함경』의 내용을 보충하는 방법을 택하기로 했으며, 우리말 불경이 완성되기 전에 각각의 『니까야』가 번역되면 이를 단행본으로 출판하기로 했다.

　주지하듯이 5부 『니까야』의 양은 방대하여 번역 출간하면 수십 권이 된다. 그러나 많은 내용이 중첩·반복되기 때문에 중요하고 대표적인 경(經)을 엄선하여 반복되는 부분을 생략하면 그 양을 크게 줄일 수 있다. 따라서 필자는 누구나 쉽게 접근할 수 있도록 경을 정선하여 번역하기로 하고, 전남대학교출판부를 통해 2014년에 『디가 니까야(Dīgha Nikāya)』를 정선하여 『정선 디가 니까야』라는 이름으로 출간하였고, 2016년에 『맛지마 니까야(Majjhima Nikāya)』를 정선하여 『정선 맛지마 니까야』(상·하)를 출간하였다. 그리고 현재 『쌍윳따 니까야(Saṃyutta Nikāya)』를 정선하여 번역하는 데 힘쓰고 있다.

　몇 년 전 필자의 모든 저서를 전집 형태로 만들어 출판하기로 불광출판사와 약속한 바가 있는데, 올해 1월 전남대학교출판부와 『정선 디가 니까야』의 계약이 완료됨에 따라 이 책을 불광출판사에서 새롭게 출간하게 되었다. 『정선 맛지마 니까야』도 출판계약이 완료되면 불광출판사에서 다시 펴낼 예정이다.

『디가 니까야』는 긴 경들을 결집한 것이다. 『디가 니까야』의 주된 특징은 붓다가 제자들에게 길게 설법한 내용과 당시의 사상가들과 나눈 긴 대화와 토론을 기록하고 있다는 점이다. 따라서 붓다 당시의 다양한 인도 사상과 풍습을 엿볼 수 있는 귀중한 자료이다. 뿐만 아니라 불교 교리와 수행법에 대하여 구체적으로 자세하게 설명하고 있기 때문에 불교 사상과 수행을 체계적으로 이해하는 데 많은 도움을 준다.

　『디가 니까야』에는 34개의 경이 수록되어 있는데, 이 책에서는 당시의 인도 사상과 불교 사상 그리고 불교의 수행법을 잘 보여주는 12개의 경을 선정하여 번역하고, 주석과 해설을 덧붙였다.

　이 책에 선정된 경과 그 내용을 간략히 소개하면 다음과 같다.

### 1. 브라마잘라 숫따(Brahmajāla Sutta) : 『장아함경(長阿含經)』의 「범동경(梵動經)」에 상응함

브라마잘라(Brahmajāla)는 범천(梵天)을 의미하는 브라마(Brahma)와 그물을 의미하는 잘라(jāla)의 합성어로서, '범천의 그물'이라는 뜻이다. 붓다는 이 경에서 세상의 모든 사견(邪見)을 빠짐없이 걸어 내고 있다.

　창조론을 주장하는 기독교의 『성경』은 창세기로 시작된다. 태초에 조물주가 이 세상을 창조했다는 것이다. 그렇다면 불교에서는 어떻게 이야기하는가? 이 경에 그 답이 있다. 붓다는 중생의 자아와 세계는 무지한 중생이 일으킨 분별이며 망상이라고 가르쳤다. 이것을 안다면 우리는 '나는 어디서 와서 어디로 가는가?' '이 세계는 누가 만들었는가?' '나와 세계는 영원한가, 일시적인가?' 등의 문제, 즉 붓다가 무기(無記)로 판단을 거부했던 문제들에 현혹되지 않을 것이다. 이 경은 이러한 점을 명확하게 밝히고 있다.

이 경이 『디가 니까야』의 서두에 자리한 까닭이 여기에 있다고 생각된다. 기독교가 인간은 조물주에 의해 창조된 존재라는 믿음에서 시작하는 종교라면, 불교는 우리가 분별하는 자아와 세계가 무지한 삶에서 비롯된 망상이라는 것을 깨닫는 데서 출발한다. 따라서 이 경은 불교의 출발점이라고 할 수 있다.

## 2. 싸만냐팔라 숫따(Sāmañña-Phala Sutta): 『장아함경』의 「사문과경(沙門果經)」에 상응함

싸만냐팔라(Sāmañña-Phala)는 사문(沙門)으로 한역되는 싸만냐(Sāmañña)와 결과(結果)를 의미하는 팔라(Phala)의 합성어로서, '사문의 결과'라는 뜻이다. 붓다는 이 경에서 '출가하여 사문이 되면 현실적으로 좋은 결과를 얻을 수 있는가?'라는 질문에 답하고 있다.

이 경은 당시의 인도 사상을 보여준다는 점에서 주목받고 있다. 이 경에 등장하는 6명의 사상가들은 소위 육사외도(六師外道)로 알려진 사람들이다.

이 경의 주제는 '출가하여 수행하면 현실적으로 좋은 결과를 얻을 수 있는가, 즉 행복한 삶을 살 수 있는가?'이다. 어떻게 살아야 행복이라는 결과를 지금 여기에서 바로 얻을 수 있는가? 아자따삿뚜(Ajātasattu)가 물었던 이 질문은 행복한 삶을 추구하는 우리 모두가 물어야 할 질문이다. 이 물음에 대하여 붓다는 "나의 가르침에 따라 수행하면, 즉시 행복한 결과를 얻을 수 있다"고 대답한다. 붓다가 이야기하는 행복의 길은 계율을 수지(受持)하여 마음을 정화하고, 4선(四禪)을 닦아 번뇌에서 벗어나는 것이다.

「브라마잘라 숫따」에서 억측과 무지에서 벗어나 정견(正見)을 가질 것을 이야기했다면, 이 경에서는 수많은 사상과 종교가 난무하는 세상에서 바른 견해로 허망한 이론을 비판하고, 행복에 이르는 길을 알려주고 있다. 여기에 나오는 수행법은 정형구(定型句)가 되어 여타의 경전에서 반복된다.

**5. 꾸따단따경(Kūṭadanta Sutta):『장아함경』의「구라단두경(究羅檀頭經)」에 상응함**

고대부터 인도인들은 신들에게 제사를 올리면 모든 소원을 성취할 수 있다는 믿음이 다른 민족보다 유난히 강했다. 따라서 제사는 매우 중요한 일이었고, 제사를 주관하는 바라문은 가장 높은 권위를 가지고 있었다. 이 경은 수많은 짐승들을 희생시키는 당시의 제사 행위를 비판하고 있다. 만약 신이 이 세상을 주관하고, 신에 의해서 행복이 주어진다면, 국가의 안녕과 백성들의 행복을 위하여 큰 희생을 바쳐서라도 신에게 제사를 올려야 할 것이다. 그러나 과거도 현재도 현실은 전혀 그렇지 않다.

이 경은 백성들에게 안정된 직업을 주어 생업에 전념하도록 할 때 국가의 안녕이 지켜지며, 우리의 행복은 제사에 의해 이루어지는 것이 아니라 계율의 실천, 즉 도덕적인 삶과 마음의 정화를 통해 이루어진다고 가르치고 있다.

### 9. 뽓타빠다경(Poṭṭhapāda Sutta): 『장아함경』의 「포타바루경(布吒婆樓經)」에 상응함

붓다 당시의 인도 사회는 사상적으로 매우 자유로운 시기였다. 정통 브라만 사상이 주류를 이루고 있었지만, 이를 부정하는 수많은 사상가들이 나타나 백가쟁명(百家爭鳴)의 시대를 형성하고 있었다. 이 경은 이러한 시대상을 잘 보여주고 있다.

특히 이 경은 붓다의 인식론을 엿볼 수 있다. 그리고 무아설(無我說)에 근거하는 불교의 자아관(自我觀)과 무기(無記)의 이유 등, 다각적으로 불교의 철학적 입장을 보여준다.

### 11. 께왓다경(Kevaddha Sutta): 『장아함경』의 「견고경(堅固經)」에 상응함

대부분의 종교는 초인적인 신비한 힘을 내세운다. 종교의 지도자는 기적을 행하거나 신통력을 지니고 있다고 세상 사람들은 생각한다. 깨달아서 부처가 되면 온갖 신통을 부릴 수 있게 될 것이라고 생각하는 사람들이 많다.

이 경에서 붓다는 신통력이라는 이름으로 세상 사람들을 현혹하는 것은 위험한 일이라고 경계한다. 그 대신 붓다는 교계신통(教誡神通)이 진정한 신통이라고 가르친다.

교계신통이란 사람들로 하여금 마음을 닦아 번뇌에서 벗어나 행복한 삶을 살아가도록 가르치는 것이다. 붓다가 생각하는 진정한 종교는 불가사의한 기적으로 인간의 욕망을 충족시켜주는 것이 아니라, 무지와 욕망에 사로잡혀있는 사람들을 가르쳐서 욕망을 버리고 지혜롭게 살아가도록 하는 것이다. 사람의 마음을 변화시켜서 고통스러운 삶에서 행복한 삶으로 전환시키는 일이 가장 큰 기적이라는 것이다.

**15. 대인연경(Mahā-Nidāna Sutta) : 『장아함경』의 「대연방편경(大緣方便經)」에 상응함**

이 경은 연기(緣起)에 대하여 상세하게 설명한다. 연기(緣起)는 붓다의 깨달음의 핵심이다. 아비달마불교 이래로 12연기가 삼세양중인과설(三世兩重因果說)로 이해됨으로써, 연기는 삼세(三世)에 걸친 윤회(輪廻)를 설명하는 이론으로 인식되고 있다. 그러나 이 경은 이러한 세간의 인식이 얼마나 큰 오해인가를 잘 보여준다.

중생의 생사(生死)와 윤회는 중생의 자아(自我)에 의해 이루어진다. 그러나 그 자아라는 것은 실재하는 존재가 아니라 언어적으로, 개념적으로 주어진 명칭에 지나지 않다. 그런데 중생은 다양하게 자아를 개념화하여 실재시(實在視)한다. 중생이 이렇게 자아를 개념화하여 실재시하기 때문에 생기는 괴로움이 생사윤회의 괴로움이다. 따라서 이런 사실을 명백하게 앎으로써 생사윤회의 괴로움에서 벗어날 수 있다는 것이 이 경의 요지이다.

**16. 대반열반경(Mahā-Parinibbāna Sutta) : 『장아함경』의 「유행경(遊行經)」에 상응함**

이 경은 열반에 즈음한 붓다의 여정(旅程)과 열반(涅槃)의 모습을 담고 있는 경이다. 마하(mahā)는 '크다'는 뜻이고, 빠리닙반나(parinibbāna)는 '완전한 열반'이라는 의미로서 붓다의 열반을 의미한다. 대승경전인 『열반경(涅槃經)』은 이 경을 대승적으로 각색한 것이다.

이 경에서 그려지는 붓다는 초능력을 지닌 신적(神的) 존재가 아니다. 늙은 몸을 이끌고 신체의 고통을 참으며 중생에게 다가가는 붓다의 모습에서 우리는 인간 붓다의 위대한 모습을 볼 수 있다.

붓다는 이 경에서 진리를 깨달았다는 사실이 다른 사람을 지배하는 권력이 될 수 없으며, 되어서도 안 된다는 것을 분명하게 이야기한다. 붓다는 열반에 이르는 길을 깨달아 알려주는 안내자일 뿐이며, 불교는 지도자를 추종하는 종교가 아니라, 먼저 깨달은 붓다의 가르침에 따라 각자가 스스로 그 가르침을 실천하여 열반을 성취하는 종교라는 것을 이 경은 잘 보여준다.

### 22. 대념처경(Mahā-Satipaṭṭhāna Sutta): 『중아함경(中阿含經)』의 「염처경(念處經)」에 상응함

싸띠빳타나(satipaṭṭhāna)는 주의집중(注意集中)을 의미하는 싸띠(sati)와 확립(確立)을 의미하는 빳타나(paṭṭhāna)의 합성어로서, 주의집중 수행을 의미한다. 한역에서는 염처(念處)로 번역하였다.

염처(念處) 수행은 구체적으로는 4념처(四念處) 수행을 의미하는데, 붓다가 이 경에서 열반을 성취하는 유일한 수행법이라고 강조하듯이, 4념처 수행은 불교 수행의 시작과 끝이다. 근본불교의 수행법을 망라하여 37조도품(助道品)이라고 하는데, 37조도품은 4념처(四念處), 4정근(四正勤), 4신족(四神足). 5근(五根), 5력(五力), 7각지(七覺支), 8정도(八正道)로 이루어져 있다. 이러한 구성을 겉으로만 보면 4념처는 불교 수행의 출발점이고, 8정도는 종착점이라고 생각할 수 있다. 그러나 이 경을 통해서 보면, 4념처는 37조도품을 모두 포괄하고 있다는 것을 알 수 있다. 바꾸어 말하면, 4념처 수행을 구체적으로 전개하면 37조도품이 된다. 붓다가 가르친 열반을 성취하는 유일한 수행법은 4념처이다. 불교를 수행하여 마음의 평화를 얻으려는 사람들은 이 경에서 그 길을 찾을 수 있다.

### 26. 전륜성왕사자후경(Cakkavatti-Sīhanāda Sutta): 『장아함경』의 「전륜성왕수행경(轉輪聖王修行經)」에 상응함

짜까와띠(Cakkavatti)는 '수레바퀴를 돌리는 자'라는 뜻으로서 전륜성왕(轉輪聖王)을 의미하고, 씨하나다(Sīhanāda)는 '사자의 울음소리', 즉 사자후(獅子吼)를 의미한다.

전륜성왕(轉輪聖王)은 불법(佛法)으로 나라를 다스리는, 불교에서 이상으로 삼는 왕을 가리킨다. 이 경은 전륜성왕은 어떻게 나라를 다스리는지에 대하여 이야기하고 있으며, 불교의 정치사상을 잘 보여주고 있다. 정치를 잘못하면 인간이 타락하고, 인간이 타락한 사회는 결국 투쟁과 살육이 만연하는 도병겁(刀兵劫)의 재앙을 맞이하게 된다고 이야기한다.

모든 사람이 서로 경쟁하고 투쟁하는 오늘의 우리 사회는 도병겁과 다름없는 시대가 되었다. 이 경은 이러한 현실에 희망의 메시지를 전하고 있다. 도병겁의 시기에 살육을 싫어하는 사람들이 살아남아서 새로운 세계를 건설하면 미륵불(彌勒佛)이 출현하여 인류를 제도한다는 것이다. 미륵신앙은 대승불교에서 출현하지만, 그 근거는 이 경이다.

### 27. 태초경(Aggañña Sutta): 『장아함경』의 「소연경(小緣經)」에 상응함

악간냐(aggañña)는 '태초(太初)'라는 뜻이다. 제목에서 유추할 수 있듯이, 이 경은 태초에 이 세상이 이루어지는 일에 대하여 이야기하고 있다.

붓다는 이 경에서 중생의 업(業)에 따라 세계가 형성되고 변화한다고 이야기한다. 붓다 당시의 인도에서는 범천(梵天)이 세계를 창조했다고 믿었다. 그리고 차별적인 신분제도인 사성(四姓) 카스트 제도는 범천이 세계를 창조할 때 만들어진 사회적 구조라고 믿었다. 그러나 붓다는 이러한 당시의 종교적 신념을 사회의 변천에 대한 무지에서 비롯된 것이라고 비판한다. 인간은 본래 평등하며, 단지 업의 차이에 의해 사회적으로 신분의 차이가 나타났을 뿐이라는 것이다.

본래 평등하고 행복한 사회가 인간들의 탐욕과 게으름에 의해 타락해 가면서 차별된 사회계층이 형성되는 과정을 사실적으로 묘사하고 있는 이 경은 불교의 사회철학을 잘 보여주고 있다. 특히 왕은 사람들이 선출한 사람이라는 말씀을 통해 불교가 오늘날의 민주주의 사상과 일치하고 있음을 알 수 있다.

### 29. 청정경(Pāsādika Sutta): 『장아함경』의 「청정경(淸淨經)」에 상응함

이 경은 자이나(Jaina)교의 창시자인 니간타 나타뿟따(Nigaṇṭha Nāthaputta)가 죽은 후에 교단이 분열되어 다투는 일을 계기로 설해진다. 대부분 종교 교단은 그 교단의 창시자가 죽으면 분열하게 된다. 그 원인은 그 교단이 창시자의 권위나 권력에 의지하고 있기 때문이다.

진정한 종교는 실현 가능한 것을 가르쳐야 한다. 죽은 뒤에 천당에 간다거나, 죽은 뒤에 해탈이나 열반이 가능하다고 한다면, 살아있는 동안 누가 그것을 실현할 수 있겠는가? 종교가 권위에 의존하고, 권력화 되는 것은 모두 실현 불가능한 세계를 가르치기 때문이다. 만약 어떤 종교의 가르침이 누구나 실현 가능하다면, 그 종교에서는 다른 사람의 권위나 힘에 의지할 필요 없이 그 가르침에 따라 스스로 성취하게 될 것이다. 그리고 스스로 성취하는 종교에서는 다른 사람과 권위나 권력을 두고 다툴 필요가 없을 것이다.

불교가 바로 이런 종교이다. 진정한 불교에는 쟁취해야 할 권위와 권력이 없다. 그럼에도 불구하고 우리 불교계의 현실은 권위를 앞세우고, 권력을 위한 투쟁이 끊이지 않는다. 이 경을 통해 우리는 우리의 현실을 극복하고 화합과 상호존경을 이룰 수 있는 길을 발견할 수 있을 것이다.

### 31. 씽갈라를 가르치신 경(Siṅgālovāda Sutta): 『장아함경』의 「선생경(善生經)」에 상응함

씽갈로와다(Siṅgālovāda)는 사람의 이름인 씽갈라(Siṅgāla)와 교계(敎誡), 훈계(訓戒)의 의미인 오와다(ovāda)의 합성어로서, 「씽갈라를 가르친 경」이라는 의미다. 불교는 세간(世間)의 삶보다는 출세간(出世間)의 해탈을 추구하기 때문에 재가자들의 삶에 대한 가르침이 상대적으로 많지 않다. 그렇지만 붓다가 재가자들의 삶에 무관심하지 않았다는 사실을 이 경은 잘 보여준다.

이 경은 동서남북(東西南北) 상하(上下)의 육방(六方)을 우리가 맺고 있는 여러 인간관계에 비유하여, 그 관계를 어떻게 맺어야 하는지 가르치고 있다. 이 경에서 보여주는 인간관계는 평등에 기초한 상호관계이다. 어떤 관계도 일방적인 관계는 없다. 아들이 아버지에게 해야 할 도리가 있고, 그에 상응하는 아버지의 도리가 있다. 아내가 남편에게 해야 할 도리가 있고, 그에 상응하는 남편의 도리가 있다. 이런 도리를 윤리라고 할 때, 이 경은 불교윤리를 가르치는 경이라고 할 수 있다.

2019년 4월
불국원
장주선실(壯宙禪室)에서

이중표 합장

# 목차

# 범망경
## 梵網經[1]

Brahmajāla Sutta ①

해
제

브라마잘라(Brahmajāla)는 범천(梵天)을 의미하는 브라마(Brahma)와 그물을 의미하는 잘라(jāla)의 합성어로서, '범천의 그물'이라는 뜻이다. 범천에게는 큰 그물이 있는데, 그 그물은 어떤 것도 빠져나갈 수 없다고 한다. 붓다는 이 경에서 세상의 모든 사견(邪見)을 빠짐없이 걷어 내고 있다. 그래서 이 경을 「브라마잘라(Brahmajāla)」라고 부른다.

이 경은 붓다의 진면목이 윤리적 측면에 있는 것이 아니라 붓다가 깨달은 진리에 있다는 것을 천명한다. 물론 도덕적인 계율을 철저하게 실천하는 붓다는 윤리적인 측면에서 존중받고, 찬탄 받아 마땅한 분이다. 그러나 그것이 붓다의 진면목은 아니다. 붓다는 범부들은 알기 어려운 심오한 진리를 깨달아 가르쳤다. 붓다는 자신이 진정으로 찬탄 받아야 할 점은 자신이 깨달아 가르친 진리라는 것을 이 경에서 강조하고 있다.

동서고금을 막론하고, 모든 종교와 사상은 이 세계와 자아(自我)에 대하여 이야기한다. 나와 세계는 어디에서 비롯되었을까? 기독교에서는 신이 창조했다고 이야기하고, 과학자들은 본래부터 존재하는 불생불멸(不生不滅)의 실체인 원자가 모여서 이루어진 것이라고 이야기한다. 혹자는 우리의 진정한 자아는 죽지 않고 영원히 존재한다고 이야기하고, 혹자는 죽으면 흔적 없이 사라진다고 이야기한다. 이 세계는 끝없이 넓다고 주장하기도 하고, 공간적으로 유한하다고 주장하기도 한다.

어떤 주장이 진실인가?

붓다는 세계와 자아에 대한 세상의 모든 주장들이 사실에 근거하는

---

01  『디가 니까야(Dīgha-Nikāya)』의 제1 경이며, 『장아함경(長阿含經)』의 21번째 경인 「범동경(梵動經)」에 상응하는 경. 원어의 의미를 살려서 「범망경(梵網經)」으로 번역함.

것이 아니라 억측에 지나지 않는다고 이야기한다. 본래부터 존재하는 실체가 있어서 그것이 영원히 존재한다는 주장이든, 모든 존재는 일시적으로 존재한다는 주장이든, 자아가 영원히 존재한다는 주장이든, 자아는 죽음과 함께 사라진다는 주장이든, 붓다가 보기에는 모두가 억측일 뿐이다.

그렇다면 붓다는 무엇을 주장하는가?

붓다는 이런 문제의 해체를 주장한다. 물음 자체가 잘못되었다는 것이다. 붓다는 다음과 같이 말한다.

"비구들이여, 여래는 이들 견해의 근거는 어떻게 이해된 것인지, 어떻게 취착된 것인지, 어디로 가는 것인지, 미래에 어떻게 될 것인지를 분명하게 안다."

그렇다면 붓다가 알고 있다는 이런 주장들의 근거는 무엇인가? 붓다는 다음과 같이 말한다.

"비구들이여, 과거에 대하여, 미래에 대하여, 과거와 미래에 대하여 억측을 하는 사문과 바라문들이 과거와 미래에 대하여 예순두 가지 근거를 가지고 여러 가지 허망한 이론들을 주장하는 것은 또한 촉(觸, phassa) 때문이다. …(중략)… 과거와 미래에 대하여 억측을 하는 사문과 바라문들이 과거와 미래에 대하여 예순두 가지 근거를 가지고 여러 가지 허망한 이론들을 주장하는 것은 모두 육촉입처(六觸入處)로 거듭 접촉하여 지각한 것이다. 그들에게 수(受)로 인하여 애(愛)가, 애로 인하여 취(取)가, 취로 인하여 유(有)가, 유로 인하여 생(生)이, 생으로 인하여 노사(老死), 우비고뇌(憂悲苦惱)가 생긴다. 비구들이여, 비구가 육촉입처의 집(集)과 그것의 소멸[滅], 그것이 주는 즐거움[味]과 재앙[患], 그것으로부터 벗어남[出離]을 여실하게 안다면, 이 비구는 모든 것보다 수승한 것을 아는 것이다."

　이 경에서 촉(觸)은 모든 허망한 이론의 근거이며, 생사(生死)와 고통의 근원이다. 그렇다면 촉은 무엇인가? 이 경에서는 언급되지 않고 있지만, 12연기(緣起)에 의하면 촉은 무명(無明)에서 연기한 것이다. 즉, 무지의 상태[無明]에서 살아가면서[行] 형성된 의식[識]으로 대상을 이름과 형색[名色]으로 분별하여 감각적 지각[六入處]으로 대상을 경험하는 것이 촉이다. 붓다는 이 경에서 모든 허망한 이론과 중생의 괴로움은 이와 같은 촉에서 연기(緣起)한 것이라고 이야기하고 있다. 다시 말해서 붓다는 무지의 상태로 살아가는 중생의 삶에서 허망한 이론과 괴로움이 연기한다고 가르친 것이다.

　창조론을 주장하는 기독교의 『성경』은 창세기로 시작된다. 태초에 조물주가 이 세상을 창조했다는 것이다. 그렇다면 불교에서는 어떻게 이야기하는가? 이 경에 그 답이 있다. 중생이 문제 삼고 있는 자아와 세계는 무지한 중생이 일으킨 분별이며 망상이다. 그 망상과 분별이 일어나는 출발점이 촉이다. 이것을 안다면 우리는 '나는 어디서 와서 어디로 가는가?' '이 세계는 누가 만들었는가?' '나와 세계는 영원한가, 일시적인가?' '이 세계는 유한한가, 무한한가?' 등의 문제, 즉 붓다가 무기(無記)로 판단을 거부했던 문제들에 현혹되지 않을 것이다.

　이 경이 『디가 니까야(Dīgha-Nikāya)』의 서두에 자리한 까닭이 여기에 있다고 생각된다. 기독교가 우리는 조물주에 의해 창조된 존재라는 믿음에서 시작하는 종교라면, 불교는 우리가 분별하는 자아와 세계는 무지한 삶에서 비롯된 망상이라는 것을 깨닫는 데서 출발한다. 따라서 이 경은 불교의 출발점이라고 할 수 있다.

**| 1. 1. |** 이와 같이 나는 들었습니다.

한때 세존께서 500명의 큰 비구 승가(僧伽)와 함께 라자가하(Rājagaha)[02]에서 나란다(Nāḷanda)[03]로 가는 긴 여행을 하고 있었습니다. 편력수행자 수삐야(Suppiya)도 젊은 제자 브라마닷따(Brahmadatta)와 함께 라자가하에서 나란다로 가는 긴 여행을 하고 있었습니다. 그때 편력수행자 수삐야는 갖가지로 부처님을 비난하고, 가르침을 비난하고, 승가를 비난했습니다. 그런데 그의 제자 브라마닷따는 갖가지로 부처님을 찬탄하고, 가르침을 찬탄하고, 승가를 찬탄했습니다. 이와 같이 스승과 제자, 그들 두 사람은 상반된 말을 하며 세존과 비구 승가의 뒤를 따라왔습니다.

---

02　당시 마가다국의 수도. 한역 불경의 왕사성(王舍城).
03　라자가하 근처의 도시. 한역 불경의 나란타(那爛陀).

▌**1. 2.** ▌  그때 세존께서는 비구 승가와 함께 왕성(王城) 안에 있는 망고 숲에서 하룻밤을 지내게 되었습니다. 편력수행자 수삐야도 그의 젊은 제자 브라마닷따와 함께 망고 숲에서 하룻밤을 지내게 되었습니다. 그곳에서도 편력수행자 수삐야는 갖가지로 부처님을 비난하고, 가르침을 비난하고, 승가를 비난했으며, 그의 젊은 제자 브라마닷따는 갖가지로 부처님을 찬탄하고, 가르침을 찬탄하고, 승가를 찬탄했습니다. 이와 같이 스승과 제자, 그들 두 사람은 상반된 말을 하며 세존과 비구 승가의 뒤를 따라왔습니다.

▌**1. 3.** ▌  밤이 지나서, 이른 아침에 일어난 여러 비구들은 강당(講堂)[04]에 모여 앉아 이런 이야기를 하였습니다.

"법우들이여, 놀랍습니다. 법우들이여, 희유합니다. 세존께서는 다 아시고, 다 보시고, 바른 깨달음을 이루신 아라한이며, 중생의 갖가지 생각을 잘 통찰하십니다. 그런데 저 편력 수행자 수삐야는 갖가지로 부처님을 비난하고, 가르침을 비난하고, 승가를 비난하며, 그의 젊은 제자 브라마닷따는 갖가지로 부처님을 찬탄하고, 가르침을 찬탄하고, 승가를 찬탄합니다. 이와 같이 스승과 제자, 이들 두 사람은 상반된 말을 하며 세존과 비구 승가의 뒤를 따라왔습니다."

▌**1. 4.** ▌  그때 세존께서는 비구들이 이런 이야기를 나누는 것을 아시고, 그 강당으로 가서 마련된 자리에 앉으셨습니다. 자리에 앉으신 후에, 세존께서 비구들에게 말씀하셨습니다.

---

04  'maṇḍala-māla'의 번역. 'maṇḍala-māla'는 지붕이 둥근 집을 의미한다. 「범동경」에 강당 (講堂)으로 번역되어 그에 따름.

"비구들이여, 무엇 때문에 지금 모여 앉아 이야기하고 있는가? 무슨 이야기를 나누는 중이었는가?"

이렇게 말씀하시자, 그 비구들은 세존께 다음과 같이 말했습니다.

"세존이시여, 우리는 밤이 지나고, 이른 아침에 일어나 강당에 모여 앉아 이런 이야기를 하였습니다. '법우들이여, 놀랍습니다. 법우들이여, 희유합니다. 세존께서는 다 아시고, 다 보시고, 바른 깨달음을 이루신 아라한이며, 중생의 갖가지 생각을 잘 통찰하십니다. 그런데 저 편력수행자 수삐야는 갖가지로 부처님을 비난하고, 가르침을 비난하고, 승가를 비난하며, 그의 젊은 제자 브라마닷따는 갖가지로 부처님을 찬탄하고, 가르침을 찬탄하고, 승가를 찬탄합니다. 이와 같이 스승과 제자, 그들 두 사람은 상반된 말을 하며 세존과 비구 승가의 뒤를 따라왔습니다.' 세존이시여, 이것이 세존께서 오시자 중단된 이야기입니다."

**┃ 1. 5. ┃** "비구들이여, 다른 사람들이 나를 비난하거나, 가르침을 비난하거나, 승가를 비난하더라도, 그때 그대들은 화를 내거나, 불만을 갖거나, 싫은 마음을 내서는 안 되오. 비구들이여, 만약 다른 사람들이 나를 비난하거나, 가르침을 비난하거나, 승가를 비난할 때, 그대들이 격분하고, 불쾌해하는 것은 그대들에게 장애가 되오. 비구들이여, 다른 사람들이 나를 비난하거나, 가르침을 비난하거나, 승가를 비난할 때, 그대들이 격분하고 불쾌해한다면, 그대들은 다른 사람들의 이야기가 옳은지 그른지 알 수 있겠소?"

"알 수 없나이다. 세존이시여."

"비구들이여, 다른 사람들이 나를 비난하거나, 가르침을 비난하거나, 승가를 비난할 때, 그대들은 '그것은 거짓이다. 그것은 사실이 아니

다. 우리에게 그런 일은 없다. 우리에게는 그런 허물이 없다'라고 거짓
을 거짓으로 밝혀야 하오.

**▌1. 6. ▌** 비구들이여, 만약 다른 사람들이 나를 찬탄하거나, 가르침을
찬탄하거나, 승가를 찬탄한다면, 그때 그대들은 기뻐하거나, 좋아하거
나, 의기양양해 해서는 안 되오. 비구들이여, 다른 사람들이 나를 찬탄하
거나, 가르침을 찬탄하거나, 승가를 찬탄할 때, 그대들이 기뻐하거나, 좋
아하거나, 의기양양해 하는 것은 그대들에게 장애가 되오. 비구들이여,
다른 사람들이 나를 찬탄하거나, 가르침을 찬탄하거나, 승가를 찬탄할
때, 그대들은 '그것은 진실이다. 그것은 사실이다. 우리에게 그런 일이
있다. 우리에게는 그런 좋은 점이 있다'라고 진실을 진실로 밝혀야 하오.

**▌1. 7. ▌** 비구들이여, 범부(凡夫)[05]는 사소하고, 세속적인 계율의 실천
만으로[06] 여래를 찬탄한다오. 비구들이여, 범부는 어떻게 사소하고, 세
속적인 계율의 실천만으로 여래를 찬탄하는가?

**▌1. 8. ▌** 비구들이여, 범부는 '사문(沙門) 고따마(Gotama)[07]는 살생을 하
지 않으며, 살생을 삼가며, 몽둥이나 칼을 잡지 않으며, 부끄러움을 알

---

05  'puthujjana'의 번역. 범속한 일반인을 의미한다. 한역 불경의 번역에 따라 범부(凡夫)로
     번역함.

06  'sīla-mattaka'는 '계(戒)'를 의미하는 'sīla'와 '한정된 양'을 의미하는 'mattaka'의 합성어로
     서 '계율에 한하여'의 의미이다. 여기에서는 여래를 계율의 실천, 즉 도덕적인 면에 한
     정하여 찬탄하는 것을 의미한다.

07  'Samaṇa Gotama'의 번역. 'samaṇa'는 브라만교를 인정하지 않고 출가하여 수행하면서 새
     로운 사상을 편 당시의 종교 사상가를 지칭하는 말로서 '沙門'으로 한역(漢譯)되었다.
     출가수행자를 '沙門'이라고 부르는 것은 여기에서 유래한 것이다. 'Gotama'는 부처님의
     성씨(姓氏)로서 '瞿曇'으로 한역되었다. 당시에 부처님도 정통 사상인 브라만교를 부정
     하고 스스로 깨달아 가르침을 폈기 때문에 'Samaṇa Gotama'로 불렸다.

며, 모든 생명을 보살피고 사랑한다'라고 여래를 찬탄할 것이오. 비구들이여, 범부는 '사문 고따마는 도둑질을 하지 않으며 도둑질을 삼가며, 보시받은 것만을 취하고, 보시만을 기대하며, 청정한 마음으로 살아간다'라고 여래를 찬탄할 것이오. 비구들이여, 범부는 '사문 고따마는 부도덕한 행을 하지 않고, 세속의 법인 음행을 삼가고 멀리하는 청정한 수행자다'라고 여래를 찬탄할 것이오.

**| 1. 9. |** 비구들이여, 범부는 '사문 고따마는 거짓말을 하지 않으며, 거짓말을 삼가며, 진실을 말하며, 정직하며, 참되며, 믿을 만하며, 세상을 속이지 않는다'라고 여래를 찬탄할 것이오.

비구들이여, 범부는 '사문 고따마는 이간(離間)하는 말을 하지 않으며, 이간하는 말을 삼가며, 이들에게 들은 것을 저들에게 알려 반목하게 하지 않으며, 저들에게 들은 것을 이들에게 알려 반목하게 하지 않는다. 이와 같이 언제나 불화를 화해하고, 집착함이 없는 화합의 기쁨, 화합의 즐거움, 화합의 환희, 화합의 필요를 이야기한다'라고 여래를 찬탄할 것이오.

비구들이여, 범부는 '사문 고따마는 추악한 말을 하지 않으며, 추악한 말을 삼가며, 부드럽고, 듣기 좋고, 사랑이 넘치고, 유쾌하고, 정중하고, 누구나 좋아하고, 누구나 즐거워하는 그런 이야기를 한다'라고 여래를 찬탄할 것이오.

비구들이여, 범부는 '사문 고따마는 쓸데없는 말을 하지 않으며, 쓸데없는 말을 삼가며, 때에 맞는 말[時語], 진실한 말[實語], 의미 있는 말[義語], 법에 대한 말[法語], 율에 대한 말[律語]을 시의적절(時宜適切)하게, 분명한 의도를 가지고, 의미를 갖추어, 새겨듣게 이야기한다'라고 여래를 찬탄할 것이오.

**1. 10.** 비구들이여, 범부는 '사문 고따마는 농사를 짓지 않는다. 사문 고따마는 한 끼만 먹되, 밤에는 먹지 않고, 때가 아니면 먹지 않는다. 사문 고따마는 춤과 노래와 음악과 연극을 구경하지 않는다. 사문 고따마는 꽃이나 향으로 치장하지 않는다. 사문 고따마는 높고 큰 침대를 쓰지 않는다. 사문 고따마는 금이나 은을 받지 않는다. 사문 고따마는 익히지 않은 곡식은 받지 않는다. 사문 고따마는 익히지 않은 고기는 받지 않는다. 사문 고따마는 부인이나 처녀를 받지 않는다. 사문 고따마는 노비(奴婢)를 받지 않는다. 사문 고따마는 염소나 양을 받지 않는다. 사문 고따마는 닭이나 돼지를 받지 않는다. 사문 고따마는 코끼리나 소나 말을 받지 않는다. 사문 고따마는 논밭을 받지 않는다. 사문 고따마는 하인을 받지 않는다. 사문 고따마는 물건을 사고팔지 않는다. 사문 고따마는 저울이나 양을 속이지 않는다. 사문 고따마는 거짓으로 속이지 않는다. 사문 고따마는 때리거나 죽이거나 결박하거나 강탈하거나 약탈하거나 폭력을 휘두르지 않는다'라고 여래를 찬탄할 것이오."

(짧은 계율 끝)

**1. 11.** ~ **1. 20.** '중간 계율'과 **1. 21.** ~ **1. 27.** '긴 계율' 생략.[08]

---

08  중간 계율과 긴 계율은 짧은 계율과 유사한 내용을 길게 설명한 것으로서 번잡하여 생략한다.

## 과거(過去)에 관한 열여덟 가지 사견(邪見)

**1. 28.** "비구들이여, 이와는 다른, 현자만이 알 수 있는, 심오하고, 보기 어렵고, 깨닫기 어렵고, 고요하고, 사변(思辨)을 벗어난, 미묘하고 훌륭한 진리(dhamma)[09]들이 있다오. 여래는 그것을 스스로 이해하고, 체험하여 가르치나니, 사람들은 그것으로 여래의 진면목을 바르게 찬탄해야 할 것이오. 비구들이여, 현자(賢者)만 알 수 있는, 여실하고 바른 찬탄이 되는 진리는 어떤 것인가?

**1. 29.** 비구들이여, 어떤 사문과 바라문들은 과거에 대하여 억측을 하는 자들[10]로서, 과거에 대하여 열여덟 가지 근거로써 여러 가지 허망한 이론들을 주장한다오. 과거에 대하여 억측을 하는 그들 사문이나 바라문 존자들은 무엇 때문에, 어떤 근거에서, 과거에 대하여 열여덟 가지로 여러 가지 허망한 이론들을 주장하는가?"

---

09 법(法)으로 한역(漢譯)되는 'dhamma'는 여러 가지 의미를 지닌다. 여기에서는 '진리'의 의미로 사용되고 있다.

10 'pubbantakappikā pubbantānudiṭṭhino'의 번역. 'pubbanta'는 '앞, 전(前)'을 의미하는 'pubba'와 '끝'을 의미하는 'anta'의 합성어로서 시간적으로 '과거'를 의미한다. 'kappikā'는 한역에서 겁(劫)으로 번역된 'kappa'에 관계·소유의 지말접미사 'ika'가 붙은 형용사이다. 따라서 'pubbantakappikā'는 '과거의 겁에 관한'이라는 의미를 지닌다. 겁은 불교에서 세계가 이루어지고 파괴되는 긴 시간을 의미한다. 그러므로 'pubbantakappikā'는 '이 세계의 아득한 과거에 관한', 즉 '이 세계의 시작에 관한'의 의미라고 할 수 있다. 'pubbantānudiṭṭhino'는 'pubbanta'와 'anudiṭṭhino'의 합성어로서 '과거에 관한 억측을 가진 자들'이라는 의미이다. 이런 의미들을 고려하여 'pubbantakappikā pubbantānudiṭṭhino'를 '과거에 대하여 억측을 하는 자들'로 번역했다.

# 네 가지 상주론

**1. 30.** "비구들이여, 상주론(常住論)을 가진 어떤 사문과 바라문들은 네 가지로 자아와 세계는 상주(住)한다고 주장한다오. 상주론을 가진 그들 사문이나 바라문 존자들은 무엇 때문에, 어떤 근거에서 네 가지로 자아와 세계는 상주한다고 주장하는가?

**1. 31.** 비구들이여, 어떤 사문이나 바라문은 노력하고, 정진하고, 전념하고, 방일하지 않고, 마음을 집중하여 삼매에 든 마음에서 다양한 전생의 삶을 기억한다오. 즉, 한 번의 태어남, 두 번의 태어남, 세 번의 태어남, 네 번의 태어남, 다섯 번의 태어남, 열 번의 태어남, 스무 번의 태어남, 서른 번의 태어남, 마흔 번의 태어남, 쉰 번의 태어남, 백 번의 태어남, 천 번의 태어남, 백천 번의 태어남, 수백 생, 수천 생, 수만 생을 기억하는 그와 같은 마음의 삼매에 도달한다오.

'그곳에서 나는 이름은 이러했고, 가문은 이러했고, 용모는 이러했고, 음식은 이러했으며, 이러한 고락(苦樂)을 겪었고, 이와 같이 수명을 마쳤다. 그가 죽어서 거기에 태어났다. 그곳에서 나는 이름은 이러했고, 가문은 이러했고, 용모는 이러했고, 음식은 이러했으며, 이러한 고락을 겪었고, 이와 같이 수명을 마쳤다. 그는 죽어서 이 세상에 태어났다.' 이와 같이 그는 용모와 내력을 지닌 다양한 전생의 삶을 기억한다오.

그는 이와 같이 말한다오.

'자아와 세계는 상주한다. 새로운 것을 생산하지 못하며, 움직이지 않으며, 기둥처럼 고정되어 있다. 그 중생은 흘러 다니고, 돌아다니며, 죽고, 다시 태어나지만 영원히 존재한다. 이와 같이 주장하는 근거는 무엇인가? 나는 노력하고, 정진하고, 전념하고, 방일하지 않고, 마음을 집중하여, 삼매에 든 마음에서 다양한 전생의 삶을 기억하는, 즉 한 번의 태어남, 두 번의 태어남, 세 번의 태어남, 네 번의 태어남, 다섯 번의 태어남, 열 번의 태어남, 스무 번의 태어남, 서른 번의 태어남, 마흔 번의 태어남, 쉰 번의 태어남, 백 번의 태어남, 천 번의 태어남, 백천 번의 태어남, 수백 생, 수천 생, 수만 생을 기억하는 그와 같은 마음의 삼매에 도달했다. 그곳에서 나는 이름은 이러했고, 가문은 이러했고, 용모는 이러했고, 음식은 이러했으며, 이러한 고락을 겪었고, 이와 같이 수명을 마쳤다. 그가 죽어서, 나는 거기에 태어났다. 그곳에서 나는 이름은 이러했고, 가문은 이러했고, 용모는 이러했고, 음식은 이러했으며, 이러한 고락을 겪었고, 이와 같이 수명을 마쳤다. 그가 죽어서 이 세상에 태어났다. 이와 같이 나는 용모와 내력을 지닌 다양한 전생의 삶을 기억한다. 그리하여 나는 자아와 세계는 상주하며, 새로운 것을 생산하지 못하며, 움직이지 않으며, 기둥처럼 고정되어 있고, 그 중생은 흘러 다니고, 돌아다니며, 죽고, 다시 태어나지만 영원히 존재한다는 것을 알았다.'

비구들이여, 이것이 상주론을 가진 몇몇 사문이나 바라문들이 자아와 세계는 상주한다고 주장하는 첫 번째 이유이며 근거라오.

**| 1. 32. |** 상주론을 가진 두 번째 사문이나 바라문 존자들은 어떤 근거에서, 무엇 때문에 자아와 세계는 상주한다고 주장하는가?

비구들이여, 어떤 사문이나 바라문은 노력하고, 정진하고, 전념하고, 방일하지 않고, 마음을 집중하여 삼매에 든 마음에서 다양한 전생의 삶을 기억한다오. 즉, 한 번의 [세계의] 괴멸과 생성, 두 번의 괴멸과 생성, 세 번의 괴멸과 생성, 네 번의 괴멸과 생성, 다섯 번의 괴멸과 생성, 열 번의 괴멸과 생성을 기억하는 그와 같은 마음의 삼매에 도달한다오.

　'그곳에서 나는 이름은 이러했고, 가문은 이러했고, 용모는 이러했고, 음식은 이러했으며, 이러한 고락을 겪었고, 이와 같이 수명을 마쳤다. 그가 죽어서 거기에 태어났다. 그곳에서 나는 이름은 이러했고, 가문은 이러했고, 용모는 이러했고, 음식은 이러했으며, 이러한 고락을 겪었고, 이와 같이 수명을 마쳤다. 그가 죽어서 이 세상에 태어났다.' 이와 같이 그는 용모와 내력을 지닌 다양한 전생의 삶을 기억한다오.

　그는 이와 같이 말한다오.

　'자아와 세계는 상주한다. 새로운 것을 생산하지 못하며, 움직이지 않으며, 기둥처럼 고정되어 있다. 그 중생은 흘러 다니고, 돌아다니며, 죽고, 다시 태어나지만 영원히 존재한다. 이와 같이 주장하는 근거는 무엇인가? 나는 노력하고, 정진하고, 전념하고, 방일하지 않고, 마음을 집중하여, 삼매에 든 마음에서 다양한 전생의 삶을 기억한다. 즉, 한 번의 괴멸과 생성, 두 번의 괴멸과 생성, 세 번의 괴멸과 생성, 네 번의 괴멸과 생성, 다섯 번의 괴멸과 생성, 열 번의 괴멸과 생성을 기억하는 그와 같은 마음의 삼매에 도달했다. 그곳에서 나는 이름은 이러했고, 가문은 이러했고, 용모는 이러했고, 음식은 이러했으며, 이러한 고락을 겪었고, 이와 같이 수명을 마쳤다. 그가 죽어서 거기에 태어났다. 그곳에서 나는 이름은 이러했고, 가문은 이러했고, 용모는 이러했고, 음식은 이러했으며, 이러한 고락을 겪었고, 이와 같이 수명을 마쳤다. 그가 죽어서 이 세상에 태어났다. 이와 같이 나는 용모와 내력을 지닌 다양한 전생의 삶을 기억한다. 그리하여 나는 자아와 세계는 상주하며, 새로운 것을 생산하지 못하며, 움직이지 않으며, 기둥처럼 고정되어 있

고, 그 중생은 흘러 다니고, 돌아다니며, 죽고, 다시 태어나지만 영원히 존재한다는 것을 알았다.'

비구들이여, 이것이 상주론을 가진 몇몇 사문이나 바라문들이 자아와 세계는 상주한다고 주장하는 두 번째 이유이며 근거라오.

**|1.33.|** 상주론을 가진 세 번째 사문이나 바라문 존자들은 어떤 근거에서, 무엇 때문에 자아와 세계는 상주한다고 주장하는가?

비구들이여, 어떤 사문이나 바라문은 노력하고, 정진하고, 전념하고, 방일하지 않고, 마음을 집중하여 삼매에 든 마음에서 다양한 전생의 삶을 기억한다오. 즉, 열 번의 [세계의] 괴멸과 생성, 스무 번의 괴멸과 생성, 서른 번의 괴멸과 생성, 마흔 번의 괴멸과 생성, 쉰 번의 괴멸과 생성을 기억하는 그와 같은 마음의 삼매에 도달한다오.

'그곳에서 나는 이름은 이러했고, 가문은 이러했고, 용모는 이러했고, 음식은 이러했으며, 이러한 고락을 겪었고, 이와 같이 수명을 마쳤다. 그가 죽어서 거기에 태어났다. 그곳에서 나는 이름은 이러했고, 가문은 이러했고, 용모는 이러했고, 음식은 이러했으며, 이러한 고락을 겪었고, 이와 같이 수명을 마쳤다. 그가 죽어서 이 세상에 태어났다.' 이와 같이 그는 용모와 내력을 지닌 다양한 전생의 삶을 기억한다오.

그는 이와 같이 말한다오.

'자아와 세계는 상주한다. 새로운 것을 생산하지 못하며, 움직이지 않으며, 기둥처럼 고정되어 있다. 그 중생은 흘러 다니고, 돌아다니며, 죽고, 다시 태어나지만 영원히 존재한다. 이와 같이 주장하는 근거는 무엇인가? 나는 노력하고, 정진하고, 전념하고, 방일하지 않고, 마음을 집중하여, 삼매에 든 마음에서 다양한 전생의 삶을 기억한다. 즉, 열 번의 괴멸과 생성, 스무 번의 괴멸과 생성, 서른 번의 괴멸과 생성, 마흔 번의 괴멸과 생성, 쉰 번의 괴멸과 생성을 기억하는 그와 같은 마음의 삼매에 도달했다. 그곳에서 나는 이름은 이러했고, 가문은 이러했고, 용모는 이러했고, 음식은 이러했으며, 이러한 고락을 겪었고, 이와 같이 수명을 마쳤다. 그가 죽어서 거기에 태어났다. 그곳에서 나는 이름은 이러했고, 가문은 이러했고, 용모는 이러했고, 음식은 이러했으며, 이러한 고락을 겪었고, 이와 같이 수명을 마쳤다. 그가 죽어서 이 세상에 태어났다. 이와 같이 나는 용모와 내력을 지닌 다양한 전생의 삶을 기억한다. 그리하여 나는 자아와 세계는 상주하며, 새로운 것을 생산하지 못하며, 움직이지 않으며, 기둥처럼 고정되어 있고, 그 중생은 흘러 다니고, 돌아다니며, 죽고, 다시 태어나지만 영원히 존재한다는 것을 알았다.'

비구들이여, 이것이 상주론을 가진 몇몇 사문이나 바라문들이 자아와 세계는 상주한다고 주장하는 세 번째 이유이며 근거라오.

**┃1. 34.┃** 상주론을 가진 네 번째 사문이나 바라문 존자들은 어떤 근거에서, 무엇 때문에 자아와 세계는 상주한다고 주장하는가?

비구들이여, 어떤 사문이나 바라문은 논리적으로 추론하는 사변가라오. 그는 논리학을 익혀 논리적으로 사유하고, 스스로 이해하여 이렇게 말한다오.

'자아와 세계는 상주한다. 새로운 것을 생산하지 못하며, 움직이지 않으며, 기둥처럼 고정되어 있다. 그 중생은 흘러 다니고, 돌아다니며, 죽고, 다시 태어나지만 영원히 존재한다.'

비구들이여, 이것이 상주론을 가진 몇몇 사문이나 바라문들이 자아와 세계는 상주한다고 주장하는 네 번째 이유이며 근거라오.

**| 1. 35. |**   비구들이여, 이들이 상주론자로서 네 가지로 자아와 세계는 상주한다고 주장하는 사문이나 바라문들이라오. 비구들이여, 상주론자로서 자아와 세계가 상주한다고 주장하는 사문이나 바라문들은 누구든 모두 이들 네 가지나 그들 가운데 어느 하나를 가지고 주장할 뿐 그밖에 다른 것은 없다오.

**| 1. 36. |**   비구들이여, 여래는 이들 견해의 근거는 어떻게 이해된 것인지, 어떻게 취해진 것인지, 어디로 가는 것인지, 미래에 어떻게 될 것인지를 분명하게 안다오. 여래는 그것을 알 뿐만 아니라, 그보다 더욱 수승한 것을 알지만 그 지식을 집착하지 않으며, 집착이 없이 스스로 적멸(寂滅)에 이르렀음을 안다오. 비구들이여, 여래는 감정[受][11]의 일어남과 사라짐, 그것이 주는 즐거움과 재앙, 그것으로부터 벗어남을 여실하게 알아서 집착하지 않고 해탈했다오.

**| 1. 37. |**   비구들이여, 이것이 현자만이 알 수 있는, 심오하고, 보기 어렵고, 깨닫기 어렵고, 고요하고, 사변을 벗어난, 미묘하고 훌륭한 진리라오. 여래는 그것을 스스로 이해하고, 체험하여 가르치나니, 사람들은 그것으로 여래의 진면목을 바르게 찬탄해야 할 것이오."

### 네 가지 상무상론(常無常論)

**| 2. 1. |**   "비구들이여, 일부는 상주하고, 일부는 상주하지 않는다는 견해를 가진 어떤 사문과 바라문들은 네 가지로 자아와 세계는 일부는

---

11   'vedanā'의 번역.

상주하고 일부는 상주하지 않는다고 주장한다오. 그들 사문이나 바라
문 존자들은 무엇 때문에, 어떤 근거에서 네 가지로 자아와 세계는 일
부는 상주하고, 일부는 상주하지 않는다고 주장하는가?

**2. 2.** 비구들이여, 오랜 시간이 지나면, 언젠가 이 세계는 괴멸한다
오. 세계가 괴멸할 때 많은 중생은 아밧싸라(Ābhassara, 光音天)에 태어
나게 된다오. 그들은 그곳에서 의성신으로,[12] 기쁨을 음식 삼아, 스스로
빛을 내면서, 허공을 날아다니며, 청정한 상태로 오랫동안 긴 시간을
머문다오.

**2. 3.** 비구들이여, 오랜 시간이 지나면, 언젠가 이 세계가 생성된다
오. 생성된 세상에 텅 빈 브라만(Brahma) 천궁(天宮, vimāna)이 나타난다
오. 그리고 수명이 다하거나, 공덕이 다한 어떤 중생이 아밧싸라의 무
리로부터 텅 빈 브라만 천궁으로 가서 태어난다오. 그는 그곳에서 의성
신(意成身)으로, 기쁨을 음식 삼아, 스스로 빛을 내면서, 허공을 날아다
니며, 청정한 상태로 오랫동안 긴 시간을 머문다오.

**2. 4.** 그는 그곳에서 혼자 오랜 시간을 보냈기 때문에 근심과 불만
과 두려움이 생겨, '진실로 다른 중생이 이곳으로 왔으면 좋겠다'라고
생각한다오. 그러자, 수명이 다하거나 공덕이 다한 다른 중생이 아밧싸
라의 무리로부터 텅 빈 브라만 천궁으로 가서 그 중생의 동료로 태어난
다오. 그들은 그곳에서 의성신으로, 기쁨을 음식 삼아, 스스로 빛을 내

---

12 'manomaya'의 번역. 'manomaya'는 '의도에 의해 이루어진'이라는 의미인데, 광음천(光音
天)은 음욕(淫慾)이 없고, 남녀의 구별이 없다. 따라서 광음천에 태어나는 중생은 부모를
의지하지 않고 자신의 뜻에 의해서 몸을 받는다. 이렇게 이루어진 몸을 의성신(意成身,
manomaya-kāya)이라고 하므로, 이 경에서 'manomaya'는 의성신을 의미한다.

면서, 허공을 날아다니며, 청정한 상태로 오랫동안 긴 시간을 머문다오.

**┃ 2. 5. ┃** 비구들이여, 그때 맨 처음 태어난 중생은 이렇게 생각한다오.

'나는 위대한 브라만이며, 주인이며, 정복되지 않는 자이며, 모든 것을 보는 자이며, 전능한 자이며, 자재(自在)하는 자이며, 조물주이며, 최상의 창조자이며, 지배자이며, 이미 존재하는 것과 앞으로 존재할 것의 아버지이다. 나에 의해 이 중생은 창조되었다. 왜냐하면, 과거에 나는 이렇게 생각했다. '진실로 다른 중생이 이곳으로 왔으면 좋겠다.' 이와 같이 내가 마음으로 소망하자, 이 중생이 이곳으로 왔기 때문이다.'

뒤에 태어난 중생도 이렇게 생각한다오.

'이분은 위대한 브라만이며, 주인이며, 정복되지 않는 분이며, 모든 것을 보는 분이며, 전능한 분이며, 자재하는 분이며, 조물주이며, 최상의 창조자이며, 지배자이며, 존재하는 것과 존재할 것의 아버지이다. 이 존귀한 브라만에 의해 우리는 창조되었다. 왜냐하면, 우리는 여기에서 맨 처음 태어난 이분을 보았고, 우리는 뒤에 태어났기 때문이다.'

**┃ 2. 6. ┃** 비구들이여, 그때 맨 처음 태어난 중생은 수명이 더 길고, 더 잘생기고, 더 큰 위력이 있다오. 그리고 뒤에 태어난 중생은 수명이 더 짧고, 더 못생기고, 위력이 더 적다오. 비구들이여, 이런 일이 있나니, 어떤 중생이 그 무리로부터 죽어 이곳으로 오게 된다오. 이곳에 와서 집을 버리고 출가하여 사문이 된다오. 집을 버리고 출가한 사문은 노력하고, 정진하고, 전념하고, 방일하지 않고, 마음을 집중하여 삼매에 든 마음에서 전생의 삶을 기억하고 그 이상은 기억하지 못하는, 그와 같은 마음의 삼매에 도달한다오.

그는 이렇게 말한다오.

'그 존귀한 분은 실로 브라만이며, 위대한 브라만이며, 주인이며, 정복되지 않는 분이며, 모든 것을 보는 분이며, 전능한 분이며, 자재하는 분이며, 조물주이며, 최상의 창조자이며, 지배자이며, 존재하는 것과 존재할 것의 아버지이시다. 그 존귀한 브라만에 의해 우리는 창조되었다. 그분은 상존(常存)하고, 영원하고, 상주(常住)하며, 변역(變易)하지 않는 존재(dhamma)[13]로 영원히 그렇게 머무신다. 그러나 그 브라만에 의해 창조된 우리는 무상하고 영원하지 못하며, 수명이 짧은, 소멸하는 존재(dhamma)로 이곳에 태어났다.'

비구들이여, 이것이 일부는 상주하고, 일부는 상주하지 않는다는 견해를 가진 사문과 바라문들이 자아와 세계는 일부는 상주하고, 일부는 상주하지 않는다고 주장하는 첫 번째 이유이며 근거라오.

┃ **2. 7.** ┃　일부는 상주하고 일부는 상주하지 않는다는 견해를 가진 두 번째 사문과 바라문 존자들은 어떤 근거에서, 무엇 때문에 자아와 세계는 일부는 상주하고 일부는 상주하지 않는다고 주장하는가?

비구들이여, 킷다빠도씨까(Khiḍḍā-padosikā, 戲耽天)라고 불리는 신들이 있다오. 그들은 오랫동안 유쾌한 놀이에 탐닉(耽溺)하는 상태에 빠져서 살아간다오. 그들은 오랫동안 유쾌한 놀이에 탐닉하는 상태에 빠져서 살아가기 때문에 주의집중[正念, sati][14]을 잃게 되고, 주의집중을

---

13 'dhamma'는 여러 가지 의미를 지닌다. 여기에서는 '존재'의 의미로 사용되고 있다. 붓다는 모든 존재현상을 연기(緣起)하고 있는 것이라는 의미에서 'dhamma'라고 부른다.

14 'sati'를 한역(漢譯)에서는 정념(正念)으로 번역했고, 최근 여러 번역에서는 '마음챙김'으로 번역하고 있다. 그러나 '마음챙김'이라는 말은 우리말의 바른 사용이라고 생각되지 않는다. '마음챙김'은 '마음을 챙긴다'는 의미인데, '챙기다'는 '필요한 물건을 찾아서 갖

잃음으로써 그 신들은 그 무리에서 죽는다오.

**│ 2. 8. │** 비구들이여, 이런 일이 있나니, 어떤 중생이 그 무리에서 죽어 이곳으로 온다오. 이곳으로 와서 집을 버리고 출가하여 사문이 된다오. 집을 버리고 출가한 사문은 노력하고, 정진하고, 전념하고, 방일하지 않고, 마음을 집중하여 삼매에 든 마음에서 전생의 삶을 기억하고 그 이상은 기억하지 못하는, 그와 같은 마음의 삼매에 도달한다오.

**│ 2. 9. │** 그는 이렇게 말한다오.

'오락에 탐닉하지 않은 신들은 오랫동안 유쾌한 놀이에 탐닉하는 상태에 빠져서 살아가지 않는다. 그들은 오랫동안 유쾌한 놀이에 탐닉하는 상태에 빠져서 살아가지 않기 때문에 주의집중을 잃지 않는다. 주의집중을 잃지 않기 때문에 그 신들은 그 무리에서 죽지 않고 영원히 일정하게 상주하며, 불변하는 존재로서, 상주하는 존재로서, 진실로 여실하게 머물 것이다. 그러나 오락에 탐닉한 우리는 오랫동안 유쾌한 놀이에 탐닉하는 상태에 빠져서 살았다. 실로 오랫동안 유쾌한 놀이에 탐닉하는 상태에 빠져서 살았기 때문에 주의집중을 잃고, 주의집중을 잃음으로써 우리는 그 무리에서 죽었으며, 무상하고 변역하는 수명이 짧은, 소멸하는 존재로서 이 세상에 왔다.'

비구들이여, 이것이 일부는 상주하고, 일부는 상주하지 않는다는 견해를 가진 사문과 바라문들이 자아와 세계는 일부는 상주하고, 일부

---

추어놓거나 무엇을 빠뜨리지 않았는지 살피다'는 의미를 지닌다. 그렇다면 '마음챙김' 은 '마음을 찾아서 갖추어놓거나 빠뜨리지 않는 일'이 되는데, 이는 'sati'의 바른 의미가 아니다. 'sati'는 4념처(四念處)의 수행을 의미하는 말로써, 신(身), 수(受), 심(心), 법(法)에 주의를 집중하여 관찰하는 것을 의미한다. 따라서 역자는 '주의집중'으로 번역한다.

는 상주하지 않는다고 주장하는 두 번째 이유이며 근거라오.

**|2. 10.|** 일부는 상주하고 일부는 상주하지 않는다는 견해를 가진 세 번째 사문과 바라문 존자들은 어떤 근거에서, 무엇 때문에, 자아와 세계는 일부는 상주하고 일부는 상주하지 않는다고 주장하는가?

비구들이여, 마노빠도씨까(Mano-padosikā, 마음이 상한 신)라 불리는 신들이 있다오. 그들은 오랫동안 상호 간에 질투한다오. 오랫동안 상호 간에 질투하다가 마음을 상한다오. 그들은 상호 간에 마음이 상하고, 몸이 지치고, 마음이 지친다오. 그 신들은 그 무리에서 죽는다오.

**|2. 11.|** 비구들이여, 이런 일이 있나니, 어떤 중생이 그 무리에서 죽어 이곳으로 온다오. 이곳으로 와서 집을 버리고 출가하여 사문이 된다오. 집을 버리고 출가한 사문은 노력하고, 정진하고, 전념하고, 방일하지 않고, 마음을 집중하여 삼매에 든 마음에서 전생의 삶을 기억하고 그 이상은 기억하지 못하는, 그와 같은 마음의 삼매에 도달한다오.

**|2. 12.|** 그는 이렇게 말한다오.

'마음을 상하지 않은 신들은 오랫동안 상호 간에 질투하지 않는다. 그들은 오랫동안 상호 간에 질투하지 않기 때문에 마음을 상하지 않는다. 그들은 상호 간에 마음이 상하지 않고, 몸이 지치지 않고, 마음이 지치지 않는다. 그 신들은 그들의 무리에서 죽지 않고 영원히 같은 상태로 상주하며, 불변하는 존재로서, 상주하는 존재로서 진실로 여실하게 머물 것이다. 그러나 오랫동안 상호 간에 질투한 우리는 마음이 상했다. 우리는 오랫동안 상호 간에 질투하다가 마음을 상했다. 우리는 상호 간에 마음이 상하고, 몸이 지치고, 마음이 지쳤다. 우리는 그 무리에서 죽었으며, 무상하고, 변역하는, 수명이 짧은, 소멸하는 존재로서

이 세상에 왔다.'

비구들이여, 이것이 일부는 상주하고, 일부는 상주하지 않는다는 견해를 가진 사문과 바라문들이 자아와 세계는 일부는 상주하고, 일부는 상주하지 않는다고 주장하는 세 번째 이유이며 근거라오.

**2. 13.** 일부는 상주하고 일부는 상주하지 않는다는 견해를 가진 네 번째 사문과 바라문 존자들은 어떤 근거에서, 무엇 때문에, 자아와 세계는 일부는 상주하고 일부는 상주하지 않는다고 주장하는가?

비구들이여, 어떤 사문이나 바라문은 논리적으로 추론하는 사변가라오. 그는 논리학을 익혀 논리적으로 사유하고, 스스로 이해하여 이렇게 말한다오.

'눈, 귀, 코, 혀, 몸이라고 불리는 이 자아는 무상하고 변화하며, 일시적이고 변역하는 존재이다. 그러나 마음[心, citta], 정신[意, mano], 의식[識, viññāṇa]이라고 불리는 이 자아는 영원하고 불변하며, 상주하고, 변역하지 않는 존재로서 상주불멸하며, 참으로 진실로 머문다.'

**2. 14.** 비구들이여, 이것이 일부는 상주하고, 일부는 상주하지 않는다는 견해를 가진 사문과 바라문들이 자아와 세계는 일부는 상주하고, 일부는 상주하지 않는다고 주장하는 네 번째 이유이며 근거라오.

비구들이여, 이들이 일부는 상주하고 일부는 상주하지 않는다는 견해를 가지고 자아와 세계는 일부는 상주하고 일부는 상주하지 않는다고 네 가지로 주장하는 사문이나 바라문들이라오. 비구들이여, 일부는 상주하고 일부는 상주하지 않는다는 견해를 가지고 자아와 세계가 일부는 상주하고 일부는 상주하지 않는다고 주장하는 사문이나 바라문들은 누구든 모두 이들 네 가지나 그들 가운데 어느 하나를 가지고 주장할 뿐 그밖에 다른 것은 없다오.

**2. 15.** 비구들이여, 여래는 이들 견해의 근거는 어떻게 이해된 것인지, 어떻게 취해진 것인지, 어디로 가는 것인지, 미래에 어떻게 될 것인지를 분명하게 안다오. 여래는 그것을 알 뿐만 아니라, 그보다 더욱 수승한 것을 알지만 그 지식을 집착하지 않으며, 집착이 없이 스스로 적멸에 이르렀음을 안다오. 비구들이여, 여래는 감정의 일어남과 사라짐, 그것이 주는 즐거움과 재앙, 그것으로부터 벗어남을 여실하게 알아서 집착하지 않고 해탈했다오.

비구들이여, 이것이 현자만이 알 수 있는, 심오하고, 보기 어렵고, 깨닫기 어렵고, 고요하고, 사변을 벗어난, 미묘하고 훌륭한 진리라오. 여래는 그것을 스스로 이해하고, 체험하여 가르치나니, 사람들은 그것으로 여래의 진면목을 바르게 찬탄해야 할 것이오."

### 네 가지 유변무변론(有邊無邊論)

**2. 16.** "비구들이여, 끝의 유무(有無)에 대한 견해를 가진[15] 어떤 사문과 바라문들은 네 가지로 끝의 유무를 주장한다오. 그들 사문이나 바라문 존자들은 무엇 때문에, 어떤 근거에서 네 가지로 끝의 유무를 주장하는가?

**2. 17.** 비구들이여, 어떤 사문이나 바라문은 노력하고, 정진하고, 전념하고, 방일하지 않고, 마음을 집중하여, 삼매에 든 마음에 끝이 있다

---

15 'antānantika'의 번역.

는 관념이 있는,[16] 그와 같은 마음의 삼매에 도달하여 세상에 머문다오. 그는 이렇게 말한다오.

'이 세계는 유한하여 끝이 있다. 왜냐하면, 나는 노력하고, 정진하고, 전념하고, 방일하지 않고, 마음을 집중하여, 삼매에 든 마음에 끝이 있다는 관념이 있는, 그와 같은 마음의 삼매에 도달하여 세상에 머물고 있다. 이런 까닭에 나는 이 세계가 유한하여 끝이 있다는 것을 안다.'

비구들이여, 이것이 끝의 유무에 대한 견해를 가진 어떤 사문과 바라문들이 끝의 유무를 주장하는 첫 번째 이유이며 근거라오.

┃**2. 18.**┃ 둘째로, 사문이나 바라문 존자들은 무엇 때문에, 어떤 근거에서 끝의 유무에 대한 견해를 가지고 끝의 유무를 주장하는가?

비구들이여, 어떤 사문이나 바라문은 노력하고, 정진하고, 전념하고, 방일하지 않고, 마음을 집중하여, 삼매에 든 마음에 끝이 없다는 관념이 있는, 그와 같은 마음의 삼매에 도달하여 세상에 머문다오. 그는 이렇게 말한다오.

'이 세계는 무한하여 끝이 없다. 왜냐하면, 나는 노력하고, 정진하고, 전념하고, 방일하지 않고, 마음을 집중하여, 삼매에 든 마음에 끝이 없다는 관념이 있는,[17] 그와 같은 마음의 삼매에 도달하여 세상에 머물고 있다. 이런 까닭에 나는 이 세계가 무한하여 끝이 없다는 것을 안다.'

비구들이여, 이것이 끝의 유무에 대한 견해를 가진 어떤 사문과 바라문들이 끝의 유무를 주장하는 두 번째 이유이며 근거라오.

---

16  'antasaññin'의 번역.
17  'anantasaññin'의 번역.

**❚2. 19.❚**  셋째로, 사문이나 바라문 존자들은 무엇 때문에, 어떤 근거에서 끝의 유무에 대한 견해를 가지고 끝의 유무를 주장하는가?

비구들이여, 어떤 사문이나 바라문은 노력하고, 정진하고, 전념하고, 방일하지 않고, 마음을 집중하여 삼매에 든 마음에 상하로는 끝이 있고, 사방으로는 끝이 없다는 관념이 있는, 그와 같은 마음의 삼매에 도달하여 세상에 머문다오. 그는 이렇게 말한다오.

'이 세계는 상하로는 끝이 있고, 사방으로는 끝이 없다. 왜냐하면, 나는 노력하고, 정진하고, 전념하고, 방일하지 않고, 마음을 집중하여, 삼매에 든 마음에 상하로는 끝이 있고, 사방으로는 끝이 없다는 관념이 있는, 그와 같은 마음의 삼매에 도달하여 세상에 머물고 있다. 이런 까닭에 나는 이 세계가 상하로는 끝이 있고, 사방으로는 끝이 없다는 것을 안다.'

비구들이여, 이것이 끝의 유무에 대한 견해를 가진 어떤 사문과 바라문들이 끝의 유무를 주장하는 세 번째 이유이며 근거라오.

**❚2. 20.❚**  넷째로, 사문이나 바라문 존자들은 무엇 때문에, 어떤 근거에서 끝의 유무에 대한 견해를 가지고 끝의 유무를 주장하는가?

비구들이여, 어떤 사문이나 바라문은 논리적으로 추론하는 사변가라오. 그는 논리학을 익혀, 논리적으로 사유하고, 스스로 이해하여 이렇게 말한다오.

'이 세계는 끝이 있는 것도 아니고, 끝이 없는 것도 아니다. 이 세계는 유한하여 끝이 있다고 이야기한 사문이나 바라문들의 말은 거짓이다. 이 세계는 무한하여 끝이 없다고 이야기한 사문이나 바라문들의 말도 거짓이다. 이 세계는 끝이 있기도 하고 없기도 하다고 이야기한 사

문이나 바라문들의 말도 거짓이다. 이 세계는 끝이 있는 것도 아니고, 끝이 없는 것도 아니다.'

비구들이여, 이것이 끝의 유무에 대한 견해를 가진 어떤 사문과 바라문들이 끝의 유무를 주장하는 네 번째 이유이며 근거라오.

**|2. 21.|** 비구들이여, 이들이 끝의 유무에 대한 견해를 가지고 네 가지로 끝의 유무를 주장하는 사문이나 바라문들이라오. 비구들이여, 끝의 유무에 대한 견해를 가지고 끝의 유무를 주장하는 사문이나 바라문들은 누구든 모두 이들 네 가지나 그들 가운데 어느 하나를 가지고 주장할 뿐, 그밖에 다른 것은 없다오.

**|2. 22.|** 비구들이여, 여래는 이들 견해의 근거는 어떻게 이해된 것인지, 어떻게 취해진 것인지, 어디로 가는 것인지, 미래에 어떻게 될 것인지를 분명하게 안다오. 여래는 그것을 알 뿐만 아니라, 그보다 더욱 수승한 것을 알지만, 그 지식을 집착하지 않으며, 집착이 없이 스스로 적멸에 이르렀음을 안다오. 비구들이여, 여래는 감정의 일어남과 사라짐, 그것이 주는 즐거움과 재앙, 그것으로부터 벗어남을 여실하게 알아서 집착하지 않고 해탈했다오.

비구들이여, 이것이 현자만이 알 수 있는, 심오하고, 보기 어렵고, 깨닫기 어렵고, 고요하고, 사변을 벗어난, 미묘하고, 훌륭한 진리라오. 여래는 그것을 스스로 이해하고, 체험하여 가르치나니, 사람들은 그것으로 여래의 진면목을 바르게 찬탄해야 할 것이오."

# 네 가지 궤변론(詭辯論)

**|2. 23.|** "비구들이여, 어떤 사문과 바라문들은 궤변론자인데, 이런저런 질문을 받으면 네 가지로 애매모호한 궤변을 늘어놓는다오. 궤변론자인 사문이나 바라문 존자들은 무엇 때문에, 어떤 근거에서, 이런저런 질문을 받으면 네 가지로 애매모호한 궤변을 늘어놓는 것일까?

**|2. 24.|** 비구들이여, 어떤 사문이나 바라문은 '이것은 옳다'[18]라고 여실하게 알지 못하고, '이것은 옳지 않다'[19]라고 여실하게 알지 못한다오.

그는 이와 같이 생각한다오.

'나는 '이것은 옳다'라고 여실하게 알지 못하고, '이것은 옳지 않다'라고 여실하게 알지 못한다. 그런데 내가 '이것은 옳다'라고 여실하게 알지 못하고 '이것은 옳지 않다'라고 여실하게 알지 못하면서, '이것은 옳다'라고 대답하거나, '이것은 옳지 않다'라고 대답한다면, 그때 나에게 욕망(chanda)이나 탐욕(rāga)이나 분노(dosa)나 증오(paṭigha)가 있을 것이다. 나에게 욕망이나 탐욕이나 분노나 증오가 있는 것은 나에게 거짓이 있기 때문일 것이다. 나에게 거짓이 있다는 것은 나에게 난처한 일(vighāta)일 것이다. 나에게 난처한 일이라면, 그것은 나에게 장애가 될 것이다.'

이와 같이 그는 거짓말을 두려워하고, 거짓말을 혐오하여, 실로 '이것은 옳다'라고 대답하지 않고, '이것은 옳지 않다'라고 대답하지 않

---

18  'idaṃ kusalaṃ'의 번역. 'kusala'는 착한, 훌륭한 등의 의미인데, 여기에서는 '옳다'는 판단을 의미한다.

19  'idaṃ akusalaṃ'의 번역. 'akusala'는 'kusala'의 반대 의미로서 '옳지 않다'는 판단을 의미한다.

고, 이런저런 질문을 받으면, '나는 이렇다고도 하지 않고, 그렇다고도 하지 않고, 다르다고도 하지 않고, 아니라고도 하지 않고, 아닌 것이 아니라고도 하지 않는다'라고 혼란스러운 말로 궤변을 늘어놓는다오.

비구들이여, 이것이 궤변론자인 어떤 사문과 바라문들이 이런저런 질문을 받으면 애매모호한 궤변을 늘어놓는 첫째 이유이며 근거라오.

**┃2. 25.┃** 둘째로, 사문이나 바라문 존자들은 무엇 때문에, 어떤 근거에서, 이런저런 질문을 받으면, 애매모호한 궤변을 늘어놓는 것일까?

비구들이여, 어떤 사문이나 바라문은 '이것은 옳다'라고 여실하게 알지 못하고, '이것은 옳지 않다'라고 여실하게 알지 못한다오.

그는 이와 같이 생각한다오.

'나는 '이것은 옳다'라고 여실하게 알지 못하고, '이것은 옳지 않다'라고 여실하게 알지 못한다. 그런데 내가 '이것은 옳다'라고 여실하게 알지 못하고 '이것은 옳지 않다'라고 여실하게 알지 못하면서, '이것은 옳다'라고 대답하거나, '이것은 옳지 않다'라고 대답한다면, 그때 나에게 욕망이나 탐욕이나 분노나 증오가 있을 것이다. 나에게 욕망이나 탐욕이나 분노나 증오가 있는 것은 나에게 취착(取着, upādāna)[20]이 있기 때문일 것이다. 나에게 취착이 있는 것은 나에게 난처한 일일 것이다. 나에게 난처한 일이라면, 그것은 나에게 장애가 될 것이다.'

이와 같이 그는 취착을 두려워하고, 취착을 혐오하여, 실로 '이것은 옳다'라고 대답하지 않고, '이것은 옳지 않다'라고 대답하지 않고, 이런저런 질문을 받으면, '나는 이렇다고도 하지 않고, 그렇다고도 하지

---

20  어떤 대상을 취하여 집착하는 것.

않고, 다르다고도 하지 않고, 아니라고도 하지 않고, 아닌 것이 아니라고도 하지 않는다'라고 혼란스러운 말로 궤변을 늘어놓는다오.

비구들이여, 이것이 궤변론자인 어떤 사문과 바라문들이 이런저런 질문을 받으면 애매모호한 궤변을 늘어놓는 둘째 이유이며 근거라오.

**┃2. 26.┃** 셋째로, 사문이나 바라문 존자들은 무엇 때문에, 어떤 근거에서, 이런저런 질문을 받으면 애매모호한 궤변을 늘어놓는 것일까?

비구들이여, 어떤 사문이나 바라문은 '이것은 옳다'라고 여실하게 알지 못하고, '이것은 옳지 않다'라고 여실하게 알지 못한다오.

그는 이와 같이 생각한다오.

'나는 '이것은 옳다'라고 여실하게 알지 못하고, '이것은 옳지 않다'라고 여실하게 알지 못한다. 그런데 내가 '이것은 옳다'라고 여실하게 알지 못하고 '이것은 옳지 않다'라고 여실하게 알지 못하면서, '이것은 옳다'라고 대답하거나, '이것은 옳지 않다'라고 대답한다면, 생각건대, 현명하고, 총명하고, 논쟁에 능숙한 사문과 바라문들이 있어 예리한 지혜로써 악견(惡見)들을 논파할 것이다. 그때 그들은 나와 논의하고, 이유를 묻고, 반문할 것이다. 그들이 나와 논의하고, 이유를 묻고, 반문하면, 그때 나는 논의를 진행하지 못할 것이다. 내가 논의를 진행하지 못하는 것은 나에게 난처한 일일 것이다. 나에게 난처한 일이라면, 그것은 나에게 장애가 될 것이다.'

이와 같이 그는 반문을 두려워하고 반문을 혐오하여, 실로 '이것은 옳다'라고 대답하지 않고, '이것은 옳지 않다'라고 대답하지 않고, 이런저런 질문을 받으면, '나는 이렇다고도 하지 않고, 그렇다고도 하지 않고, 다르다고도 하지 않고, 아니라고도 하지 않고, 아닌 것이 아니라고도 하지 않는다'라고 혼란스러운 말로 궤변을 늘어놓는다오.

비구들이여, 이것이 궤변론자인 어떤 사문과 바라문들이 이런저런 질문을 받으면 애매모호한 궤변을 늘어놓는 셋째 이유이며 근거라오.

**| 2. 27. |** 넷째로, 사문이나 바라문 존자들은 무엇 때문에, 어떤 근거에서, 이런저런 질문을 받으면 애매모호한 궤변을 늘어놓는 것일까?

비구들이여, 어떤 사문이나 바라문은 어리석고, 무지하다오. 그는 어리석고, 무지하기 때문에 이런저런 질문을 받으면, '만약 그대가 나에게 '저세상은 있는가?'라고 묻는다면, 그리고 만약 내가 '저세상은 있다'라고 생각한다면, 나는 그대에게 '저세상은 있다'라고 그것을 그대에게 설명할 것이다. 그러나 나는 이렇다고도 하지 않고, 그렇다고도 하지 않고, 다르다고도 하지 않고, 아니라고도 하지 않고, 아닌 것이 아니라고도 하지 않는다. 만약 그대가 나에게 '저세상은 없는가?'라고 묻는다면, …(중략)… '저세상은 있기도 하고 없기도 하는가?', '저세상은 있지도 않고 없지도 않은가?', '중생의 화생(化生)은 있는가?', '없는가?', '있기도 하고 없기도 하는가?', '있지도 않고 없지도 않은가?', '선악업의 과보는 있는가?', '없는가?', '있기도 하고 없기도 하는가?', '있지도 않고 없지도 않은가?', '여래는 사후에 있는가?', '없는가?', '있기도 하고 없기도 하는가?', '있지도 않고 없지도 않은가?'라고 만약 그대가 나에게 묻는다면, 그리고 내가 만약에 '여래는 사후에 있지도 않고, 없지도 않다'라고 생각한다면, 나는 그대에게 '여래는 사후에 있지도 않고, 없지도 않다'라고 그것을 그대에게 설명할 것이다. 그러나 나는 이렇다고도 하지 않고, 그렇다고도 하지 않고, 다르다고도 하지 않고, 아니라고도 하지 않고, 아닌 것이 아니라고도 하지 않는다'라고 혼란스러운 말로 궤변을 늘어놓는다오.

비구들이여, 이것이 궤변론자인 어떤 사문과 바라문들이 이런저런 질문을 받으면 애매모호한 궤변을 늘어놓는 넷째 이유이며 근거라오.

**▎2. 28.▎** 비구들이여, 이들이 궤변론자로서 이런저런 질문을 받으면 혼란스러운 말로 궤변을 늘어놓는 사문과 바라문들이라오. 비구들이여, 궤변론자로서 이런저런 질문을 받으면 혼란스러운 말로 궤변을 늘어놓는 사문이나 바라문들은 누구든 모두 이들 네 가지나 그들 가운데 어느 하나를 가지고 주장할 뿐, 그밖에 다른 것은 없다오.

**▎2. 29.▎** 비구들이여, 여래는 이들 견해의 근거는 어떻게 이해된 것인지, 어떻게 취해진 것인지, 어디로 가는 것인지, 미래에 어떻게 될 것인지를 분명하게 안다오. 여래는 그것을 알 뿐만 아니라, 그보다 더욱 수승한 것을 알지만 그 지식을 집착하지 않으며, 집착이 없이 스스로 적멸에 이르렀음을 안다오. 비구들이여, 여래는 감정의 일어남과 사라짐, 그것이 주는 즐거움과 재앙, 그것으로부터 벗어남을 여실하게 알아서 집착하지 않고 해탈했다오.

비구들이여, 이것이 현자만이 알 수 있는, 심오하고, 보기 어렵고, 깨닫기 어렵고, 고요하고, 사변을 벗어난, 미묘하고 훌륭한 진리라오. 여래는 그것을 스스로 이해하고, 체험하여 가르치나니, 사람들은 그것으로 여래의 진면목을 바르게 찬탄해야 할 것이오.”

## 두 가지 우연(偶然)발생론

**▎2. 30.▎** “비구들이여, 어떤 사문과 바라문들은 우연발생론자(adhiccasamuppannika)들인데, 그들은 두 가지 근거로 자아와 세계는 우연히 발생한다고 주장한다오. 우연발생론자인 그들 사문과 바라문 존자들은 무엇 때문에, 어떤 근거에서, 자아와 세계는 우연히 발생했다고 주장하는가?

**| 2. 31. |** 비구들이여, 아싼냐쌋따(Asañña-satta, 無想有情天)라 불리는 천신들이 있는데, 그 천신들의 몸은 상(想)[21]이 생기면 그곳에서 죽는다오. 그런데 비구들이여, 이런 일이 있나니, 어떤 중생이 그 무리에서 죽어 이곳으로 온다오. 이곳으로 와서 집을 버리고 출가하여 사문이 된다오. 집을 버리고 출가한 사문은 노력하고, 정진하고, 전념하고, 방일하지 않고, 마음을 집중하여 삼매에 든 마음에서 상(想)의 발생을 기억하고 그 이상은 기억하지 못하는, 그와 같은 마음의 삼매에 도달한다오. 그는 이와 같이 말한다오.

'자아와 세계는 우연히 발생했다. 왜냐하면, 나는 전생에는 존재하지 않았다. 그런데 존재하지 않았던 내가 지금은 존재의 생태로[22] 변화하여 존재하기 때문이다.'

비구들이여, 이것이 우연발생론자인 어떤 사문과 바라문들이 자아와 세계는 우연히 발생했다고 주장하는 첫째 이유이며 근거라오.

**| 2. 32. |** 둘째로, 사문이나 바라문 존자들은 무엇 때문에, 어떤 근거에서, 자아와 세계는 우연히 발생한다고 주장하는가?

비구들이여, 어떤 사문이나 바라문은 논리적으로 추론하는 사변

---

21  'saññā'의 번역.

22  'sattattāya'의 번역.

가라오. 그는 논리학을 익혀 논리적으로 사유하고, 스스로 이해하여 이렇게 말한다오.

'자아와 세계는 우연히 발생했다.'

비구들이여, 이것이 우연발생론자인 어떤 사문과 바라문들이 자아와 세계는 우연히 발생했다고 주장하는 둘째 이유이며 근거라오.

**2. 33.** 비구들이여, 이들이 두 가지 근거로써 자아와 세계는 우연히 발생했다고 주장하는 우연발생론자인 사문과 바라문들이라오. 비구들이여, 우연발생론자로서 자아와 세계는 우연히 발생했다고 주장하는 사문이나 바라문들은 누구든 모두 이들 두 가지나 그들 가운데 어느 하나를 가지고 주장할 뿐, 그밖에 다른 것은 없다오.

**2. 34.** 비구들이여, 여래는 이들 견해의 근거는 어떻게 이해된 것인지, 어떻게 취해진 것인지, 어디로 가는 것인지, 미래에 어떻게 될 것인지를 분명하게 안다오. 여래는 그것을 알 뿐만 아니라, 그보다 더욱 수승한 것을 알지만, 그 지식을 집착하지 않으며, 집착이 없이 스스로 적멸에 이르렀음을 안다오. 비구들이여, 여래는 감정의 일어남과 사라짐, 그것이 주는 즐거움과 재앙, 그것으로부터 벗어남을 여실하게 알아서 집착하지 않고 해탈했다오.

비구들이여, 이것이 현자만이 알 수 있는, 심오하고, 보기 어렵고, 깨닫기 어렵고, 고요하고, 사변을 벗어난, 미묘하고 훌륭한 진리라오. 여래는 그것을 스스로 이해하고, 체험하여 가르치나니, 사람들은 그것으로 여래의 진면목을 바르게 찬탄해야 할 것이오.

**2. 35.** 비구들이여, 이들이 과거에 대하여 억측을 하는 자들로서 열여덟 가지로 여러 가지 허망한 이론들을 주장하는 사문과 바라문들이

라오. 비구들이여, 과거에 대하여 억측을 하는 자들로서 여러 가지 허망한 이론들을 주장하는 사문이나 바라문들은 누구든 모두 이들 열여덟 가지나 그들 가운데 어느 하나를 가지고 주장할 뿐, 그밖에 다른 것은 없다오.

**|2.36.|** 비구들이여, 여래는 이들 견해의 근거는 어떻게 이해된 것인지, 어떻게 취해진 것인지, 어디로 가는 것인지, 미래에 어떻게 될 것인지를 분명하게 안다오. 여래는 그것을 알 뿐만 아니라, 그보다 더욱 수승한 것을 알지만 그 지식을 집착하지 않으며, 집착이 없이 스스로 적멸에 이르렀음을 안다오. 비구들이여, 여래는 감정의 일어남과 사라짐, 그것이 주는 즐거움과 재앙, 그것으로부터 벗어남을 여실하게 알아서 집착하지 않고 해탈했다오.

비구들이여, 이것이 현자만이 알 수 있는, 심오하고, 보기 어렵고, 깨닫기 어렵고, 고요하고, 사변을 벗어난, 미묘하고 훌륭한 진리라오. 여래는 그것을 스스로 이해하고, 체험하여 가르치나니, 사람들은 그것으로 여래의 진면목을 바르게 찬탄해야 할 것이오."

### 미래(未來)에 관한 44가지 사견(邪見)

**|2.37.|** "비구들이여, 어떤 사문과 브라만들은 미래에 대하여 억측을 하는 자들[23]로서, 미래에 대하여 마흔네 가지로 여러 가지 허망한 이론

---

23 'aparantakappikā aparantānudiṭṭhino'의 번역. 'aparanta'는 '다음, 후(後)'를 의미하는 'apara'와 '끝'을 의미하는 'anta'의 합성어로서 시간적으로는 '미래'를 의미한다. 주 10)의

들을 주장한다오. 미래에 대하여 억측을 하는 그들 사문이나 바라문 존자들은 무엇 때문에, 어떤 근거에서, 미래에 대하여 마흔네 가지로 여러 가지 허망한 이론들을 주장하는가?"

## 사후유상론(死後有想論)

**| 2. 38. |** "비구들이여, 어떤 사문과 바라문들은 사후유상론자(死後有想論者)들로서 상(想)이 있는[24] 사후의 자아를 열여섯 가지로 주장한다오. 사후유상론자들인 그 사문과 바라문 존자들은 무엇 때문에, 어떤 근거에서, 상이 있는 사후의 자아를 열여섯 가지로 주장하는가?

그들은 '① 사후에 상(想)이 있고, 병이 없는[無病], 신체[色][25]가 있는 자아가 있다. ② 사후에 상이 있고, 병이 없는, 신체가 없는 자아가 있다. ③ 사후에 상이 있고, 병이 없는, 신체가 있기도 하고 없기도 한 자아가 있다. ④ 사후에 상이 있고, 병이 없는, 신체가 있지도 않고 없지도 않은 자아가 있다'라고 주장한다오.

그들은 '① 사후에 상(想)이 있고, 병이 없는, 유한(有限)한 자아가 있다. ② 사후에 상이 있고, 병이 없는, 무한(無限)한 자아가 있다. ③ 사후에 상이 있고, 병이 없는, 유한하기도 하고 무한하기도 한 자아가 있

---

'pubbantakappikā pubbantānudiṭṭhino'와 상대적인 의미이기 때문에 '미래에 대하여 억측을 하는 자들'로 번역했다. 이 경에서 붓다는 세계와 자아의 과거와 미래, 즉 시작과 끝에 대한 주장은 모두가 무의미한 억측일 뿐이라고 이야기하고 있다.

24  'saññin'의 번역

25  'rūpa'의 번역.

다. ④ 사후에 상이 있고, 병이 없는, 유한하지도 무한하지도 않은 자아가 있다'라고 주장한다오.

그들은 '① 사후에 상(想)이 있고, 병이 없는, 단일한 상이 있는 자아가 있다. ② 사후에 상이 있고, 병이 없는, 다양한 상이 있는 자아가 있다. ③ 사후에 상이 있고, 병이 없는, 적은 상이 있는 자아가 있다. ④ 사후에 상이 있고, 병이 없는, 무수한 상이 있는 자아가 있다'라고 주장한다오.

그들은 '① 사후에 상(想)이 있고, 병이 없는, 오로지 즐거움만 있는 자아가 있다. ② 사후에 상이 있고, 병이 없는, 오로지 괴로움만 있는 자아가 있다. ③ 사후에 상이 있고, 병이 없는, 즐거움과 괴로움이 있는 자아가 있다. ④ 사후에 상이 있고, 병이 없는, 괴로움도 없고 즐거움도 없는 자아가 있다'라고 주장한다오.

**▎2. 39.▎** 비구들이여, 이들이 사후유상론자들로서 상이 있는 사후의 자아를 열여섯 가지로 주장하는 사문과 바라문들이라오. 비구들이여, 사후유상론자들로서 상이 있는 사후의 자아를 주장하는 사문이나 바라문들은 누구든 모두 이들 열여섯 가지나, 그들 가운데 어느 하나를 가지고 주장할 뿐, 그밖에 다른 것은 없다오.

**▎2. 40.▎** 비구들이여, 여래는 이들 견해의 근거는 어떻게 이해된 것인지, 어떻게 취해진 것인지, 어디로 가는 것인지, 미래에 어떻게 될 것인지를 분명하게 안다오. 여래는 그것을 알 뿐만 아니라, 그보다 더욱 수승한 것을 알지만 그 지식을 집착하지 않으며, 집착이 없이 스스로 적멸에 이르렀음을 안다오. 비구들이여, 여래는 감정의 일어남과 사라짐, 그것이 주는 즐거움과 재앙, 그것으로부터 벗어남을 여실하게 알아서

집착하지 않고 해탈했다오.

비구들이여, 이것이 현자만이 알 수 있는, 심오하고, 보기 어렵고, 깨닫기 어렵고, 고요하고, 사변을 벗어난, 미묘하고 훌륭한 진리라오. 여래는 그것을 스스로 이해하고, 체험하여 가르치나니, 사람들은 그것으로 여래의 진면목을 바르게 찬탄해야 할 것이오."

## 사후무상론(死後無想論)

**3.1.** "비구들이여, 사후무상론자들인 어떤 사문과 바라문들은 상(想)이 없는[26] 사후의 자아를 여덟 가지로 주장한다오. 사후무상론자(死後無想論者)들인 그 사문과 바라문 존자들은 무엇 때문에, 어떤 근거에서 상이 없는 사후의 자아를 여덟 가지로 주장하는가?

**3.2.** 그들은 '① 사후에 상이 없고, 병이 없는[無病], 신체[色]가 있는 자아가 있다. ② 사후에 상이 없고, 병이 없는, 신체가 없는 자아가 있다. ③ 사후에 상이 없고, 병이 없는, 신체가 있기도 하고 없기도 하는 자아가 있다. ④ 사후에 상이 없고, 병이 없는, 신체가 있지도 않고 없지도 않은 자아가 있다'라고 주장한다오.

그들은 '① 사후에 상이 없고, 병이 없는, 유한한 자아가 있다. ② 사후에 상이 없고, 병이 없는, 무한한 자아가 있다. ③ 사후에 상이 없고, 병이 없는, 유한하기도 하고 무한하기도 한 자아가 있다. ④ 사후에 상이 없고, 병이 없는, 유한하지도 무한하지도 않은 자아가 있다'라고

---

26 'asaññin'의 번역.

주장한다오.

**▮ 3. 3. ▮**　비구들이여, 이들이 사후무상론자들로서 상이 없는 사후의 자아를 여덟 가지로 주장하는 사문과 바라문들이라오. 비구들이여, 사후무상론자들로서 상이 없는 사후의 자아를 주장하는 사문이나 바라문들은 누구든 모두 이들 여덟 가지나, 그들 가운데 어느 하나를 가지고 주장할 뿐, 그밖에 다른 것은 없다오.

**▮ 3. 4. ▮**　비구들이여, 여래는 이들 견해의 근거는 어떻게 이해된 것인지, 어떻게 취해진 것인지, 어디로 가는 것인지, 미래에 어떻게 될 것인지를 분명하게 안다오. 여래는 그것을 알 뿐만 아니라, 그보다 더욱 수승한 것을 알지만 그 지식을 집착하지 않으며, 집착이 없이 스스로 적멸에 이르렀음을 안다오. 비구들이여, 여래는 감정의 일어남과 사라짐, 그것이 주는 즐거움과 재앙, 그것으로부터 벗어남을 여실하게 알아서 집착하지 않고 해탈했다오.

　비구들이여, 이것이 현자만이 알 수 있는, 심오하고, 보기 어렵고, 깨닫기 어렵고, 고요하고, 사변을 벗어난, 미묘하고, 훌륭한 진리라오. 여래는 그것을 스스로 이해하고, 체험하여 가르치나니, 사람들은 그것으로 여래의 진면목을 바르게 찬탄해야 할 것이오."

## 사후비유상비무상론(死後非有想非無想論)

**▮ 3. 5. ▮**　"비구들이여, 사후비유상비무상론자(死後非有想非無想論者)들인 어떤 사문과 바라문들은 상(想)이 있지도 않고, 없지도 않은 사후의 자아를 여덟 가지로 주장한다오. 사후비유상비무상론자들인 그 사문

과 바라문 존자들은 무엇 때문에, 어떤 근거에서, 상이 있지도 않고, 없지도 않은 사후의 자아를 여덟 가지로 주장하는가?

**3. 6.** 그들은 '① 사후에 상이 있지도 않고 없지도 않은, 신체[色]가 있는 자아가 있다. ② 사후에 상이 있지도 않고 없지도 않은, 신체가 없는 자아가 있다. ③ 사후에 상이 있지도 않고 없지도 않은, 신체가 있기도 하고 없기도 하는 자아가 있다. ④ 사후에 상이 있지도 않고 없지도 않은, 신체가 있지도 않고 없지도 않은 자아가 있다'라고 주장한다오.

그들은 '① 사후에 상이 있지도 않고 없지도 않은, 유한한 자아가 있다. ② 사후에 상이 있지도 않고 없지도 않은, 무한한 자아가 있다. ③ 사후에 상이 있지도 않고 없지도 않은, 유한하기도 하고 무한하기도 한 자아가 있다. ④ 사후에 상이 있지도 않고 없지도 않은, 유한하지도 무한하지도 않은 자아가 있다'라고 주장한다오.

**3. 7.** 비구들이여, 이들이 사후비유상비무상론자들로서 상이 있지도 않고 없지도 않은 사후의 자아를 여덟 가지로 주장하는 사문과 바라문들이라오. 비구들이여, 사후비유상비무상론자들로서 상이 있지도 않고 없지도 않은 사후의 자아를 주장하는 사문이나 바라문들은 누구든 모두 이들 여덟 가지나, 그들 가운데 어느 하나를 가지고 주장할 뿐, 그밖에 다른 것은 없다오.

**3. 8.** 비구들이여, 여래는 이들 견해의 근거는 어떻게 이해된 것인지, 어떻게 취해진 것인지, 어디로 가는 것인지, 미래에 어떻게 될 것인지를 분명하게 안다오. 여래는 그것을 알 뿐만 아니라, 그보다 더욱 수승한 것을 알지만 그 지식을 집착하지 않으며, 집착이 없이 스스로 적멸에 이르렀음을 안다오. 비구들이여, 여래는 감정의 일어남과 사라짐,

그것이 주는 즐거움과 재앙, 그것으로부터 벗어남을 여실하게 알아서 집착하지 않고 해탈했다오.

비구들이여, 이것이 현자만이 알 수 있는, 심오하고, 보기 어렵고, 깨닫기 어렵고, 고요하고, 사변을 벗어난, 미묘하고 훌륭한 진리라오. 여래는 그것을 스스로 이해하고, 체험하여 가르치나니, 사람들은 그것으로 여래의 진면목을 바르게 찬탄해야 할 것이오."

### 단멸론(斷滅論)

▌**3. 9.** ▌ "비구들이여, 어떤 사문과 바라문들은 단멸론자(斷滅論者)로서 중생의 단멸과 사멸(死滅)과 소멸(消滅)을 일곱 가지로 주장한다오. 그 사문과 바라문 존자들은 무엇 때문에, 어떤 근거에서, 중생의 단멸과 사멸과 소멸을 일곱 가지로 주장하는가?

▌**3. 10.**▌ 비구들이여, 어떤 사문과 바라문은 이런 견해를 가지고, 이렇게 말한다오.

'존자여, 이 자아는 신체[色]를 가지고 있으며,[27] 사대(四大)로 된 것이며, 부모가 낳은 것이기 때문에 몸이 파괴되면 단멸하고 소멸하여 사후에는 존재하지 않소. 존자여, 이러한 방식으로 실로 이 자아는 완전히 단멸하오.'

어떤 자들은 이와 같이 중생의 자아는 단멸하고, 사멸하고, 소멸한다고 주장한다오.

---

27 'rūpī'의 번역.

**┃3. 11.┃**  그것에 대하여 다른 사람은 이렇게 말한다오.

'존자여, 실로 그대가 말한 자아는 존재하오. 나는 그 자아가 존재하지 않는다고는 말하지 않소. 존자여, 그러나 이 자아가 그런 식으로 완전히 단멸하는 것은 아니오. 존자여, 신체를 가지고 있으며, 덩어리 음식을 먹는[28] 욕계천(欲界天, kāmâvacaro dibbo)의 다른 자아가 있소. 그대는 그것을 알지 못하고, 보지 못하고 있소. 나는 그것을 알고 본다오. 그 자아가 몸이 파괴되면 단멸하고 소멸하여 사후에는 존재하지 않소. 존자여, 이러한 방식으로 실로 이 자아는 완전히 단멸하오.'

어떤 자들은 이와 같이 중생의 자아는 단멸하고, 사멸하고, 소멸한다고 주장한다오.

**┃3. 12.┃**  그것에 대하여 다른 사람은 이렇게 말한다오.

'존자여, 실로 그대가 말한 자아는 존재하오. 나는 그 자아가 존재하지 않는다고는 말하지 않소. 존자여, 그러나 이 자아가 그런 식으로 완전히 단멸하는 것은 아니오. 존자여, 신체를 가지고 있으며, 일체의 수족(手足)을 갖추고 모든 감관을 구비한[29] 마음으로 이루어진 천신(天神, dibbo)의 다른 자아가 있소. 그대는 그것을 알지 못하고, 보지 못하고 있소. 나는 그것을 알고 본다오. 그 자아가 몸이 파괴되면 단멸하고 소멸하여 사후에는 존재하지 않소. 존자여, 이러한 방식으로 실로 이 자아는 완전히 단멸하오.'

어떤 자들은 이와 같이 중생의 자아는 단멸하고, 사멸하고, 소멸

---

28  'kabaliṅkārâhāra-bhakkho'의 번역.

29  'ahīnindriyo'의 번역

한다고 주장한다오.

**3. 13.** 그것에 대하여 다른 사람은 이렇게 말한다오.

'존자여, 실로 그대가 말한 자아는 존재하오. 나는 그 자아가 존재하지 않는다고는 말하지 않소. 존자여, 그러나 이 자아가 그런 식으로 완전히 단멸하는 것은 아니오. 존자여, 형색에 대한 관념[色想][30]을 완전히 초월하고, 지각대상에 대한 관념[有對想][31]을 소멸하여 잡다한 관념[想]에 마음을 쓰지 않음으로써 '허공은 무한하다'라고 생각하는 공무변처(空無邊處)를 성취한 다른 자아가 있소. 그대는 그것을 알지 못하고, 보지 못하고 있소. 나는 그것을 알고 본다오. 그 자아가 몸이 파괴되면 단멸하고 소멸하여 사후에는 존재하지 않소. 존자여, 이러한 방식으로 실로 이 자아는 완전히 단멸하오.'

어떤 자들은 이와 같이 중생의 자아는 단멸하고, 사멸하고, 소멸한다고 주장한다오.

**3. 14.** 그것에 대하여 다른 사람은 이렇게 말한다오.

'존자여, 실로 그대가 말한 자아는 존재하오. 나는 그 자아가 존재하지 않는다고는 말하지 않소. 존자여, 그러나 이 자아가 그런 식으로 완전히 단멸하는 것은 아니오. 존자여, 공무변처(空無邊處)를 완전히 초월하여, '의식(意識)은 무한하다'라고 생각하는 식무변처(識無邊處)를 성

---

30 'rūpa-saññāṇa'의 번역. 감각적 지각을 통해 형성된 표상(表象)을 의미한다.

31 'paṭigha-saññāṇa'의 번역. 'paṭigha'는 '충돌, 장애'의 의미이다. 감각적 지각은 지각활동이 대상과 충돌하는 것, 즉 지각활동에 장애로 나타나는 것이다. 예를 들어 손이 사물에 닿을 때, 손의 운동을 사물이 장애할 때, 우리는 그것을 외부의 대상으로 지각한다. 'paṭigha-saññāṇa'는 이렇게 대상으로 파악된 표상(表象)을 의미한다.

취한 다른 자아가 있소. 그대는 그것을 알지 못하고, 보지 못하고 있소. 나는 그것을 알고 본다오. 그 자아가 몸이 파괴되면 단멸하고 소멸하여 사후에는 존재하지 않소. 존자여, 이러한 방식으로 실로 이 자아는 완전히 단멸하오.'

어떤 자들은 이와 같이 중생의 자아는 단멸하고, 사멸하고, 소멸한다고 주장한다오.

**┃3. 15.┃** 그것에 대하여 다른 사람은 이렇게 말한다오.

'존자여, 실로 그대가 말한 자아는 존재하오. 나는 그 자아가 존재하지 않는다고는 말하지 않소. 존자여, 그러나 이 자아가 그런 식으로 완전히 단멸하는 것은 아니오. 존자여, 식무변처를 완전히 초월하여, '어떤 것도 존재하지 않는다'라고 생각하는 무소유처(無所有處)를 성취한 다른 자아가 있소. 그대는 그것을 알지 못하고, 보지 못하고 있소. 나는 그것을 알고 본다오. 그 자아가 몸이 파괴되면 단멸하고 소멸하여 사후에는 존재하지 않소. 존자여, 이러한 방식으로 실로 이 자아는 완전히 단멸하오.'

어떤 자들은 이와 같이 중생의 자아는 단멸하고, 사멸하고, 소멸한다고 주장한다오.

**┃3. 16.┃** 그것에 대하여 다른 사람은 이렇게 말한다오.

'존자여, 실로 그대가 말한 자아는 존재하오. 나는 그 자아가 존재하지 않는다고는 말하지 않소. 존자여, 그러나 이 자아가 그런 식으로 완전히 단멸하는 것은 아니오. 존자여, 무소유처를 완전히 초월하여, '이것은 평온하다. 이것이 훌륭하다'라고 생각하는 비유상비무상처(非有想非無想處)를 성취한 다른 자아가 있소. 그대는 그것을 알지 못하고,

보지 못하고 있소. 나는 그것을 알고 본다오. 그 자아가 몸이 파괴되면 단멸하고 소멸하여 사후에는 존재하지 않소. 존자여, 이러한 방식으로 실로 이 자아는 완전히 단멸하오.'

어떤 자들은 이와 같이 중생의 자아는 단멸하고, 사멸하고, 소멸 한다고 주장한다오.

**3. 17.** 비구들이여, 이들이 단멸론자로서 중생의 단멸과 사멸과 소 멸을 일곱 가지로 주장하는 사문과 바라문들이라오. 비구들이여, 단멸 론자로서 중생의 단멸과 사멸과 소멸을 주장하는 사문이나 바라문들 은 누구든 모두 이들 일곱 가지나, 그들 가운데 어느 하나를 가지고 주 장할 뿐, 그밖에 다른 것은 없다오.

**3. 18.** 비구들이여, 여래는 이들 견해의 근거는 어떻게 이해된 것인 지, 어떻게 취해진 것인지, 어디로 가는 것인지, 미래에 어떻게 될 것인 지를 분명하게 안다오. 여래는 그것을 알 뿐만 아니라, 그보다 더욱 수 승한 것을 알지만 그 지식을 집착하지 않으며, 집착이 없이 스스로 적 멸에 이르렀음을 안다오. 비구들이여, 여래는 감정의 일어남과 사라짐, 그것이 주는 즐거움과 재앙, 그것으로부터 벗어남을 여실하게 알아서 집착하지 않고 해탈했다오.

비구들이여, 이것이 현자만이 알 수 있는, 심오하고, 보기 어렵고, 깨닫기 어렵고, 고요하고, 사변을 벗어난, 미묘하고 훌륭한 진리라오. 여래는 그것을 스스로 이해하고, 체험하여 가르치나니, 사람들은 그것 으로 여래의 진면목을 바르게 찬탄해야 할 것이오."

## 현세열반론(現世涅槃論)

**▌3. 19.▐** "비구들이여, 어떤 사문과 바라문들은 현세열반론자(現世涅槃論者)로서 중생의 최상의 현세열반(現世涅槃)을 다섯 가지로 주장한다오. 그 사문과 바라문 존자들은 무엇 때문에, 어떤 근거에서, 중생의 최상의 현세열반을 다섯 가지로 주장하는가?

**▌3. 20.▐** 비구들이여, 어떤 사문이나 바라문은 이런 견해를 가지고, 이렇게 말한다오.

'존자여, 이 자아는 다섯 가지 감각적 쾌락[五欲樂]의 대상을 소유하고, 구족하여 즐긴다오. 존자여, 이 자아는 이런 식으로 최상의 현세열반을 성취한다오.'

어떤 자들은 이와 같이 중생의 최상의 현세열반을 주장한다오.

**▌3. 21.▐** 그것에 대하여 다른 사람은 이렇게 말한다오.

'존자여, 실로 그대가 말한 자아는 존재하오. 나는 그 자아가 존재하지 않는다고는 말하지 않소. 존자여, 그러나 이 자아는 그런 식으로 최상의 현세열반을 성취하는 것은 아니오. 왜냐하면, 감각적 쾌락[32]은 무상하며, 괴로움이며, 변화하는 법(法)이며, 그 변화하여 달라지는 존재들[33]에게 슬픔, 비탄, 괴로움, 근심, 불안이 나타나기 때문이오. 존자여, 이 자아는 감각적 쾌락을 멀리하고 불선법(不善法)을 멀리함으로써 [지각의 대상에 대한] 사유가 있고 숙고가 있는, [불선법을] 멀리함에서 생긴 기쁨과 즐거움이 있는 초선(初禪)을 성취하여 지낸다오. 존자여, 이 자

---

32 'kāma'의 번역.

33 'vipariṇām-aññathā-bhāvā'의 번역.

아는 이런 식으로 최상의 현세열반을 성취한다오.'

　　어떤 자들은 이와 같이 중생의 최상의 현세열반을 주장한다오.

**| 3. 22. |**　　그것에 대하여 다른 사람은 이렇게 말한다오.

　　'존자여, 실로 그대가 말한 자아는 존재하오. 나는 그 자아가 존재
하지 않는다고는 말하지 않소. 존자여, 그러나 이 자아는 그런 식으로
최상의 현세열반을 성취하는 것은 아니오. 왜냐하면, 사유하고 숙고하
는 상태에 있을 때, 그것은 거친 것이라고 일컬어지기 때문이오. 존자
여, 이 자아는 사유와 숙고를 적멸(寂滅)하고, 내적으로 평온해져 마음
이 하나로 모아짐으로써[34] 사유도 없고 숙고도 없는 삼매에서 생긴 기
쁨과 즐거움이 있는 제2선(第二禪)을 성취하여 지낸다오. 존자여, 이 자
아는 이런 식으로 최상의 현세열반을 성취한다오.'

　　어떤 자들은 이와 같이 중생의 최상의 현세열반을 주장한다오.

**| 3. 23. |**　　그것에 대하여 다른 사람은 이렇게 말한다오.

　　'존자여, 실로 그대가 말한 자아는 존재하오. 나는 그 자아가 존재
하지 않는다고는 말하지 않소. 존자여, 그러나 이 자아는 그런 식으로
최상의 현세열반을 성취하는 것은 아니오. 왜냐하면, 기쁨에 이르러 기
쁨에 들뜬 상태에 있을 때, 그것은 거친 것이라고 일컬어지기 때문이
오. 존자여, 이 자아는 기쁜 상태에서 욕탐을 떠나 평정한 마음(upekkha-
ko)으로 살아가면서, 몸으로 정념(正念)과 정지(正知)와 즐거움을 지각
함으로써 성자(聖者)들이 '평정심으로 주의집중(염처수행)을 하면서 즐
겁게 살아간다'라고 이야기한 제3선(第三禪)을 성취하여 지낸다오. 존

---

34　'cetaso ekaso-bhāvaṃ'의 번역.

자여, 이 자아는 이런 식으로 최상의 현세열반을 성취한다오.'

어떤 자들은 이와 같이 중생의 최상의 현세열반을 주장한다오.

**3. 24.** 그것에 대하여 다른 사람은 이렇게 말한다오.

'존자여, 실로 그대가 말한 자아는 존재하오. 나는 그 자아가 존재하지 않는다고는 말하지 않소. 존자여, 그러나 이 자아는 그런 식으로 최상의 현세열반을 성취하는 것은 아니오. 왜냐하면, 마음이 즐거움이라고 느낄 때, 그것은 거친 것이라고 일컬어지기 때문이오. 존자여, 이 자아는 즐거움도 버리고 괴로움도 버림으로써, 이전의 환희와 근심이 사라져서 괴로움도 없고 즐거움도 없이 평정심으로 청정하게 주의집중을 하는[35] 제4선(第四禪)을 성취하여 지낸다오. 존자여, 이 자아는 이런 식으로 최상의 현세열반을 성취한다오.'

어떤 자들은 이와 같이 중생의 최상의 현세열반을 주장한다오.

**3. 25.** 비구들이여, 이들이 현세열반론자로서 중생의 최상의 현세열반을 다섯 가지로 주장하는 사문과 바라문들이라오. 비구들이여, 현세열반론자로서 중생의 최상의 현세열반을 주장하는 사문이나 바라문들은 누구든 모두 이들 다섯 가지나, 그들 가운데 어느 하나를 가지고 주장할 뿐, 그밖에 다른 것은 없다오.

**3. 26.** 비구들이여, 여래는 이들 견해의 근거는 어떻게 이해된 것인지, 어떻게 취해진 것인지, 어디로 가는 것인지, 미래에 어떻게 될 것인지를 분명하게 안다오. 여래는 그것을 알 뿐만 아니라 그보다 더욱 수승한 것을 알지만, 그 지식을 집착하지 않으며, 집착이 없이 스스로 적

---

35 'upekhā-sati-pārisuddhiṃ'의 번역.

멸에 이르렀음을 안다오. 비구들이여, 여래는 감정의 일어남과 사라짐, 그것이 주는 즐거움과 재앙, 그것으로부터 벗어남을 여실하게 알아서 집착하지 않고 해탈했다오.

비구들이여, 이것이 현자만이 알 수 있는, 심오하고, 보기 어렵고, 깨닫기 어렵고, 고요하고, 사변을 벗어난, 미묘하고 훌륭한 진리라오. 여래는 그것을 스스로 이해하고, 체험하여 가르치나니, 사람들은 그것으로 여래의 진면목을 바르게 찬탄해야 할 것이오.

**|3. 27.|** 비구들이여, 이들이 미래에 대하여 억측을 하는 자들로서 미래에 대하여 마흔네 가지로 여러 가지 허망한 이론들을 주장하는 사문과 바라문들이라오. 비구들이여, 미래에 대하여 억측을 하는 자들로서 미래에 대하여 여러 가지 허망한 이론들을 주장하는 사문이나 바라문들은 누구든 모두 이들 마흔네 가지나, 그들 가운데 어느 하나를 가지고 주장할 뿐, 그밖에 다른 것은 없다오.

**|3. 28.|** 비구들이여, 여래는 이들 견해의 근거는 어떻게 이해된 것인지, 어떻게 취해진 것인지, 어디로 가는 것인지, 미래에 어떻게 될 것인지를 분명하게 안다오. 여래는 그것을 알 뿐만 아니라, 그보다 더욱 수승한 것을 알지만, 그 지식을 집착하지 않으며, 집착이 없이 스스로 적멸에 이르렀음을 안다오. 비구들이여, 여래는 감정의 일어남과 사라짐, 그것이 주는 즐거움과 재앙, 그것으로부터 벗어남을 여실하게 알아서 집착하지 않고 해탈했다오.

비구들이여, 이것이 현자만이 알 수 있는, 심오하고, 보기 어렵고, 깨닫기 어렵고, 고요하고, 사변을 벗어난, 미묘하고, 훌륭한 진리라오. 여래는 그것을 스스로 이해하고, 체험하여 가르치나니, 사람들은 그것으로 여래의 진면목을 바르게 찬탄해야 할 것이오.

**3. 29.** 비구들이여, 이들이 과거에 대하여, 미래에 대하여, 과거와 미래에 대하여 억측을 하는 자들로서 과거와 미래에 대하여 예순두 가지 근거를 가지고 여러 가지 허망한 이론들을 주장하는 사문과 바라문들이라오. 비구들이여, 과거에 대하여, 미래에 대하여, 과거와 미래에 대하여 억측을 하는 자들로서 과거와 미래에 대하여 여러 가지 허망한 이론을 주장하는 사문이나 바라문들은 누구든 모두 이들 예순두 가지 근거나, 그들 가운데 어느 하나를 가지고 주장할 뿐, 그밖에 다른 것은 없다오.

**3. 30.** 비구들이여, 여래는 이들 견해의 근거는 어떻게 이해된 것인지, 어떻게 취해진 것인지, 어디로 가는 것인지, 미래에 어떻게 될 것인지를 분명하게 안다오. 여래는 그것을 알 뿐만 아니라, 그보다 더욱 수승한 것을 알지만, 그 지식을 집착하지 않으며, 집착이 없이 스스로 적멸에 이르렀음을 안다오. 비구들이여, 여래는 감정의 일어남과 사라짐, 그것이 주는 즐거움과 재앙, 그것으로부터 벗어남을 여실하게 알아서 집착하지 않고 해탈했다오.

**3. 31.** 비구들이여, 이것이 현자만이 알 수 있는, 심오하고, 보기 어렵고, 깨닫기 어렵고, 고요하고, 사변을 벗어난, 미묘하고 훌륭한 진리라오. 여래는 그것을 스스로 이해하고, 체험하여 가르치나니, 사람들은 그것으로 여래의 진면목을 바르게 찬탄해야 할 것이오.

**3. 32.** ~ **3. 43.** 생략[36]

---

36  3.44.와 동일한 내용이 반복되므로 생략함.

**3.44.** 비구들이여, 과거에 대하여, 미래에 대하여, 과거와 미래에 대하여 억측을 하는 사문과 바라문들이 과거와 미래에 대하여 예순두 가지 근거를 가지고 여러 가지 허망한 이론들을 주장하는 것은 그 사문과 바라문 존자들이 알지 못하고, 보지 못하고, 느끼고, 갈애에 빠져서 두려워하는 몸부림이라오."

**3.45.** ~ **3.56.** 생략.[37]

**3.57.** "비구들이여, 과거에 대하여, 미래에 대하여, 과거와 미래에 대하여 억측을 하는 사문과 바라문들이 과거와 미래에 대하여 예순두 가지 근거를 가지고 여러 가지 허망한 이론들을 주장하는 것은 또한 촉(觸)[38] 때문이라오."

**3.58.** ~ **3.69.** 생략.[39]

**3.70.** "비구들이여, 과거에 대하여, 미래에 대하여, 과거와 미래에 대하여 억측을 하는 사문과 바라문들은 과거와 미래에 대하여 예순두 가지 근거를 가지고 여러 가지 허망한 이론들을 주장하는데, 실로 그들이 촉 없이 지각(知覺)하는 일은 있을 수 없다오.

**3.71.** 비구들이여, 상주론자인 사문이나 바라문들이 네 가지로 자아와 세계는 상주한다고 주장하는 것은, …(중략)… 과거에 대하여, 미래에 대하여, 과거와 미래에 대하여 억측을 하는 사문과 바라문들이 과거와 미래에 대하여 예순두 가지 근거를 가지고 여러 가지 허망한 이

---

37  3.57.과 동일한 내용이 반복되므로 생략함.

38  'phassa'의 번역.

39  3.70.과 동일한 내용이 반복되므로 생략함.

론들을 주장하는 것은 모두 육촉입처(六觸入處)로 거듭 접촉하여[40] 지
각한 것이라오. 그들에게 수(受, vedanā)로 인하여 애(愛, taṇhā)가, 애로 인
하여 취(取, upādāna)가, 취로 인하여 유(有)가, 유로 인하여 생(生)이, 생
으로 인하여 노사(老死), 우비고뇌(憂悲苦惱)가 생긴다오. 비구들이여,
비구가 육촉입처의 집(集, samudaya)과 그것의 소멸[滅, atthagama], 그것
이 주는 즐거움[味, assāda]과 재앙[患, ādīnava], 그것으로부터 벗어남[出離,
nissaraṇa]을 여실하게 안다면, 이 비구는 이 모든 것보다 수승한 것을 아
는 것이오.

**▌3. 72.▐**    비구들이여, 과거에 대하여, 미래에 대하여, 과거와 미래에 대
하여 억측을 하는 사문과 바라문들은 누구든 모두 예순두 가지 그물
속에 들어가 여기에 의지하여 물 위로 올라오거나, 여기에 걸려 물 위
로 올라올 것이오.

    비구들이여, 비유하면 능숙한 어부나 어부의 제자가 촘촘한 그물
을 작은 연못에 쳐놓고 이렇게 생각하는 것과 같소. '이 작은 연못에 있
는 많은 생물들은 어떤 것이건 모두 그물 속에 들어가 여기에 의지하
여 물 위로 올라오거나, 여기에 걸려 물 위로 올라올 것이다.' 비구들이
여, 실로 이와 같이 과거에 대하여, 미래에 대하여, 과거와 미래에 대하
여 억측을 하는 사문과 바라문들은 누구든 모두 예순두 가지 그물 속
에 들어가 여기에 의지하여 물 위로 올라오거나, 여기에 걸려 물 위로
올라올 것이오.

---

40    'chahi phassâyatanehi phussa phussa'의 번역.

**| 3. 73. |**　비구들이여, 여래의 몸은 존재로 이끄는 고삐[41]가 끊어졌다오. 몸이 머무는 동안은 신과 인간들이 그 몸을 볼 수 있지만, 수명이 다한 후에 몸이 무너지면 신과 인간들이 보지 못한다오.

　　비구들이여, 예를 들어, 망고 열매의 줄기를 잘라버리면 제아무리 줄기에 단단히 붙어있는 망고들이라 할지라도 그것들은 모두가 같은 처지가 되는 것과 같소. 비구들이여, 이와 같이 실로 여래의 몸은 존재로 이끄는 고삐가 끊어졌다오. 몸이 머무는 동안은 신과 인간들이 그 몸을 볼 수 있지만, 수명이 다한 후에 몸이 무너지면 신과 인간들이 보지 못한다오."

**| 3. 74. |**　이와 같이 말씀하시자, 아난다 존자께서 세존께 이와 같이 말했습니다.

　　"희유합니다. 세존이시여! 일찍이 없었던 일입니다. 세존이시여! 세존이시여, 이 법문은 이름이 무엇입니까?"

　　"아난다여, 그렇다면 이제 그대는 이 법문을 '의미의 그물(Attha-jāla)'이라는 이름으로 기억하고, '법의 그물(Dhamma-jāla)'이라는 이름으로 기억하고, '범천(梵天)의 그물(Brahma-jāla)'이라는 이름으로 기억하고, '사견(邪見)의 그물(Diṭṭhi-jāla)'이라는 이름으로 기억하도록 하라."

　　이것이 세존께서 하신 말씀입니다.

　　그 비구들은 세존의 설법에 만족하고 기뻐했습니다. 그리고 이 법문이 설해지고 있을 때, 일천 세계가 진동했습니다.

---

41　'bhava-nettiko'의 번역.

# 사문과경
## 沙門果經<sup>1</sup>

Sāmañña-Phala Sutta ②

해
제

싸만냐팔라(Sāmañña-Phala)는 사문(沙門)으로 한역되는 싸만냐(Sāmañña)와 결과(結果)를 의미하는 팔라(Phala)의 합성어로서, '사문의 결과'라는 뜻이다. 붓다는 이 경에서 "출가하여 사문이 되면 현실적으로 좋은 결과를 얻을 수 있는가?"라는 아자따쌋뚜(Ajātasattu)의 질문에 답하고 있다.

아자따쌋뚜는 부왕(父王) 빔비싸라(Bimbisāra)를 시해(弑害)하고 왕위에 오른 자이다. 그는 데와닷따(Devadatta)와 결탁하여 붓다를 살해하려 했다고 전해진다. 이 경에서 그는 참회의 날인 포살(布薩)의 날에 붓다를 찾아가서 자신의 죄를 참회하고 붓다에게 귀의한다.

이 경은 붓다와 아자따쌋뚜의 대화를 통해 당시의 인도 사상을 보여주고 있다는 점에서 주목받고 있다. 이 경에 등장하는 6명의 사상가들은 소위 육사외도(六師外道)로 알려진 사람들이다. 업보와 인과를 부정하는 도덕부정론자인 뿌라나 깟싸빠(Pūraṇa Kassapa), 이와는 반대로 필연적인 인과율을 주장하여 인간의 자유의지를 부정하는 결정론적 숙명론자인 막칼리 고쌀라(Makkhali Gosāla), 물질적 존재인 사대(四大)만을 실체로 인정하면서 윤리와 도덕을 부정하는 유물론자인 아지따 께싸깜발린(Ajita Kesakambalin), 물질적 실체인 사대와 정신적 실체인 명아(命我, jīva)와 고(苦), 낙(樂)을 7가지 실체라고 주장하면서, 우리의 생명인 명아(命我)는 본래 생멸하지 않는 실체이기 때문에 육신의 분리는 실체들의 분해에 지나지 않는다고 주장하는 기계론적 실체론자인 빠꾸다 깟짜야나(Pakudha Kaccāyana), 진리를 알 수 없기 때문에 확정된 답을 할 수 없다

---

는 회의론자인 싼자야 벨라티뿟따(Sañjaya Belaṭṭiputta), 그리고 상반 대립하는 당시의 사상들을 종합하여 포용함으로써 논쟁을 회피하고, 철저한 고행(苦行)과 금계(禁戒)의 실천으로 엄격한 도덕주의를 내세우는 자이나교의 니간타 나따뿟따(Nigaṇṭha Nātaputta)의 사상이 아자따쌋뚜의 입을 통해 이 경에 소개되고 있다.

이 경의 주제는 '출가하여 수행하면 현실적으로 좋은 결과를 얻을 수 있는가, 즉 행복한 삶을 살 수 있는가?'이다.

도덕부정론자에게 행복한 삶은 도덕적 행위의 결과가 아니라, 우연히 얻게 되는 재물과 권력이 주는 것이다. 뿌라나 깟싸빠는 이 세상에 죄도 없고, 복도 없다고 주장한다. 사람을 죽인다고 해서 죄가 되는 것도 아니고, 선행을 베푼다고 해서 복이 되는 것도 아니다. 그는 부왕을 죽이고 왕위에 오른 아자따쌋뚜에게 도덕을 부정하면서 면죄부를 주려고 한다. 오늘날 우리의 현실이 그렇다. 내란을 일으켜 이에 항거하는 시민들을 무참하게 학살하고, 대통령이 된 후에는 재벌들과 결탁하여 거액의 재물을 축재한 자가 내란음모죄 등의 죄명으로 무기징역을 선고받고도 사면 복권되어, 전직 대통령의 예우를 받고 사는 것을 보면, 뿌라나 깟싸빠가 옳은지도 모르겠다. 그러나 아자따쌋뚜는 도덕을 부정하면서 면죄부를 주려는 뿌라나 깟싸빠에게서 위안을 받지 못한다. 도덕을 부정한다고 해서 아버지를 죽이고 왕이 된 아자따쌋뚜의 마음이 편안할 수는 없었기 때문이다.

우리의 삶을 이미 결정된 숙명으로 본다면, 아자따쌋뚜가 아버지를 죽인 것도 어쩔 수 없는 숙명일 것이다. 모든 것이 결정된 숙명에 의해 진행된다면, 우리가 스스로 할 수 있는 일은 무엇인가? 막칼리 고쌀라는 우연론을 극복하기 위해서 필연적인 인과론을 주장하다가 결정론에 빠져서 인간의 자유로운 삶을 부정하게 된다. 오늘날 자연과학이 그렇다. 모든 것이 자연의 필연적인 법칙에 의해 진행된다면, 자연계의 일부인 인간의 삶도 그 필연적이 법칙에서 자유롭지 못한 것이 아니겠는가? 막칼리 고쌀라의 결정론은 고대 인도의 사상이지만 여전히 우리가 극복해야 할 사상이다.

사대(四大)라는 물질적 실체만을 참된 존재라고 주장하는 아지따 께싸깜발린은 현대의 유물론과 크게 다르지 않다. 인간과 세계를 실체적 요소들의 기계적 결합으로 설명하는 빠꾸다 깟짜야나는 현대의 원자론적 기계론과 너무나 흡사하다. 먼 옛날 인도에 이런 사상들이 존재했다는 것이 놀랍기만 하다.

어쩌면 진리란 알 수 없다고 주장하며 횡설수설하는 회의론자인 싼자야 벨라티뿟따가 진실된 자인지도 모른다. 모르는 것을 모른다고 하는 것은 진실이기 때문이다. 많은 종교와 사상이 난무하는 현대와 같은 다문화 사회에서는 "이 말도 옳고, 저 말도 옳고, 이 말도 옳지 않고, 저 말도 옳지 않다"고 얼버무리는 것이 현명한 처세인지도 모른다. 그러나 회의론은 답이 아니다.

이와 같이 수많은 사상이 대립하자, 자이나교의 니간타 나따뿟따는 모든 사상을 긍정함으로써 논쟁을 피하고, 철저한 계율의 실천과 고행을 주장한다. 자이나교의 교리에 의하면, 우리는 업(業)에 의해 몸을 받았고, 몸이 있는 한 생사(生死)의 괴로움을 피할 수 없기 때문에 고행을 통해 업을 소멸하고 몸에서 해방되어야 한다. 정신적 존재인 명아(命我)가 물질적 존재인 육체에서 벗어나는 것이 해탈이며 열반인 것이다.

그러나 이러한 해탈은 몸을 가지고 살아가는 현실에서는 결코 실현될
수 없다.

어떻게 살아야 행복이라는 결과를 지금 여기에서 바로 얻을 수
있는가? 아자따샷뚜가 물었던 질문은 행복한 삶을 추구하는 우리 모두
가 물어야 할 질문이다. 이 물음에 대하여 붓다는 "나의 가르침에 따라
수행하면, 수행하는 즉시 행복한 결과를 얻을 수 있다"고 대답한다. 붓
다가 이야기하는 행복의 길은 계율을 수지(受持)하여 마음을 정화하고, 4
선(四禪)을 닦아 번뇌에서 벗어나는 것이다.

「브라마잘라 숫따」에서 억측과 무지에서 벗어나 정견(正見)을 가
질 것을 이야기한 다음, 이 경에서는 수많은 사상과 종교가 난무하는 세
상에서 바른 견해로 허망한 이론을 비판하고 행복에 이르는 바른길을
알려주고 있다. 이 경에서 이야기하는 수행법은 정형구(定型句)가 되어
여타의 경전에서 반복된다.

**▌1.　▌** 이와 같이 나는 들었습니다.

한때 세존께서는 라자가하(Rājagaha)에 있는 지와까 꼬마라밧차 (Jīvaka Komārabhaccha)[02]의 망고 숲에서 1,250명의 큰 비구 승가와 함께 머물고 있었습니다.

그때 마가다(Māgadha)의 왕 아자따쌋뚜 웨데히뿟따(Ajātasattu

---

02　붓다 당시에 의술로 명성이 높았던 명의(名醫). 한역 경전에 기바(耆婆)로 번역됨. 「사문과경(沙門果經)」에는 수명동자(壽命童子)로 번역됨. 라자가하의 기녀(妓女) 쌀라와 띠(Sālavati)의 아들로 태어나 버려진 것을 빔비싸라(Bimbisāra)왕의 아들인 아바야 (Abhaya) 왕자가 발견하여 양육했다고 한다. 딱까씰라(Takkasila)국의 삥갈라(Piṅgala)에 게 의술을 배워 의사가 된 후에 라자가하에서 왕실의 의사로 지내면서 부처님을 비롯하여 많은 사람들에게 의술을 펼쳤다. 그는 불교에 귀의하여 자신의 망고 숲을 승단에 기증했는데, 그 숲이 이 경의 무대가 되고 있다. (각묵스님 옮김,『디가 니까야』 vol.1, 초기불전연 구원, 2005, p.187.)

Vedehiputta)<sup>03</sup>는 꼬무디(Komudī) 4월의<sup>04</sup> 보름, 포살(布薩)<sup>05</sup>의 날 밤에 신하들에게 둘러싸여 훌륭한 누각 위에 앉아있었습니다. 마가다의 왕 아자따삿뚜 웨데히뿟따는 그날 포살의 날에 흥에 겨워 말했습니다.

"그대여, 달빛 밝은 밤은 참으로 상쾌하도다. 그대여, 달빛 밝은 밤은 참으로 아름답도다. 그대여, 달빛 밝은 밤은 참으로 가관이로다. 그대여, 달빛 밝은 밤은 참으로 사랑스럽도다. 그대여, 달빛 밝은 밤은 참으로 상서롭도다. 오늘 같은 날 어떤 사문이나 바라문을 친견하면 마음이 정화될까?"

**┃ 2. ┃** 이렇게 말하자, 어떤 신하가 마가다의 왕 아자따삿뚜 웨데히뿟따에게 말했습니다.

"폐하, 뿌라나 깟싸빠(Pūraṇa Kassapa)는 승단(僧團)의 지도자로서 많은 제자를 거느리고 있는 대중의 스승이며, 명성이 높은 교조(敎祖)

---

03 마가다의 왕. 한역에 아사세(阿闍世)로 번역됨. 그는 부왕(父王) 빔비싸라(Bimbisāra)를 시해하고 왕위를 찬탈했다. 빔비싸라와 왕비 웨데히(Vedehi) 사이에 태어났기 때문에 이 경에서 웨데히뿟따(Vedehiputta), 즉 웨데히의 아들이라 부르고 있다. 그도 후일 그의 아들 우다이밧다(Udāyibhadda)에게 시해된다.

04 'Komudiyā cātumāsiniyā'의 번역. 우리는 1년을 4계절로 나누지만, 열대 몬순 기후를 보이는 인도에서는 1년을 3계절, 즉 혹서기(酷暑期), 우기(雨期), 건조기(乾燥期)로 나누고, 3계절을 다시 4달로 나눈다. 현대의 달력으로 혹서기는 3, 4, 5, 6월이고, 우기는 7, 8, 9, 10월이며, 건조기는 11, 12, 1, 2월이다. 우기의 마지막 달을 '꼬무디(Komudī)'라고 부르기 때문에 'Komudiyā cātumāsiniyā'라고 한 것이다.

05 'uposatha'의 번역. 포살(布薩)로 한역된 'uposatha'는 불교에서 비구들이 보름마다 함께 모여 계경(戒經)을 독송하고 자신의 죄과(罪過)를 발로(發露) 참회(懺悔)하는 행사이다. 재가 신도들이 6재일(齋日)에 8계(戒)를 받고 선법(善法)을 닦는 것을 의미하기도 한다. 인도에서는 불교 이전부터 바라문들이 제사를 지내기 전에 지키는 금식일(禁食日)을 의미하는데, 불교에서도 일찍이 이것을 채용하여 불교적으로 실행하였다.

로서 큰 위덕(威德)이 있으며, 많은 사람들이 익히 알고 있는 출가한 지 오래된 원로(元老)로서 노년에 이른 사람입니다. 폐하께서는 그 뿌라나 깟싸빠를 친견하도록 하십시오. 실로 폐하께서 뿌라나 깟싸빠를 친견하시면 마음이 정화될 것입니다."

이렇게 말하자, 마가다의 왕 아자따쌋뚜 웨데히뿟따는 대꾸하지 않았습니다.

**3.** 다른 신하는 … 막칼리 고쌀라(Makkhali Gosāla)를

**4.** 다른 신하는 … 아지따 께싸깜발린(Ajita Kesakambalin)을

**5.** 다른 신하는 … 빠꾸다 깟짜야나(Pakudha Kaccāyana)를

**6.** 다른 신하는 … 싼자야 벨랏띠뿟따(Sañjaya Belaṭṭiputta)를

**7.** 다른 신하는 … 니간타 나따뿟따(Nigaṇṭha Nātaputta)를 친견하면 마음이 정화될 것이라고 말했습니다.[06]

이렇게 말하자, 마가다의 왕 아자따쌋뚜 웨데히뿟따는 대꾸하지 않았습니다.

**8.** 그때 지와까 꼬마라밧차는 마가다의 왕 아자따쌋뚜 웨데히뿟따로부터 멀지 않은 곳에 조용히 앉아 있었습니다. 그러자 마가다의 왕 아자따쌋뚜 웨데히뿟따가 지와까 꼬마라밧차에게 이렇게 말했습니다.

"친애하는 벗 지와까여, 그대는 왜 말이 없는가?"

"폐하, 아라한이며, 원만하고 바른 깨달음을 이루신 세존께서 1,250명의 큰 비구 승가와 함께 제 망고 동산에 머물고 계십니다. 고따

---

06 여기에서 언급되고 있는 6명의 사상가를 통칭하여 육사외도(六師外道)라고 부른다. 이들은 붓다 당시의 인도 사상계를 대표하는 인물들이다.

마 세존에게는 '그분 세존은, 아라한(阿羅漢),[07] 원만하고 바르게 깨달으신 분[正遍知],[08] 앎과 실천을 구족하신 분[明行足],[09] 행복하신 분[善逝][10], 세간을 잘 아시는 분[世間解],[11] 위없는 분[無上士],[12] 사람을 길들여 바른 길로 이끄시는 분[調御丈夫],[13] 천신과 인간의 스승[天人師],[14] 진리를 깨달으신 분[佛],[15] 세존[世尊][16]이시다'[17]라는 훌륭한 찬탄이 주어졌습니다. 폐하께서는 그분 세존을 친견하도록 하십시오. 실로 폐하께서 세존을 친견하시면 마음이 정화될 것입니다."

"친애하는 벗 지와까여, 그렇다면 코끼리 수레를 준비하도록 하라."

**| 9. |** "예, 폐하."

지와까 꼬마라밧차는 마가다의 왕 아자따샷뚜 웨데히뿟따에게 응답하고서, 500마리의 암 코끼리와 왕이 탈 용상(龍象)을 준비하고, 마가다의 왕 아자따샷뚜 웨데히뿟따에게 사뢰었습니다.

---

07 'arahant'의 번역. 한역에서 응공(應供)으로 번역함.

08 'sammā-sambuddha'의 번역.

09 'vijjā-caraṇa-sampanna'의 번역.

10 'sugata'의 번역. 선서(善逝)로 한역된 'sugata'는 '잘 간'이라는 의미인데, 열반의 세계에 잘 가서 행복한 분이라는 의미에서 '행복한 분'으로 번역함.

11 'loka-vidū'의 번역.

12 'anuttara'의 번역.

13 'purisa-damma-sārathi'의 번역.

14 'satthā deva-manussānaṃ'의 번역.

15 'buddha'의 번역.

16 'bhagavant'의 번역.

17 여래(如來)의 십호(十號)를 이야기하고 있다.

"폐하, 코끼리 수레를 대령했나이다. 지금 가실 때가 되었나이다."

그러자 마가다의 왕 아자따쌋뚜 웨데히뿟따는 500마리의 암코끼리에 부인들을 각각 태운 후에, 용상(龍象) 위에 올라, 횃불을 들리고, 라자가하를 떠나 커다란 왕의 위엄을 지니고 지와까 꼬마라밧차의 망고동산으로 출발했습니다.

**| 10. |** 마가다의 왕 아자따쌋뚜 웨데히뿟따는 망고 동산 가까이에 이르러 두려움과 전율에 털이 곤두섰습니다. 그래서 무서움과 두려움에 떨며 털이 곤두선 마가다의 왕 아자따쌋뚜 웨데히뿟따는 지와까 꼬마라밧차에게 이렇게 말했습니다.

"친애하는 벗 지와까여, 그대가 나를 속이는 것은 아닌가? 친애하는 벗 지와까여, 그대가 나에게 거짓말하는 것은 아닌가? 친애하는 벗 지와까여, 그대가 나를 적에게 넘겨주는 것은 아닌가? 어찌하여 1,250명의 큰 비구 승가가 재채기 소리도 없고 기침 소리도 없이 이렇게 조용하단 말인가?"

"대왕이시여, 무서워하지 마십시오. 폐하, 저는 대왕을 속이지 않습니다. 폐하, 저는 대왕에게 거짓말하지 않습니다. 폐하, 저는 대왕을 적에게 넘기지 않습니다. 나아가십시오. 대왕이시여! 나아가십시오. 대왕이시여! 저기 등불들이 강당에 켜져 있습니다."

**| 11. |** 그러자 마가다의 왕 아자따쌋뚜 웨데히뿟따는 코끼리가 갈 수 있는 데까지 용상으로 간 다음, 용상에서 내려, 걸어서 강당 입구로 갔습니다. 입구에 가서 지와까 꼬마라밧차에게 이렇게 말했습니다.

"친애하는 벗 지와까여, 그런데 세존은 어디에 계시는가?"

"대왕이시여, 저분이 세존이십니다. 대왕이시여, 중앙의 기둥에 기대어 동쪽을 향해 비구 승가의 앞에 앉아계신 저분이 세존이십니다."

**12.** 그러자 마가다의 왕 아자따쌋뚜 웨데히뿟따는 세존에게 나아가서 한쪽에 머물렀습니다. 한쪽에 머문 마가다의 왕 아자따쌋뚜 웨데히뿟따는 깊은 호수 같은 위빠싸나를 하는 고요하고 조용한 비구 승가를 둘러보고, 감동하여 생각했습니다.

'지금 비구 승가가 지닌 평온을 나의 우다이밧다(Udāyi-bhadda) 왕자도 지녔으면 좋으련만.'

"대왕이시여, 그대는 사랑하는 사람을 생각하는 것 같군요?"

"존자여, 나의 우다이밧다 왕자는 사랑스럽답니다. '지금 비구 승가가 지닌 평온을 나의 우다이밧다 왕자도 지녔으면 좋으련만.' 하고 생각했습니다."

**13.** 그리고 마가다의 왕 아자따쌋뚜 웨데히뿟따는 세존에게 예배하고, 비구 승가에 합장한 후에 한쪽에 앉았습니다. 한쪽에 앉은 마가다의 왕 아자따쌋뚜 웨데히뿟따는 세존에게 이렇게 말했습니다.

"세존이시여, 세존께서 제 물음에 대한 답을 허락하신다면 세존께 어떤 점에 대하여 묻고자 합니다."

"대왕이시여, 원하시는 대로 물으십시오."

**14.** "세존이시여, 이러한 직업들이 있습니다. 예를 들면, 코끼리 조련사, 말 조련사, 마부, 궁수(弓手), 기수(旗手), 참모(參謀), 대신, 왕자, 하인, 요리사, 이발사, 도공 등과 같은 여타의 많은 직업들이 있습니다. 그들은 그것으로 자신을 즐겁고 기쁘게 하고, 부모를 기쁘고 즐겁게 하고, 처자를 기쁘고 즐겁게 하고, 친구와 동료를 기쁘고 즐겁게 하며, 사문과 바라문에게 행한 유익한 공양은 천상에 태어나고, 천상에 이르는

좋은 과보(果報)를 가져다줍니다. 세존이시여, 이와 같이, 지금 여기에서 눈에 보이는 사문(沙門)의 과보를 보여줄 수 있습니까?"

**▌15.▐** "대왕이시여, 그대는 이 질문을 다른 사문과 바라문들에게 물어본 기억이 있습니까?"

"세존이시여, 저는 이 질문을 다른 사문과 바라문들에게 물어본 기억이 있습니다."

"대왕이시여, 괜찮다면 그들이 어떻게 대답했는지 말씀해 보십시오."

"세존이시여, 세존이나 세존 같은 분들이 앉아계신다면 괜찮습니다."

"대왕이시여, 그렇다면 말씀해 보십시오."

**▌16.▐** "세존이시여, 언젠가 나는 뿌라나 깟싸빠에게 가서, 뿌라나 깟싸빠와 함께 정중하고 공손한 인사말을 나누고, 한쪽에 앉았습니다. 세존이시여, 나는 한쪽에 앉아 뿌라나 깟싸빠에게 같은 질문을 했습니다.

**▌17.▐** 세존이시여, 뿌라나 깟싸빠는 나에게 이렇게 말했습니다.

'대왕이시여, 베고, 베도록 시키고, 자르고, 자르도록 시키고, 굽고, 굽도록 시키고, 슬프게 하고, 슬프게 하도록 시키고, 괴롭히고, 괴롭히도록 시키고, 겁박하고, 겁박하도록 시키고, 생명을 해치고, 강탈하고, 이간질하고, 약탈하고, 노상에서 도둑질하고, 남의 부인을 겁탈하고, 거짓말을 해도 죄가 되지 않습니다. 설령 날카로운 칼끝의 전차 바퀴로 이 땅의 생명들을 한 덩어리로 짓이기고 한 덩어리로 만들어도 그것 때문에 죄가 있는 것이 아니며, 죄의 과보가 있는 것도 아닙니다. 설령 갠지스강의 남쪽 언덕에 가서 때리고, 죽이고, 자르고, 자르도록 시키고, 굽고, 굽도록 시켜도, 그것 때문에 죄가 있는 것이 아니며, 죄의 과보가 있는 것도 아닙니다. 설령 갠지스강의 북쪽 언덕에 가서 보시하고, 보시하도록 하고, 공양을 올리고, 공양을 올리게 해도, 그것 때문에 복이 있는 것이 아니며, 복의 과보가 있는 것도 아닙니다. 보시하고, 수행하고, 금욕하고, 정직함으로써 복이 있는 것이 아니며, 복의 과보가 있는 것도 아닙니다.'

**18.** 세존이시여, 이렇게 나는 눈에 보이는 사문의 과보에 대하여 물었는데, 뿌라나 깟싸빠는 업(業)의 작용이 없음[18]을 설명했습니다. 세존이시여, 비유하면, 망고에 대하여 물었는데 빵나무에 대하여 설명하고, 빵나무에 대하여 물었는데 망고에 대하여 설명하는 것과 같이, 이와 같이, 세존이시여, 눈에 보이는 사문의 과보에 대하여 물었는데, 뿌라나 깟싸빠는 업의 작용이 없음을 설명했습니다.

세존이시여, 그것에 대하여 나는 이렇게 생각했습니다.

'나 같은 왕이 어떻게 나의 영토에 머물고 있는 사문이나 바라문을 비난할 생각을 하겠는가?'

세존이시여, 나는 뿌라나 깟싸빠의 말에 기뻐하지도 않고, 비난하지도 않고, 불쾌했지만 불쾌한 말을 하지 않고, 그 말을 받아들이지 않고, 무시하고 자리에서 일어나 그곳을 떠나왔습니다.

**19.** 세존이시여, 언젠가 나는 막칼리 고쌀라에게 가서, 막칼리 고쌀라와 함께 정중하고 공손한 인사말을 나누고, 한쪽에 앉았습니다. 세존이시여, 나는 한쪽에 앉아 막칼리 고쌀라에게 같은 질문을 했습니다.

**20.** 세존이시여, 막칼리 고쌀라는 나에게 이렇게 말했습니다.

---

18  'akiriya'의 번역.

'대왕이시여, 중생이 타락하는 데는 원인[19]이 없고, 조건[20]이 없습니다. 원인 없이, 조건 없이 중생은 타락합니다. 중생이 청정해지는 데는 원인이 없고, 조건이 없습니다. 원인 없이, 조건 없이 중생은 청정해집니다. 자신의 업(業)도 없고, 타인의 업도 없고, 인간의 업도 없고, 위력도 없고, 정진(精進)도 없고, 인간의 힘도 없고, 인간의 노력도 없습니다. 모든 중생, 모든 생명, 모든 생물, 모든 목숨은 자제력(自制力)이 없고, 위력이 없고, 정진이 없이, 숙명(宿命)[21]이 결합하여 존재로 성숙하며, 6가지 계층(階層)[22]에서 고락(苦樂)을 겪습니다. 140만 6,600가지의 자궁[23]이 있고, 500가지의 업에는 5가지 업과 3가지 업이 있으며, 업과 반업(半業)[24]이 있습니다.[25] 62가지 행도(行道)[26]가 있고, 62가지 중겁(中劫)[27]이 있고, 6가지 계층이 있고, 8가지 인간의 지위가 있으며, 4,900가지의 직업이 있고, 4,900가지 편력수행자가 있으며, 4,900가지 용(龍)의 거처

---

19　'hetu'의 번역.

20　'paccaya'의 번역.

21　'niyati'의 번역. 'niyati'는 확정되고 결정된 법칙이나 운명을 의미한다. 결정론자이면서 숙명론자인 막칼리 고쌀라는 모든 존재 속에는 'niyati'라고 하는 확정된 숙명적인 요인이 결합되어 있다고 주장함으로써 우연론을 극복하려고 했다.

22　'abhijāti'의 번역.

23　'yoni'의 번역.

24　'aḍḍha-kamma'의 번역.

25　5업은 다섯 가지 감각 작용을 의미하고, 3업은 신(身)·구(口)·의(意) 삼업(三業)을 의미하며, 업은 신업(身業)과 구업(口業)을 의미하고, 반업(半業)은 의업(意業)을 의미함.

26　'paṭipadā'의 번역.

27　'antara-kappa'의 번역.

가 있으며, 2,000가지 감관[根]²⁸이 있으며, 3,000가지 지옥(地獄)이 있으며, 36가지 티끌 세계[塵界]²⁹가 있고, 7가지 관념이 있는 모태(母胎)³⁰가 있고, 7가지 관념이 없는 모태가 있으며, 7가지 마디 없는 모태³¹가 있으며, 7가지 천신, 7가지 인간, 7가지 악귀, 7개의 호수, 7개의 산맥, 700개의 산, 7가지 절벽, 700개의 절벽, 7가지 꿈, 700개의 꿈, 그리고 840만 대겁(大劫)이 있습니다. [이들 가운데서] 어리석은 사람이든, 현명한 사람이든 [숙명에 의해 정해진 만큼] 유전(流轉)하며, 윤회(輪廻)하고 나서 괴로움을 끝냅니다. 그때 '나는 계행(戒行)이나, 덕행(德行)이나, 고행(苦行)이나, 범행(梵行)으로 미숙한 업을 성숙시키고, 성숙한 업을 자주 겪어 없애야겠다'고 할 수 없습니다. 이와 같이 고락(苦樂)의 양이 정해진 윤회에 우열(優劣)이나 증감(增減)은 없습니다. 비유하면, 던져진 실타래가 풀리면서 굴러가듯이, 어리석은 사람이든, 현명한 사람이든 [숙명에 의해 정해진 만큼] 유전하며, 윤회하고 나서 괴로움을 끝냅니다.'

**┃21.┃** 세존이시여, 이렇게 나는 눈에 보이는 사문의 과보에 대하여 물었는데, 막칼리 고쌀라는 순수한 윤회³²를 설명했습니다. 세존이시여, 비유하면, 망고에 대하여 물었는데 빵나무에 대하여 설명하고, 빵나무에 대하여 물었는데 망고에 대하여 설명하는 것과 같이, 이와 같

---

28 'indriya'의 번역.

29 'rajo-dhātu'의 번역.

30 'saññi-gabbha'의 번역.

31 'niganthi-gabbha'의 번역.

32 'suddhi saṃsāra'의 번역. 순수한 윤회란 오직 결정된 윤회만 있을 뿐, 윤회에 다른 것은 작용하지 않는다는 이론.

이, 세존이시여, 눈에 보이는 사문의 과보에 대하여 물었는데, 막칼리
고쌀라는 순수한 윤회를 설명했습니다.

세존이시여, 그것에 대하여 나는 이렇게 생각했습니다.

'나 같은 왕이 어떻게 나의 영토에 머물고 있는 사문이나 바라문
을 비난할 생각을 하겠는가?'

세존이시여, 나는 막칼리 고쌀라의 말에 기뻐하지도 않고, 비난하
지도 않고, 불쾌했지만 불쾌한 말을 하지 않고, 그 말을 받아들이지 않
고, 무시하고 자리에서 일어나 그곳을 떠나왔습니다.

【 22. 】 세존이시여, 언젠가 나는 아지따 께싸깜발린에게 가서, 아지
따 께싸깜발린과 함께 정중하고 공손한 인사말을 나누고, 한쪽에 앉았
습니다. 세존이시여, 나는 한쪽에 앉아 아지따 께싸깜발린에게 같은 질
문을 했습니다.

【 23. 】 세존이시여, 아지따 께싸깜발린은 나에게 이렇게 말했습니다.

'대왕이시여, 보시도 없고, 제물(祭物)도 없고, 헌공(獻供)도 없으며,
선악업(善惡業)의 과보(果報)도 없습니다. 현세도 없고, 내세도 없으며,
부모도 없고, 중생의 화생(化生)도 없습니다. 세간에는 현세와 내세를
스스로 알고 체험하여 가르치는, 바른 수행으로 바른 성취를 한 사문과
바라문도 없습니다. 인간은 사대(四大)로 된 것이며, 죽으면 흙은 지신
(地身)33으로 녹아 돌아가고, 물은 수신(水身)34으로 녹아 들어가고, 불은

---

33  'paṭhavi-kāya'의 번역. 여기에서 신(身)으로 번역한 'kāya'는 불변의 실체(實體)를 의미한다.
34  'apo-kāya'의 번역.

화신(火身)[35]으로 녹아 돌아가고, 바람은 풍신(風身)[36]으로 녹아 돌아가며, 감관[根]들은 허공으로 흩어집니다. 상여꾼들이 상여에 죽은 자를 싣고 가면서 화장터까지 시구(詩句)를 읊어도, 해골은 비둘기색이 되고, 헌공은 재가 됩니다. 유론(有論)[37]을 주장하는 사람들은 누구든, 그들의 주장은 허망한 거짓말이며 낭설입니다. 어리석은 사람이든, 현명한 사람이든, 몸이 파괴되면 단멸하여 사라지며, 사후에는 존재하지 않습니다.'

**| 24. |**  세존이시여, 이렇게 나는 눈에 보이는 사문의 과보에 대하여 물었는데, 아지따 께싸깜발린은 단멸론(斷滅論)을 설명했습니다. 세존이시여, 비유하면, 망고에 대하여 물었는데 빵나무에 대하여 설명하고, 빵나무에 대하여 물었는데 망고에 대하여 설명하는 것과 같이, 이와 같이, 세존이시여, 눈에 보이는 사문의 과보에 대하여 물었는데, 아지따 께싸깜발린은 단멸론을 설명했습니다.

세존이시여, 그것에 대하여 나는 이렇게 생각했습니다.

'나 같은 왕이 어떻게 나의 영토에 머물고 있는 사문이나 바라문을 비난할 생각을 하겠는가?'

세존이시여, 나는 아지따 께싸깜발린의 말에 기뻐하지도 않고, 비난하지도 않고, 불쾌했지만 불쾌한 말을 하지 않고, 그 말을 받아들이지 않고, 무시하고 자리에서 일어나 그곳을 떠나왔습니다.

---

35  'tejo-kāya'의 번역.

36  'vāyo-kāya'의 번역.

37  'atthika-vāda'의 번역.

**┃25.┃** 세존이시여, 언젠가 나는 빠꾸다 깟짜야나에게 가서, 빠꾸다 깟짜야나와 함께 정중하고 공손한 인사말을 나누고, 한쪽에 앉았습니다. 세존이시여, 나는 한쪽에 앉아 빠꾸다 깟짜야나에게 같은 질문을 했습니다.

**┃26.┃** 세존이시여, 빠꾸다 깟짜야나는 나에게 이렇게 말했습니다.

'대왕이시여, 7가지 실체[身]<sup>38</sup>는 만들어진 것이 아니며, 만들어진 것으로 구성된 것이 아니며, 창조된 것이 아니며, 석녀(石女)처럼 생산할 수 없으며, 기둥처럼 움직일 수 없는 것입니다. 그것들은 움직이지 않고, 변화하지 않고, 상호 간의 괴로움이나 즐거움이나 고락을 상호 간에 부족하게 방해하지 않습니다. 7가지는 어떤 것인가? 지신(地身), 수신(水身), 화신(火身), 풍신(風身), 낙(樂),<sup>39</sup> 고(苦)<sup>40</sup> 그리고 명아(命我)<sup>41</sup>가 일곱째입니다. 이들 7가지 실체[身]는 만들어진 것이 아니며, 만들어진 것으로 구성된 것이 아니며, 창조된 것이 아니며, 석녀(石女)처럼 생산할 수 없으며, 기둥처럼 움직일 수 없는 것입니다. 그것들은 움직이지 않고, 변화하지 않고, 상호 간에 상호 간의 괴로움이나 즐거움이나 고락을 부족하게 방해하지 않습니다. 거기에는 살해하는 자나 살해되는 자나, 듣는 자나 들리는 자, 인식하는 자나 인식되는 자가 없습니다. 누군가 날카로운 칼로 머리를 자른다 할지라도 아무도 어느 누구의 목숨을

---

38 'kāya'의 번역.

39 'sukha'의 번역.

40 'dukha'의 번역.

41 'jīva'의 번역.

빼앗지 못하며, 7가지 실체 사이에 칼이 지나간 틈이 생길 뿐입니다.'

**27.** 세존이시여, 이렇게 나는 눈에 보이는 사문의 과보에 대하여 물었는데, 빠꾸다 깟짜야나는 동문서답(東問西答)을 했습니다. 세존이시여, 비유하면, 망고에 대하여 물었는데 빵나무에 대하여 설명하고, 빵나무에 대하여 물었는데 망고에 대하여 설명하는 것과 같이, 이와 같이, 세존이시여, 눈에 보이는 사문의 과보에 대하여 물었는데, 빠꾸다 깟짜야나는 동문서답을 했습니다.

세존이시여, 그것에 대하여 나는 이렇게 생각했습니다.

'나 같은 왕이 어떻게 나의 영토에 머물고 있는 사문이나 바라문을 비난할 생각을 하겠는가?'

세존이시여, 나는 빠꾸다 깟짜야나의 말에 기뻐하지도 않고, 비난하지도 않고, 불쾌했지만 불쾌한 말을 하지 않고, 그 말을 받아들이지 않고, 무시하고, 자리에서 일어나 그곳을 떠나왔습니다.

**28.** 세존이시여, 언젠가 나는 니간타 나따뿟따에게 가서, 니간타 나따뿟따와 함께 정중하고 공손한 인사말을 나누고, 한쪽에 앉았습니다. 세존이시여, 나는 한쪽에 앉아 니간타 나따뿟따에게 같은 질문을 했습니다.

**29.** 세존이시여, 니간타 나따뿟따는 나에게 이렇게 말했습니다.

'대왕이시여, 니간타(nigaṇṭha)⁴²는 네 가지 금계(禁戒)⁴³를 지켜 [자신을] 제어합니다. 대왕이시여, 그렇다면 니간타는 어떻게 네 가지 금계

---

42   자이나(Jaina) 교도를 의미함.

43   'yāma'의 번역.

를 지켜 제어하는 것일까요? 대왕이시여, 니간타는 모든 찬물을 금제(禁制)하고,[44] 모든 악을 금제하기 위해 노력하고, 모든 악의 금제를 즐기고, 모든 악의 금제를 성취합니다. 대왕이시여, 이와 같이 니간타는 네 가지 금계를 지켜 제어합니다. 대왕이시여, 니간타는 이와 같이 네 가지 금계를 지켜 제어하기 때문에, 대왕이시여, 니간타는 자아를 성취하고, 자아를 제어하고, 자아를 확립했다고 말해지는 것입니다.'

**30.** 세존이시여, 이렇게 나는 눈에 보이는 사문의 과보에 대하여 물었는데, 니간타 나따뿟따는 네 가지 금계의 수호를 설명했습니다. 세존이시여, 비유하면, 망고에 대하여 물었는데, 빵나무에 대하여 설명하고, 빵나무에 대하여 물었는데, 망고에 대하여 설명하는 것과 같이, 이와 같이, 세존이시여, 눈에 보이는 사문의 과보에 대하여 물었는데, 니간타 나따뿟따는 네 가지 금계의 수호를 설명했습니다.

세존이시여, 그것에 대하여 나는 이렇게 생각했습니다.

'나 같은 왕이 어떻게 나의 영토에 머물고 있는 사문이나 바라문을 비난할 생각을 하겠는가?'

세존이시여, 나는 니간타 나따뿟따의 말에 기뻐하지도 않고, 비난하지도 않고, 불쾌했지만 불쾌한 말을 하지 않고, 그 말을 받아들이지 않고, 무시하고 자리에서 일어나 그곳을 떠나왔습니다.

**31.** 세존이시여, 언젠가 나는 싼자야 벨랏띠뿟따에게 가서, 싼자야 벨랏띠뿟따와 함께 정중하고 공손한 인사말을 나누고, 한쪽에 앉았

---

44 자이나교는 살생(殺生)을 엄격하게 금한다. 찬물 속에는 눈에 보이지 않는 생명이 살고 있을 수 있으므로 찬물을 먹는 것을 금한다고 하는 것이다.

습니다. 세존이시여, 나는 한쪽에 앉아 싼자야 벨랏띠뿟따에게 같은 질문을 했습니다.

**32.** 세존이시여, 싼자야 벨랏띠뿟따는 나에게 이렇게 말했습니다.

'대왕이시여, 만약 당신이 '내세는 있는가?'라고 묻는다면, 그리고 만약 내가 '내세는 있다'고 생각한다면, 나는 당신에게 '내세는 있다'라고 대답할 것입니다. 그러나 나는 이와 같이 생각하지 않습니다. 나는 그렇다고도 생각하지 않습니다. 나는 달리 생각하지도 않습니다. 아니라고 생각하지도 않고, 아닌 것이 아니라고 생각하지도 않습니다. '내세는 없는가?', '내세는 있기도 하고, 없기도 한가?', '내세는 있지도 않고, 없지도 않은가?', '화생(化生)하는 중생은 있는가?', '화생하는 중생은 없는가?', '화생하는 중생은 있기도, 하고 없기도 한가?', '화생하는 중생은 있지도 않고, 없지도 않은가?', '선악업의 과보는 있는가?', '선악업의 과보는 없는가?', '선악업의 과보는 있기도 하고, 없기도 한가?', '선악업의 과보는 있지도 않고, 없지도 않은가?', '여래는 사후에 존재하는가?', '여래는 사후에 존재하지 않는가?', '여래는 사후에 존재하기도 하고, 존재하지 않기도 하는가?', '여래는 사후에 존재하지도 않고, 존재하지 않지도 않은가?'라고 묻는다면, 그리고 만약 내가 …(중략)… '여래는 사후에 존재하지도 않고, 존재하지 않지도 않는다'라고 생각한다면, 나는 당신에게 '여래는 사후에 존재하지도 않고, 존재하지 않지도 않는다'라고 대답할 것입니다. 그러나 나는 이와 같이 생각하지 않습니다. 나는 그렇다고도 생각하지 않습니다. 나는 달리 생각하지도 않습니다. 아니라고 생각하지도 않고, 아닌 것이 아니라고 생각하지도 않습니다.'

**33.** 세존이시여, 이렇게 나는 눈에 보이는 사문의 과보에 대하여 물었는데, 싼자야 벨랏띠뿟따는 혼란한 대답을 했습니다. 세존이시여, 비유하면, 망고에 대하여 물었는데 빵나무에 대하여 설명하고, 빵나무에 대하여 물었는데 망고에 대하여 설명하는 것과 같이, 이와 같이, 세존이시여, 눈에 보이는 사문의 과보에 대하여 물었는데, 싼자야 벨랏띠뿟따는 혼란한 대답을 했습니다.

세존이시여, 그것에 대하여 나는 이렇게 생각했습니다.

'나 같은 왕이 어떻게 나의 영토에 머물고 있는 사문이나 바라문을 비난할 생각을 하겠는가?'

세존이시여, 나는 싼자야 벨랏띠뿟따의 말에 기뻐하지도 않고, 비난하지도 않고, 불쾌했지만 불쾌한 말을 하지 않고, 그 말을 받아들이지 않고, 무시하고 자리에서 일어나 그곳을 떠나왔습니다.

**34.** 세존이시여, 그러했던 제가 세존께 묻습니다. 세존이시여, 이러한 직업들이 있습니다. 예를 들면, 코끼리 조련사, 말 조련사, 마부, 궁수, 기수, 참모, 대신, 왕자, 하인, 요리사, 이발사, 도공 등과 같은 여타의 많은 직업들이 있습니다. 그들은 그것으로 자신을 즐겁고 기쁘게 하고, 부모를 기쁘고 즐겁게 하고, 처자를 기쁘고 즐겁게 하고, 친구와 동료를 기쁘고 즐겁게 하며, 사문과 바라문에게 행한 유익한 공양은 천상에 태어나고 천상에 이르는 좋은 과보를 가져다줍니다. 세존이시여, 이와 같이, 지금 여기에서 눈에 보이는 사문의 과보를 보여줄 수 있습니까?"

"보여줄 수 있습니다. 대왕이시여! 그렇다면, 대왕이시여, 이제 내가 묻겠습니다. 좋을 대로 대답하십시오.

**35.** 대왕이시여, 어떻게 생각하십니까? 그대에게 먼저 일어나서

늦게 자고, 어떤 일에도 복종하고, 즐겁게 해주고, 사랑스럽게 말하고, 안색을 살피는 종이 있다고 합시다. 그가 이렇게 생각했다고 합시다. '공덕(功德)의 가는 길, 공덕의 과보는 실로 불가사의(不可思議)하고 경이롭구나. 마가다의 왕 아자따삿뚜 웨데히뿟따도 사람이고 나도 사람이다. 마가다의 왕 아자따삿뚜 웨데히뿟따는 5욕락(五欲樂)을 구족하고 구비하여, 생각건대 천신처럼 즐긴다. 그러나 나는 먼저 일어나서 늦게 자고, 어떤 일에도 복종하고, 즐겁게 해주고, 사랑스럽게 말하고, 안색을 살피는 종이다. 그러니 나도 공덕을 지어야겠다. 머리와 수염을 깎고, 가사와 발우를 지니고, 집을 떠나 출가하면 어떨까?' 그가 그 후에 머리와 수염을 깎고, 가사와 발우를 지니고, 집을 떠나 출가했다고 합시다. 그가 이와 같이 출가하여 최적의 옷과 음식에 만족하고, 탈속의 삶을 즐기면서 몸을 수호(守護)하고, 말을 수호하고, 마음을 수호한다고 합시다. 그것을 사람들이 그대에게 이렇게 말한다고 합시다. '폐하, 아시옵소서. 먼저 일어나서 늦게 자고, 어떤 일에도 복종하고, 즐겁게 해주고, 사랑스럽게 말하고, 안색을 살피는 폐하의 종이 머리와 수염을 깎고, 가사와 발우를 지니고, 집을 떠나 출가했습니다. 그가 이와 같이 출가하여 최적의 옷과 음식에 만족하고, 탈속의 삶을 즐기면서 몸을 수호하고, 말을 수호하고, 마음을 수호합니다.' 그러면 그대는 '여봐라, 그 사람을 나에게 데려와서 다시 먼저 일어나서 늦게 자고, 어떤 일에도 복종하고, 즐겁게 해주고, 사랑스럽게 말하고, 안색을 살피는 종이 되게 하라'고 말하겠습니까?"

**36.** "결코 그렇지 않습니다. 세존이시여! 우리는 그에게 예배하고, 자리에서 일어나 맞이하고, 부르고, 초대할 것이며, 적당한 옷과 음

식과 처소와 의약품으로 그를 보호하고 돌볼 것입니다."

"대왕이시여, 어떻게 생각하십니까? 만약 이와 같다면, 눈에 보이는 사문의 과보는 있습니까, 없습니까?"

"세존이시여, 이와 같다면, 실로 눈에 보이는 사문의 과보는 있습니다."

"대왕이시여, 이것이 내가 그대에게 보여준 지금 여기에서 눈에 보이는 첫 번째 사문의 과보입니다."

**37.** "세존이시여, 지금 여기에서 눈에 보이는 또 다른 사문의 과보를 보여줄 수 있습니까?"

"보여줄 수 있습니다. 대왕이시여! 그렇다면, 대왕이시여, 이제 내가 묻겠습니다. 좋을 대로 대답하십시오. 대왕이시여, 어떻게 생각하십니까? 그대에게 거사(居士)로서 세금을 내어 그대의 재산을 늘리는 농부가 있다고 합시다. 그가 이렇게 생각했다고 합시다. '공덕의 가는 길, 공덕의 과보는 실로 불가사의하고 경이롭구나. 마가다의 왕 아자따삿뚜 웨데히뿟따도 사람이고, 나도 사람이다. 마가다의 왕 아자따삿뚜 웨데히뿟따는 5욕락(五欲樂)을 구족하고, 구비하여, 생각건대, 천신처럼 즐긴다. 그러나 나는 거사로서 세금을 내어 왕의 재산을 늘리는 농부다. 그러니 나도 공덕을 지어야겠다. 머리와 수염을 깎고, 가사와 발우를 지니고, 집을 떠나 출가하면 어떨까?' 그가 그 후에 크고 적은 재산을 버리고, 가깝고 먼 친족을 버리고, 머리와 수염을 깎고, 가사와 발우를 지니고, 집을 떠나 출가했다고 합시다. 그가 이와 같이 출가하여 최적의 옷과 음식에 만족하고, 탈속의 삶을 즐기면서 몸을 수호하고, 말을 수호하고, 마음을 수호한다고 합시다. 그것을 사람들이 그대에게 이렇게 말한다고 합시다. '폐하, 아시옵소서. 거사로서 세금을 내어 폐하의 재산을 늘리는 농부가 크고 적은 재산을 버리고, 가깝고 먼 친족을 버리고, 머리와 수염을 깎고, 가사와 발우를 지니고, 집을 떠나 출가했습니다. 그가 이와 같이 출가하여 최적의 옷과 음식에 만족하고, 탈속의 삶을 즐기면서 몸을 수호하고, 말을 수호하고, 마음을 수호합니다.' 그러면 그대는 '여봐라, 그 사람을 나에게 데려와서 다시 거사로서 세금을 내어 재산을 늘리는 농부가 되게 하라'고 말하겠습니까?"

**38.** "결코 그렇지 않습니다. 세존이시여! 우리는 그에게 예배하고, 자리에서 일어나 맞이하고, 부르고, 초대할 것이며, 적당한 옷과 음식과 처소와 의약품으로 그를 보호하고 돌볼 것입니다."

"대왕이시여, 어떻게 생각하십니까? 만약 이와 같다면, 눈에 보이는 사문의 과보는 있습니까, 없습니까?"

"세존이시여, 이와 같다면, 실로 눈에 보이는 사문의 과보는 있습니다."

"대왕이시여, 이것이 내가 그대에게 보여준 지금 여기에서 눈에 보이는 두 번째 사문의 과보입니다."

**39.** "세존이시여, 지금 말씀하신 눈에 보이는 사문의 과보보다 더욱 훌륭하고 더욱 수승한, 지금 여기에서 눈에 보이는 또 다른 사문의 과보를 보여줄 수 있습니까?"

"보여줄 수 있습니다. 대왕이시여! 그렇다면, 대왕이시여, 잘 듣고 깊이 생각해보십시오. 내가 이야기하겠습니다."

마가다의 왕 아자따쌋뚜 웨데히뿟따는 세존에게 "그렇게 해 주십시오. 세존이시여!"라고 간청했습니다.

세존께서는 이렇게 말씀하셨습니다.

**40.** "아라한(阿羅漢), 원만하고 바르게 깨달으신 분[正遍知], 앎과 실천을 구족하신 분[明行足], 행복하신 분[善逝], 세간을 잘 아시는 분[世間解], 위없는 분[無上土], 사람을 길들여 바른길로 이끄시는 분[調御丈夫], 천신과 인간의 스승[天人師], 진리를 깨달으신 분[佛], 세존(世尊)으로 불리는 여래(如來)가 이 세상에 출현합니다. 그는 천계(天界), 마라(māra)[45], 범천(梵天)을 포함한 이 세간을, 사문과 바라문, 왕과 백성을 포함한 인간계를 수승한 지혜로 몸소 체득하여 알려줍니다. 그는 처음도 좋고 중간도 좋고 마지막도 좋은, 의미 있고 명쾌하고 완벽한 진리를 가르치며, 청정한 범행(梵行)을 알려줍니다.

**41.** 그 진리를 거사(居士)나 거사의 아들이나 다른 가문에 태어난 사람이 듣습니다. 그는 그 진리를 듣고, 여래에 대한 믿음을 성취합니다. 믿음을 성취하면, 그는 이렇게 생각합니다. '속세의 삶은 번거로운 홍진(紅塵)의 세계(世界)요, 출가는 걸림 없는 노지(露地)와 같다. 속가(俗家)에 살면서 완전하고 청정하고 밝은 범행을 수행하기는 쉽지 않다. 나는 머리와 수염을 깎고, 가사와 발우를 지니고, 집을 떠나 출가하는 것이 어떨까?' 그는 그 후에 크고 적은 재산을 버리고, 가깝고 먼 친족을 버리고, 머리와 수염을 깎고, 가사와 발우를 지니고, 집을 떠나 출가합니다.

**42.** 그는 이와 같이 출가하여, 별해탈율의(別解脫律儀)[46]를 수호하며

---

45 죽음의 신. 마왕(魔王)으로 한역됨.

46 'pātimokkha-saṃvara'의 번역. 3종 율의[계] 가운데 하나. 5계, 10계, 구족계 등을 받아 신업과 구업으로 지은 악업에서 해탈하는 계법. 3종계에는 별해탈계(別解脫戒) 이외에 정공계(定共戒)와 도공계(道共戒)가 있다. 정공계는 색계유루정(色界有漏定)에 들어가는 동

살아가나니, 행동규범[行境]⁴⁷을 갖추어 하찮은 죄에서도 두려움을 보고, 학계(學戒)⁴⁸를 수지(受持)하여 학습하며, 착한 신업(身業)과 구업(口業)을 성취하여 지각활동[諸根]을 할 때 문(門)을 지키고, 계를 성취한 청정한 생활을 하며, 주의집중과 알아차림을 갖추고 지족하며 지냅니다."

## 계(戒)의 성취

**｜43.｜** "대왕이시여! 비구가 계를 성취한다는 것은 어떤 것일까요? 대왕이시여, 비구는 살생하지 않으며, 살생을 삼가며, 몽둥이나 칼을 잡지 않으며, 부끄러움을 알며, 모든 생명을 보살피고 사랑하며 지냅니다. 이것이 비구의 계행입니다.

비구는 도둑질하지 않으며, 도둑질을 삼가며, 보시받은 것만을 취하고, 보시만을 기대하며, 청정한 마음으로 지냅니다. 이것이 비구의 계행입니다.

비구는 범행(梵行)이 아닌 행을 하지 않고, 범행을 하며, 세속의 법인 음행을 삼가고 멀리합니다. 이것이 비구의 계행입니다.

**｜44.｜** 비구는 거짓말을 하지 않으며, 거짓말을 삼가며, 진실을 말하

---

시에 방비지악(防非止惡)의 계체(戒體)를 얻어 몸가짐과 말하는 것이 저절로 율의에 계합하는 것을 말하고, 도공계는 견도(見道)하고 수행하는 자리에서 무루도(無漏道)를 일으키면 방비지악(防非止惡)하는 계체(戒體)를 발하여 저절로 몸과 말의 허물을 여의게 되는 것을 말한다.

47  'ācāra-gocara'의 번역.

48  'sikkhapada'의 번역. '학계(學戒)'로 한역됨. 아라한을 성취하지 못한 사람들이 공부해야 할 수행을 의미한다.

며, 정직하며, 참되며, 믿을 만하며, 세상을 속이지 않습니다. 이것이 비구의 계행입니다.

비구는 이간하는 말을 하지 않으며, 이간하는 말을 삼가며, 이들에게 들은 것을 저들에게 알려 반목하게 하지 않으며, 저들에게 들은 것을 이들에게 알려 반목하게 하지 않습니다. 이와 같이 언제나 불화를 화해하고, 집착함이 없는 화합의 기쁨, 화합의 즐거움, 화합의 환희, 화합의 필요를 이야기합니다. 이것이 비구의 계행입니다.

비구는 추악한 말을 하지 않으며, 추악한 말을 삼가며, 부드럽고, 듣기 좋고, 사랑이 넘치고, 유쾌하고, 정중하고, 누구나 좋아하고, 누구나 즐거워하는 그런 이야기를 합니다. 이것이 비구의 계행입니다.

비구는 쓸데없는 말을 하지 않으며, 쓸데없는 말을 삼가며, 때에 맞는 말[時語], 진실한 말[實語], 의미 있는 말[義語], 법에 대한 말[法語], 율에 대한 말[律語]을 시의적절하게, 분명한 의도를 가지고, 의미를 갖추어, 새겨듣게 이야기합니다. 이것이 비구의 계행입니다.

**45.** 비구는 농사를 짓지 않습니다. 비구는 한 끼만 먹되, 밤에는 먹지 않고, 때가 아니면 먹지 않습니다. 비구는 춤과 노래와 음악과 연극을 구경하지 않습니다. 비구는 꽃이나 향으로 치장하지 않습니다. 비구는 높고 큰 침대를 쓰지 않습니다. 비구는 금이나 은을 받지 않습니다. 비구는 익히지 않은 곡식은 받지 않습니다. 비구는 익히지 않은 고기는 받지 않습니다. 비구는 부인이나 처녀를 받지 않습니다. 비구는 노비(奴婢)를 받지 않습니다. 비구는 염소나 양을 받지 않습니다. 비구는 닭이나 돼지를 받지 않습니다. 비구는 코끼리나 소나 말을 받지 않습니다. 비구는 논밭을 받지 않습니다. 비구는 하인을 받지 않습니다. 비구

는 물건을 사고팔지 않습니다. 비구는 저울이나 양을 속이지 않습니다. 비구는 거짓으로 속이지 않습니다. 비구는 때리거나, 죽이거나, 결박하거나, 강탈하거나, 약탈하거나, 폭력을 휘두르지 않습니다. 이것이 비구의 계행입니다."

**46.** ~ **62.** 생략.[49]

**63.** "대왕이시여, 이와 같이 계(戒)를 성취한 비구는 어떤 경우에도 계를 수호하는 것을 두려워하지 않습니다. 비유하면, 대왕이시여, 관정(灌頂)을 한 무적의 크샤트리아가 어떤 경우에도 적을 두려워하지 않는 것과 같습니다. 이와 같이 계를 성취한 비구는 어떤 경우에도 계를 수호하는 것을 두려워하지 않습니다. 이들 성스러운 계온(戒蘊)[50]을 구족한 그는 내적으로 완전한 행복을 느낍니다. 대왕이시여, 이와 같이 비구는 계행(戒行)을 성취합니다."

### 지각활동[根]의 수호(守護)

**64.** "대왕이시여, 비구는 어떻게 지각활동[根]을 할 때[51] 문(門)을

---

49 「브라마잘라 숫따」와 마찬가지로 중간 계행과 긴 계행을 생략함.

50 'sīlakkhandha'의 번역. '온(蘊)'으로 번역된 'khandha'는 '덩어리', '무더기'의 의미다. 따라서 계온(戒蘊)이란 계(戒)의 무더기, 즉 앞에서 언급한 모든 계를 말한다.

51 'indriyesu'의 번역. 'indriyesu'는 'indriya'의 복수(複數) 처격(處格)이다. '근(根)'으로 한역된 'indriya'는 우리의 신체를 구성하는 '감각기관'으로 이해되고 있는데, 그보다는 감각적인 지각활동으로 이해하는 것이 좋다. 빨리어에서 처격은 때와 장소를 의미하기 때문에 '감각활동을 할 때'로 번역했다.

지키는 것일까요? 대왕이시여, 비구는 시각기능[眼]으로[52] 형색[色][53]을 보고서, 형상(形相)[54]에 집착하지 않고, 부분의 모습[55]에 집착하지 않습니다. 시각활동[眼根][56]을 통제하지 않고 지내면, 탐욕과 근심, 사악하고 좋지 않은 법(法)들이 흘러들어오기 때문에, 그것을 막기 위해 나아가서 시각활동[眼根]을 지켜보다가, 시각활동[眼根]을 할 때 [사악하고 좋지 않은 법들이 흘러들어오는 것을] 막습니다.

청각기능[耳]으로 소리를 듣고서,

후각기능[鼻]으로 냄새를 맡고서,

미각기능[舌]으로 맛을 보고서,

촉각기능[身]으로 접촉된 것을 느끼고서,

의식기능[意]으로 법을 인식하고서, 형상에 집착하지 않고, 부분의 모습에 집착하지 않습니다. 의식활동[意根]을 통제하지 않고 지내면, 탐욕과 근심, 사악하고 좋지 않은 법들이 흘러들어오기 때문에, 그

---

52 'cakkhunā'의 번역. 'cakkhunā'는 'cakkhu'의 단수(單數) 구격(具格)이다. '안(眼)'으로 한역된 'cakkhu'는 얼굴에 붙어있는 눈을 의미하는 것이 아니라 볼 수 있는 '시각기능'을 의미한다.

53 'rūpa'의 번역. '색(色)'으로 한역되는 'rūpa'를 우리말로 '물질'이라고 번역하는데, 이는 잘못된 것이다. 이는 아비달마불교에서 색과 심(心)을 구분하여, 색을 물질적인 것, 심을 정신적인 것으로 규정한 데서 기인한다. 근본불교에서는 물질과 정신이라는 이분법적 구별이 없다. 색은 감각적으로 지각되는 형태적 요소를 의미할 뿐, 물질적 존재를 의미하지 않는다.

54 'nimitta'의 번역.

55 'anuvyañjana'의 번역.

56 'cakkhundriya'의 번역. 'cakkhundriya'는 'cakkhu'와 'indriya'의 합성어로서, 시각기능의 활동을 의미한다.

것을 막기 위해 나아가서 의식활동[意根]을 지켜보다가, 의식활동[意根]을 할 때 막습니다. 대왕이시여, 비구는 이와 같이 감각활동을 할 때 문을 지킵니다."

## 주의집중[正念]과 알아차림[正知]의 구족

▎**65.** ▎"대왕이시여, 비구는 어떻게 주의집중과 알아차림[57]을 갖추는 것일까요? 대왕이시여, 비구는 가고 올 때 알아차리고, 바라보고 돌아볼 때 알아차리고, 구부리고 펼 때 알아차리고, 가사와 발우와 승복을 지닐 때 알아차리고, 먹고, 마시고, 씹고, 맛볼 때 알아차리고, 대소변을 볼 때 알아차리고, 가고, 서고, 앉고, 잠들고, 깨어나고, 말하고, 침묵할 때 알아차립니다. 대왕이시여, 이와 같이 비구는 주의집중과 알아차림을 갖춥니다."

## 지족(知足)하는 삶

▎**66.** ▎"대왕이시여, 비구는 어떻게 지족(知足)하는[58] 것일까요? 대왕이시여, 비구는 몸을 보호하는 법복(法服)과 배를 채우는 음식을 담는 발우로 만족하며, 그는 어디를 가더라도 법복과 발우를 지니고 갑니다. 비

---

57 'sati-sampajañña'의 번역. 한역에서 'sati'는 정념(正念)으로, 'sampajañña'는 정지(正知)로 번역됨. 'sampajañña'는 분명하게 알아차리는 것을 의미하므로, 'sati-sampajañña'는 주의를 집중하여 자신의 행동과 느낌을 분명하게 알아차리는 것을 의미한다.

58 'santuṭṭha'의 번역.

유하면, 대왕이시여, 날개 달린 새가 어디를 날아가더라도 깃털을 달고 날아가듯이, 이와 같이, 대왕이시여, 비구는 몸을 보호하는 법복과 배를 채우는 음식을 담는 발우로 만족하며, 그는 어디를 가더라도 법복과 발우를 지니고 갑니다. 대왕이시여, 이와 같이 비구는 지족하며 지냅니다."

## 주의집중을 준비함

**│67.│** "그는 이와 같이 성자(聖者)의 계온(戒蘊)을 갖추고, 이와 같이 성자의 6근(六根)의 수호를 갖추고, 이와 같이 성자의 주의집중과 알아차림을 갖추고, 이와 같이 성자의 지족을 갖추고, 숲이나, 나무 아래나, 바위나, 동굴이나, 산속이나, 무덤이나, 삼림이나, 노지(露地)나, 짚더미 같은 홀로 지내기 좋은 처소를 좋아합니다. 그는 발우에 음식을 얻어 돌아와 음식을 먹은 후에, 가부좌를 하고, 몸을 똑바로 세우고, 정신을 바짝 차려 주의집중을 준비하고 앉습니다."

## 마음의 정화

**│68.│** "그는 세간(世間)에 대한 탐욕을 버리고, 탐욕을 떠난 마음으로 지내면서 탐욕으로부터 마음을 정화합니다.

진에(瞋恚)를 버리고, 악의(惡意) 없는 마음으로 지내면서 살아있는 모든 것을 연민하는 벗이 되어 진에로부터 마음을 정화합니다.

혼침(昏沈)과 수면(睡眠)을 버리고, 혼침과 수면 없이 지내면서 밝은 생각으로 알아차려 혼침과 수면으로부터 마음을 정화합니다.

들뜸[掉擧]과 후회를 버리고, 차분하게 지내면서 내적으로 고요해진 마음으로 도거와 후회로부터 마음을 정화합니다.

의심을 버리고, 의심을 벗어나 선법(善法)에 대하여 의심 없이 지내면서 의심으로부터 마음을 정화합니다.

**| 69. |** 대왕이시여, 비유하면 어떤 사람이 빚으로 사업을 하는 것과 같습니다. 후에 그 사업들이 성공하여 예전의 빚을 갚았을 뿐만 아니라 아내를 얻을 여분이 있게 되었다면, 그는 이렇게 생각할 것입니다. '나는 과거에 빚으로 사업을 했다. 그 후 나는 사업에 성공했다. 그래서 나는 예전의 빚을 갚았을 뿐만 아니라, 나에게 아내를 얻을 여분이 있다.' 그는 이로 인해 행복을 얻고, 만족을 얻을 것입니다.

**| 70. |** 대왕이시여, 비유하면 어떤 사람이 병이 들어, 괴롭고 심한 병으로 음식을 먹지 못하고, 몸에 힘이 없는 것과 같습니다. 그가 후에 병에서 벗어나 음식을 먹고 몸에 힘이 생겼다면, 그는 이렇게 생각할 것입니다. '나는 과거에 병이 들어 괴롭고 심한 병으로 음식을 먹지 못해 내 몸에 힘이 없었다. 그런데 그 후에 나는 병에서 벗어나 음식을 먹고 내 몸에 힘이 생겼다.' 그는 이로 인해 행복을 얻고, 만족을 얻을 것입니다.

**| 71. |** 대왕이시여, 예를 들어, 어떤 사람이 감옥에 묶여있다고 합시다. 그가 후에 감옥에서 무사하고 안전하게 벗어나 어떤 결박의 손실도 없게 되었다면, 그는 이렇게 생각할 것입니다. '나는 과거에 감옥에 묶여있었다. 그런데 그 후에 감옥에서 무사하고 안전하게 벗어나 나에게 어떤 결박의 손실도 없게 되었다.' 그는 이로 인해 행복을 얻고, 만족을 얻을 것입니다.

**| 72. |** 대왕이시여, 비유하면 어떤 사람이 자립하지 못하고, 남에게

의존하고 있는 노예로서, 어디든 마음대로 가지 못하는 것과 같습니다. 그가 후에 노예의 처지에서 벗어나, 자립하여 다른 사람에게 의존하지 않는 자유인이 되어, 어디나 마음대로 갈 수 있게 되었다면, 그는 이렇게 생각할 것입니다. '나는 과거에 자립하지 못하고, 남에게 의존하고 있는 노예로서, 어디든 마음대로 가지 못했다. 그런데 그 후에 노예의 처지에서 벗어나, 자립하여 다른 사람에게 의존하지 않는 자유인이 되어, 어디나 마음대로 갈 수 있게 되었다.' 그는 이로 인해 행복을 얻고, 만족을 얻을 것입니다.

| 73. | 대왕이시여, 비유하면 어떤 사람이 많은 재물과 보물을 가지고 흉년이 들어 위험하고 험난한 길을 나서는 것과 같습니다. 그가 후에 그 험한 길을 극복하고 걱정 없고 평안한 마을 입구에 안전하게 도달하게 되었다면, 그는 이렇게 생각할 것입니다. '나는 과거에 많은 재물과 보물을 가지고 흉년이 들어 위험하고 험난한 길을 나섰다. 그 후에 그 험한 길을 극복하고 걱정 없고 평안한 마을 입구에 안전하게 도달했다.' 그는 이로 인해 행복을 얻고, 만족을 얻을 것입니다.

| 74. | 대왕이시여, 비구는 이와 같이 자신에게서 다섯 가지 장애[五蓋]가 제거되지 않은 것을 빚으로, 병으로, 감옥으로, 노예의 처지로, 험난한 길로 간주합니다. 대왕이시여, 비유하면, 비구는 이와 같이 자신에게서 다섯 가지 장애가 제거된 것을, 빚 없는 것으로, 병 없는 것으로, 속박에서 벗어난 것으로, 자유인으로, 안전한 곳으로 간주합니다."

## 초선(初禪)

**| 75. |** "대왕이시여, 자신에게서 이들 다섯 가지 장애가 제거된 것을 지각하면, 그에게 기쁨이 생깁니다. 기쁨으로 인해 즐거움이 생기고, 즐거운 마음으로 인해 몸이 안정됩니다. 몸이 안정되면 행복을 느끼고, 마음이 행복하면 선정(禪定)에 들어갑니다. 그는 욕망을 멀리하고, 불선법(不善法)을 멀리하여, 사유[尋]가 있고, 숙고[伺]가 있는, 멀리함에서 생긴 즐거움과 행복이 있는 초선(初禪)을 성취하여 살아갑니다. 그는 멀리함에서 생긴 즐거움과 행복으로 이 몸을 가득 채우고, 넘치게 하고, 충만하게 하고, 두루 퍼지게 하여, 멀리함에서 생긴 즐거움과 행복이 몸 전체에 미치지 않는 곳이 없도록 합니다.

**| 76. |** 대왕이시여, 비유하면, 숙련된 목욕사나 그 제자가 청동 대야에 비누 가루를 뿌리고 물을 고루 부어 섞으면, 그 비누 반죽은 안팎으로 습기를 머금고, 습기에 젖어 물기가 흘러나오지 않는 것과 같습니다. 대왕이시여, 이와 같이 비구는 멀리함에서 생긴 즐거움과 행복으로 이 몸을 가득 채우고, 넘치게 하고, 충만하게 하고, 두루 퍼지게 하여 멀리함에서 생긴 즐거움과 행복이 몸 전체에 미치지 않는 곳이 없도록 합니다.

대왕이시여, 이것이 이전의 눈에 보이는 사문의 과보보다 더욱 훌륭하고 더욱 수승한 눈에 보이는 사문의 과보입니다."

## 제2선(第二禪)

**| 77. |** "대왕이시여, 다음으로 비구는 사유와 숙고를 억제하여 내적

으로 조용해진, 마음이 집중된, 사유와 숙고가 없는, 삼매에서 생긴 즐거움과 행복이 있는 제2선(第二禪)을 성취하여 살아갑니다. 그는 삼매에서 생긴 즐거움과 행복으로 이 몸을 가득 채우고, 넘치게 하고, 충만하게 하고, 두루 퍼지게 하여, 삼매에서 생긴 즐거움과 행복이 몸 전체에 미치지 않는 곳이 없도록 합니다.

**| 78. |** 대왕이시여, 비유하면, 동쪽 수로도 없고, 서쪽 수로도 없고, 북쪽 수로도 없고, 남쪽 수로도 없는 호수의 샘이 있는데, 천신이 때때로 적당한 소나기를 내려주지 않는다면, 이제 그 샘에서 시원한 물줄기가 솟아 나와 시원한 물로 그 호수를 가득 채우고, 넘치게 하고, 충만하게 하고, 두루 퍼지게 하여, 시원한 물이 호수 전체에 미치지 않는 곳이 없도록 하는 것과 같습니다. 대왕이시여, 이와 같이 비구는 삼매에서 생긴 즐거움과 행복으로 이 몸을 가득 채우고, 넘치게 하고, 충만하게 하고, 두루 퍼지게 하여, 삼매에서 생긴 즐거움과 행복이 몸 전체에 미치지 않는 곳이 없도록 합니다.

대왕이시여, 이것이 이전의 눈에 보이는 사문의 과보보다 더욱 훌륭하고 더욱 수승한 눈에 보이는 사문의 과보입니다.”

### 제3선(第三禪)

**| 79. |** “대왕이시여, 다음으로 비구는 즐거움과 이욕(離欲)으로부터 초연하여 평정한 주의집중과 알아차림을 하며 지냅니다. 그는 몸으로

행복을 느끼면서, 성자들이 '평정한[捨]59 주의집중을 하는 행복한 상태'라고 이야기한 제3선(第三禪)을 성취하여 살아갑니다. 그는 즐거움을 초월한 행복으로 이 몸을 가득 채우고, 넘치게 하고, 충만하게 하고, 두루 퍼지게 하여 즐거움을 초월한 행복이 몸 전체에 미치지 않는 곳이 없도록 합니다.

**80.** 대왕이시여, 비유하면, 청련, 홍련, 백련이 자라는 연못이 있는데 물에서 태어나고, 물에서 자라, 물 위로 올라오지 않고 물속에 잠겨서 크는 몇몇 청련이나, 홍련이나, 백련들은 꼭대기에서 뿌리까지 시원한 물로 가득 차고 넘치고 충만하고 두루 퍼져 청련이나 홍련이나 백련들의 모든 부분에 시원한 물이 미치지 않는 곳이 없는 것과 같습니다. 대왕이시여, 이와 같이 비구는 즐거움을 초월한 행복으로 이 몸을 가득 채우고 넘치게 하고 충만하게 하고 두루 퍼지게 하여 즐거움을 초월한 행복이 몸 전체에 미치지 않는 곳이 없도록 합니다.

대왕이시여, 이것이 이전의 눈에 보이는 사문의 과보보다 더욱 훌륭하고 더욱 수승한 눈에 보이는 사문의 과보입니다."

### 제4선(第四禪)

**81.** "대왕이시여, 다음으로 비구는 행복감을 포기하고 괴로움을

---

59  'upekhaka'의 번역. 사(捨)로 한역되는 'upekhaka'는 고락(苦樂)의 감정에서 벗어난, 평정하고 집착이 없는 상태를 의미한다. 세 가지 감정(受), 즉 고(苦), 낙(樂), 불고불락(不苦不樂) 가운데 불고불락(不苦不樂)의 상태가 'upekhaka'이다.

버림으로써, 이전의 만족과 불만이 소멸하여 괴롭지도 않고 행복하지도 않은, 평정한 주의집중이 청정한 제4선(第四禪)을 성취하여 살아갑니다. 그는 이 몸을 청정하게 정화된 마음으로 채우고 앉아 청정하게 정화된 마음이 몸 전체에 미치지 않는 곳이 없도록 합니다.

**82.** 대왕이시여, 비유하면, 어떤 사람이 깨끗한 옷으로 머리끝까지 감싸고 앉으면 깨끗한 옷이 몸 전체에 닿지 않은 곳이 없는 것과 같습니다. 대왕이시여, 이와 같이 비구는 이 몸을 청정하게 정화된 마음으로 채우고 앉아 청정하게 정화된 마음이 몸 전체에 미치지 않는 곳이 없도록 합니다.

대왕이시여, 이것이 이전의 눈에 보이는 사문의 과보보다 더욱 훌륭하고 더욱 수승한 눈에 보이는 사문의 과보입니다."

## 여실한 지견(知見)의 성취

**83.** "그는 청정하게 정화되고, 죄악의 먼지가 없고[無塵], 번뇌의 때가 없고[無垢], 유연하여 적응력이 있고, 견고하여 움직이지 않는 삼매에 든 마음에서 알고 보기[知見][60] 위하여 마음을 그쪽으로 기울입니다. 그는 이와 같이 분명하게 압니다. '사대(四大)로 된, 부모로부터 태어나 밥과 젖이 쌓인, 나의 이 형상이 있는 몸[色身]은 무상(無常)하며, 단멸(斷滅)하며, 부서지며, 파괴되며, 멸망하는 법(法)이다. 나의 이 식

---

60 'ñāṇa-dassana'의 번역.

(識)[61]은 거기에 의존하고 있고, 거기에 묶여있다.'

**84.** 대왕이시여, 비유하면, 아름답고 귀한, 팔각형으로 잘 다듬어진, 투명하고 순수하고 청정한 모든 특징을 구족한 마니보주(摩尼寶珠)가 있는데, 거기에 청색이나, 황색이나, 적색이나, 백색이나, 적황색 실을 꿰어 놓은 것과 같습니다. 안목 있는 사람은 그것을 손 위에 놓고 관찰할 것입니다. '이 마니보주는 참으로 아름답고 귀한, 팔각형으로 잘 다듬어진, 투명하고 순수하고 청정한 모든 특징을 구족한 것인데, 거기에 청색이나, 황색이나, 적색이나, 백색이나, 적황색 실을 꿰어 놓았구나.' 대왕이시여, 비구는 이와 같이 청정하게 정화되고, 죄악의 먼지가 없고[無塵], 번뇌의 때가 없고[無垢], 유연하여 적응력이 있고, 견고하여 움직이지 않는 삼매에 든 마음에서 알고 보기 위하여 마음을 그쪽으로 기울입니다. 그는 이와 같이 분명하게 압니다. '사대(四大)로 된, 부모로부터 태어나 밥과 젖이 쌓인, 나의 이 형상이 있는 몸[色身]은 무상(無常)하며, 단멸(斷滅)하며, 부서지며, 파괴되며, 멸망하는 법(法)이다. 나의 이 식(識)은 거기에 의존하고 있고, 거기에 묶여있다.'

대왕이시여, 이것이 이전의 눈에 보이는 사문의 과보보다 더욱 훌륭하고 더욱 수승한 눈에 보이는 사문의 과보입니다."

### 의성신(意成身)의 성취

**85.** "그는 이와 같이 청정하게 정화되고, 죄악의 먼지가 없고[無

---

61 'viññāṇa'의 번역.

塵], 번뇌의 때가 없고[無垢], 유연하여 적응력이 있고, 견고하여 움직이지 않는, 삼매에 든 마음에서 의성신(意成身)[62]을 만들기 위하여 마음을 그쪽으로 기울입니다. 그는 이 몸에서 사지(四肢)가 완전하고, 6근(六根)이 완전하며, 형상이 있는, 마음으로 된 다른 몸을 만들어냅니다.

**86.** 대왕이시여, 비유하면, 어떤 사람이 갈대 풀에서 갈대를 뽑아내는 것과 같습니다. 그는 이렇게 생각할 것입니다. '이것은 갈대 풀이고, 이것은 갈대다. 갈대 풀과 갈대는 서로 다르다. 그렇지만 갈대는 갈대 풀에서 뽑혀 나왔다.'

대왕이시여, 비유하면, 어떤 사람이 칼을 칼집에서 뽑아내는 것과 같습니다. 그는 이렇게 생각할 것입니다. '이것은 칼이고, 이것은 칼집이다. 칼과 칼집은 서로 다르다. 그렇지만 칼은 칼집에서 뽑혀 나왔다.'

대왕이시여, 비유하면, 어떤 사람이 뱀을 뱀 허물에서 빼내는 것과 같습니다. 그는 이렇게 생각할 것입니다. '이것은 뱀이고, 이것은 뱀 허물이다. 뱀과 뱀 허물은 서로 다르다. 그렇지만 뱀은 뱀 허물에서 빠져나왔다.'

대왕이시여, 비구는 이와 같이 청정하게 정화되고, 죄악의 먼지가 없고[無塵], 번뇌의 때가 없고[無垢], 유연하여 적응력이 있고, 견고하여 움직이지 않는 삼매에 든 마음에서 의성신(意成身)을 만들기 위하여 마음을 그쪽으로 기울입니다. 그는 이 몸에서 사지가 완전하고, 6근(六根)

---

62  'mano-maya kāya'의 번역. 우리는 욕망의 지배를 받아 자신이 원하는 모습으로 살아가지 못한다. '의성신(意成身)'으로 한역되는 'mano-maya kāya'는 이러한 욕망에 휩싸인 모습에서 벗어나, 자신이 원하는 모습으로 살아가는 것을 의미한다.

이 완전하며, 형상이 있는, 마음으로 된 다른 몸을 만들어냅니다.

　대왕이시여, 이것이 이전의 눈에 보이는 사문의 과보보다 더욱 훌륭하고 더욱 수승한 눈에 보이는 사문의 과보입니다. ”

## 신족통(神足通)의 성취

**87.** “그는 이와 같이 청정하게 정화되고, 죄악의 먼지가 없고[無塵], 번뇌의 때가 없고[無垢], 유연하여 적응력이 있고, 견고하여 움직이지 않는 삼매에 든 마음에서 신족통(神足通)⁶³을 위하여 마음을 그쪽으로 기울입니다. 그는 다양한 신통을 체험합니다. 하나이다가 여럿이 되고, 여럿이다가 하나가 됩니다. 마치 허공을 다니듯이 나타나고, 사라지고, 담장을 넘고, 성벽을 넘고, 산을 넘어 거침없이 다닙니다. 마치 물속처럼 땅속에서 오르내리기도 합니다. 마치 땅 위를 걷듯이 물 위를 걸어 다닙니다. 마치 날개 달린 새처럼 허공에서 가부좌를 하고 다니기도 합니다. 이와 같은 큰 신족통과 이와 같은 큰 위력으로 해와 달을 손바닥으로 만지고 쓰다듬기도 합니다. 그는 몸을 범천(梵天)의 세계까지 늘리기도 합니다.

**88.** 대왕이시여, 비유하면, 숙련된 도공이나 도공의 제자가 잘 준비된 진흙으로 원하는 그릇을 만드는 것과 같습니다. 대왕이시여, 비유하면 숙련된 상아세공이나 상아세공의 제자가 잘 다듬은 상아로 원하는 상아 제품을 만드는 것과 같습니다. 대왕이시여, 비유하면 숙련된

---

63  ‘iddhi-vidhā’의 번역.

금세공이나 금세공의 제자가 잘 제련된 금으로 원하는 황금 제품을 만드는 것과 같습니다.

이와 같이, 대왕이시여, 비구는 이와 같이 청정하게 정화되고, 죄악의 먼지가 없고[無塵], 번뇌의 때가 없으며[無垢], 유연하여 적응력이 있고, 견고하여 움직이지 않는 삼매에 든 마음에서 신족통(神足通)을 위하여 마음을 그쪽으로 기울여 다양한 신통을 체험합니다.

대왕이시여, 이것이 이전의 눈에 보이는 사문의 과보보다 더욱 훌륭하고 더욱 수승한 눈에 보이는 사문의 과보입니다."

## 천이통(天耳通)의 성취

**| 89. |** "그는 이와 같이 청정하게 정화되고, 죄악의 먼지가 없고[無塵], 번뇌의 때가 없으며[無垢], 유연하여 적응력이 있고, 견고하여 움직이지 않는, 삼매에 든 마음에서 천이통(天耳通)[64]에 마음을 기울입니다. 그는 청정하고 초인적인 천이통으로 멀고 가까운 천신과 인간의 두 소리를 듣습니다.

**| 90. |** 대왕이시여, 비유하면, 여행길을 떠난 어떤 사람이 북소리, 장고 소리, 고동 소리를 듣는 것과 같습니다. 그는 이렇게 생각할 것입니다. '이것은 북소리다.' '이것은 장고 소리다.' '이것은 고동 소리다.' 이와 같이, 대왕이시여, 비구는 이와 같이 청정하게 정화되고, 죄악의 먼지가 없고[無塵], 번뇌의 때가 없으며[無垢], 유연하여 적응력이 있고, 견고

---

64  'dibba-sota-dhātu'의 번역.

하여 움직이지 않는, 삼매에 든 마음에서 천이통(天耳通)에 마음을 기울입니다. 그는 청정하고 초인적인 천이통으로 멀고 가까운 천신과 인간의 두 소리를 듣습니다.

대왕이시여, 이것이 이전의 눈에 보이는 사문의 과보보다 더욱 훌륭하고 더욱 수승한 눈에 보이는 사문의 과보입니다."

## 타심통(他心通)의 성취

**| 91. |** "그는 이와 같이 청정하게 정화되고, 죄악의 먼지가 없고[無塵], 번뇌의 때가 없으며[無垢], 유연하여 적응력이 있고, 견고하여 움직이지 않는 삼매에 든 마음에서 타심통(他心通)[65]에 마음을 기울입니다. 그는 자신의 마음으로 다른 중생이나 다른 사람들의 마음을 통찰하여 분명하게 압니다.

탐욕이 있는 마음은 탐욕이 있는 마음이라고 분명하게 압니다. 탐욕이 없는 마음은 탐욕이 없는 마음이라고 분명하게 압니다. 진에(瞋恚)가 있는 마음은 진에가 있는 마음이라고 분명하게 압니다. 진에가 없는 마음은 진에가 없는 마음이라고 분명하게 압니다. 어리석음이 있는 마음은 어리석음이 있는 마음이라고 분명하게 압니다. 어리석음이 없는 마음은 어리석음이 없는 마음이라고 분명하게 압니다. 집중된 마음은 집중된 마음이라고 분명하게 압니다. 산만한 마음은 산만한 마음이라고 분명하게 압니다. 넓은 마음은 넓은 마음이라고 분명하게 압니다.

---

65  'ceto-pariyañāṇā'의 번역.

좁은 마음은 좁은 마음이라고 분명하게 압니다. 뛰어난 마음은 뛰어난 마음이라고 분명하게 압니다. 위없는 마음은 위없는 마음이라고 분명하게 압니다. 삼매에 든 마음은 삼매에 든 마음이라고 분명하게 압니다. 삼매에 들지 않은 마음은 삼매에 들지 않은 마음이라고 분명하게 압니다. 해탈한 마음은 해탈한 마음이라고 분명하게 압니다. 해탈하지 못한 마음은 해탈하지 못한 마음이라고 분명하게 압니다.

**┃92.┃** 대왕이시여, 비유하면, 몸단장을 좋아하는 젊은 처녀나 청년이 깨끗하게 잘 닦인 거울이나 맑은 물그릇에 자신의 얼굴을 비춰보고서, 검은 점이 있으면 있다고 알고, 없으면 없다고 아는 것과 같습니다. 이와 같이, 대왕이시여, 비구는 이와 같이 청정하게 정화되고, 죄악의 먼지가 없고[無塵], 번뇌의 때가 없고[無垢], 유연하여 적응력이 있고, 견고하여 움직이지 않는 삼매에 든 마음에서 타심통에 마음을 기울여서 자신의 마음으로 다른 중생이나 다른 사람들의 마음을 통찰하여 분명하게 압니다.[66]

대왕이시여, 이것이 이전의 눈에 보이는 사문의 과보보다 더욱 훌륭하고 더욱 수승한 눈에 보이는 사문의 과보입니다. ”

### 숙명통(宿命通)의 성취

**┃93.┃** “그는 이와 같이 청정하게 정화되고, 죄악의 먼지가 없고[無塵], 번뇌의 때가 없으며[無垢], 유연하여 적응력이 있고, 견고하여 움직

---

66  반복되는 어구(語句)를 생략함.

이지 않는 삼매에 든 마음에서 숙명통(宿命通)[67]에 마음을 기울입니다. 그는 한 번의 태어남, 두 번의 태어남, 세 번의 태어남, 네 번의 태어남, 다섯 번의 태어남, 열 번의 태어남, 스무 번의 태어남, 서른 번의 태어남, 마흔 번의 태어남, 쉰 번의 태어남, 백 번의 태어남, 천 번의 태어남, 백천 번의 태어남, 수많은 괴겁(壞劫), 수많은 성겁(成劫), 수많은 성괴겁(成壞劫)과 같은 여러 가지 전생의 삶을 기억합니다. '그곳에서 나는 이름은 이러했고, 가문은 이러했고, 용모는 이러했고, 음식은 이러했으며, 이러한 고락(苦樂)을 겪었고, 이와 같이 수명을 마쳤다. 그가 죽어서 나는 거기에 태어났다. 그곳에서 나는 이름은 이러했고, 가문은 이러했고, 용모는 이러했고, 음식은 이러했으며, 이러한 고락을 겪었고, 이와 같이 수명을 마쳤다. 그가 죽어서 이 세상에 태어났다.' 이와 같이 그는 용모와 내력을 지닌 여러 가지 전생의 삶을 기억합니다.

**| 94. |** 대왕이시여, 비유하면, 어떤 사람이 자기 마을에서 다른 마을로 가고, 그 마을에서 다시 다른 마을로 가고, 그 마을에서 자기 마을로 되돌아오는 것과 같습니다. 그는 이렇게 생각할 것입니다. '나는 우리 마을에서 그 마을로 갔다. 나는 그곳에서 이렇게 살고, 이렇게 머물고, 이렇게 말하고, 이렇게 침묵했다. 나는 그 마을에서 저 마을로 갔다. 나는 그곳에서 이렇게 살고, 이렇게 머물고, 이렇게 말하고, 이렇게 침묵했다. 그리고 나는 그 마을에서 우리 마을로 돌아왔다.'

이와 같이, 대왕이시여, 비구는 이와 같이 청정하게 정화되고, 죄악의 먼지가 없고[無塵], 번뇌의 때가 없고[無垢], 유연하여 적응력이 있

---

67 'pubbe-nivāsânussati-ñāṇa'의 번역.

고, 견고하여 움직이지 않는 삼매에 든 마음에서 숙명통(宿命通)에 마음을 기울여서 여러 가지 전생의 삶을 기억합니다. [68]

대왕이시여, 이것이 이전의 눈에 보이는 사문의 과보보다 더욱 훌륭하고 더욱 수승한 눈에 보이는 사문의 과보입니다."

## 천안통(天眼通) 성취

**| 95. |** "그는 이와 같이 청정하게 정화되고, 죄악의 먼지가 없고[無塵], 번뇌의 때가 없고[無垢], 유연하여 적응력이 있고, 견고하여 움직이지 않는, 삼매에 든 마음에서 중생의 죽고 태어남을 알기 위하여 그쪽으로 마음을 기울입니다. 그는 청정하고 초인적인 천안(天眼)[69]으로 중생을 보고, 중생이 업에 따라 죽고, 태어나고, 못나고, 훌륭하고, 잘생기고, 못생기고, 행복하고, 불행한 것을 분명하게 압니다.

'존자들이여, 참으로 이 중생은 몸으로 악행을 행한 자들이며, 말로 악행을 행한 자들이며, 마음으로 악행을 행한 자들이며, 성자(聖者)를 비방한 자들이며, 사견(邪見)을 가진 자들이며, 사견으로 업을 지은 자들입니다. 그들은 몸이 파괴되어 죽은 후에 괴로운 곳, 불행한 곳, 험난한 곳, 지옥에 태어났습니다. 존자들이여, 참으로 이 중생은 몸으로 선행을 행한 자들이며, 말로 선행을 행한 자들이며, 마음으로 선행을 행한 자들이며, 성자(聖者)를 비방하지 않은 자들이며, 정견(正見)을 가

---

68  반복되는 어구(語句)를 생략함.
69  'dibba cakkhu'의 번역

진 자들이며, 정견으로 업을 지은 자들입니다. 그들은 몸이 파괴되어 죽은 후에 행복한 곳, 천상 세계에 태어났습니다.' 이와 같이 그는 청정하고 초인적인 천안(天眼)으로 중생을 보고, 중생이 업에 따라 죽고, 태어나고, 못나고, 훌륭하고, 잘생기고, 못생기고, 행복하고, 불행한 것을 분명하게 압니다.

**▎96. ▎** 대왕이시여, 비유하면, 사거리 중앙에 누각이 있는데, 눈 있는 사람이 그 누각에 서서 사람들이 집에 들어가고 나오고, 마차로 길을 돌아다니고, 사거리 가운데 앉아있는 것을 보는 것과 같습니다. 그는 이렇게 생각할 것입니다. '이 사람들은 집에 들어간다. 이들은 나온다. 이들은 마차로 길을 돌아다닌다. 이들은 사거리 가운데 앉아있다.'

　　이와 같이, 대왕이시여, 비구는 이와 같이 청정하게 정화되고, 죄악의 먼지가 없고[無塵], 번뇌의 때가 없고[無垢], 유연하여 적응력이 있고, 견고하여 움직이지 않는, 삼매에 든 마음에서 중생의 죽고 태어남을 알기 위하여 그쪽으로 마음을 기울여서, 청정하고 초인적인 천안(天眼)으로 중생을 보고, 중생이 업에 따라 죽고, 태어나고, 못나고, 훌륭하고, 잘생기고, 못생기고, 행복하고, 불행한 것을 분명하게 압니다.[70]

　　대왕이시여, 이것이 이전의 눈에 보이는 사문의 과보보다 더욱 훌륭하고 더욱 수승한 눈에 보이는 사문의 과보입니다."

---

70　반복되는 어구(語句)를 생략함.

## 누진통(漏盡通)의 성취

**▌97.▐** "그는 이와 같이 청정하게 정화되고, 죄악의 먼지가 없고[無塵], 번뇌의 때가 없고[無垢], 유연하여 적응력이 있고, 견고하여 움직이지 않는 삼매에 든 마음에서 누진통(漏盡通)[71]에 마음을 기울입니다.

그는 '이것은 괴로움[苦]이다'라고 있는 그대로 분명하게 압니다. 그는 '이것은 괴로움의 집[苦集][72]이다'라고 있는 그대로 분명하게 압니다. 그는 '이것은 괴로움의 소멸[苦滅][73]이다'라고 있는 그대로 분명하게 압니다. 그는 '이것은 괴로움의 소멸에 이르는 길[苦滅道][74]이다'라고 있는 그대로 분명하게 압니다.

그는 '이것들은 번뇌[漏][75]다'라고 있는 그대로 분명하게 압니다. 그는 '이것은 번뇌의 집[漏集][76]이다'라고 있는 그대로 분명하게 압니다. 그는 '이것은 번뇌의 소멸[漏滅][77]이다'라고 있는 그대로 분명하게 압니다. 그는 '이것은 번뇌의 소멸에 이르는 길[漏滅道][78]이다'라고 있는 그대로 분명하게 압니다.

---

71  'āsava-kkhaya-ñāṇa'의 번역.

72  'dukkhasamudaya'의 번역.

73  'dukkhanirodha'의 번역.

74  'dukkhanirodhagāminī'의 번역.

75  'āsava'의 번역.

76  'āsavasamudaya'의 번역.

77  'āsavanirodha'의 번역.

78  'āsavanirodhagāminī'의 번역.

그가 이렇게 알고 이렇게 보았을 때, 마음이 욕루(欲漏)[79]에서 해탈하고, 유루(有漏)[80], 무명루(無明漏)[81]에서 해탈합니다. 해탈했을 때 '나는 해탈했다'고 알게 됩니다. 그는 '태어남은 끝났고 범행(梵行)을 마쳤으며 해야 할 일을 끝마쳤다. 다시는 현재의 상태[82]로 되지 않는다'라고 분명하게 압니다.

**▌98. ▌** 대왕이시여, 비유하면, 산 정상에 혼탁하지 않고 맑고 청정한 호수가 있는데, 눈 있는 사람이 그 호수 가에 서서 조개껍질이나, 자갈이나, 물고기 떼가 움직이고 멈추는 것을 보는 것과 같습니다. 그는 이렇게 생각할 것입니다. '이것은 산 정상에 있는 혼탁하지 않고 맑고 청정한 호수다. 거기에서 이 조개껍질들이나, 자갈들이나, 고기떼들이 움직이고 멈춘다.'

이와 같이, 대왕이시여, 비구는 이와 같이 청정하게 정화되고, 죄악의 먼지가 없고[無塵], 번뇌의 때가 없고[無垢], 유연하여 적응력이 있고, 견고하여 움직이지 않는 삼매에 든 마음에서 누진통(漏盡通)에 마음을 기울여서, '태어남은 끝났고 범행(梵行)을 마쳤으며 해야 할 일을 끝마쳤다. 다시는 현재의 상태로 되지 않는다'라고 분명하게 압니다.[83]

대왕이시여, 이것이 이전의 눈에 보이는 사문의 과보보다 더욱 훌륭하고 더욱 수승한 눈에 보이는 사문의 과보입니다."

---

79  'kāmâsava'의 번역.

80  'bhavâsava'의 번역.

81  'avijjâsava'의 번역.

82  'itthattaṃ'의 번역. 무지의 상태에서 생로병사의 괴로움을 겪고 있는 상태를 의미함.

83  반복되는 어구(語句)를 생략함.

**99.** 이와 같이 말씀하시자, 마가다의 왕 아자따삿뚜 웨데히뿟따는 이렇게 말했습니다. "훌륭합니다. 세존이시여! 훌륭합니다. 세존이시여! 세존이시여, 마치 뒤집힌 것을 바로 세우는 것 같고, 감추어진 것을 드러내는 것 같고, 길 잃은 자에게 길을 알려주는 것 같고, '눈 있는 자들은 보라'고 어둠 속에 등불을 비춰주는 것 같습니다. 이와 같이 세존께서는 여러 가지 방법으로 진리를 알려주셨습니다. 세존이시여, 그래서 저는 세존께 귀의합니다. 가르침과 비구 승가에 귀의합니다. 세존이시여, 저를 청신사(清信士)[84]로 받아주소서. 지금부터 살아있는 날까지 귀의하겠나이다. 세존이시여, 죄악이 저를 정복하여 어리석고, 눈멀고, 사악했나이다. 그래서 저는 권력 때문에 여법(如法)한 법왕(法王)이신 아버지를 죽였나이다. 세존이시여, 그러하오니 세존께서는 미래에는 죄악을 자제할 수 있도록 저의 지난 죄를 용서해 주시옵소서."

**100.** "대왕이시여, 죄악이 그대를 정복하여 어리석고, 눈멀고, 사악하게 된 그대가 여법한 법왕이신 아버지를 죽인 것은 분명합니다. 대왕이시여, 그러나 그대가 지난날의 죄를 각성하고 여법하게 참회했기 때문에, 우리는 그대의 참회를 받아들였습니다. 대왕이시여, 참으로 성스러운 율법(律法) 가운데서는 지난날의 죄를 각성하고 여법하게 참회하여, 미래에 죄악을 자제하게 되는 것이 번영입니다."

**101.** 이와 같이 말씀하시자, 마가다의 왕 아자따삿뚜 웨데히뿟따는 세존에게 이렇게 말했습니다.

"자, 이제 우리는 가고자 합니다. 세존이시여, 우리는 바쁘고 할 일

---

84  'upāsaka'의 번역. 우바새(優婆塞)로 한역됨.

이 많습니다."

"대왕이시여, 지금이 가야 할 때라면 그렇게 하십시오."

그러자 마가다의 왕 아자따삿뚜 웨데히뿟따는 세존의 말씀에 환희하고, 만족하고, 자리에서 일어나 세존에게 예배하고, 오른쪽으로 [세 바퀴] 돌고 떠나갔습니다.

**┃ 102. ┃** 마가다의 왕 아자따삿뚜 웨데히뿟따가 떠나가자, 세존께서 비구들에게 말씀하셨습니다.

"비구들이여, 이 왕은 손상을 입었소. 비구들이여, 이 왕은 손해를 보았소. 비구들이여, 만약 이 왕이 여법(如法)한 법왕(法王)이신 아버지를 죽이지 않았다면, 이 자리에서 번뇌가 없는 청정한 법안(法眼)이 생겼을 것이오."

이것이 세존께서 하신 말씀입니다.

그 비구들은 세존의 설법에 만족하고 기뻐했습니다.

# 꾸따단따경[1]

Cakkavatti-Sīhanāda Sutta 26

해
제

붓다 당시에 인도인들은 하늘에 제사를 올리면 모든 소원을 성취할 수 있다고 믿었다. 따라서 제사가 가장 중요한 일이었고, 제사를 주관하는 바라문은 가장 큰 권위를 가지고 있었다. 대제사장으로서 큰 권위를 가지고 있는 꾸따단따(Kūṭadanta) 바라문과 붓다의 대화를 담고 있는 이 경에서 붓다는 수많은 짐승들을 희생시키는 당시의 제사를 비판하고 있다.

　　제사의 목적은 행복한 삶에 있다. 신이 이 세상을 주관하고 신에 의해서 행복이 주어진다면, 국가의 안녕과 백성들의 행복을 위하여 큰 희생을 바쳐서라도 신에게 제사를 올려야 할 것이다. 그러나 이 경에서 붓다는 국가의 안녕은 엄한 형벌에 의해 지켜지는 것이 아니라 백성들에게 안정된 직업을 주어 생업에 전념하도록 할 때 지켜지며, 우리의 행복은 제사에 의해 이루어지는 것이 아니라 계율의 실천, 즉 도덕적인 삶과 마음의 정화를 통해 이루어진다고 가르치고 있다.

---

01　『디가 니까야(Dīgha-Nikāya)』의 제5경이며, 『장아함경(長阿含經)』의 23번째 경인 「구라단두경(究羅檀頭經)」에 상응하는 경. 한역의 구라단두(究羅檀頭)는 인명(人名)인 꾸따단따(Kūṭadanta)의 음역이므로 원음대로 「꾸따단따경」으로 번역함.

**| 1. |** 이와 같이 나는 들었습니다.

한때 세존께서는 500명의 큰 비구 승가와 함께 마가다에서 유행
(流行)하시다가 마가다의 바라문 마을 카누마따(Khānumata)에 도착했습
니다. 세존께서는 바로 그곳 카누마따에서 망고 숲에 머무셨습니다.

그때 꾸따단따(Kūṭadanta)라는 바라문이 많은 사람들이 거주하는,
건초와 장작 그리고 물이 풍부한 카누마따에서 마가다의 왕 쎄니야 빔
비싸라(Seniya Bimbisāra)[02]가 신성한 공양물로 보시한 왕의 동산에 살고
있었습니다. 그때 꾸따단따 바라문은 큰 제사를 준비하고 있었습니다.

---

02  마가다의 왕. 붓다와 동년배로서 붓다가 출가하여 라자가하를 지나갈 때 붓다와 처음
   만난다. 그때 그는 붓다에게 깨달음을 성취하면 자신에게 깨달은 진리를 가르쳐 줄 것
   을 부탁하였고, 붓다는 그 부탁을 들어주기로 약속한다. 성도한 후에 붓다가 빔비싸라
   와의 약속을 지키기 위하여 라자가하로 갔을 때, 빔비싸라는 붓다에게 귀의하고, 죽림
   정사(竹林精舍)를 승단에 기증한다. 붓다는 초기에 빔비싸라의 후원을 받아 라자가하를
   중심으로 교세를 넓혀간다. 후일 그는 아들인 아자따쌋뚜에게 시해된다.

700마리의 수소와 700마리의 수송아지, 700마리의 암송아지, 700마리의 염소, 700마리의 숫양이 제물로 제사 기둥[03]에 끌려 나왔습니다.

**▌2. ▐** 카누마따 사람들과 바라문 거사들은 "싸꺄족의 후예로서 싸꺄족에서 출가한 사문 고따마께서 500명의 큰 비구 승가와 함께 마가다에서 유행(流行)하시다가 카누마따에 도착하여 망고 숲에 머물고 계신다. 고따마 세존은 열 가지 이름으로[十號]로 불리는 명성이 자자하신 분이다. 그분은 천계, 마라, 범천을 포함한 이 세상을, 사문과 바라문, 왕과 백성을 포함한 인간계를 수승한 지혜로 몸소 체득하여 알려준다. 그분은 처음도 좋고, 중간도 좋고, 마지막도 좋은, 의미 있고, 명쾌하고, 완벽한 진리[法]를 가르치며, 청정한 범행(梵行)을 알려준다. 그러므로 마땅히 그런 성자(聖者)를 만나보아야 한다"는 말을 들었습니다. 그래서 카누마따의 바라문과 거사들은 카누마따를 나서 삼삼오오 무리 지어 망고 숲으로 갔습니다.

**▌3. ▐** 그때 꾸따단따 바라문은 누각 위에서 오후 휴식을 취하고 있었습니다. 꾸따단따 바라문은 카누마따를 나서서 삼삼오오 무리 지어 망고 숲으로 가는 카누마따의 바라문과 거사들을 보았습니다. 그는 집사에게 말했습니다.

"여보게, 집사! 무엇 때문에 카누마따의 바라문과 거사들은 카누마따를 나서서 삼삼오오 무리 지어 망고 숲으로 가는가?"

집사는 사실대로 이야기했습니다.

**▌4. ▐** 그러자 꾸따단따 바라문은 이렇게 생각했습니다. '나는 사문

---

03 'thūṇa'의 번역. 제사에 제물로 바치기 위한 동물을 묶어두는 기둥.

고따마께서는 제사를 성취하는 3가지 제사법(祭祀法)[04]과 16가지 제의법(祭儀法)[05]을 알고 있다고 들었다. 나는 큰 제사를 봉행(奉行)하고 싶은데, 제사를 성취하는 3가지 제사법과 16가지 제의법을 알지 못한다. 내가 사문 고따마께 가서 제사를 성취하는 3가지 제사법과 16가지 제의법을 물어보면 어떨까?'

그래서 꾸따단따 바라문은 그 집사에게 명했습니다.

"여보게, 집사! 카누마따의 바라문과 거사들에게 가서 그들에게 '존자들이여, 돌아오시오. 꾸따단따 바라문께서 지금 사문 고따마를 뵈러 갈 것입니다'라고 말하게."

"예, 그렇게 하겠습니다"라고 대답하고, 그 집사는 카누마따의 바라문과 거사들에게 가서 꾸따단따 바라문의 말을 전했습니다.

**| 5. |** 그때 카누마따에는 꾸따단따 바라문의 큰 제사에 참석하기 위해 수백 명의 바라문들이 머물고 있었습니다. 그들은 꾸따단따 바라문이 지금 사문 고따마를 만나러 가려고 한다는 말을 들었습니다. 그 바라문들은 꾸따단따 바라문에게 가서 이렇게 말했습니다.

"지금 꾸따단따 존자께서 사문 고따마를 만나러 가려고 한다는 것이 사실입니까?"

"벗이여, 그렇소. 나는 사문 고따마를 뵈러 가려고 하오."

**| 6. |** "꾸따단따 존자께서는 사문 고따마를 만나러 가지 마십시오. 꾸따단따 존자께서 사문 고따마를 만나러 가는 것은 마땅치 않습니다.

---

04 'tividha-yañña-sampada'의 번역.

05 'soḷasa-parikkhāra'의 번역.

만약 꾸따단따 존자께서 사문 고따마를 만나러 가면 꾸따단따 존자의 명예는 실추되고, 사문 고따마의 명예는 높아질 것입니다. 이런 이유로, 꾸따단따 존자께서 사문 고따마를 만나러 가는 것은 마땅치 않습니다. 오히려 사문 고따마가 꾸따단따 존자를 뵈러 오는 것이 마땅합니다. 꾸따단따 존자께서는 부모가 모두 훌륭한 가문의 태생으로서, 족보에 의하면, 7대 조부(祖父)까지 뒤섞이지 않고 비난받지 않은 순수한 혈통입니다. 이와 같은 꾸따단따 존자께서 사문 고따마를 만나러 가는 것은 마땅치 않습니다. 오히려 사문 고따마가 꾸따단따 존자를 뵈러 오는 것이 마땅합니다. 꾸따단따 존자께서는 풍부한 재물과 많은 재산이 있습니다. …(중략)… 꾸따단따 존자께서는 학식 있는 스승으로서 만뜨라를 암송하고,[06] 3가지 베다[07]에 통달했으며, 어휘론(語彙論)과 의궤론(儀軌論), 음운론과 어원론, 그리고 다섯 번째로 역사(歷史)[08]에 정통하여 잘 해설하고, 세속의 철학[09]과 대인상(大人相)에 대한 지식[10]에 부족함이 없습니다. …(중략)… 이와 같은 꾸따단따 존자께서 사문 고따마를 만나러 가는 것은 마땅치 않습니다. 오히려 사문 고따마가 꾸따단따 존

---

06 'manta-dhāra'의 번역, 'manta'는 '산스크리트'로는 'mantra'로서 '만뜨라'로 잘 알려져 있기 때문에 '만뜨라'로 번역했다. 'dhāra'는 '보유하는, 기억하는'의 의미이다. 따라서 'manta-dhāra'는 '만뜨라를 기억하고 있는'의 의미이다.

07 'veda'의 번역.

08 'itihāsa'의 번역. 'itihāsa'는 '이와 같이(iti) 틀림없이(ha) 그런 일이 있었다(āsa)'는 말로서, 구전(口傳)된 전설이나 역사를 의미한다.

09 'lokāyata'의 번역. 'lokāyata'는 해탈이나 열반과는 무관한 세속에 순응하는 철학을 의미한다.

10 'mahāpurisa-lakkhaṇa'의 번역. 훌륭한 사람을 알아보는 관상을 의미한다.

자를 뵈러 오는 것이 마땅합니다."

**▌7.  ▌** 이렇게 말하자, 꾸따단따 바라문은 그 바라문들에게 말했습니다.

"그렇다면, 벗이여! 내 말을 들어보시오. 우리가 고따마 존자를 뵈러 가는 것이 마땅하고, 오히려 고따마 존자께서 우리를 보러 오는 것은 마땅치 않은 이유를 이야기하겠소.

고따마 존자야말로 부모가 모두 훌륭한 가문의 태생으로서, 족보에 의하면, 7대 조부(祖父)까지 뒤섞이지 않고 비난받지 않은 순수한 혈통이오. 이런 이유로, 고따마 존자께서 우리를 보러 오는 것은 마땅치 않고, 오히려 우리가 고따마 존자를 뵈러 가는 것이 마땅하오. 벗이여, 참으로 사문 고따마께서는 고귀한 친족들을 버리고 출가했소. 벗이여, 참으로 사문 고따마께서는 땅에 묻혀있고 창고에 보관된 수많은 황금을 버리고 출가했소.

…(중략)…[11]

벗이여, 카누마따에 와서 망고 숲에 머물고 있는 사문 고따마는 우리의 손님이오. 그리고 우리는 손님을 친절하게 대하고, 존경하고, 존중하고, 배려하고, 공양하고, 공경해야 하오. 이런 이유로, 고따마 존자께서 우리를 보러 오는 것은 마땅치 않고, 오히려 우리가 고따마 존자를 뵈러 가는 것이 마땅하오.

벗이여, 나는 고따마 존자의 훌륭한 점을 이 정도로 알고 있소. 그러나 고따마 존자는 이 정도가 아니라, 아마도 훌륭한 점이 한없이 많

---

11    고따마에 대한 많은 찬탄을 생략함.

을 것이오."

**8.** 이렇게 말하자, 그 바라문들은 꾸따단따 바라문에게 말했습니다.

"꾸따단따 존자께서 이야기한 바와 같이 사문 고따마가 훌륭하다면, 그 고따마 존자께서 100요자나(yojana)[12] 밖에 계신다 해도 신심 있는 선남자들은 도시락을 들고 가서라도 가서 뵙는 것이 당연합니다. 그러므로 존자여, 우리 모두 사문 고따마를 뵈러 가도록 합시다."

그리하여, 꾸따단따 바라문은 수많은 바라문 대중과 함께 세존을 뵙기 위해 망고 숲으로 갔습니다. 그들은 세존과 정중하게 인사를 하고, 공손한 인사말을 나눈 후에 한쪽에 앉았습니다. 카누마따의 바라문과 거사들은, 어떤 이들은 세존께 예배한 후에 한쪽에 앉고, 어떤 이들은 세존과 정중하게 인사를 하고 공손한 인사말을 나눈 후에 한쪽에 앉고, 어떤 이들은 세존에게 합장한 후에 한쪽에 앉고, 어떤 이들은 세존에게 면전에서 성명(姓名)을 밝힌 후에 한쪽에 앉고, 어떤 이들은 말없이 조용히 한쪽에 앉았습니다.

**9.** 한쪽에 앉은 꾸따단따 바라문이 세존께 말했습니다.

"고따마 존자여, 저는 사문 고따마께서는 제사를 성취하는 3가지 제사법과 16가지 제의법을 알고 있다고 들었습니다. 저는 큰 제사를 봉행(奉行)하고 싶은데, 제사를 성취하는 3가지 제사법과 16가지 제의법을 알지 못합니다. 고따마 존자께서 저에게 제사를 성취하는 3가지 제사법과 16가지 제의법을 가르쳐주십시오."

---

12 'yojana'는 길이의 단위로서, 14km 정도의 거리이다.

"그렇다면, 바라문께서는 잘 듣도록 하시오. 내가 이야기하겠소."

"예, 그렇게 하겠습니다"라고 꾸따단따 바라문은 세존께 대답했습니다.

세존께서는 다음과 같이 말씀하셨습니다.

**┃10. ┃** "바라문이여, 옛날에 마하위지따(Mahāvijita)라는 왕이 있었다오. 그는 많은 재물과 재산이 있었고, 금은보화와 많은 곡물이 창고마다 가득했다오. 그런데, 바라문이여, 마하위지따왕은 조용한 곳에서 혼자 이런 생각을 하게 되었다오.

'나에게는 많은 백성과 재산이 있고, 나는 큰 영토를 정복하여 살고 있다. 내가 오래도록 축복받고 행복하게 살기 위해 큰 제사를 봉행하면 어떨까?'

바라문이여, 그래서 마하위지따왕은 제사장(祭司長) 바라문을 불러 말했다오.

'바라문이여, 나는 홀로 조용한 곳에서 나에게는 많은 백성과 재산이 있고, 나는 큰 영토를 정복하여 살고 있다. 내가 오래도록 축복받고 행복하게 살기 위해 큰 제사를 봉행하면 어떨까?라는 생각을 하게 되었소. 바라문이여, 나는 큰 제사를 봉행하고 싶소. 존자께서는 내가 오래도록 축복받고 행복하게 살도록 나를 가르쳐주시오.'

**┃11. ┃** 바라문이여, 이렇게 말하자, 제사장 바라문은 마하위지따왕에게 말했다오.

'폐하의 국토는 위험하고 곤혹스럽습니다. 마을에서 약탈하고, 도시에서 약탈하고, 길에서 약탈하는 일들이 나타나고 있습니다. 그런데 만약 폐하께서 세금을 올린다면, 그것은 폐하께서 해서는 안 될 일일 것입니다. 폐하께서는 나는 이러한 위험한 강도를 사형(死刑)이나 구속(拘束)이나 몰수(沒收)나 질책(叱責)이나 추방으로 근절(根絕)해야겠다라고 생각할 수도 있을 것입니다. 그러나 이렇게 하는 것은 이러한 위험한 강도를 바르게 근절하는 것이 아닙니다. 살아남은 자들이 있을 것이고, 그들은 뒤에 대왕의 국토를 괴롭힐 것입니다. 그보다는 이런 정책으로 이렇게 하는 것이 이러한 위험한 강도를 바르게 근절하는 것입니다. 폐하께서는 폐하의 국토에서 경작과 목축을 할 수 있는 자들에게는 씨앗과 음식을 주십시오. 폐하의 국토에서 장사를 할 수 있는 자들에게는 자금을 주십시오. 폐하의 국토에서 신하가 될 수 있는 자들에게는 음식과 급료를 책정해주십시오. 그러면 자신의 일에 바쁜 그 사람들은 폐하의 국토를 괴롭히지 않을 것입니다. 그리고 대왕에게는 많은 세입(稅入)이 있게 될 것입니다. 국토는 평화롭고 안전하고 평안하며 백성들은 기쁨을 누리면서 가슴에 자식들을 안고 춤을 추고, 분명히, 집의 문을 열어놓고 살 것입니다.'

바라문이여, 마하위지따왕은 '존자여, 그렇게 하겠소'라고 제사장 바라문에게 약속하고서, 왕의 국토에서 경작과 목축을 할 수 있는 자들에게는 씨앗과 음식을 주었고, 장사를 할 수 있는 자들에게는 자금을 주었고, 신하가 될 수 있는 자들에게는 음식과 급료를 책정해주었다오. 그러자 자신의 일에 바쁜 그 사람들은 왕의 국토를 괴롭히지 않았고, 대왕에게는 많은 세입이 있게 되었다오. 국토는 평화롭고 안전하고 평안하며, 백성들은 기쁨을 누리면서 가슴에 자식들을 안고 춤을 추고, 집의 문을 열어놓고 살았다오.

**▎12. ▎** 바라문이여, 그래서 마하위지따왕은 제사장 바라문을 불러서

이렇게 말했다오.

'존자여, 나는 위험한 강도를 근절했소. 존자의 정책에 의해서 나의 세입은 많아지고, 국토는 평화롭고 안전하고 평안해졌으며, 백성들은 기쁨을 누리면서 가슴에 자식들을 안고 춤을 추고, 집의 문을 열어놓고 살게 되었소. 바라문이여, 나는 큰 제사를 봉행하고 싶소. 존자께서는 내가 오래도록 축복받고 행복하게 살도록 나를 가르쳐주시오.'

'그렇다면, 폐하께서는 폐하의 국토에 있는 헌신적인 성읍과 지방의 크샤트리아[13]들을 불러 '벗이여, 나는 큰 제사를 봉행하고 싶소. 존자들은 내가 오래도록 축복받고 행복하게 살도록 허락해주시오'라고 상의하십시오. 폐하의 국토에 있는 성읍과 지방의 대신(大臣)들, 큰 공회당을 가진 바라문들, 부유한 거사(居士)들을 불러 상의하십시오.'

바라문이여, 마하위지따왕은 '존자여, 그렇게 하겠습니다'라고 제사장 바라문에게 약속하고서, 그들을 불러서 말했다오.

'벗이여, 나는 큰 제사를 봉행하고 싶소. 존자들은 내가 오래도록 축복받고 행복하게 살도록 허락해주시오.'

'폐하, 제사를 봉행하십시오. 대왕이시여, 제사를 봉행할 때가 되었습니다.'

이렇게 동의하는 사부대중(四部大衆)이 그 제사의 제의법(祭儀法)이오.

▌13. ▌ 마하위지따왕은 8가지를 구족했다오.

---

13  'khattiya'의 번역. 'khattiya'는 사성(四姓) 계급 가운데 군사 계급인 '크샤트리아'의 빨리어 표기이다.

그는 ① 부모가 모두 훌륭한 가문의 태생으로서, 족보에 의하면, 7대 조부까지 뒤섞이지 않고 비난받지 않은 순수한 혈통이며, ② 자주 보고 싶을 만큼 아름답고, 보기 좋고, 사랑스러운 연꽃 같은 용모를 갖추고, 고상한 풍모와 위엄을 지녔으며, ③ 많은 재물과 많은 재산이 있고, 금은보화와 많은 곡물이 창고마다 가득했으며, ④ 충성스럽고 명령에 복종하는 막강한 사병(四兵)[14]을 갖추어 명성만으로도 적들을 물리쳤으며, ⑤ 신심(信心) 있고 보시하는 시주(施主)로서, 문을 열어 놓고 사문, 바라문, 가난한 여행자, 극빈자, 청원자들의 샘이 되어 많은 공덕을 지었으며, ⑥ 배움이 많은 자로서 이 사람 저 사람에게 많이 배워, 이 사람 저 사람들이 하는 말의 의미를 '이것이 이 사람이 한 말의 의미다. 이것이 저 사람이 한 말의 의미다'라고 알았으며, ⑦ 현명하고 유식하고 총명했으며, ⑧ 과거, 미래, 현재의 일을 생각하는 능력이 있었다오. 마하위지따왕은 이들 8가지를 구족했다오. 이른바 이들 8가지가 그 제사의 제의법(祭儀法)이오.

**14.** 제사장 바라문은 네 가지를 구족했다오.

그는 ① 부모가 모두 훌륭한 가문의 태생으로서, 족보에 의하면, 7대 조부까지 뒤섞이지 않고 비난받지 않은 순수한 혈통이며, ② 학식 있는 스승으로서 만뜨라를 암송하고 세 가지 베다에 통달했으며, 어휘론(語彙論)과 의궤론(儀軌論), 음운론과 어원론, 그리고 다섯 번째로 역사에 정통하여 잘 해설하고, 세속의 철학과 대인상(大人相)에 대한 지식에 부족함이 없었으며, ③ 계행(戒行)과 원로(元老)의 덕행을 구족했으

---

14  옛 인도의 군대 체계로 코끼리 부대, 전차 부대, 기병(騎兵), 보병(步兵)을 가리킨다.

며, ④ 현명하고 유식하고 총명하여 헌공(獻供) 주걱을 드는 자들[15] 가운데 첫째나 둘째였다오. 제사장 바라문은 이들 네 가지 덕을 구족했다오. 이른바 이들 네 가지가 그 제사의 제의법(祭儀法)이오.

**15.** 바라문이여, 제사장 바라문은 또 마하위지따왕에게 제사에 앞서 세 가지를 가르쳤다오.

'① 폐하의 큰 제사를 봉행하고자 할 때, 누군가가 '나의 큰 재산이 없어질 것이다'라고 후회할지라도, 폐하께서는 그런 후회를 해서는 안 됩니다. ② 폐하의 큰 제사를 봉행하고 있을 때, 누군가가 '나의 큰 재산이 없어지고 있다'라고 후회할지라도, 폐하께서는 그런 후회를 해서는 안 됩니다. ③ 폐하의 큰 제사를 봉행하고 나서, 누군가가 '나의 큰 재산이 없어졌다'라고 후회할지라도, 폐하께서는 그런 후회를 해서는 안 됩니다.'

제사장 바라문은 마하위지따왕에게 제사에 앞서 이와 같은 세 가지를 가르쳤다오.

**16.** 바라문이여, 제사장 바라문은 또 마하위지따왕에게 제사에 앞서 10가지 봉행법(奉行法)[16]으로 참석한 사람들에 대한 걱정을 없애도록 했다오.

---

15 'sujaṃ paggaṇhantānaṃ'의 번역. 모든 제사는 '불의 신(Agni)'에게 공물을 헌공하는 것을 기본으로 한다. 이런 헌공에 쓰이는 국자가 'suja'이다. 따라서 헌공 국자를 쥐는 자들이 란 제사를 지내는 바라문들을 의미한다. 이들 가운데 첫째나 둘째라는 것은 제사를 지내는 바라문 가운데 가장 훌륭한 사람이라는 의미다.

16 'ākāra'의 번역. 한역에서 행상(行相)으로 번역되는 'ākāra'는 '하는 방법, 만드는 방법'을 의미한다. 여기에서는 제사와 관련되어 있으므로 '봉행법'으로 번역한다.

'폐하의 제사에 ① 살생하는 사람도 오고, 살생을 삼가는 사람도 올 것입니다. 살생하는 사람들은 그대로 두고, 살생을 삼가는 사람들과 함께 제사를 지내고, 즐기고, 안으로 마음을 정화하도록 하십시오. ② 도둑질하는 사람도 오고, ③ 삿된 음행을 하는 사람도 오고, ④ 거짓말을 하는 사람도 오고, ⑤ 이간질하는 사람도 오고, ⑥ 거친 말을 하는 사람도 오고, ⑦ 잡담을 하는 사람도 오고, ⑧ 탐욕스러운 사람도 오고, ⑨ 악의(惡意)를 품은 사람도 오고, ⑩ 사견(邪見)을 가진 사람도 오고, 정견을 가진 사람도 올 것입니다. 사견을 가진 사람들은 그대로 두고, 정견을 가진 사람들과 함께 제사를 지내고, 즐기고, 안으로 마음을 정화하도록 하십시오.'[17]

바라문이여, 제사장 바라문은 마하위지따왕에게 제사에 앞서 이와 같은 10가지 봉행법으로 참석한 사람들에 대한 걱정을 없애도록 했다오.

**| 17. |** 바라문이여, 제사장 바라문은 마하위지따왕에게 큰 제사를 봉행할 때 16가지 봉행법으로 [제사를 봉행하는] 마음을 가르치고[18], 격려하고, 고무하고, 찬양했다오.

'폐하의 큰 제사를 봉행할 때, 누군가가 '마하위지따왕은 큰 제사를 봉행한다. 그러나 헌신적인 성읍과 지방의 ① 크샤트리아들을 부르지도 않고 왕은 이런 큰 제사를 봉행한다'라고 말할지라도, 폐하에 대한 이러한 말은 사실이 아닙니다. 폐하에게 헌신적인 성읍과 지방의 크

---

17  반복되는 동일한 내용을 생략함.

18  'cittaṃ sandassesi'의 번역. 어떤 마음으로 제사를 봉행해야 하는지를 가르쳤다는 의미.

샤트리아들은 부름을 받았습니다. 그러므로 폐하께서는 제사를 지내고, 즐기고, 안으로 마음을 정화해야겠다라고 확신해야 합니다. 폐하의 큰 제사를 봉행할 때, 누군가가 '마하위지따왕은 큰 제사를 봉행한다. 그러나 성읍과 지방의 ② 대신(大臣)들, ③ 큰 공회당을 가진 바라문들, ④ 부유한 거사(居士)들을 부르지도 않고 왕은 이런 큰 제사를 봉행한다'라고 말할지라도, 폐하에 대한 이러한 말은 사실이 아닙니다. 폐하에게 성읍과 지방의 대신(大臣)들, 큰 공회당을 가진 바라문들, 부유한 거사(居士)들은 부름을 받았습니다. 그러므로 폐하께서는 제사를 지내고, 즐기고, 안으로 마음을 정화해야겠다라고 확신해야 합니다. 폐하의 큰 제사를 봉행할 때, 누군가가 '마하위지따왕은 큰 제사를 봉행한다. 그러나 8가지 요소를 구족하지도 못하고 왕은 이런 큰 제사를 봉행한다'라고 말할지라도, 폐하에 대한 이러한 말은 사실이 아닙니다. 폐하는 8가지 요소를 구족했습니다. 그러므로 폐하께서는 제사를 지내고, 즐기고, 안으로 마음을 정화해야겠다라고 확신해야 합니다. 폐하의 큰 제사를 봉행할 때, 누군가가 '마하위지따왕은 큰 제사를 봉행한다. 그러나 제사장 바라문은 네 가지 요소를 구족하지 못했는데 왕은 이런 큰 제사를 봉행한다'라고 말할지라도, 폐하에 대한 이러한 말은 사실이 아닙니다. 제사장 바라문은 네 가지 요소를 구족했습니다. 그러므로 폐하께서는 제사를 지내고, 즐기고, 안으로 마음을 정화해야겠다라고 확신해야 합니다.'

바라문이여, 제사장 바라문은 마하위지따왕에게 큰 제사를 봉행할 때 이와 같은 16가지 봉행법(奉行法)으로 마음을 가르치고, 격려하고, 고무하고, 찬양했다오.

**｜18.｜** 바라문이여, 그 제사에서는 소를 잡지 않았고, 염소와 양을 잡지 않았고, 닭과 돼지를 잡지 않았고, 각양각색의 짐승들이 오지도 않았다오. 제사 기둥으로 쓰기 위해 나무들을 자르지도 않았고, 제사용 풀로 쓰기 위해 길상초(吉祥草)를 베지도 않았다오. 노예나 하인이나 일꾼들은 매를 맞지 않았고, 두려움에 떨지 않았고, 눈물을 흘리고 울면서 준비하지 않았다오. 원하는 사람들은 일했고, 원하지 않는 사람들은 일하지 않았으며, 원하는 일은 했고, 원하지 않는 일은 하지 않았다오. 버터, 참기름, 연유, 응유, 꿀, 사탕수수즙으로 그 제사는 완성되었다오.

**｜19.｜** 바라문이여, 그때 헌신적인 성읍과 지방의 크샤트리아들과 대신들, 큰 공회당을 가진 바라문들, 부유한 거사들이 많은 재산을 가지고 마하위지따왕에게 가서 말했다오.

'폐하, 이 많은 재산은 폐하에게 바치는 것입니다. 폐하께서는 받아주십시오.'

'존자여, 여법하게 세금으로 모은 나의 이 많은 재산이면 충분하오. 그대들의 것은 그대들이 갖고, 이제 [나의 것을] 더 가져가시오.'

그들은 왕이 거절하자 한쪽으로 가서 이렇게 의논했다오.

'우리가 이 재산을 다시 자신들의 집으로 가져가는 것은 마땅치 않습니다. 마하위지따왕께서 큰 제사를 봉행하십니다. 자, 우리도 왕을 따라서 제물을 헌공합시다.'

**｜20.｜** 바라문이여, 그리하여 헌신적인 성읍과 지방의 크샤트리아들은 제단[19]의 동쪽으로 보시했고, 대신들은 제단의 남쪽으로 보시했고,

---

19  yaññâvāṭa의 번역. 제사를 의미하는 yañña와 구덩이를 의미하는 āvāṭa의 합성어로서, 제

큰 공회당을 가진 바라문들은 제단의 서쪽으로 보시했고, 부유한 거사들은 제단의 북쪽으로 보시했다오. 바라문이여, 그 제사에서는 소를 잡지 않았고, 염소와 양을 잡지 않았고, 닭과 돼지를 잡지 않았고, 각양각색의 짐승들이 오지도 않았다오. 제사 기둥으로 쓰기 위해 나무들을 자르지도 않았고, 제사용 풀로 쓰기 위해 길상초를 베지도 않았다오. 노예나, 하인이나, 일꾼들은 매를 맞지 않았고, 두려움에 떨지 않았고, 눈물을 흘리고 울면서 준비하지 않았다오. 원하는 사람들은 일했고, 원하지 않는 사람들은 일하지 않았으며, 원하는 일은 했고, 원하지 않는 일은 하지 않았다오. 버터, 참기름, 연유, 응유, 꿀, 사탕수수즙으로 그 제사는 완성되었다오.

이른바 사부대중(四部大衆)의 허락, 마하위지따왕의 8덕 구족, 제사장 바라문의 4덕 구족이 제사를 성취하는 3가지 제사법이오. 바라문이여, 이것을 제사(祭祀)를 성취하는 16가지 제의법(祭儀法)이라고 한다오."

**▌21. ▌** 이와 같이 말씀하시자, 그 바라문들은 큰 소리로 환호하며 찬탄했습니다.

"아, 제사란 이런 것이구나! 아, 제사의 성취란 이런 것이구나!"

그러나 꾸따단따 바라문은 말없이 앉아있었습니다. 그러자 그 바라문들은 꾸따단따 바라문에게 말했습니다.

"꾸따단따 존자께서는 왜 사문 고따마의 좋은 말씀을 좋은 말씀이라고 기뻐하지 않습니까?"

---

물을 바치는 구덩이라는 의미다. 바라문들은 제사를 지낼 때 여기에 제물을 바쳐 제사를 올린 것 같다. 여기에서는 제단으로 번역했다.

"존자여, 나는 사문 고따마의 좋은 말씀을 좋은 말씀이라고 기뻐하지 않는 것이 아니오. 사문 고따마의 좋은 말씀을 좋은 말씀이라고 기뻐하지 않는다면, 그의 머리는 쪼개지고 말 것이오. 존자여, 나는 기뻐했을 뿐만 아니라, '사문 고따마께서는 나는 이렇게 들었다라고 하거나, 이렇게 하는 것이 바람직하다라고 말씀하시지 않고, 그 대신 그때 이런 일이 있었다. 그때는 이러했다라고 말씀하시었다'라는 생각을 했소. 그래서 나는 '분명히 사문 고따마께서는 그때 제사의 주인[祭主]인 마하위지따왕이었거나, 그 제사를 주관한 제사장 바라문이었을 것이다'라고 생각했소."

꾸따단따 바라문이 세존에게 물었습니다.

"고따마 존자께서는 이런 제사를 봉행하거나 주관하면 몸이 무너져 죽은 후에 천상 세계와 같은 좋은 곳[善趣]에 태어나는 것을 아시는 지요?"

"바라문이여, 나는 이런 제사를 봉행하거나 주관하면 몸이 무너져 죽은 후에 천상 세계와 같은 좋은 곳에 태어나는 것을 알고 있소. 나는 그때 그 제사를 주관한 제사장 바라문이었소."

**▌22.▐** "그렇다면, 고따마 존자여, 이러한 3가지 제사법과 16가지 제의법보다 더 간편하고, 힘이 덜 들면서 더 많은 성과가 있고, 더 많은 이익이 있는 다른 제사가 있습니까?"

"바라문이여, 이러한 3가지 제사법과 16가지 제의법보다 더 간편하고, 힘이 덜 들면서 더 많은 성과가 있고, 더 많은 이익이 있는 다른 제사가 있소."

"고따마 존자여, 그 제사는 어떤 것입니까?"

"바라문이여, 계행을 갖춘 출가수행자들에게 항상 보시하는 것이 대를 이어 행해야 할 제사라오. 이것이 3가지 제사법과 16가지 제의법보다 더 간편하고, 힘이 덜 들면서 더 많은 성과가 있고, 더 많은 이익이 있는 제사라오."

**23.** "고따마 존자여, 무슨 까닭에, 어떤 연유에서, 계행을 갖춘 출가수행자들에게 항상 보시하는 것이 대를 이어 행해야 할 제사로서 3가지 제사법과 16가지 제의법보다 더 간편하고, 힘이 덜 들면서 더 많은 성과가 있고, 더 많은 이익이 있습니까?"

"바라문이여, 이러한 제사에는 아라한(阿羅漢)이나, 아라한의 길 [阿羅漢道]에 들어간 성자(聖者)[20]들은 오지 않는다오. 그들이 왜 오지 않겠소? 바라문이여, 그들은 여기에서 [짐승들을] 몽둥이로 때리고 목을 조르는 것을 보게 될 것이오. 그래서 이러한 제사에는 아라한이나, 아라한의 길에 들어간 성자들은 오지 않는다오. 그러나 바라문이여, 계행을 갖춘 출가수행자들에게 항상 보시하는, 대를 이어 행해야 할 제사에는 아라한이나, 아라한의 길에 들어간 성자들이 온다오. 그들이 왜 오겠소? 그들은 여기에서 몽둥이로 때리고 목을 조르는 것을 보지 않을 것이오. 그래서 이러한 제사에는 아라한이나, 아라한의 길에 들어간 성자들이 온다오. 바라문이여, 이런 까닭에, 이런 연유에서, 계행을 갖춘 출가수행자들에게 항상 보시하는 것이 대를 이어 행해야 할 제사로서 3가지 제사법과 16가지 제의법보다 더 간편하고, 힘이 덜 들면서 더 많

---

20  아라한(阿羅漢)을 성취한 성자와 아라한을 성취하기 위한 수행을 하고 있는 성자를 의미한다.

은 성과가 있고, 더 많은 이익이 있다오."

**| 24. |** "그렇다면, 고따마 존자여, 이와 같은 제사보다 더 간편하고, 힘이 덜 들면서 더 많은 성과가 있고, 더 많은 이익이 있는 다른 제사가 있습니까?"

"바라문이여, 이와 같은 제사보다 더 간편하고, 힘이 덜 들면서 더 많은 성과가 있고, 더 많은 이익이 있는 다른 제사가 있소."

"고따마 존자여, 그 제사는 어떤 것입니까?"

"바라문이여, 사방(四方) 승가(僧伽)를 위하여 정사(精舍)를 세우는 것이오. 이것이 이전의 제사보다 더 간편하고, 힘이 덜 들면서 더 많은 성과가 있고, 더 많은 이익이 있는 다른 제사라오."

**| 25. |** "그렇다면, 고따마 존자여, 이와 같은 제사보다 더 간편하고, 힘이 덜 들면서 더 많은 성과가 있고, 더 많은 이익이 있는 다른 제사가 있습니까?"

"바라문이여, 이와 같은 제사보다 더 간편하고, 힘이 덜 들면서 더 많은 성과가 있고, 더 많은 이익이 있는 다른 제사가 있소."

"고따마 존자여, 그 제사는 어떤 것입니까?"

"바라문이여, 청정한 마음으로 붓다에 귀의(歸依)하고, 가르침에 귀의하고, 승가에 귀의하는 것이오. 이것이 이전의 제사보다 더 간편하고, 힘이 덜 들면서 더 많은 성과가 있고, 더 많은 이익이 있는 다른 제사라오."

**| 26. |** "그렇다면, 고따마 존자여, 이와 같은 제사보다 더 간편하고, 힘이 덜 들면서 더 많은 성과가 있고, 더 많은 이익이 있는 다른 제사가 있습니까?"

"바라문이여, 이와 같은 제사보다 더 간편하고, 힘이 덜 들면서 더 많은 성과가 있고, 더 많은 이익이 있는 다른 제사가 있소."

"고따마 존자여, 그 제사는 어떤 것입니까?"

"바라문이여, 청정한 마음으로 학계(學戒)를 수지(受持)하는 것이오. 살생(殺生)을 멀리하고, 도둑질을 멀리하고, 사음(邪淫)을 멀리하고, 거짓말을 멀리하고, 술과 같은 방일(放逸)과 태만(怠慢)의 원인을 멀리하는 것, 이것이 이전의 제사보다 더 간편하고, 힘이 덜 들면서 더 많은 성과가 있고, 더 많은 이익이 있는 다른 제사라오."

| 27. | "그렇다면, 고따마 존자여, 이와 같은 제사보다 더 간편하고, 힘이 덜 들면서 더 많은 성과가 있고, 더 많은 이익이 있는 다른 제사가 있습니까?"

"바라문이여, 이와 같은 제사보다 더 간편하고, 힘이 덜 들면서, 더 많은 성과가 있고, 더 많은 이익이 있는 다른 제사가 있소."

"고따마 존자여, 그 제사는 어떤 것입니까?"

"바라문이여, 10호(十號)를 구족한 여래(如來)가 이 세상에 출현하면, 그 진리를 듣고 집을 떠나 출가하여 별해탈율의(別解脫律儀)를 수호하고 학계(學戒)를 수지(受持)하여 주의집중과 알아차림을 갖추고 지족하며 지내면서 초선(初禪)을 성취하는 것이 이전의 제사보다 더 간편하고, 힘이 덜 들면서 더 많은 성과가 있고, 더 많은 이익이 있는 다른 제사라오. 바라문이여, 비구가 제2선(第二禪)을 성취하는 것이 이전의 제사보다 더 간편하고, 힘이 덜 들면서 더 많은 성과가 있고, 더 많은 이익이 있는 다른 제사이며, 제3선(第三禪)을 성취하고, 제4선(第四禪)을 성취하는 것이 이전의 제사보다 더 간편하고, 힘이 덜 들면서 더 많은 성과가 있고, 더 많은 이익이 있는 다른 제사라오. 바라문이여, 비구가 여실한 지견(知見)을 성취하고, 의성신(意成身)을 성취하고, 신족통을 성취하고, 천이통을 성취하고, 타심통을 성취하고, 숙명통을 성취하고, 천안통을 성취하고, 누진통을 성취하여, '태어남은 끝났고, 범행(梵行)을 마쳤으며, 해야 할 일을 끝마쳤다. 다시는 현재의 상태로 되지 않는다'라고 분명하게 아는 것이 이전의 제사보다 더 간편하고, 힘이 덜 들면서 더 많은 성과가 있고, 더 많은 이익이 있는 다른 제사라오."[21]

**28.** 이와 같이 말씀하시자, 꾸따단따 바라문이 말했습니다.

"훌륭하십니다. 고따마 존자여! 훌륭하십니다. 고따마 존자여! 마치 뒤집힌 것을 바로 세우는 것 같고, 감추어진 것을 드러내는 것 같고, 길 잃은 자에게 길을 알려주는 것 같고, '눈 있는 자들은 보라'고 어둠 속에 등불을 비춰주는 것 같습니다. 이와 같이 고따마 존자께서는 여러 가지 방법으로 진리를 알려주셨습니다. 이제 저는 고따마 세존께 귀의합니다. 가르침과 비구 승가에 귀의합니다. 고따마 세존께서는 저를 청신사로 받아주소서. 지금부터 살아있는 날까지 귀의하겠나이다. 고따마 존자여, 이제 저는 700마리의 수소와 700마리의 수송아지, 700마리의 암송아지, 700마리의 염소, 700마리의 숫양을 풀어주고 살려주어, 푸른 풀을 뜯고, 시원한 물을 마시고, 시원한 바람을 쐬도록 하겠나이다."

**29.** 그러자, 세존께서는 꾸따단따 바라문에게 차제법문(次第法

---

21  10호를 구족한 여래에게 출가하여 누진통을 성취하는 과정은 「싸만냐팔라 숫따(Sāmañña-Phala Sutta)」와 동일하므로 간략하게 번역함.

門)[22]을 설하시었습니다. 즉, 보시법문(布施法門),[23] 지계법문(持戒法門),[24] 천상법문(天上法門),[25] 감각적 욕망의 재앙과 무익함과 더러움, 그리고 욕망에서 벗어남(出離)의 이익을 설명하셨습니다. 세존께서는 꾸따단따 바라문의 마음이 법문을 들을 수 있게 부드러워지고 편견의 장애가 없어진 것을 알게 되었을 때, 다시 모든 부처님들께서 찬탄하시는 법문(法門), 즉 고(苦)·집(集)·멸(滅)·도(道)를 설명하셨습니다.

비유하면, 오염이 안 된 깨끗한 옷이 염료를 완전히 받아들이듯이, 그 자리에서 꾸따단따 바라문에게 '모여서 나타난 법(法)[26]은 어떤 것이든 모두 멸하는 법(法)[27]이다'라는 청정무구(淸淨無垢)한[28] 법안(法眼)[29]이 생겼습니다.

▌**30.** ▐   그러자 스승의 가르침에서 진리를 보고, 진리를 얻고, 진리를 알고, 진리를 깊이 이해하고, 의혹에서 벗어나고, 의심이 사라지고, 두려움이 없어지고, 남에게 의지하지 않게 된 꾸따단따 바라문은 세존에게 이렇게 말했습니다.

---

22   'anupubbi-kathā'의 번역.

23   'dāna-kathā'의 번역.

24   'sīla-kathā'의 번역.

25   'sagga-kathā'의 번역.

26   'samudaya-dhamma'의 번역.

27   'nirodha-dhamma'의 번역.

28   'virajaṃ vīta-malaṃ'의 번역. 'raja'는 먼지나 티끌을 의미하고, 'mala'는 얼룩이나 때를 의미한다. 'vi'는 결여와 분리를 의미하는 접두어이고, 'vīta'는 '무엇이 없는'의 의미를 지닌 형용사이다. 따라서 'virajaṃ vīta-malaṃ'는 먼지가 없고, 때가 없는'의 의미이다.

29   'dhamma cakkhu'의 번역.

"고따마 존자께서는 내일 비구 승가와 함께 제 공양을 받아주십시오."

세존께서는 침묵으로 승낙하셨습니다. 그러자 꾸따단따 바라문은 세존께서 승낙하신 것을 알고, 자리에서 일어나 세존께 예배하고, 오른쪽으로 [세 번] 돌고 떠나갔습니다.

꾸따단따 바라문은 그날 밤이 지나자 자신의 제단에 훌륭한 갖가지 음식을 준비하고서 세존께 알렸습니다.

"시간이 되었습니다. 고따마 존자여, 공양이 준비되었습니다."

그러자 세존께서는 오전에 옷을 입고, 발우와 법복을 지니고, 비구 승가와 함께 꾸따단따 바라문의 제단으로 가서 마련된 자리에 앉으셨습니다. 꾸따단따 바라문은 부처님을 상수로 하는 비구 승가에 손수 갖가지 음식을 담아 대접했습니다. 꾸따단따 바라문은 세존께서 음식을 드시고 발우에서 손을 떼자, 낮은 자리로 가서 한쪽에 앉았습니다. 한쪽에 앉은 꾸따단따 바라문에게 세존께서는 법도에 맞는 말씀으로 가르치고 격려하고 칭찬하여 기쁘게 하신 후에 자리에서 일어나 떠나셨습니다.

# 뿟타빠다경<sup>1</sup>

Poṭṭhapāda Sutta ⑨

해
제

붓다 당시의 인도 사회는 사상적으로 매우 자유로운 시기였다. 정통 브라만 사상이 주류를 이루고 있었지만, 「싸만냐팔라 숫따」에서 보았듯이, 이를 부정하는 수많은 사상가들이 나타나 백가쟁명(百家爭鳴)의 시대를 형성하고 있었다. 이 경은 이러한 시대상을 잘 보여주고 있다.

이 경의 무대는 말리까(Mallikā) 원림(園林)의 강당이다. 이 강당에서 300명의 수행자들이 모여서 토론대회를 열었다고 전하고 있다. 말리까는 꼬쌀라의 왕 빠쎄나디(Pasenadi)의 왕비 이름이다. 말리까 원림에서 수행승들의 토론대회가 열렸다는 것은 당시의 사상가들이 왕실의 보호를 받으며 자유롭게 자신의 사상을 펼칠 수 있었다는 것을 시사한다.

이 경은 붓다가 말리까 원림의 토론대회에 참석하여 편력수행자 뽓타빠다(Poṭṭhapāda)와 토론한 이야기를 담고 있다. 토론의 내용은 싼냐(saññā)에 관한 것이다. 한역에서 '상(想)'으로 번역되는 싼냐(saññā)는 '결합, 통일'을 의미하는 'saṃ'과 '앎'을 의미하는 'jñā'가 결합된 산스크리트어 'saṃjñā'의 빨리어 표기로서, 문자 그대로는 '결합하여 앎'이다. 일반적으로 '지각, 표상, 감각, 인식' 등으로 번역되고 있는데, 이 경에서는 '사유능력'이나 '사유기능'을 의미한다고 보는 것이 좋을 것 같다. 그렇지만 반드시 사유능력의 의미로만 쓰이지는 않기 때문에 필자는 포괄적인 의미를 담아서 '관념'으로 번역했다.

서양 철학자 데카르트는 '나는 생각한다. 그러므로 존재한다'고

---

01   『디가 니까야(Dīgha-Nikāya)』의 제9경이며, 『장아함경(長阿含經)』의 25번째 경인 「포타바루경(布吒婆樓經)」에 상응하는 경. 한역 포타바루(布吒婆樓)는 인명(人名)인 뽓타빠다(Poṭṭhapāda)의 음역이므로 원음대로 「뽓타빠다경」으로 번역함.

주장했다. 그리고 그 생각하는 존재를 정신적 실체라고 불렀다. 한편 유물론자들은 물질적 실체만을 인정하고, 생각하는 사유능력은 물질의 결합에서 발생한다고 주장한다. 이 경에 등장하는 사상가들도 데카르트와 유물론자처럼 우리의 사유능력에 대하여 상반된 주장으로 대립한다.

사람은 살아서는 생각한다. 그러나 죽으면 생각하지 못한다. 왜 그럴까? 이 경에서 유물론자는 우리의 사유능력은 우연히 생겼다가 우연히 사라진다고 주장한다. 인간의 생사는 물질의 우연한 결합과 분리라고 생각하는 것이다. 한편 정신적 실체가 존재한다고 생각하는 사람은 사유하는 정신적 실체를 인간의 자아(自我)라고 주장한다. 이들에게 인간의 생사는 사유하는 정신적 실체가 몸속에 들어오고 나가는 것이다. 한편 인간의 생사를 신이 주관한다고 생각하는 사람들은 신이 생각하는 정신적 실체를 우리의 몸에 넣었다가 빼낸다고 주장한다.

이와 같이 대립하고 있는 주장들에 대하여 붓다는 인간의 사유능력이 물질적 실체나 정신적 실체나 신으로부터 주어지는 것이 아니라, 우리의 삶에 의해서 형성된다는 것을 이야기한다. 붓다는 인간의 사유능력은 학습을 통해 향상될 수 있다고 이야기한다. 수행을 통해서 보다 높은 수준의 사유를 할 수 있게 된다는 것이다. 그러나 높은 수준의 사유능력을 갖추는 것이 불교의 목표는 아니다. 아무리 높은 수준의 사유능력이라 할지라도 그것이 실체가 아니라 연기한 것이라는 깨달음을 통해 일정한 관념으로 세계를 인식하는 태도에서 벗어나야 한다고 붓다는 가르치고 있다.

주목할 만한 것은 이 경에서 붓다의 인식론이 나타난다는 것이다. 수행에 의해서 새로운 싼냐(saññā)가 생긴다는 말씀을 듣고, 뽓타빠다는 붓다에게 싼냐(saññā)와 냐나(ñāṇa) 가운데서 어떤 것이 먼저 생기는가를 묻는다. 냐나(ñāṇa)는 '지식, 앎'을 의미한다. 뽓타빠다는 붓다에게 사유구조를 이루고 있는 관념(saññā)이 먼저 형성되는가, 아니면 인식이 먼저 형성되는가를 물었던 것이다. "인식을 통해서 관념이 형성되는가, 관념을 통해서 인식이 성립되는가?" 이 물음에 대하여 붓다는 사유구조를 구성하는 관념이 먼저 생기고, 그것에 의해서 인식이 성립한다고 이야기하고 있다. 이 밖에도 이 경은 무아설(無我說)에 근거하는 불교의 자아관(自我觀)과 무기(無記)의 이유 등, 다각적으로 불교의 철학적 입장을 보여주고 있다.

◗

**| 1. |** 이와 같이 나는 들었습니다.

한때 세존께서는 싸왓티(Sāvatthī)[02]의 제따와나(Jetavana)[03]에 있는 아나타삔디까(Anāthapiṇḍika)[04]의 승원(僧園)[05]에 머무셨습니다. 그때, 편력수행자 뽓타빠다(Poṭṭhapāda)는 띤두까(tinduka) 나무가 우거진 말리까(Mallikā) 원림(園林)의 강당에[06] 300명의 편력수행자들과 함께 편력수행자 토론대회를 위해 머물고 있었습니다.

---

02  꼬쌀라(Kosala)국의 수도. 한역 경전의 사위성(舍衛城).

03  제따(Jeta) 태자의 숲(vana)이라는 의미.

04  한역 경전의 급고독(給孤獨) 장자(長者).

05  아나타삔디까(Anāthapiṇḍika) 장자(長者)가 제따(Jeta) 태자의 숲에 건립하여 승단에 기증한 정사(精舍). 한역 경전의 기수급고독원(祇樹給孤獨園).

06  'eka-sālaka Mallikāya ārāme'의 번역. 말리까(Mallikā)는 꼬쌀라의 왕 빠쎄나디(Pasenadi)의 왕비 이름이다. 그녀의 원림(園林)에 세워진 강당에서 당시에 많은 사상가들이 모여서 자유로운 토론을 했다고 한다.

**| 2. |** 어느 날 세존께서는 오전에 옷을 입고, 발우와 법의를 들고, 탁발하러 싸왓티에 들어갔습니다. 그러다가 세존께서는 '지금 싸왓티에 탁발하러 가기는 너무 이르다. 말리까 원림의 강당에서 열린 토론대회에 편력수행자 뿟타빠다를 만나러 가는 것이 어떨까?'라고 생각하셨습니다. 그래서 세존께서는 말리까 원림의 강당에서 열린 토론대회에 편력수행자 뿟타빠다를 만나러 갔습니다.

**| 3. |** 그때 편력수행자 뿟타빠다는 많은 편력수행자 무리들과 함께 앉아서 왕 이야기, 도둑 이야기, 대신(大臣) 이야기, 군대 이야기, 괴담(怪談), 전쟁 이야기, 먹는 이야기, 마시는 이야기, 옷 이야기, 잠자리 이야기, 화만(華鬘) 이야기, 향수 이야기, 친척 이야기, 수레 이야기, 마을 이야기, 동네 이야기, 도시 이야기, 나라 이야기, 여자 이야기, 영웅담, 거리 이야기, 우물가 이야기, 귀신 이야기, 잡담, 세계가 생긴 이야기, 바다가 생긴 이야기, 이런저런 것들이 생긴 이야기, 등등 여러 가지 잡스러운 이야기를 하고 있었습니다.

**| 4. |** 편력수행자 뿟타빠다는 세존께서 오시는 것을 멀리서 보았습니다. 그리고 자신의 대중을 저지했습니다.

"여러분, 조용히 하시오. 여러분, 소리 내지 마시오. 조용한 것을 좋아하시는 사문 고따마께서 오십니다. 그분은 조용한 것을 좋아하시는 분이니, 아마 대중이 조용해진 것을 보고 나서 가까이 오실 것으로 생각되오."

이렇게 말하자, 그 편력수행자들은 침묵했습니다.

**| 5. |** 세존께서 편력수행자 뿟타빠다에게 갔습니다. 그러자 편력수행자 뿟타빠다가 세존에게 말했습니다.

"어서 오십시오. 세존이시여! 잘 오셨습니다. 세존이시여! 오랜만에 오셨군요. 세존이시여! 여기 마련된 자리에 앉으십시오. 세존이시여!"

세존께서는 마련된 자리에 앉으셨습니다. 편력수행자 뽓타빠다는 맞은편 낮은 자리로 가서 한쪽에 앉았습니다. 한쪽에 앉은 편력수행자 뽓타빠다에게 세존께서 말씀하셨습니다.

"뽓타빠다여, 무슨 이야기를 하기 위해 지금 여기 함께 앉아 있소? 도중에 중단된 이야기는 어떤 것이오?"

| 6. | 이렇게 말씀하시자, 편력수행자 뽓타빠다가 세존에게 말했습니다.

"세존이시여, 우리가 지금 모여 앉아 하던 이야기는 그만두시지요. 세존이시여, 그 이야기는 세존께서 뒤에 들으셔도 됩니다. 세존이시여, 엊그제 여러 종파의 사문과 바라문들이 함께 모여 앉아 관념 [想][07]의 소멸에 대하여 '관념은 왜 소멸하는가?'라는 논쟁을 했습니다. 거기에서 어떤 사람들은 '인간의 관념은 원인도 없고, 조건도 없이 생기고 소멸한다. 관념이 생기면 관념이 있는 자가 되고, 소멸하면 관념이 없는 자가 된다'라고 말했습니다. 관념의 소멸에 대하여 어떤 사람들은 이렇게 주장했습니다.

그에 대하여 다른 사람은 '존자여, 그렇지 않소. 관념은 인간의 자아요.[08] 관념은 오기도 하고, 가기도 하오. 관념이 오면 관념이 있는 자가 되고, 관념이 가면 관념이 없는 자가 되오'라고 말했습니다. 관념의

---

07 'saññā'의 번역.

08 'attan'의 번역. 아트만(atman)을 의미함.

소멸에 대하여 어떤 사람들은 이렇게 주장했습니다.

그에 대하여 다른 사람은 '존자여, 그렇지 않소. 존자여, 큰 신통력과 큰 위력이 있는 사문과 바라문들이 있소. 그들은 인간의 관념을 집어넣기도 하고 빼내기도 하오. 집어넣으면 관념이 있는 자가 되고, 빼내면 관념이 없는 자가 되오'라고 말했습니다. 관념의 소멸에 대하여 어떤 사람들은 이렇게 주장했습니다.

그에 대하여 다른 사람은 '존자여, 그렇지 않소. 존자여, 큰 신통력과 큰 위력이 있는 천신(天神)들이 있소. 그들은 인간의 관념을 집어넣기도 하고 빼내기도 하오. 집어넣으면 관념이 있는 자가 되고, 빼내면 관념이 없는 자가 되오'라고 말했습니다. 관념의 소멸에 대하여 어떤 사람들은 이렇게 주장했습니다.

세존이시여, 그때 저에게 세존에 대한 기억이 떠올랐습니다. '아! 분명히 세존께서는, 아! 분명히 선서(善逝)께서는 이 문제들에 대하여 잘 아신다.' 세존께서는 관념의 소멸에 대하여 잘 아시는 분입니다. 세존이시여, 관념은 왜 소멸합니까?"

**▎7.  ▎** "뽓타빠다여, '원인도 없고, 조건도 없이, 인간의 관념은 생기고 소멸한다'라고 이야기한 사문과 바라문들은 애초부터 잘못되었소. 왜냐하면, 뽓타빠다여, 원인과 함께, 조건과 함께, 인간의 관념은 생기고 소멸하기 때문이오. 학계(學戒)09에 의해 어떤 관념은 생기고, 학계에 의해 어떤 관념은 소멸하오. 그렇다면 학계란 무엇인가?

---

09  'sikkhā'의 번역. 'sikkhā'는 학계(學戒)로 번역되는데, 계율의 실천에서 선정의 수행에 이르는 모든 수행과정을 의미한다.

뿟타빠다여, 10호(十號)를 구족한 여래(如來)가 이 세상에 출현한다오. 그는 처음도 좋고 중간도 좋고 마지막도 좋은, 의미 있고 명쾌하고 완벽한 진리[法]를 가르치며, 청정한 범행(梵行)을 알려준다오.

그 진리를 거사(居士)나 거사의 아들이나 다른 가문에 태어난 사람이 듣는다오. 그는 그 후에 크고 적은 재산을 버리고, 가깝고 먼 친족을 버리고, 머리와 수염을 깎고, 가사와 발우를 지니고, 집을 떠나 출가한다오.

그는 이와 같이 출가하여 별해탈율의(別解脫律儀)를 수호하여 살아가나니, 행동규범을 갖추어 하찮은 죄에서도 두려움을 보고, 학계(學戒)를 수지(受持)하여 학습하며, 착한 신업(身業)과 구업(口業)을 성취하여 감각활동[諸根]을 할 때 문을 지키고, 계를 성취한 청정한 생활을 하며, 주의집중과 알아차림을 갖추고 지족하며 지낸다오.

뿟타빠다여, 비구가 계를 성취한다는 것은 어떤 것인가? 뿟타빠다여, 비구는 살생하지 않으며, 살생을 삼가며, 몽둥이나 칼을 잡지 않으며, 부끄러움을 알며, 모든 생명을 보살피고 사랑하며 지낸다오. 이것이 비구의 계행(戒行)이오.[10]

**8.** 뿟타빠다여, 이와 같이 계(戒)를 성취한 그는 어떤 경우에도 계를 수호하는 것을 두려워하지 않는다오. 비유하면, 뿟타빠다여, 관정(灌頂)을 한 무적의 크샤트리아가 어떤 경우에도 적을 두려워하지 않는 것과 같소. 이와 같이 계를 성취한 비구는 어떤 경우에도 계를 수호하는 것을 두려워하지 않소. 이들 성스러운 계온(戒蘊)을 구족한 그는 내적으로 완전한 행복을 느낀다오. 뿟타빠다여, 이와 같이 비구는 계행을

---

10 계행의 구체적인 내용은 「싸만냐팔라 숫따」와 동일하므로 간략하게 번역함.

성취한다오.

**9.** 뿟타빠다여, 비구는 어떻게 지각활동[根]을 할 때 문을 지키는가? 뿟타빠다여, 비구는 시각기능[眼]으로 모습[色]을 보고서, 인상(印象)에 집착하지 않고, 부분의 모습에 집착하지 않소. 시각활동[眼根]을 통제하지 않고 지내면 탐욕과 근심, 사악하고 좋지 않은 법(法)들이 흘러들어오기 때문에, 그것을 막기 위해 나아가서 시각활동[眼根]을 지켜보다가, 시각활동[眼根]을 할 때 막는다오. 청각기능[耳], 후각기능[鼻], 미각기능[舌], 촉각기능[身], 의식기능[意]으로 법(法)을 인식하고서, 인상에 집착하지 않고, 부분의 모습에 집착하지 않소. 의식활동[意根]을 통제하지 않고 지내면 탐욕과 근심, 사악하고 좋지 않은 법(法)들이 흘러들어오기 때문에, 그것을 막기 위해 나아가서 의식활동을 지켜보다가 의식활동을 할 때 막는다오. 뿟타빠다여, 비구는 이와 같이 지각활동을 할 때 문을 지킨다오. 그는 주의집중[正念]과 알아차림[正知]을 구족하고 지족(知足)하는 삶을 살면서 다섯 가지 장애[11]를 제거하여 마음을 정화한다오."[12]

### 초선(初禪)

**10.** "뿟타빠다여, 자신에게서 이들 다섯 가지 장애가 제거된 것을 지각하면, 그에게 기쁨이 생긴다오. 기쁨으로 인해 즐거움이 생기고,

---

11    5개(五蓋). 탐욕(貪欲), 진에(瞋恚), 혼침(昏沈)과 수면(睡眠), 도거(掉擧)와 후회, 의심(疑心)

12    구체적인 내용은 「싸만냐팔라 숫따」와 동일하므로 간략하게 번역함.

즐거운 마음으로 인해 몸이 안정된다오. 몸이 안정되면 행복을 느끼고, 마음이 행복하면 선정(禪定)에 들어간다오. 그는 감각적 욕망을 멀리하고 불선법(不善法)을 멀리하여 사유가 있고 숙고가 있는, 멀리함에서 생긴 즐거움과 행복이 있는 초선(初禪)을 성취하여 살아간다오. 그러면 이전의 감각적 욕망에 대한 관념[13]이 사라진다오. 그때 '[감각적 욕망을] 멀리함에서 생긴 즐거움과 행복이 미묘하고 참된 것이라는 관념'[14]이 있게 되오. 참으로 그때 '멀리함에서 생긴 즐거움과 행복이 미묘하고 참된 것이라는 관념이 있는 자'가 되는 것이오. 이와 같이 학계(學戒)에 의해 어떤 관념은 생기고, 학계에 의해 어떤 관념은 소멸한다오. 이것이 학계라오."

## 제2선(第二禪)

**11.** "뽓타빠다여, 다음으로 비구는 사유와 숙고를 억제하여, 내적으로 조용해진, 마음이 집중된, 사유와 숙고가 없는, 삼매에서 생긴 즐거움과 행복이 있는 제2선(第二禪)을 성취하여 살아간다오. 그러면 이전의 '멀리함에서 생긴 즐거움과 행복이 미묘하고 참된 것이라는 관념'이 사라진다오. 그때 '삼매에서 생긴 즐거움과 행복이 미묘하고 참된 것이라는 관념'[15]이 있게 되오. 참으로 그때 '삼매에서 생긴 즐거움과

---

13 'kāma-saññā'의 번역.

14 'vivekaja-pītisukha-sukhuma-sacca-saññā'의 번역.

15 'samādhija-pītisukha-sukhuma-sacca-saññā'의 번역.

행복이 미묘하고 참된 것이라는 관념이 있는 자'가 되는 것이오. 이와 같이 학계(學戒)에 의해 어떤 관념은 생기고, 학계에 의해 어떤 관념은 소멸한다오. 이것이 학계라오."

## 제3선(第三禪)

| 12. | "뿟타빠다여, 다음으로 비구는 즐거움과 이욕(離欲)으로부터 초연하여 평정한 주의집중과 알아차림을 하며 지내는 가운데 몸으로 행복을 느끼면서, 성자들이 '평정한[捨] 주의집중을 하는 행복한 상태'라고 이야기한 제3선(第三禪)을 성취하여 살아간다오. 그러면 이전의 '삼매에서 생긴 즐거움과 행복이 미묘하고 참된 것이라는 관념'이 사라진다오. 그때 '평정한 행복이 미묘하고 참된 것이라는 관념'[16]이 있게 되오. 참으로 그때 '평정한 행복이 미묘하고 참된 것이라는 관념이 있는 자'가 되는 것이오. 이와 같이 학계(學戒)에 의해 어떤 관념은 생기고, 학계에 의해 어떤 관념은 소멸한다오. 이것이 학계라오."

## 제4선(第四禪)

| 13. | "뿟타빠다여, 다음으로 비구는 행복감을 포기하고 괴로움을 버림으로써 이전의 만족과 불만이 소멸하여 괴롭지도 않고 행복하지도 않은, 평정한 주의집중이 청정한 제4선(第四禪)을 성취하여 살아간

---

16 'upekhā-sukha-sukhuma-sacca-saññā'의 번역.

다오. 그러면 이전의 '평정한 행복이 미묘하고 참된 것이라는 관념'이 사라진다오. 그때 '괴롭지도 않고 행복하지도 않은 것이 미묘하고 참된 것이라는 관념'[17]이 있게 되오. 참으로 그때 '괴롭지도 않고 행복하지도 않은 것이 미묘하고 참된 것이라는 관념이 있는 자'가 되는 것이오. 이와 같이 학계(學戒)에 의해 어떤 관념들은 생기고, 학계에 의해 어떤 관념들은 소멸한다오. 이것이 학계라오."

## 공무변처(空無邊處)

**14.** "뽓타빠다여, 다음으로 비구는 일체의 형색에 대한 관념[色想][18]을 초월하고, 지각대상에 대한 관념[有對想]을 소멸하고, 다양한 모습에 대한 관념[想][19]에 마음 쓰지 않음[不作意][20]으로써 '허공은 무한하다'라고 생각하는 공무변처(空無邊處)를 성취하여 살아간다오. 그러면 이전의 '형색에 대한 관념[色想]'이 사라진다오. 그때 '공무변처(空無邊處)가 미묘하고 참된 것이라는 관념'[21]이 있게 되오. 참으로 그때 '공무변처가 미묘하고 참된 것이라는 관념이 있는 자'가 되는 것이오. 이와 같이 학계(學戒)에 의해 어떤 관념들은 생기고, 학계에 의해 어떤 관념들은 소멸한다오. 이것이 학계라오."

---

17  'adukkham-asukha-sukhuma-sacca-saññā'의 번역.

18  'rūpa-saññā'의 번역.

19  'nānatta-saññā'의 번역.

20  'amanasikāra'의 번역.

21  'ākāsānañcâyatana-sukha-sukhuma-sacca-saññā'의 번역.

## 식무변처(識無邊處)

**15.** "뿟타빠다여, 다음으로 비구는 일체의 공무변처(空無邊處)를 초월하여, '의식은 무한하다'라고 생각하는 식무변처(識無邊處)를 성취하여 살아간다오. 그러면 이전의 '공무변처가 미묘하고 참된 것이라는 관념'이 사라진다오. 그때 '식무변처가 미묘하고 참된 것이라는 관념'[22]이 있게 되오. 참으로 그때 '식무변처가 미묘하고 참된 것이라는 관념이 있는 자'가 되는 것이오. 이와 같이 학계(學戒)에 의해 어떤 관념들은 생기고, 학계에 의해 어떤 관념들은 소멸한다오. 이것이 학계라오."

## 무소유처(無所有處)

**16.** "뿟타빠다여, 다음으로 비구는 일체의 식무변처(識無邊處)를 초월하여, '아무것도 없다'라고 생각하는 무소유처(無所有處)를 성취하여 살아간다오. 그러면 이전의 '식무변처가 미묘하고 참된 것이라는 관념'이 사라진다오. 그때 '무소유처가 미묘하고 참된 것이라는 관념'[23]이 있게 되오. 참으로 그때 '무소유처가 미묘하고 참된 것이라는 관념이 있는 자'가 되는 것이오. 이와 같이 학계(學戒)에 의해 어떤 관념들은 생기고, 학계에 의해 어떤 관념들은 소멸한다오. 이것이 학계라오.

**17.** 뿟타빠다여, 비구는 자신의 관념을 갖게 되는 때부터,[24] 그곳

---

22  'viññānañcâyatana-sukhuma-sacca-saññā'의 번역.

23  'ākiñcaññâyatana-sukhuma-sacca-saññā'의 번역.

24  이 경에서는 초선(初禪)에서 처음으로 자신의 관념을 갖게 된다고 하고 있다. 그 이전에

으로부터 점차로 최상의 관념[25]에 도달하게 된다오. 그 최상의 관념에 머무는 그는 이렇게 생각한다오. '의도를 가지고 생각하는 것은 나에게 더 나쁘고, 의도를 가지고 생각하지 않는 것이 나에게 더 낫다. 그런데 만약 내가 의도하고 실행한다면 나의 이 관념[想]들이 소멸하고 다른 거친 관념[想]들이 생길 것이다. 그러니 나는 의도하지 않고 실행하지 않으면 어떨까?' 그래서 그는 의도하지 않고 실행하지 않는다오. 그러면 의도하지 않고 실행하지 않음으로써 그 관념들은 소멸하고, 다른 거친 관념들이 생기지 않는다오. 그는 [관념의] 지멸(止滅)에 도달한다오. 뽓타빠다여, 이와 같이 '점진적인 [관념의] 지멸에 대한 바른 앎의 성취'[26]가 있다오.

**| 18. |** 뽓타빠다여, 그대는 어떻게 생각하오? 그대는 이전에 이와 같은 점진적인 [관념의] 지멸에 대한 바른 앎의 성취를 들어본 적이 있소?"

"없나이다. 세존이시여! 세존이시여, 저는 세존께서 하신 말씀을 이렇게 이해했습니다.

비구는 자신의 관념을 갖게 되는 때부터, 그곳으로부터 점차로 최상의 관념에 도달하게 된다. 최상의 관념에 머무는 그는 이렇게 생각한다. '의도를 가지고 생각하는 것은 나에게 더 나쁘고, 의도를 가지고 생각하지 않는 것이 나에게 더 낫다. 그런데 만약 내가 의도하고 실행

---

는 자신의 관념이 아니라 사회에서 관습적으로, 또는 습관적으로 형성된 관념으로 살아가다가 초선에서 비로소 자신의 주체적인 관념을 갖게 되는 것을 의미한다.

25 'saññaggam'의 번역.

26 'anupubbâbhisaññā-nirodha-sampajāna-samāpatti'의 번역.

한다면 나의 이 관념들이 소멸하고, 다른 거친 관념들이 생길 것이다. 그러니 나는 의도하지 않고, 실행하지 않으면 어떨까?' 그래서 그는 의도하지 않고, 실행하지 않는다. 그러면 의도하지 않고, 실행하지 않음으로써 그 관념들은 소멸하고, 다른 거친 관념들이 생기지 않는다. 그는 [관념의] 지멸(止滅)에 도달한다. 이와 같이 점진적인 관념의 지멸에 대한 바른 앎의 성취가 있다."

"그렇소. 뽓타빠다여!"

**│ 19. │** "세존이시여, 세존께서는 하나의 최상의 관념을 시설(施設)하십니까, 그렇지 않으면 여러 종류의 최상의 관념을 시설하십니까?"

"뽓타빠다여, 나는 하나의 최상의 관념을 시설하기도 하고, 여러 종류를 시설하기도 하오."

"세존이시여, 세존께서는 왜 하나의 최상의 관념을 시설하기도 하고, 여러 종류를 시설하기도 하십니까?"

"뽓타빠다여, 나는 지멸에 도달하는 방식에 따라서 최상의 관념을 시설하오. 뽓타빠다여, 나는 이와 같이 하나의 최상의 관념을 시설하기도 하고, 여러 종류를 시설하기도 하오."

### 관념[想]과 인식[知]

**│ 20. │** "세존이시여, 관념[想]²⁷이 먼저 생기고 뒤에 앎²⁸이 생깁니까,

---

27  'saññā'의 번역.

28  'ñāṇa'의 번역.

그렇지 않으면 앎이 먼저 생기고 뒤에 관념이 생깁니까, 그렇지 않으면 관념과 앎이 동시에 생깁니까?"

"뽓타빠다여, 관념이 먼저 생기고 뒤에 앎이 생기는 것이오. 관념이 생겼기 때문에 앎이 생기는 것이오. 그는 '분명히 이것(관념)을 의지하여 나에게 앎이 생겼다'고 이해하오. 뽓타빠다여, 이와 같은 이유에서, '관념이 먼저 생기고, 뒤에 앎이 생기며, 관념이 생겼기 때문에 앎이 생긴다'라고 알아야 하오."[29]

| **21.** | "세존이시여, 관념[想]이 인간의 자아(自我)[30]입니까, 그렇지 않으면 관념과 자아는 서로 다른 것입니까?"

"뽓타빠다여, 그대는 자아를 어떻게 이해하시오?"

"세존이시여, 저는 형색[色]을 지닌,[31] 사대(四大)로 된,[32] 단식(團食)[33]을 먹는, 신체적인 것[34]을 자아로 이해합니다."[35]

"뽓타빠다여, 그대의 자아가 형색을 지닌, 사대로 된, 단식을 먹는 신체적인 것이라면, 뽓타빠다여, 자아가 그런 것이라면 그대의 관념과

---

29  'saññā'는 '관념(觀念)'이고, 'ñāṇa'는 '앎', 즉 인식이다. '인식을 통해서 관념이 형성되는가, 관념에 의해서 인식이 성립되는가?'라는 질문에, 붓다는 인식의 토대로서 관념이 존재한다고 이야기하고 있다.

30  'attan'의 번역. 'attan'은 아트만(atman)의 빨리어 표기이다.

31  'rūpiṃ'의 번역.

32  'cātummahābhūtikaṃ'의 번역.

33  'kabaliṅkārâhāra-bhakkhan'의 번역. 'kabaliṅkārâhāra'는 물질적인 자양분을 의미한다.

34  'oḷārika'의 번역. 신체적인 자아는 6근(六根) 가운데 의근(意根)을 제외한 신체적인 부분을 의미함.

35  욕계(欲界) 중생이 집착하는 자아를 이야기하고 있음.

자아는 서로 다른 것이 분명하오. 뽓타빠다여, 다음과 같은 이유로 관념과 자아는 분명히 서로 다르다는 것을 알아야 하오. 뽓타빠다여, 형색을 지닌, 사대로 된, 단식을 먹는, 신체적인 이 자아가 머물고 있는데, 그런데 이 사람에게 그 자아와는 다른 관념[想]들이 생기거나 소멸한다오. 뽓타빠다여, 이런 까닭에 관념과 자아는 분명히 서로 다르다는 것을 알아야 하오."

**22.** "세존이시여, 저는 결함 없는 사지(四肢)를 갖추고, 감관이 온전한, 마음으로 된 것[36]을 자아로 이해합니다."[37]

"뽓타빠다여, 그대의 자아가 결함 없는 사지를 갖추고, 감관이 온전한, 마음으로 된 것이라면, 뽓타빠다여, 자아가 그런 것이라면 그대의 관념과 자아는 서로 다른 것이 분명하오. 뽓타빠다여, 다음과 같은 이유로 관념과 자아는 서로 다르다는 것을 알아야 하오. 뽓타빠다여, 결함 없는 사지를 갖추고, 감관이 온전한, 마음으로 된 자아가 머물고 있는데, 그런데 이 사람에게 그 자아와는 다른 관념[想]들이 생기거나 소멸한다오. 뽓타빠다여, 이런 까닭에 관념과 자아는 분명히 서로 다르다는 것을 알아야 하오."

**23.** "세존이시여, 저는 관념으로 된[38], 형색이 없는 것[39]을 자아로 이해합니다."[40]

---

36 'manomaya'의 번역. 마음으로 된 자아는 6근(六根)을 갖춘 의성신(意成身)을 의미함.

37 색계(色界) 중생이 집착하는 자아를 이야기하고 있음.

38 'saññā-maya'의 번역.

39 'arūpiṃ'의 번역.

40 무색계(無色界) 중생이 집착하는 자아를 이야기하고 있음.

"뿟타빠다여, 그대의 자아가 관념으로 된, 형색이 없는 것이라면, 뿟타빠다여, 자아가 그런 것이라면, 그대의 관념과 자아는 서로 다른 것이 분명하오. 뿟타빠다여, 다음과 같은 이유로 관념과 자아는 서로 다르다는 것을 알아야 하오. 뿟타빠다여, 관념으로 된, 형색이 없는 자아가 머물고 있는데, 그런데 이 사람에게 그 자아와는 다른 관념[想]들이 생기거나 소멸한다오. 뿟타빠다여, 이런 까닭에 관념과 자아는 분명히 서로 다르다는 것을 알아야 하오."

▌24. ▌ "세존이시여, 관념이 인간의 자아인지, 아니면 관념과 자아는 서로 다른 것인지를 제가 알 수 있을까요?"

"뿟타빠다여, 견해가 다르고, 이해가 다르고, 기호(嗜好)가 다르고, 명상법이 다르고, 수행법이 다른 그대가 관념이 인간의 자아인지, 아니면 관념과 자아는 서로 다른 것인지를 알기는 어렵소."

### 무기(無記)

▌25. ▌ "세존이시여, 만약 견해가 다르고, 이해가 다르고, 기호가 다르고, 명상법이 다르고, 수행법이 다른 제가 관념이 인간의 자아인지, 아니면 관념과 자아는 서로 다른 것인지를 알기 어렵다면, 세존이시여, 그렇다면 세계는 상주(常住)합니까? 이것이 실로 진실이고 다른 것은 허망한 말입니까?"

"뿟타빠다여, 나는 '세계는 상주한다.[41] 이것이 실로 진실이고 다른

---

41 'sassato loko'의 번역.

것은 허망한 말이다'라는 말을 하지 않소."[42]

"세존이시여, 그렇다면 세계는 상주하지 않습니까? 이것이 실로 진실이고 다른 것은 허망한 말입니까?"

"뽓타빠다여, 나는 '세계는 상주하지 않는다.[43] 이것이 실로 진실이고 다른 것은 허망한 말이다'라는 말도 하지 않소."

"세존이시여, 그렇다면 세계는 유한(有限)합니까? 이것이 실로 진실이고 다른 것은 허망한 말입니까?"

"뽓타빠다여, 나는 '세계는 유한하다.[44] 이것이 실로 진실이고 다른 것은 허망한 말이다'라는 말도 하지 않소."

"세존이시여, 그렇다면 세계는 무한(無限)합니까?, 이것이 실로 진실이고 다른 것은 허망한 말입니까?"

"뽓타빠다여, 나는 '세계는 무한하다.[45] 이것이 실로 진실이고 다른 것은 허망한 말이다'라는 말도 하지 않소."

**26.** "세존이시여, 그렇다면 육신(肉身)이 곧 생명(生命)입니까?, 이것이 실로 진실이고 다른 것은 허망한 말입니까?"

"뽓타빠다여, 나는 '육신이 곧 생명이다.[46] 이것이 실로 진실이고 다른 것은 허망한 말이다'라는 말도 하지 않소."

---

42  'avyākata'의 번역. 한역에서는 무기(無記)로 번역함. 'avyākata'는 '판단하지 않는다'는 뜻이다.

43  'asassato loko'의 번역,

44  'antavā loko'

45  'anantavā loko'의 번역.

46  'taṃ jīvaṃ taṃ sarīraṃ'의 번역.

"세존이시여, 그렇다면 육신과 생명은 각각 다른 것입니까? 이것이 실로 진실이고 다른 것은 허망한 말입니까?"

"뿟타빠다여, 나는 '육신과 생명은 각각 다른 것이다.[47] 이것이 실로 진실이고 다른 것은 허망한 말이다'라는 말도 하지 않소."

| **27.** | "세존이시여, 그렇다면 여래(如來)는 사후에 존재합니까?, 이것이 실로 진실이고 다른 것은 허망한 말입니까?"

"뿟타빠다여, 나는 '여래는 사후에 존재한다.[48] 이것이 실로 진실이고 다른 것은 허망한 말이다'라는 말도 하지 않소."

"세존이시여, 그렇다면 여래는 사후에 존재하지 않습니까?, 이것이 실로 진실이고 다른 것은 허망한 말입니까?"

"뿟타빠다여, 나는 '여래는 사후에 존재하지 않는다. 이것이 실로 진실이고 다른 것은 허망한 말이다'라는 말도 하지 않소."

"세존이시여, 그렇다면 여래는 사후에 존재하기도 하고, 존재하지 않기도 합니까? 이것이 실로 진실이고 다른 것은 허망한 말입니까?"

"뿟타빠다여, 나는 '여래는 사후에 존재하기도 하고, 존재하지 않기도 한다. 이것이 실로 진실이고 다른 것은 허망한 말이다'라는 말도 하지 않소."

"세존이시여, 그렇다면 여래는 사후에 존재하는 것도 아니고, 존재하지 않는 것도 아닙니까? 이것이 실로 진실이고 다른 것은 허망한 말입니까?"

---

47 'aññam jīvaṃ aññaṃ sarīraṃ'의 번역.

48 'hoti Tathāgato param maraṇā'의 번역.

"뽓타빠다여, 나는 '여래는 사후에 존재하는 것도 아니고, 존재하지 않는 것도 아니다. 이것이 실로 진실이고 다른 것은 허망한 말이다'라는 말도 하지 않소."

## 무기(無記)의 이유

**| 28. |** "세존이시여, 그렇다면 왜 세존께서는 말씀하시지 않습니까?"

"뽓타빠다여, 그것은 의미[49]와 무관하고, 진리[50]와 무관하고, 범행(梵行)의 근원[51]이 아니기 때문에, 염리(厭離),[52] 이욕(離欲),[53] 지멸(止滅),[54] 적정(寂靜),[55] 수승한 앎[勝智],[56] 올바른 깨달음[正覺],[57] 열반(涅槃)[58]으로 이끌지 못하오. 그래서 나는 그것을 말하지 않소."

**| 29. |** "세존이시여, 그렇다면 세존께서는 무엇을 말씀하십니까?"

"뽓타빠다여, 나는 '이것은 괴로움이다'라고 설명하오. 뽓타빠다여, 나는 '이것은 괴로움의 집(集)이다'라고 설명하오. 뽓타빠다여, 나는

---

49  'attha'의 번역.

50  'dhamma'의 번역.

51  'ādibrahmacariyaka'의 번역.

52  'niddida'의 번역.

53  'viraga'의 번역.

54  'nirodha'의 번역.

55  'upasama'의 번역.

56  'abhiñña'의 번역.

57  'sambodha'의 번역.

58  'nibbāna'의 번역.

'이것은 괴로움의 멸(滅)이다'라고 설명하오. 뽓타빠다여, 나는 '이것은 괴로움의 멸(滅)에 이르는 길이다'라고 설명하오.

**▎30. ▎** "세존이시여, 그렇다면 왜 세존께서는 그것을 말씀하십니까?"

"뽓타빠다여, 그것은 의미와 연결되고, 진리와 연결되고, 범행(梵行)의 근원이기 때문에 염리(厭離), 이욕(離欲), 지멸(止滅), 적정(寂靜), 수승한 앎[勝智], 올바른 깨달음[正覺], 열반(涅槃)으로 이끈다오. 그래서 나는 그것을 말하는 것이오."

"그렇군요. 세존이시여! 그렇군요. 선서(善逝)시여! 세존이시여, 세존께서는 지금 떠나셔야 할 시간입니다."

그러자 세존께서는 자리에서 일어나 떠나셨습니다.

**▎31. ▎** 세존께서 떠나시자 곧 그 편력수행자들은 편력수행자 뽓타빠다에게 다 함께 조롱하고 빈정거리면서 말했습니다.

"뽓타빠다는 사문 고따마가 무슨 말을 하면, 그 말에 대하여 '그렇군요. 세존이시여! 그렇군요. 선서시여!'라고 크게 만족하는군요. 그러나 우리는 어떤 것이 사문 고따마가 가르친 확실한 진리인지, 세계는 상주한다는 것인지, 세계는 상주하지 않는다는 것인지, 또는 세계는 유한하다는 것인지, 세계는 무한하다는 것인지, 또는 육신이 곧 생명이라는 것인지, 육신과 생명은 서로 다르다는 것인지, 또는 여래는 사후에 존재한다는 것인지, 여래는 사후에 존재하지 않는다는 것인지, 여래는 사후에 존재하기도 하고, 존재하지 않기도 한다는 것인지, 여래는 사후에 존재하는 것도 아니고, 존재하지 않는 것도 아니라는 것인지 알지 못하겠소."

이와 같이 말하자, 편력수행자 뽓타빠다는 그 편력수행자들에게 이렇게 말했습니다.

　"존자여, 나도 어떤 것이 사문 고따마께서 가르친 확실한 진리인지 알지 못하오. 하지만 사문 고따마께서는 있는 사실 그대로의 길[59]을 확고한 진리,[60] 확정된 진리[61]로 시설하시었소. 그런데 있는 사실 그대로의 길을 확고한 진리, 확정된 진리로 시설하신 사문 고따마의 옳은 말씀을 어떻게 나와 같은 배운 사람이 옳은 말씀이라고 만족하지 않을 수 있겠소?"

┃ **32.** ┃ 2~3일 후에 찟따 핫티싸리뿟따(Citta Hatthisāriputta)[62]를 데리고 편력수행자 뽓타빠다가 세존에게 왔습니다. 찟따 핫티싸리뿟따는 세존께 예배하고 한쪽에 앉았고, 편력수행자 뽓타빠다는 세존과 정중하게 인사를 하고 공손한 인사말을 나눈 후 한쪽에 앉았습니다. 한쪽에 앉은 편력수행자 뽓타빠다는 세존께서 떠나신 후에 편력수행자들 사이에 있었던 일을 세존께 말씀드리자, 세존께서 이와 같이 말씀하셨습니다

┃ **33.** ┃ "뽓타빠다여, 그 편력수행자들은 모두 눈먼 장님들이고, 그들 가운데서 그대 혼자만 눈이 있군요. 뽓타빠다여, 나는 확정적인[63] 법

---

59　'bhūtaṃ tacchaṃ tathaṃ paṭipadaṃ'의 번역.

60　'dhammaṭṭhitaṃ'의 번역.

61　'dhamma-niyāmakaṃ'의 번역.

62　찟따는 코끼리 조련사의 아들이라고 한다. 그래서 핫티싸리뿟따(Hatthisāri-putta)라고 불렸다고 한다. 그는 일곱 번을 출가와 환속을 거듭했다고 한다. 그는 언어의 의미의 미세한 차이에 대하여 능통했다고 한다. 그는 환속하여 뽓타빠다를 찾아갔는데, 뽓타빠다는 그와 함께 세존에게 온 것이다. 이 경에서 찟따는 세존의 설법을 바르게 이해하고 출가하여 아라한이 된다. (각묵스님 옮김, 『디가 니까야』 vol. 1, 초기불전연구원(2005), p. 481 참조)

63　'ekaṃsika'의 번역.

들을 시설하여 가르치기도 하고, 확정해서는 안 되는[64] 법들을 시설하여 가르치기도 하오. 뽓타빠다여, 내가 확정해서는 안 되는 법으로 시설하여 가르치는 법들은 어떤 것들인가? 뽓타빠다여, 나는 '세계는 상주한다'라고 확정해서는 안 된다고 시설하여 가르치오. 뽓타빠다여, 나는 '세계는 상주하지 않는다.' 또는 '세계는 유한하다.' 또는 '세계는 무한하다.' 또는 '육신이 곧 생명이다.' 또는 '육신과 생명은 서로 다르다.' 또는 '여래는 사후에 존재한다.' 또는 '여래는 사후에 존재하지 않는다.' 또는 '여래는 사후에 존재하기도 하고, 존재하지 않기도 한다.' 또는 '여래는 사후에 존재하는 것도 아니고, 존재하지 않는 것도 아니다'라고 확정해서는 안 된다고 시설하여 가르치오.

뽓타빠다여, 내가 왜 확정해서는 안 되는 법들을 시설하여 가르치겠소? 뽓타빠다여, 그것들은 의미와 무관하고, 진리와 무관하고, 범행(梵行)의 출발점이 아니어서, 염리(厭離), 이욕(離欲), 지멸(止滅), 적정(寂靜), 수승한 앎, 올바른 깨달음, 열반(涅槃)으로 이끌지 못하오. 그래서 나는 그것들을 확정해서는 안 되는 법으로 시설하여 가르치오.

뽓타빠다여, 내가 확정적인 법으로 시설하여 가르치는 법들은 어떤 것들인가? 나는 '이것은 괴로움이다'라고 확정적인 법으로 시설하여 가르치오. 뽓타빠다여, 나는 '이것은 괴로움의 집(集)이다'라고 확정적인 법으로 시설하여 가르치오. 뽓타빠다여, 나는 '이것은 괴로움의 멸(滅)이다'라고 확정적인 법으로 시설하여 가르치오. 뽓타빠다여, 나는 '이것은 괴로움의 멸(滅)에 이르는 길이다'라고 확정적인 법으로 시

---

64 'anekaṃsika'의 번역.

설하여 가르치오.

뽓타빠다여, 내가 왜 확정적인 법들을 시설하여 가르치겠소? 뽓
타빠다여, 그것은 의미와 연결되고, 진리와 연결되고, 범행(梵行)의 출
발점이기 때문에, 염리(厭離), 이욕(離欲), 지멸(止滅), 적정(寂靜), 수승한
앎, 올바른 깨달음, 열반(涅槃)으로 이끈다오. 그래서 나는 확정적인 법
들을 시설하여 가르치는 것이오.

**| 34. |** 뽓타빠다여, 어떤 사문과 바라문들은 '자아는 사후에 한결같
이 행복하며, 병이 없다'는 견해를 가지고, 그와 같이 말했소.

나는 그들에게 가서 '존자들이여, 그대들은 자아는 사후에 한결같
이 행복하며, 병이 없다는 견해를 가지고, 그와 같이 말한다는데, 사실
인가?'라고 말했소. 그들이 나의 물음에 '그렇다'고 인정하면, 나는 그
들에게 '존자들이여, 그렇다면 그대들은 한결같이 행복한 세계를 알고
보면서 살고 있는가?'라고 말했소. 이렇게 묻자, 그들은 '그렇지 않다'
고 말했소.

나는 그들에게 '존자들이여, 그렇다면 그대들은 하룻밤이나, 낮이
나, 한나절이나, 반나절만이라도 한결같이 행복한 자아를 인식한 적이
있는가?'라고 말했소. 이렇게 묻자, 그들은 '그렇지 않다'고 말했소.

나는 그들에게 '존자들이여, 그렇다면 그대들은 '이것이 한결같이
행복한 세계를 체득(體得)하는 길이며 방법이다'라고 알고 있는가?'라
고 말했소. 이렇게 묻자, 그들은 '그렇지 않다'고 말했소.

나는 그들에게 '존자들이여, 그렇다면 그대들은 한결같이 행복한
세계에 도달한 천신들과 함께 이야기하면서 '벗들이여, 당신들은 한결같
이 행복한 세계를 체득하기 위한 선행을 실천했소. 벗들이여, 당신들은

한결같이 행복한 세계를 체득하기 위한 올바른 길에 들어왔소. 벗들이여, 이와 같이 실천하여 우리는 한결같이 행복한 세계에 도달했소'라고 들었는가?'라고 말했소. 이렇게 묻자, 그들은 '그렇지 않다'고 말했소.

뽓타빠다여, 그대는 어떻게 생각하오? 이와 같은 그 사문과 바라문들의 말은 근거 없는 말이 아니오?

**| 35. |** 예를 들어, 어떤 사람이 '나는 이 나라에서 최고의 미녀를 원하고, 그녀를 사랑한다'고 말했다고 합시다. 그러자 사람들이 그에게 '여보게, 그대가 원하고, 사랑하는 이 나라 최고의 미녀를 그대는 아는가? 그녀는 크샤트리아인가, 바라문인가, 바이샤인가, 수드라인가?'라고 물었다고 합시다. 이렇게 묻자, 그는 '모른다'고 했다고 합시다. 그러자 사람들이 그에게 '여보게, 그대가 원하고, 사랑하는 이 나라 최고의 미녀는 이름은 무엇이고, 성은 무엇인지, 키는 큰지, 작은지, 중간인지, 피부는 검은지, 노란지, 금빛인지, 어떤 마을에 사는지, 작은 마을인지, 큰 도시인지 아는가?'라고 물었다고 합시다. 이렇게 묻자, 그는 '모른다'고 했다고 합시다. 그러자 사람들이 그에게 '여보게, 그대는 알지도 못하고, 보지도 못한 사람을 원하고, 사랑한단 말인가?'라고 물었다고 합시다. 이렇게 묻자, 그가 '그렇다'고 했다고 합시다.

뽓타빠다여, 그대는 어떻게 생각하오? 이와 같은 그 사람의 말은 근거 없는 말이 아니오?"

"세존이시여, 참으로 이와 같은 그 사람의 말은 근거 없는 말입니다."

**| 36. |** "뽓타빠다여, 실로 이와 같이 '자아는 사후에 한결같이 행복하며, 병이 없다'는 견해를 가지고, 그와 같이 말하는 사문과 바라문들의 말은 알지도 못하고, 보지도 못한 사람을 원하고, 사랑하고 있다라고

하는 사람의 말처럼 근거 없는 말이 아니오?"

"세존이시여, 참으로 이와 같은 그 사문과 바라문들의 말은 근거 없는 말입니다."

**▌37. ▌** "뽓타빠다여, 예를 들어, 어떤 사람이 사거리의 큰길에서 누각에 오르기 위해 사다리를 만들고 있다고 합시다. 그러자 사람들이 그에게 '여보게, 그대는 누각에 오르기 위해 사다리를 만들고 있는데, 그 누각이 동쪽에 있는지, 서쪽에 있는지, 남쪽에 있는지, 북쪽에 있는지, 높은지, 낮은지, 중간인지 알고 있는가?'라고 물었다고 합시다. 이렇게 묻자, 그가 '모른다'고 했다고 합시다. 그러자 사람들이 그에게 '여보게, 그대는 알지도 못하고, 보지도 못한 누각에 오르기 위해 사다리를 만들고 있다는 말인가?'라고 물었다고 합시다. 이렇게 묻자, 그가 '그렇다'라고 했다고 합시다.

"뽓타빠다여, 그대는 어떻게 생각하오? 이와 같은 그 사람의 말은 근거 없는 말이 아니오?"

"세존이시여, 참으로 이와 같은 그 사람의 말은 근거 없는 말입니다."

**▌38. ▌** "뽓타빠다여, 실로 이와 같이 '자아는 사후에 한결같이 행복하며, 병이 없다'는 견해를 가지고, 그와 같이 말하는 사문과 바라문들의 말은 알지도 못하고, 보지도 못한 누각에 오르기 위해 사다리를 만들고 있다고 하는 사람의 말처럼 근거 없는 말이 아니오?"

"세존이시여, 참으로 이와 같은 그 사문과 바라문들의 말은 근거 없는 말입니다."

**| 39. |** "뽓타빠다여, 나는 세 가지 획득된 자아,[65] 즉 신체적인[66] 획득된 자아, 마음으로 이루어진[67] 획득된 자아, 형색 없는[68] 획득된 자아에 대하여 이야기한다오.

뽓타빠다여, 신체적인 획득된 자아란 어떤 것인가? 형색을 지닌, 사대(四大)로 이루어진, 단식(團食)[69]을 먹는 자아, 이것이 신체적인 획득된 자아라오.

뽓타빠다여, 마음으로 이루어진 획득된 자아란 어떤 것인가? 형색을 지닌, 마음으로 이루어진, 결함 없는 사지(四肢)를 갖추고, 감관이 온전한 자아, 이것이 마음으로 이루어진 획득된 자아라오.

뽓타빠다여, 형색 없는 획득된 자아란 어떤 것인가? 형색을 지니지 않는, 관념으로 이루어진 자아, 이것이 형색을 지니지 않는 획득된 자아라오.

**| 40. |** 뽓타빠다여, 나는 신체적인 획득된 자아를 포기하기 위한 진

---

65 'atta-paṭilābha'의 번역. 'atta-paṭilābha'는 'attan'과 'paṭilābha'의 합성어이다. 'attan'은 '아트만'을 의미하고 'paṭilābha'는 '얻다, 받다'는 의미의 동사 'paṭilabhati'에서 파생된 명사로서 '획득, 취득, 성취' 등의 의미를 지닌다. 붓다는 우리의 자아가 본래적인 것이 아니라 무명의 삶을 통해 획득된 것이라는 의미에서 세 종류의 'atta-paṭilābha'를 이야기하고 있다. 즉, 신체를 통해서 형성된 자아, 뜻을 통해 형성된 자아, 관념으로 형성된 자아를 이야기하고 있는 것이다. 우리의 자아는 어리석은 삶을 통해 획득된 자아의식이라는 의미에서 '획득된 자아'라고 번역했다.

66 'oḷārika'의 번역.

67 'manomaya'의 번역.

68 'arūpa'의 번역.

69 물질적인 음식.

리[70]를 가르치오. 그대로 실천하면 참으로 오염시키는 법들은 소멸할 것이고, 정화하는 법들은 늘어날 것이며, 그대들은 지혜의 완성과 충만을 지금 여기에서 스스로 체험하고 성취하여 살아가게 될 것이오.[71]

**41.** 뽓타빠다여, 나는 마음으로 이루어진 획득된 자아를 포기하기 위한 진리를 가르치오. 그대로 실천하면, 참으로 오염시키는 법들은 소멸하게 되고, 정화하는 법들이 늘어나게 되고, 그대들은 지혜의 완성과 충만을 지금 여기에서 스스로 체험하고 성취하여 살아가게 될 것이오.[72]

**42.** 뽓타빠다여, 나는 형색 없는 획득된 자아를 포기하기 위한 진리를 가르치오. 그대로 실천하면, 참으로 오염시키는 법들은 소멸할 것이고, 정화하는 법들은 늘어날 것이며, 그대들은 지혜의 완성과 충만을 지금 여기에서 스스로 체험하고 성취하여 살아가게 될 것이오.

뽓타빠다여, 그대는 '오염시키는 법들이 소멸하게 되고, 정화하는 법들이 늘어나게 되고, 지혜의 완성과 충만을 지금 여기에서 스스로 체험하고 성취하여 살아가게 되면 괴로운 삶이 될 것이다'라고 생각할지 모르겠소. 그러나, 뽓타빠다여, 그런 일은 있을 수 없다오. 오염시키는 법들이 소멸하게 되고, 정화하는 법들이 늘어나게 되고, 지혜의 완성과 충만을 지금 여기에서 스스로 체험하고 성취하여 살아가게 되면 즐거움이 있게 되고, 기쁨과 평온, 주의집중과 알아차림 그리고 행복한 삶이 있게 될 것이오.

---

70 'dhamma'의 번역.
71 뒷부분은 42. 뒷부분의 반복이므로 생략함.
72 뒷부분은 42. 뒷부분의 반복이므로 생략함.

**｜43.  ｜** 뽓타빠다여, 만약 다른 사람들이 나에게 '존자여, 어떤 것이 그대가 가르치는 신체적인 획득된 자아를 포기하기 위한 진리로서 그대로 실천하면 참으로 오염시키는 법들은 소멸하게 되고, 정화하는 법들은 늘어나게 되고, 지혜의 완성과 충만을 지금 여기에서 스스로 체험하고 성취하여 살아가게 되는 것인가?'라고 묻는다면, 그들에게 나는 '존자여, 이것이 내가 가르치는 신체적인 획득된 자아를 포기하기 위한 진리로서 그대로 실천하면 참으로 오염시키는 법들은 소멸하게 되고, 정화하는 법들은 늘어나게 되고, 지혜의 완성과 충만을 지금 여기에서 스스로 체험하고 성취하여 살아가게 되는 것이오'라고 설명할 것이오.

**｜44.  ｜** 뽓타빠다여, 만약 다른 사람들이 나에게 마음으로 이루어진 획득된 자아를 포기하기 위한 진리에 대하여 묻는다면, 그들에게 나는 '존자여, 이것이 내가 가르치는 마음으로 이루어진 획득된 자아를 포기하기 위한 진리로서 그대로 실천하면 참으로 오염시키는 법들은 소멸하게 되고, 정화하는 법들은 늘어나게 되고, 지혜의 완성과 충만을 지금 여기에서 스스로 체험하고 성취하여 살아가게 되는 것이오'라고 설명할 것이오.

**｜45.  ｜** 뽓타빠다여, 만약 다른 사람들이 나에게 형상 없는 획득된 자아를 포기하기 위한 진리에 대하여 묻는다면, 그들에게 나는 '존자여, 이것이 내가 가르치는 형상 없는 획득된 자아를 포기하기 위한 진리로서 그대로 실천하면 참으로 오염시키는 법들은 소멸하게 되고, 정화하는 법들은 늘어나게 되고, 지혜의 완성과 충만을 지금 여기에서 스스로 체험하고 성취하여 살아가게 되는 것이오'라고 설명할 것이오.

　　뽓타빠다여, 그대는 어떻게 생각하오? 이와 같은 말은 근거 있는 말이 아니오?"

"세존이시여, 참으로 이와 같은 말은 근거 있는 말입니다."

**46.** "뽓타빠다여, 예를 들어, 어떤 사람이 누각에 오르기 위해 그 누각 아래에서 사다리를 만들고 있다고 합시다. 그러자 사람들이 그에게 '여보게, 그대는 누각에 오르기 위해 사다리를 만들고 있는데, 그 누각이 동쪽에 있는지, 서쪽에 있는지, 남쪽에 있는지, 북쪽에 있는지, 높은지, 낮은지, 중간인지 알고 있는가?'라고 물었다고 합시다. 그가 만약 '존자여, 바로 이 누각이오. 나는 이 누각에 오르기 위해 이 누각 아래에서 사다리를 만들고 있소'라고 말한다면, 뽓타빠다여, 그대는 어떻게 생각하오? 이와 같은 그 사람의 말은 근거 있는 말이 아니오?"

"세존이시여, 참으로 이와 같은 그 사람의 말은 근거 있는 말입니다."

**47.** "뽓타빠다여, 이와 같이 다른 사람들이 나에게 신체적인 획득된 자아를 포기하기 위한 진리에 대하여 묻는다면, … 마음으로 이루어진 획득된 자아를 포기하기 위한 진리에 대하여 묻는다면, … 형상 없는 획득된 자아를 포기하기 위한 진리에 대하여 묻는다면, 그들에게 나는 '존자여, 이것이 내가 가르치는 형상 없는 획득된 자아를 포기하기 위한 진리로서, 그대로 실천하면, 참으로 오염시키는 법들은 소멸하게 되고, 정화하는 법들은 늘어나게 되고, 지혜의 완성과 충만을 지금 여기에서 스스로 체험하고 성취하여 살아가게 되는 것이오'라고 설명할 것이오.

뽓타빠다여, 그대는 어떻게 생각하오? 이와 같은 말은 근거 있는 말이 아니오?"

"세존이시여, 참으로 이와 같은 말은 근거 있는 말입니다."

**| 48. |** 이와 같이 말씀하시자, 찟따 핫티싸리뿟따가 세존에게 말했습니다.

"세존이시여, 신체적인 획득된 자아가 있을 때는, 그때는 마음으로 이루어진 획득된 자아와 형상 없는 획득된 자아는 공허한 것[73]입니까? 그때는 신체적인 획득된 자아가 진실한 것[74]입니까? 세존이시여, 마음으로 이루어진 획득된 자아가 있을 때는, 그때는 신체적인 획득된 자아와 형상 없는 획득된 자아는 공허한 것입니까? 그때는 마음으로 이루어진 획득된 자아가 진실한 것입니까? 세존이시여, 형상 없는 획득된 자아가 있을 때는, 그때는 신체적인 획득된 자아와 마음으로 이루어진 획득된 자아는 공허한 것입니까? 그때는 형상 없는 획득된 자아가 진실한 것입니까?"[75]

**| 49. |** "찟따여, 신체적인 획득된 자아가 있을 때는, 그때는 '마음으로 이루어진 획득된 자아'라고 불리지 않고, '형상 없는 획득된 자아'라고 불리지 않는다오. 그때는 다만 '신체적인 획득된 자아'라고 불린다오. 찟따여, 마음으로 이루어진 획득된 자아가 있을 때는, 그때는 '신체적인 획득된 자아'라고 불리지 않고, '형상 없는 획득된 자아'라고 불리지 않는다오. 그때는 다만 '마음으로 이루어진 획득된 자아'라고 불린다오. 찟따여, 형상 없는 획득된 자아가 있을 때는, 그때는 '신체적인 획

---

73  'mogha'의 번역.

74  'sacca'의 번역.

75  공허(mogha)는 실재하지 않는다는 의미이고, 진실(sacca)은 실재한다는 의미이다. 찟따의 질문은 자아는 단일한 것이기 때문에 하나의 자아만 실재할 뿐, 두 개 이상은 존재할 수 없다는 의미의 질문이다.

득된 자아'라고 불리지 않고, '마음으로 이루어진 획득된 자아'라고 불리지 않는다오. 그때는 다만 '형상 없는 획득된 자아'라고 불린다오.[76]

찟따여, 만약 그대에게 '그대는 과거세에 존재했는지, 존재하지 않았는지, 그대는 미래세에 존재하게 될는지, 존재하지 않게 될는지, 그대는 지금 존재하고 있는지, 존재하지 않는지'에 대하여 묻는다면, 찟따여, 그대는 이러한 물음에 어떻게 대답하겠는가?"

"세존이시여, 만약 저에게 그렇게 묻는다면, 세존이시여, 저는 이러한 물음에 '나는 과거세에 존재했었다. 나는 존재하지 않았던 것이 아니다. 나는 미래세에 존재하게 될 것이다. 나는 존재하지 않게 되지 않을 것이다. 나는 지금 존재하고 있다. 나는 존재하지 않는 것이 아니다'라고 대답할 것입니다."

**50.** "찟따여, 만약 '그대에게 과거의 획득된 자아가 있었다면, 그대에게 그 획득된 자아는 진실한 것이고, 미래[의 자아]와 현재[의 자아]는 공허한 것인가? 그대에게 획득된 미래의 자아가 있게 된다면, 그대에게 그 획득된 자아는 진실한 것이고, 과거[의 자아]와 현재[의 자아]는 공허한 것인가? 지금 그대에게 획득된 현재의 자아가 있다면, 그대에게 그 획득된 자아는 진실한 것이고, 과거[의 자아]와 미래[의 자아]는 공허한 것인가?'라고 묻는다면, 찟따여, 그대는 이러한 물음에 어떻게 대답하겠는가?"

"세존이시여, 만약 저에게 그와 같이 묻는다면, 세존이시여, 저는

---

76  찟따가 자아를 실재하는 것으로 이해하고 묻자, 세존께서는 자아는 명칭으로 불리는 것일 뿐이라는 것을 이야기하고 있다.

이와 같은 물음에 '나에게 과거의 획득된 자아가 있었다면, 나에게 그 획득된 자아는 진실한 것이고, 미래[의 자아]와 현재[의 자아]는 공허한 것이다. 나에게 미래의 획득된 자아가 있게 된다면, 나에게 그 획득된 자아는 진실한 것이고, 과거[의 자아]와 현재[의 자아]는 공허한 것이다. 지금 나에게 현재의 획득된 자아가 있다면, 나에게 그 획득된 자아는 진실한 것이고, 과거[의 자아]와 미래[의 자아]는 공허한 것이다'라고 대답할 것입니다."

▌ **51.** ▐ "찟따여, 바로 이와 같이 신체적인 획득된 자아가 있을 때는, 그때는 '마음으로 이루어진 획득된 자아'라고 불리지 않고, '형상 없는 획득된 자아'라고 불리지 않는다오. 그때는 다만 '신체적인 획득된 자아'라고 불린다오. 찟따여, 마음으로 이루어진 획득된 자아가 있을 때는, 그때는 '신체적인 획득된 자아'라고 불리지 않고, '형상 없는 획득된 자아'라고 불리지 않는다오. 그때는 다만 '마음으로 이루어진 획득된 자아'라고 불린다오. 찟따여, 형상 없는 획득된 자아가 있을 때는, 그때는 '신체적인 획득된 자아'라고 불리지 않고, '마음으로 이루어진 획득된 자아'라라고 불리지 않는다오. 그때는 다만 '형상 없는 획득된 자아'라고 불린다오.

▌ **52.** ▐ 찟따여, 비유하면, 소에서 우유를 얻고, 우유에서 연유(煉乳)를 얻고, 연유에서 버터를 얻고, 버터에서 제호(醍醐)를 얻는 것과 같다오. 우유일 때는 연유나 버터나 제호라고 불리지 않고, 그때는 다만 우유라고 불린다오. 연유일 때는, … 버터일 때는, … 제호일 때는 우유나 연유나 버터라고 불리지 않고, 그때는 다만 제호라고 불린다오.

▌ **53.** ▐ 찟따여, 이와 같이 신체적인 획득된 자아가 있을 때는, … 마음

으로 이루어진 획득된 자아가 있을 때는, … 형상 없는 획득된 자아가 있을 때는, 그때는 '신체적인 획득된 자아'라고 불리지 않고, '마음으로 이루어진 획득된 자아'라고 불리지 않는다오. 그때는 다만 '형상 없는 획득된 자아'라고 불린다오.

찟따여, 이것들은 세간의 통칭(通稱)[77]들이고, 세간의 언어[78]들이고, 세간의 명칭[79]들이고, 세간의 개념[80]들이오. 여래는 집착하지 않고[81] 그것들을 사용하여 말한다오."

**┃54.┃** 이와 같이 말씀하시자, 편력수행자 뽓타빠다는 이렇게 말했습니다.

"훌륭합니다. 세존이시여! 훌륭합니다. 세존이시여! 세존이시여, 마치 뒤집힌 것을 바로 세우는 것 같고, 감추어진 것을 드러내는 것 같고, 길 잃은 자에게 길을 알려주는 것 같고, '눈 있는 자들은 보라'고 어둠 속에 등불을 비춰주는 것 같습니다. 이와 같이 세존께서는 여러 가지 방법으로 진리를 알려주셨습니다. 세존이시여, 그래서 저는 세존께 귀의합니다. 가르침과 비구 승가에 귀의합니다. 세존이시여, 저를 청신사로 받아주소서. 지금부터 살아있는 날까지 귀의하겠나이다."

**┃55.┃** 그러자 찟따 핫티싸리뿟따는 이렇게 말했습니다.

"훌륭합니다. 세존이시여! 훌륭합니다. 세존이시여! 세존이시여,

---

77   'loka-samaññā'의 번역.

78   'loka-nirutti'의 번역.

79   'loka-vohāra'의 번역.

80   'loka-paññatti'의 번역.

81   'aparāmasaṃ'의 번역.

마치 뒤집힌 것을 바로 세우는 것 같고, 감추어진 것을 드러내는 것 같고, 길 잃은 자에게 길을 알려주는 것 같고, '눈 있는 자들은 보라'고 어둠 속에 등불을 비춰주는 것 같습니다. 이와 같이 세존께서는 여러 가지 방법으로 진리를 알려주셨습니다. 세존이시여, 그래서 저는 세존께 귀의합니다. 가르침과 비구 승가에 귀의합니다. 세존이시여, 저는 세존님 앞으로 출가하여 구족계를 받고자 합니다."

**| 56. |** 찟따 핫티싸리뿟따는 세존 앞으로 출가하여 구족계를 받았습니다. 찟따 핫티싸리뿟따 존자는 구족계를 받자 곧 홀로 외딴곳에서 열심히 노력하고 정진하며 지냈습니다. 그리고 오래지 않아 선남자(善男子)들이 출가하는 목적인 위없는 범행(梵行)의 완성을 지금 여기에서 스스로 체험하고 성취하여 살았습니다. 그는 '태어남은 끝났고, 범행을 마쳤으며, 해야 할 일을 끝마쳤다. 다시는 현재의 상태로 되지 않는다'는 것을 체득했습니다. 찟따 핫티싸리뿟따 존자는 아라한 가운데 한 분이 되었던 것입니다.

# 께왓다경[1]

Kevaddha Sutta ⑪

해
제

대부분의 종교는 초인적인 신비한 힘을 내세운다. 종교의 지도자는 기적을 행하거나 신통력을 지니고 있다고 세상 사람들은 생각한다. 깨달아서 부처가 되면 온갖 신통을 부릴 수 있게 될 것이라고 생각하는 사람들이 많다.

이 경에서 께왓다(Kevaddha)는 붓다에게 사람들에게 신통력을 보여서 교세를 확장할 것을 권한다. 그러나 붓다는 신통력이라는 이름으로 세상 사람들을 현혹하는 것은 위험한 일이라고 경계한다. 그 대신 붓다는 교계신통(敎誡神通)이 진정한 신통이라고 가르친다.

교계신통이란 사람들로 하여금 마음을 닦아 번뇌에서 벗어나 행복한 삶을 살아가도록 가르치는 것이다. 붓다가 생각하는 진정한 종교는 불가사의한 기적으로 인간의 욕망을 충족시켜주는 것이 아니라, 무지와 욕망에 사로잡혀있는 사람들을 가르쳐서 욕망을 버리고 지혜롭게 살아가도록 하는 것이다. 사람의 마음을 변화시켜서 고통스러운 삶에서 행복한 삶으로 전환시키는 일이 가장 큰 기적이라는 것이다.

헛된 신통에 사로잡혀있는 께왓다에게 붓다는 존재의 실상을 알려준다. 당시 사람들은 이 세상의 존재들은 사대(四大)로 이루어졌다고 생각했다. 이것은 세계가 원자로 이루어졌다고 생각하는 현대인들의 생각과 다름이 없다. 이 경에서 붓다는 당시의 사람들이 전지전능하다고 믿고 있는 천신들도 세계를 구성하고 있는 사대의 실상에 대하여 알지

---

01  『디가 니까야(Dīgha-Nikāya)』의 제11경이며, 『장아함경』의 24번째 경인 「견고경(堅固經)」에 상응하는 경. 한역 견고(堅固)는 인명(人名)인 께왓다(Kevaddha)의 음역이므로 원음대로 「께왓다경」으로 번역함.

못하며, 오직 붓다만이 알고 있다고 이야기한다. 그리고 사대는 외계에
존재하는 실체가 아니라 우리의 의식을 기반으로 나타난 것이라고 이야
기한다. 우리는 여기에서 '일체유심조(一切唯心造)'가 본래 붓다의 가르
침이라는 것을 확인할 수 있다.

**| 1. |** 이와 같이 나는 들었습니다.

한때 세존께서는 나란다(Nāḷandā)의 빠와리까(Pāvārika) 망고 숲에 머무셨습니다. 그때 거사(居士)의 아들 께왓다(Kevaddha)가 세존을 찾아왔습니다. 그는 세존에게 와서 예배를 하고 한쪽에 앉았습니다. 한쪽에 앉은 거사의 아들 께왓다는 세존에게 이렇게 말했습니다.

"세존이시여, 이곳 나란다는 번성하고 풍요로우며 많은 사람들로 붐빕니다. 그리고 세존에 대한 신심이 있습니다. 세존이시여, 부디 한 비구로 하여금 인간을 초월한 신족통(神足通)[02]을 나타내도록 명하십시오. 그러면 실로 이 나란다에서 세존에 대한 신심은 굉장하게 될 것입니다."

이와 같이 말하자, 세존께서 거사의 아들 께왓다에게 말했습니다.

---

02 'iddhi-pāṭihāriya'의 번역.

"께왓다여, 나는 '비구들이여, 그대들은 흰옷을 입는 재가자에게 인간을 초월한 신족통을 나타내라'고 법을 가르치지 않소."

**2.** 거사의 아들 께왓다는 "제가 세존을 잘못되게 하려고 이런 말씀을 드리는 것이 아닙니다"라고 말하고, 거듭 세존에게 청했습니다.

세존께서는 같은 말씀으로 대응하셨습니다.

**3.** 거사의 아들 께왓다는 세 번을 같은 말로 세존에게 청했습니다. 세존께서는 같은 말씀으로 대응하신 후에, 이와 같이 말씀하셨습니다.

"께왓다여, 내가 스스로 체험하고 작증(作證)하여 가르친 신통(神通)은 세 가지요. 그 셋은 신족통(神足通), 타심통(他心通),[03] 교계신통(敎誡神通)[04]이오.

**4.** 께왓다여, 신족통이란 어떤 것인가? 께왓다여, 비구는 다양한 신통을 체험한다오. 하나이다가 여럿이 되고, 여럿이다가 하나가 된다오. 마치 허공을 다니듯이 나타나고, 사라지고, 담장을 넘고, 성벽을 넘고, 산을 넘어 거침없이 다닌다오. 마치 물속처럼 땅속에서 오르내리기도 한다오. 마치 땅 위를 걷듯이 물 위를 걸어 다닌다오. 마치 날개 달린 새처럼 허공에서 가부좌를 하고 다니기도 한다오. 이와 같은 큰 신통력과 이와 같은 큰 위력으로 해와 달을 손바닥으로 만지고 쓰다듬기도 한다오. 그는 몸을 범천(梵天)의 세계까지 늘리기도 한다오. 그런데 신심이 있고 청정한 어떤 사람이 이와 같은 신통을 부리는 비구를 보았다고 합시다.

---

03  'ādesanā –pāṭihāriya'의 번역.

04  'anusāsani –pāṭihāriya'의 번역.

**┃5. ┃** 그 신심이 있고 청정한 사람이 신심이 없고 청정하지 못한 다른 사람에게 그것을 알려준다고 합시다.

'벗이여, 사문의 큰 신통 변화와 큰 신통력은 실로 놀랍고 희유하다오. 나는 그런 신통을 부리는 비구를 보았소.'

그러면 그 신심이 없고 청정하지 못한 사람은 신심이 있고 청정한 사람에게 이렇게 말할 것이오.

'벗이여, 간다리(Gandhārī)라고 하는 비법(秘法)[05]이 있다오. 그것으로 그 비구는 그런 신통을 부린 것이오.'

께왓다여, 어떻게 생각하오. 그 신심이 없고 청정하지 못한 사람은 신심이 있고 청정한 사람에게 이와 같이 말하지 않겠소?"

"세존이시여, 그렇게 말할 것입니다."

"께왓다여, 나는 신족통에서 이런 위험을 보고 있기 때문에 신족통을 곤혹해하고, 걱정하고, 기피하는 것이오.

**┃6. ┃** 께왓다여, 타심통이란 어떤 것인가? 께왓다여, 비구는 다른 중생이나 다른 사람들의 마음[06]을 알아맞힌다오. 그는 '그대의 생각은 이와 같다. 그대의 생각은 이러하다. 그대의 마음은 이러이러하다'라고 다른 사람이 생각하는 것[07]을 알아맞히고, 사유한 것[08]을 알아맞히고, 고려한 것[09]을 알아맞힌다오. 그런데 신심이 있고 청정한 어떤 사람이

---

05 'vijja'의 번역.

06 'citta'의 번역.

07 'cetasika'의 번역.

08 'vitakka'의 번역.

09 'vicārita'의 번역.

이와 같은 신통을 부리는 비구를 보았다고 합시다.

**7.** 그 신심이 있고 청정한 사람이 신심이 없고 청정하지 못한 다른 사람에게 그것을 알려준다고 합시다.

'벗이여, 사문의 큰 신통 변화와 큰 신통력은 실로 놀랍고 희유하다오. 나는 그런 신통을 부리는 비구를 보았소.'

그러면 그 신심이 없고, 청정하지 못한 사람은 신심이 있고 청정한 사람에게 이렇게 말할 것이오.

'벗이여, 마니꼬(Maṇiko)라고 하는 비법이 있다오. 그것으로 그 비구는 그런 신통을 부린 것이오.'

께왓다여, 어떻게 생각하오. 그 신심이 없고 청정하지 못한 사람은 신심이 있고 청정한 사람에게 이와 같이 말하지 않겠소?"

"세존이시여, 그렇게 말할 것입니다."

"께왓다여, 나는 타심통에서 이런 위험을 보고 있기 때문에 타심통을 곤혹해 하고, 걱정하고, 기피하는 것이오."

**8.** 께왓다여, 교계신통(敎誡神通)이란 어떤 것인가? 께왓다여, 비구는 다음과 같이 가르친다오.

'이와 같이 사유하라. 이와 같이 사유해서는 안 된다. 이와 같이 생각하라. 이와 같이 생각해서는 안 된다. 이것은 소멸하고, 이것은 성취하여 살아가라.'

께왓다여, 이것을 교계신통이라고 한다오.

**9.** 께왓다여, 뿐만 아니라, 10호를 구족한 여래(如來)가 이 세상에 출현한다오. 그는 천계(天界), 마라, 범천(梵天)을 포함한 이 세간을, 사문과 바라문, 왕과 백성을 포함한 인간계를 수승한 지혜로 몸소 체득하여

알려준다오. 그는 처음도 좋고 중간도 좋고 마지막도 좋은, 의미 있고 명쾌하고 완벽한 진리를 가르치며, 청정한 범행(梵行)을 알려준다오.

**|10. |~|66. |**　그 진리를 듣고 집을 떠나 출가하여, 별해탈율의(別解脫律儀)를 수호하고 학계(學戒)를 수지(受持)하여 주의집중과 알아차림을 갖추고 지족하며 지내면서, 초선(初禪)을 성취하고, 제2선(第二禪)을 성취하고, 제3선(第三禪)을 성취하고, 제4선(第四禪)을 성취하도록 하는 것이 교계신통이라오. 비구가 여실한 지견(知見)을 성취하고, 의성신(意成身)을 성취하고, 신족통을 성취하고, 천이통을 성취하고, 타심통을 성취하고, 숙명통을 성취하고, 천안통을 성취하고, 누진통을 성취하여, '태어남은 끝났고, 범행(梵行)을 마쳤으며, 해야 할 일을 끝마쳤다. 다시는 현재의 상태로 되지 않는다'라고 분명하게 알도록 하는 것이 교계신통이라오.[10]

**|67. |**　께왓다여, 이러한 세 가지 신통이 내가 스스로 체득하고 자증(自證)하여 가르친 것이오.

께왓다여, 예전에 이 비구 승가에 있는 어떤 비구에게 이와 같은 생각이 떠올랐다오.

'이들 사대(四大), 즉 지계(地界),[11] 수계(水界),[12] 화계(火界),[13] 풍계(風

---

10　10호를 구족한 여래에게 출가하여 누진통을 성취하는 과정은 「싸만냐팔라 숫따」와 동일하므로 간략하게 번역함.

11　'paṭhavī-dhātu'의 번역.

12　'āpo-dhātu'의 번역.

13　'tejo-dhātu'의 번역.

界)[14]는 어디에서 남김없이 소멸할까?'

께왓다여, 그래서 그 비구는 삼매에 든 마음에 천상으로 가는 길이 나타나는 여기상정(如其像定)[15]에 들어갔다오.

**68.** 께왓다여, 그 비구는 사왕천(四王天)의 신들에게 가서 그들에게 말했다오.

'천신들이여, 이들 사대, 즉 지계, 수계, 화계, 풍계는 어디에서 남김없이 소멸합니까?'

께왓다여, 이와 같이 말하자, 사왕천의 천신들은 그 비구에게 말했다오.

'비구여, 우리는 이들 사대, 즉 지계, 수계, 화계, 풍계가 남김없이 소멸하는 것에 대하여 알지 못합니다. 그런데 비구여, 우리보다 훌륭하고 뛰어난 사천왕(四天王)이 계십니다. 그분들은 이들 사대, 즉 지계, 수계, 화계, 풍계가 남김없이 소멸하는 것에 대하여 알 것입니다.'

**69.** 께왓다여, 그 비구는 사천왕에게 가서 그들에게 말했다오.

'천신들이여, 이들 사대, 즉 지계, 수계, 화계, 풍계는 어디에서 남김없이 소멸합니까?'

께왓다여, 이와 같이 말하자, 사천왕의 천신들이 그 비구에게 말

---

14  'vāyo-dhātu'의 번역.

15  'tathā-rūpaṃ samādi'의 번역. 『중아함경』에서 여기상정(如其像定)으로 번역하여 이에 따름. 예를 들면, 색계(色界)는 4선정(四禪定)이 여기상정(如其像定)이고, 무색계(無色界)의 공처(空處)는 공처정(空處定), 식처(識處)는 식처정(識處定), 무소유처(無所有處)는 무소유처정(無所有處定), 비유상비무상처(非有想非無想處)는 비유상비무상처정(非有想非無想處定)이 여기상정(如其像定)이다. 불교에서는 세계를 마음에서 전개된다고 보기 때문에, 그에 상응하는 선정에 들어가면 그 세계에 가는 것이 된다.

했다오.

'비구여, 우리는 이들 사대, 즉 지계, 수계, 화계, 풍계가 남김없이 소멸하는 것에 대하여 알지 못합니다. 그런데 비구여, 우리보다 훌륭하고 뛰어난 도리천(忉利天)[16]이라 불리는 천신들이 있습니다. 그들은 이들 사대, 즉 지계, 수계, 화계, 풍계가 남김없이 소멸하는 것에 대하여 알 것입니다.'

**| 70. |** 께왓다여, 그 비구는 도리천의 천신들에게 가서 그들에게 말했다오.

'천신들이여, 이들 사대, 즉 지계, 수계, 화계, 풍계는 어디에서 남김없이 소멸합니까?'

께왓다여, 이와 같이 말하자, 도리천의 천신들은 그 비구에게 말했다오.

'비구여, 우리는 이들 사대, 즉 지계, 수계, 화계, 풍계가 남김없이 소멸하는 것에 대하여 알지 못합니다. 그런데 비구여, 우리보다 훌륭하고 뛰어난 싹까(Sakka)[17]라는 천신이 계십니다. 그분은 이들 사대, 즉 지계, 수계, 화계, 풍계가 남김없이 소멸하는 것에 대하여 알 것입니다.'

**| 71. |** 께왓다여, 그 비구는 싹까에게 가서 물었지만 싹까도 알지 못했다오.

---

16  'Tāvatiṃsa'의 번역. 도리천은 33명의 천신이 사는 곳이기 때문에 붙여진 이름이다. 도리천으로 번역된 'Tāvatiṃsa'는 숫자 33을 의미하며, 도리(忉利)는 'Tāvatiṃsa'의 음역(音譯)이다. 그래서 33천(三十三天)으로 번역하기도 한다.

17  싹까(Sakka)는 도리천의 천왕(天王) 이름이다. 한역에서는 제석(帝釋)으로 번역된다. 도리천을 제석의 하늘이란 의미로 제석천(帝釋天)이라고 부르기도 한다.

**▎72. ▎** 께왓다여, 그 비구는 야마천(夜摩天)[18]의 천신들에게 가서 물었지만 그들도 알지 못했다오.

**▎73. ▎** 께왓다여, 그 비구는 쑤야마(Suyāma)[19] 천자(天子)에게 가서 물었지만 쑤야마 천자도 알지 못했다오.

**▎74. ▎** 께왓다여, 그 비구는 도솔천(兜率天)[20]의 천신들에게 가서 물었지만 그들도 알지 못했다오.

**▎75. ▎** 께왓다여, 그 비구는 싼뚜씨따(Santusita)[21] 천자에게 가서 물었지만 싼뚜씨따 천자도 알지 못했다오.

**▎76. ▎** 께왓다여, 그 비구는 화락천(化樂天)[22]의 천신들에게 가서 물었지만 그들도 알지 못했다오.

**▎77. ▎** 께왓다여, 그 비구는 쑤니미따(Sunimmita)[23] 천자에게 가서 물었지만 쑤니미따 천자도 알지 못했다오.

**▎78. ▎** 께왓다여, 그 비구는 타화자재천(他化自在天)[24]의 천신들에게 가서 물었지만 그들도 알지 못했다오.[25]

---

18  'Yāma'의 번역.

19  야마천 천왕의 이름.

20  'Tusita'의 번역.

21  도솔천 천왕의 이름.

22  'Nimmānarati'의 번역.

23  화락천 천왕의 이름.

24  'Paranimmitta Vasavattin'의 번역. 자재천(自在天)이라고도 부른다. 욕계(欲界)에서 가장 높은 하늘 세계다.

25  사왕천(四王天)에서 타화자재천(他化自在天)까지를 욕계(欲界)의 여섯 하늘 세계라는 의미에서 육욕천(六欲天)이라고 부른다. 천신들에게 사대(四大)에 대하여 물으면 알지 못

**⎮ 79. ⎮** 께왓다여, 그 비구는 와싸왓띤(Vasavattin)²⁶ 천자에게 가서 그에게 말했다오.

'와싸왓띤 천자여, 이들 사대, 즉 지계, 수계, 화계, 풍계는 어디에서 남김없이 소멸합니까?'

께왓다여, 이와 같이 말하자, 와싸왓띤 천자는 그 비구에게 말했다오.

'비구여, 나는 이들 사대, 즉 지계, 수계, 화계, 풍계가 남김없이 소멸하는 것에 대하여 알지 못합니다. 그런데 비구여, 우리보다 훌륭하고 뛰어난 범중천(梵衆天)²⁷이라는 천신들이 있습니다. 그들은 이들 사대, 즉 지계, 수계, 화계, 풍계가 남김없이 소멸하는 것에 대하여 알 것입니다. '

**⎮ 80. ⎮** 께왓다여, 그래서 그 비구는 삼매에 든 마음에 범천(梵天)으로 가는 길이 나타나는 여기상정(如其像定)에 들어갔다오. 께왓다여, 그 비구는 범중천(梵衆天)이라는 천신들에게 가서 그들에게 말했다오.

'천신들이여, 이들 사대, 즉 지계, 수계, 화계, 풍계는 어디에서 남김없이 소멸합니까?'

께왓다여, 이와 같이 말하자, 범중천이라는 천신들은 그 비구에게 말했다오.

'비구여, 우리는 이들 사대, 즉 지계, 수계, 화계, 풍계가 남김없이

---

한다고 대답하고, 더 높은 세계를 소개해주는 내용이 반복되기 때문에 생략했다.

26  타화자재천 천왕의 이름.

27  'Brahma-kāyika'의 번역. 'Brahma-kāyika'는 '범천(梵天)의 무리에 속하는'이라는 의미이다. 색계(色界)의 첫 번째 하늘 세계이다.

소멸하는 것에 대하여 알지 못합니다. 그런데 비구여, 정복되지 않는 정복자이시며, 모든 것을 보시며, 자재하는 통치자이시며, 모든 것을 만든 창조자이시며, 최상의 주재자이시며, 지배자이시며, 이미 존재하는 것들과 앞으로 존재할 것들의 아버지이신, 우리보다 훌륭하고 뛰어난 브라만(Brahman),[28] 마하브라만(Mahā-Brahman)[29]이 계십니다. 그분은 이들 사대, 즉 지계, 수계, 화계, 풍계가 남김없이 소멸하는 것에 대하여 알 것입니다.'

'그렇다면, 존자여, 그 마하브라만은 지금 어디에 있습니까?'

'비구여, 우리는 브라만이 어디에 있는지, 어느 쪽에 있는지, 어떤 곳에 있는지 알지 못합니다. 비구여, 창조된 것들이 나타나고, 광명이 나오고, 광채가 나타나고, 브라만이 나타납니다. 브라만이 나타나기 전에는 이러한 창조된 것이 나타나고, 그 후에 광명이 나오고, 광채가 나타납니다.'

**81.** 께왓다여, 오래지 않아 마하브라만이 나타났다오. 그러자, 께왓다여, 그 비구는 그 마하브라만에게 가서 그에게 말했다오.

'존자여, 이들 사대, 즉 지계, 수계, 화계, 풍계는 어디에서 남김없이 소멸합니까?'

이와 같이 말하자, 께왓다여, 그 마하브라만은 그 비구에게 이렇게 말했다오.

---

28  범중천(梵衆天) 천왕의 이름.

29  마하브라만(Mahā-Brahman)은 '브라만'을 높여서 부르는 호칭. '위대한 브라만'이라는 의미이다.

'비구여, 나는 정복되지 않는 정복자이며, 모든 것을 보며, 자재하는 통치자이며, 모든 것을 만든 창조자이며, 최상의 주재자이며, 지배자이며, 이미 존재하는 것들과 앞으로 존재할 것들의 아버지인 마하브라만[大梵天]이다.'

**82.** 께왓다여, 그 비구는 다시 그 브라만에게 말했다오.

'마하브라만이시여, 나는 당신에게 '당신은 정복되지 않는 정복자이며, 모든 것을 보며, 자재하는 통치자이며, 모든 것을 만든 창조자이며, 최상의 주재자이며, 지배자이며, 이미 존재하는 것들과 앞으로 존재할 것들의 아버지인 마하브라만입니까?'라고 묻지 않았소. 나는 당신에게 '이들 사대, 즉 지계, 수계, 화계, 풍계는 어디에서 남김없이 소멸합니까?'라고 물었소.'

그런데, 께왓다여, 그 마하브라만은 그 비구에게 다시 '비구여, 나는 정복되지 않는 정복자이며, 모든 것을 보며, 자재하는 통치자이며, 모든 것을 만든 창조자이며, 최상의 주재자이며, 지배자이며, 이미 존재하는 것들과 앞으로 존재할 것들의 아버지인 마하브라만이다'라고 말했다오.

**83.** 께왓다여, 그 비구는 다시 그 브라만에게 말했다오.

'마하브라만이여, 나는 당신에게 '당신은 정복되지 않는 정복자이며, 모든 것을 보며, 자재하는 통치자이며, 모든 것을 만든 창조자이며, 최상의 주재자이며, 지배자이며, 이미 존재하는 것들과 앞으로 존재할 것들의 아버지인 마하브라만입니까?'라고 묻지 않았소. 나는 당신에게 '이들 사대, 즉 지계, 수계, 화계, 풍계는 어디에서 남김없이 소멸합니까?'라고 물었소.'

그러자, 께왓다여, 그 마하브라만은 그 비구의 팔을 붙잡고 한쪽으로 데려가서 그 비구에게 이렇게 말했다오.

'비구여, 범중천(梵衆天)의 천신들은 '브라만이 보지 못하는 것은 어떤 것도 없다. 브라만이 알지 못하는 것은 어떤 것도 없다. 브라만이 작증(作證)하지 못한 것은 어떤 것도 없다'고 알고 있소. 그래서 나는 그들의 면전에서 대답하지 못했소. 비구여, 나도 그것을 알지 못하오. 비구여, 그러므로 그대가 지금 이 물음에 답을 할 수 있는 사람인 세존을 떠나서 밖에서 찾는 것은 그대의 잘못이며, 그대의 실수요. 비구여 그대는 세존에게 가서 이 물음을 물으시오. 그리고 세존께서 그대에게 설명한 그대로 그것을 기억하도록 하시오.'

**┃ 84. ┃** 께왓다여, 그래서 그 비구는 마치 건장한 사람이 굽혀진 팔을 펴거나 펴진 팔을 굽히듯이, 이와 같이 삽시간에 브라만의 세계에서[30] 사라져 내 앞에 나타났다오. 께왓다여, 그 비구는 나에게 인사하고 한쪽에 앉아 나에게 말했다오.

'세존이시여, 이들 사대, 즉 지계, 수계, 화계, 풍계는 어디에서 남김없이 소멸합니까?'

**┃ 85. ┃** 이와 같이 말하자, 나는 그 비구에게 이렇게 말했다오.

'비구여, 옛날에 해상무역을 하는 상인들은 해안을 찾는 새를 잡아가지고 배를 타고 바다로 나간다오. 그들은 망망대해(茫茫大海)에서 해안을 찾는 새를 풀어놓는다오. 그 새는 동쪽으로 가고, 남쪽으로 가고, 서쪽으로 가고, 북쪽으로 가고, 위로 가고, 모든 방향으로 간다오.

---

30  'Brahma-loke'의 번역.

만약 그 새가 어디에서든 해안을 보면 그곳으로 가버린다오. 그러나 어디에서도 해안을 보지 못하면, 그 새는 배로 돌아온다오. 비구여, 이와 같이 그대는 이 물음의 답을 찾아 이리저리 다니다가 브라만의 세계에서 답을 얻지 못하고 내 앞으로 돌아왔구려. 그런데 비구여, 이 물음은 '존자여, 이들 사대, 즉 지계, 수계, 화계, 풍계는 어디에서 남김없이 소멸합니까?'라고 물어서는 안 되오. 비구여, 이 물음은 다음과 같이 물어야 하오."

어디에서 지(地), 수(水), 화(火), 풍(風)은 기반을 잃는가?
어디에서 길고 짧음, 가볍고 무거움, 깨끗함과 더러움은
기반을 잃는가?
어디에서 이름[名]³¹과 형색[色]³²은 남김없이 소멸되는가?

"그때 대답이 있다오."

볼 수 없고, 한계가 없는³³ 식(識)³⁴을 모두 버릴 때,
여기에서 지(地), 수(水), 화(火), 풍(風)은 기반을 잃고,
여기에서 길고 짧음, 가볍고 무거움, 깨끗함과 더러움은

---

31 ‘nāma’의 번역.
32 ‘rūpa’의 번역.
33 ‘anantaṃ’의 번역.
34 ‘viññāṇa’의 번역.

기반을 잃고,

여기에서 이름과 형색은 남김없이 소멸된다.

식(識)이 멸하기 때문에, 여기에서 그것이 소멸된다.


세존께서 이렇게 말씀하시자, 환희에 찬 거사의 아들 께왓다는 부처님의 말씀을 듣고 기뻐했습니다.

# 대인연경
## 大因緣經[1]

Mahā-Nidāna Sutta ⑮

해
제

마하(mahā)는 '크다'라는 뜻이고, 니다나(nidāna)는 '근거, 기원, 인연'을 의미한다. 그렇다면 이 경에서 이야기하는 '큰 인연'이란 무엇인가? 그것은 연기(緣起)이다.

붓다는 연기의 도리를 깨닫고 붓다가 되었다고 한다. 『중아함경』의 「상적유경(象迹喩經)」에서는 "연기를 보는 자는 법을 보고, 법을 보는 자는 연기를 본다"고 이야기한다. 이것은 연기가 불교의 핵심이라는 것을 이야기한 것이다.

붓다는 이 경에서 연기를 잘 이해하고 있다고 이야기하는 아난다 존자에게 심오한 연기의 도리를 가볍게 이해해서는 안 된다고 충고한다. 아비달마불교 이래로 12연기가 삼세양중인과설(三世兩重因果說)로 이해됨으로써, 연기는 삼세(三世)에 걸친 윤회(輪廻)를 설명하는 이론으로 인식되고 있다. 그러나 이 경은 이러한 세간의 인식이 얼마나 큰 오해인가를 잘 보여준다.

붓다는 아난다 존자에게 다음과 같이 이야기한다.

"아난다여, 명색(名色)이 식(識)과 함께 상호 간에 의존하여 발생할 때, 그때 그대들은 태어나거나, 늙거나, 죽거나, 변천하거나, 다시 태어나게 된다. 그때 명칭(名稱)의 과정이 있고, 그때 언어(言語)의 과정이 있고, 그때 개념(槪念)의 과정이 있고, 그때 반야(般若)의 영역이 있고, 그때 윤전(輪轉)이 있으며, 현재의 상태를 나타내는 일이 되풀이된다."

---

01 『디가 니까야(Dīgha-Nikāya)』의 제15경이며, 『장아함경(長阿含經)』의 13번째 경인 「대연방편경(大緣方便經)」에 상응하는 경. 『중아함경(中阿含經)』에는 「대인경(大因經)」으로 번역됨. '니다나(nidāna)'의 의미를 인연(因緣)으로 해석하여 「대인연경(大因緣經)」으로 번역함.

중생의 생사윤회(生死輪廻)는 식과 명색이 상호의존적으로 발생하는 과정이라는 것이다. 그런데 그 과정이 명칭, 언어, 개념의 과정이라는 것은 이해하기 어렵다. 이 경에서는 이 난해한 점을 친절하게 설명하고 있다.

중생의 생사(生死)와 윤회는 중생의 자아(自我)에 의해 이루어진다. 그러나 그 자아라는 것은 실재하는 존재가 아니라 언어적으로, 개념적으로 주어진 명칭에 지나지 않다. 그런데 그런 사실을 모르는 중생은 다양하게 자아를 개념화하여 실재시(實在視)한다. 중생이 이렇게 자아를 개념화하여 실재시하기 때문에 생기는 괴로움이 생사윤회의 괴로움이다. 따라서 이런 사실을 명백하게 앎으로써 생사윤회의 괴로움에서 벗어날 수 있다는 것이 이 경의 요지이다.

이 경에서는 중생이 개념화하여 실재시하고 있는 다양한 자아의 모습을 7식주(七識住)와 2처(二處)로 표현하여 설명한다. 그리고 7식주와 2처에서 벗어나는 것이 해탈이며, 해탈에는 8가지가 있다고 이야기한다. 이 경에서 붓다가 이야기하는 해탈은 삼세(三世)에 걸쳐서 벌어지는 생사윤회에서의 해탈이 아니라, 자아(自我)라는 망상으로부터 벗어나는 것이다.

**| 1. |** 이와 같이 나는 들었습니다.

한때 세존께서는 꾸루(Kuru)국에서 깜마싸담마(Kammāssadhamma) 라는 꾸루들의 마을에 머무셨습니다. 그때 아난다(Ānanda) 존자가 세존에게 가서 예배하고 한쪽에 앉았습니다. 한쪽에 앉은 아난다 존자가 세존에게 말씀드렸습니다.

"경이롭습니다. 세존이시여! 희유합니다. 세존이시여! 세존이시여, 이 연기(緣起)[02]는 심심미묘(甚深微妙)[03]합니다. 그렇지만 저에게는 아주 명백해 보입니다."

"아난다여, 그렇게 말하지 말라. 아난다여, 그렇게 말해서는 안 된다. 이 연기는 심심미묘하다. 아난다여, 이 연기를 알지 못하고 이해하

---

02  'paṭicca-samuppada'의 번역.

03  'gambhīra gambhīrâvabhāsa'의 번역.

지 못하기 때문에 이 인류는 뒤엉킨 실타래처럼 태어나고, 뭉친 실타래처럼 태어나, 갈대나 억새처럼 살면서, 몹쓸 세상, 괴로운 세상, 험한 세상을 떠도는 윤회(輪廻)[04]를 벗어나지 못하고 있다.

**▌2. ▌** 아난다여, '노사(老死)[05]는 그것의 조건[緣][06]이 있는가?'라고 물으면, '있다'라고 말해야 한다. '어떤 조건[緣] 때문에 노사(老死)가 있는가?'라고 물으면, '태어남[生]이라는 조건[緣] 때문에[07] 노사(老死)가 있다'라고 말해야 한다.

아난다여, '태어남[生]은 그것의 조건[緣]이 있는가?'라고 물으면, '있다'라고 말해야 한다. '어떤 조건[緣] 때문에 태어남[生]이 있는가?'라고 물으면, '존재[有]라는 조건[緣] 때문에[08] 태어남[生]이 있다'라고 말해야 한다.

아난다여, '존재[有]는 그것의 조건[緣]이 있는가?'라고 물으면, '있다'라고 말해야 한다. '어떤 조건[緣] 때문에 존재[有]가 있는가?'라고 물으면, '취(取)라는 조건[緣] 때문에[09] 존재[有]가 있다'라고 말해야 한다.

아난다여, '취(取)는 그것의 조건[緣]이 있는가?'라고 물으면, '있다'라고 말해야 한다. '어떤 조건[緣] 때문에 취(取)가 있는가?'라고 물으면,

---

04 'saṃsara'의 번역.

05 'Jarā-maraṇa'의 번역.

06 'idapaccayā'의 번역.

07 'Jāti-paccayā'의 번역.

08 'Bhava-paccayā'의 번역.

09 'Upādāna-paccayā'의 번역.

'애(愛)라는 조건[緣] 때문에[10] 취(取)가 있다'라고 말해야 한다.

아난다여, '애(愛)는 그것의 조건[緣]이 있는가?'라고 물으면, '있다'라고 말해야 한다. '어떤 조건[緣] 때문에 애(愛)가 있는가?'라고 물으면, '수(受)라는 조건[緣] 때문에[11] 애(愛)가 있다'라고 말해야 한다.

아난다여, '수(受)는 그것의 조건[緣]이 있는가?'라고 물으면, '있다'라고 말해야 한다. '어떤 조건[緣] 때문에 수(受)가 있는가?'라고 물으면, '촉(觸)이라는 조건[緣] 때문에[12] 수(受)가 있다'라고 말해야 한다.

아난다여, '촉(觸)은 그것의 조건[緣]이 있는가?'라고 물으면, '있다'라고 말해야 한다. '어떤 조건[緣] 때문에 촉(觸)이 있는가?'라고 물으면, '명색(名色)이라는 조건[緣] 때문에[13] 촉(觸)이 있다'라고 말해야 한다.[14]

아난다여, '명색(名色)은 그것의 조건[緣]이 있는가?'라고 물으면, '있다'라고 말해야 한다. '어떤 조건[緣] 때문에 명색(名色)이 있는가?'라고 물으면, '식(識)이라는 조건[緣] 때문에[15] 명색(名色)이 있다'라고 말해야 한다.

아난다여, '식(識)은 그것의 조건[緣]이 있는가?'라고 물으면, '있다'라고 말해야 한다. '어떤 조건[緣] 때문에 식(識)이 있는가?'라고 물으면, '명색(名色)이라는 조건[緣] 때문에 식(識)이 있다'라고 말해야 한다.

---

10  'Taṇhā-paccayā'의 번역.

11  'Vedanā-paccayā'의 번역.

12  'Phassa-paccayā'의 번역.

13  'Nāmarūpa-paccayā'의 번역.

14  일반적으로 촉(觸)의 조건[緣]은 육입(六入)이라고 설해지는데, 여기에서는 육입(六入)이 빠지고, 명색(名色)이라고 하고 있다.

15  'Viññāṇa-paccayā'의 번역.

**3.** 이와 같이, 아난다여, 명색(名色)이라는 조건[緣] 때문에 식(識)이 있고, 식(識)이라는 조건[緣] 때문에 명색(名色)이 있다. 명색(名色)이라는 조건[緣] 때문에 촉(觸)이 있고, 촉(觸)이라는 조건[緣] 때문에 수(受)가 있으며, 수(受)라는 조건[緣] 때문에 애(愛)가 있고, 애(愛)라는 조건[緣] 때문에 취(取)가 있다. 취(取)라는 조건[緣] 때문에 존재[有]가 있고, 존재[有]라는 조건[緣] 때문에 태어남[生]이 있으며, 태어남[生]이라는 조건[緣] 때문에 노사(老死)가 있고, 노사(老死)라는 조건[緣] 때문에 근심, 슬픔, 고통, 걱정, 고뇌가 생긴다. 이와 같이 순전(純全)한 고온(苦蘊)의 집(集)이 있다.[16]

**4.** '태어남[生]이라는 조건[緣] 때문에 노사(老死)가 있다'라고 이야기했는데, 아난다여, 다음과 같은 이유에서 태어남[生]이라는 조건[緣] 때문에 노사(老死)가 있다는 것을 알아야 한다. 아난다여, 전적으로, 완전히, 언제 어디서건 태어남[生]이 없다면, 즉 건달바(乾達婆)[17]가 건달바로, 야차(夜叉)[18]가 야차로, 유정(有情)[19]이 유정으로, 사람이 사람으로, 짐승이 짐승으로, 날짐승이 날짐승으로, 길짐승이 길짐승으로, 아난다여, 그 중생이 그와 같은 것으로 태어남[生]이 없다면, 어떤 경우에도 태어남이 없을 때, 태어남이 지멸(止滅)된 상태에서[20] 노사(老死)가

---

16  'evam etassa kevalassa dukkhakkhandhassa samudayo hoti'의 번역. 4성제(四聖諦) 가운데 고집(苦集)을 설명하고 있음.

17  'gandhabba'의 번역.

18  'yakkha'의 번역.

19  'bhūta'의 번역.

20  'jāti-nirodhā'의 번역.

있다고 말할 수 있겠느냐?"²¹

"아닙니다. 세존이시여!"

"아난다여, 그러므로 이 태어남[生]이 노사(老死)의 원인(原因)²²이 며, 인연(因緣)²³이며, 집(集)²⁴이며, 조건²⁵이다.²⁶

**▌5. ▌** '존재[有]라는 조건[緣] 때문에 태어남[生]이 있다'라고 이야기 했는데, 아난다여, 다음과 같은 이유에서 존재[有]라는 조건[緣] 때문에 태어남[生]이 있다는 것을 알아야 한다. 아난다여, 전적으로, 완전히, 언 제 어디서건 존재[有]가 없다면, 즉 욕유(欲有),²⁷ 색유(色有),²⁸ 무색유(無 色有)²⁹가 없다면, 어떤 경우에도 존재[有]가 없을 때, 존재가 지멸(止滅) 된 상태에서 태어남[生]이 있다고 말할 수 있겠느냐?"

---

21  'paññāyati'는 '시설(施設)하다'는 의미의 동사 'pajānāti'의 수동태로서 '시설되다'는 의미 다. 시설한다는 것은 어떤 것을 이해하기 위하여 언어를 설정한다는 의미다. 즉, 언어 를 사용하여 이해하는 것을 시설한다고 하는 것이다. 이때 언어는 사물을 일대일로 지 시하는 것이 아니라 편의상 이해를 위하여 설정된 것이 된다. 여기에서 '노사(老死)가 시 설된다'는 것은 노사라는 말을 편의상 사용한다는 의미이며, '노사(老死)가 시설될 수 없 다'는 것은 노사(老死)라는 말이 사용될 수 없다는 의미다. 즉, '태어남'이라는 사태가 없 다면 노사(老死)라는 언어를 설정하여 사용할 수가 없다는 뜻이다.

22  'hetu'의 번역.

23  'nidāna'의 번역.

24  'samudaya'의 번역.

25  'paccaya'의 번역.

26  태어남이라는 사태가 원인이 되고, 근원이 되고, 그러한 사태의 경험이 모이면, 이런 조 건 아래서 노사(老死)라는 언어가 설정되어 사용된다는 의미이다.

27  'kāma-bhava'의 번역.

28  'rūpa-bhava'의 번역.

29  'arūpa-bhava'의 번역.

"아닙니다. 세존이시여!"

"아난다여, 그러므로 이 존재[有]가 태어남[生]의 원인이며, 인연이며, 집(集)이며, 조건이다.

**▎6. ▎** '취(取)라는 조건[緣] 때문에 존재[有]가 있다'라고 이야기했는데, 아난다여, 다음과 같은 이유에서 취(取)이라는 조건[緣] 때문에 존재[有]가 있다는 것을 알아야 한다. 아난다여, 전적으로, 완전히, 언제 어디서건, 취(取)가 없다면, 즉 욕취(欲取),[30] 견취(見取),[31] 계금취(戒禁取)[32]가 없다면, 어떤 경우에도 취(取)가 없을 때, 취(取)가 지멸(止滅)된 상태에서 존재[有]가 있다고 말할 수 있겠느냐?"

"아닙니다. 세존이시여!"

"아난다여, 그러므로 이 취(取)가 존재[有]의 원인이며, 인연이며, 집(集)이며, 조건이다.

**▎7. ▎** '애(愛)라는 조건[緣] 때문에 취(取)가 있다'라고 이야기했는데, 아난다여, 다음과 같은 이유에서 애(愛)라는 조건[緣] 때문에 취(取)가 있다는 것을 알아야 한다. 아난다여, 전적으로, 완전히, 언제 어디서건 애(愛)가 없다면, 즉 색애(色愛),[33] 성애(聲愛),[34] 향애(香愛),[35] 미애(味愛),[36]

---

30  'kāmūpādāna'의 번역.

31  'diṭṭūpādāna'의 번역.

32  'sīlabbatūpādāna'의 번역.

33  'rūpa-taṇhā'의 번역.

34  'sadda-taṇhā'의 번역.

35  'gandha-taṇhā'의 번역.

36  'rasa-taṇhā'의 번역.

촉애(觸愛),[37] 법애(法愛)[38]가 없다면, 어떤 경우에도 애(愛)가 없을 때, 애(愛)가 지멸(止滅)된 상태에서 취(取)가 있다고 말할 수 있겠느냐?"

"아닙니다. 세존이시여!"

"아난다여, 그러므로 이 애(愛)가 취(取)의 원인이며, 인연이며, 집(集)이며, 조건이다.

**8.** '수(受)라는 조건[緣] 때문에 애(愛)가 있다'라고 이야기했는데, 아난다여, 다음과 같은 이유에서 수(受)라는 조건[緣] 때문에 애(愛)가 있다는 것을 알아야 한다. 아난다여, 전적으로, 완전히, 언제 어디서건 수(受)가 없다면, 즉 안촉(眼觸)에서 생긴 [39] 수(受),[40] 이촉(耳觸)에서 생긴 [41] 수(受), 비촉(鼻觸)에서 생긴[42] 수(受), 설촉(舌觸)에서 생긴[43] 수(受), 신촉(身觸)에서 생긴[44] 수(受), 의촉(意觸)에서 생긴[45] 수(受)가 없다면, 어떤 경우에도 수(受)가 없을 때, 수(受)가 지멸(止滅)된 상태에서 애(愛)가 있다고 말할 수 있겠느냐?"

"아닙니다. 세존이시여!"

---

37 'phoṭṭhabba-taṇhā'의 번역.

38 'dhamma-taṇhā'의 번역.

39 'cakkhu-samphassajā'의 번역.

40 'vedanā'의 번역.

41 'sota-samphassajā'의 번역.

42 'ghāna-samphassajā'의 번역.

43 'jivhā-samphassajā'의 번역.

44 'kāya-samphassajā'의 번역.

45 'mano-samphassajā'의 번역.

"아난다여, 그러므로 이 수(受)가 애(愛)의 원인이며, 인연이며, 집(集)이며, 조건이다.

**┃ 9. ┃** 아난다여, 이와 같이, 수(受)를 의지하여 애(愛)가 있고, 애(愛)를 의지하여 갈구(渴求)[46]가 있고, 갈구를 의지하여 취득(取得)[47]이 있고, 취득을 의지하여 판단(判斷)[48]이 있고, 판단을 의지하여 욕탐(欲貪)[49]이 있고, 욕탐을 의지하여 탐닉(耽溺)[50]이 있고, 탐닉을 의지하여 집착(執着)[51]이 있고, 집착을 의지하여 인색(吝嗇)[52]이 있고, 인색을 의지하여 지킴[53]이 있고, 지키기 위하여 막대기를 들고, 칼을 들고, 싸우고, 다투고, 경쟁하고, 투쟁하고, 헐뜯고, 속이는 갖가지 사악하고 못된 법들이 발생한다.

**┃ 10. ┃** '지키기 위하여 막대기를 들고, 칼을 들고, 싸우고, 다투고, 경쟁하고, 투쟁하고, 헐뜯고, 속이는 갖가지 사악하고 못된 법들이 발생한다'라고 이야기했는데, 아난다여, 다음과 같은 이유에서 지키기 위하여 막대기를 들고, 칼을 들고, 싸우고, 다투고, 경쟁하고, 투쟁하고, 헐뜯고, 속이는 갖가지 사악하고 못된 법들이 발생한다는 것을 알아야 한다. 아난다여, 전적으로, 완전히, 언제 어디서건 지킴이 없다면, 어떤 경

---

46  'pariyesanā'의 번역.

47  'lābha'의 번역.

48  'vinicchaya'의 번역.

49  'chanda-rāga'의 번역.

50  'ajjhosāna'의 번역.

51  'pariggaha'의 번역.

52  'macchariya'의 번역.

53  'ārakkha'의 번역.

우에도 지킴이 없을 때, 지킴이 지멸(止滅)된 상태에서 지키기 위하여 막대기를 들고, 칼을 들고, 싸우고, 다투고, 경쟁하고, 투쟁하고, 헐뜯고, 속이는 갖가지 사악하고 못된 법들이 발생할 수 있겠느냐?"

"아닙니다. 세존이시여!"

"아난다여, 그러므로 이 지킴이 지키기 위하여 막대기를 들고, 칼을 들고, 싸우고, 다투고, 경쟁하고, 투쟁하고, 헐뜯고, 속이는 갖가지 사악하고 못된 법들이 발생하는 원인이며, 인연이며, 집(集)이며, 조건이다.

**| 11. |** '인색(吝嗇)을 의지하여 지킴이 있다'라고 이야기했는데, 아난다여, 다음과 같은 이유에서 인색을 의지하여 지킴이 있다는 것을 알아야 한다. 아난다여, 전적으로, 완전히, 언제 어디서건 인색이 없다면, 어떤 경우에도 인색이 없을 때, 인색이 지멸(止滅)된 상태에서 지킴이 있다고 말할 수 있겠느냐?"

"아닙니다. 세존이시여!"

"아난다여, 그러므로 이 인색(吝嗇)이 지킴의 원인이며, 인연이며, 집(集)이며, 조건이다.

**| 12. |** '집착을 의지하여 인색(吝嗇)이 있다'라고 이야기했는데, 아난다여, 다음과 같은 이유에서 집착을 의지하여 인색이 있다는 것을 알아야 한다. 아난다여, 전적으로, 완전히, 언제 어디서건 집착이 없다면, 어떤 경우에도 집착이 없을 때, 집착이 지멸(止滅)된 상태에서 인색이 있다고 말할 수 있겠느냐?"

"아닙니다. 세존이시여!"

"아난다여, 그러므로 이 집착이 인색의 원인이며, 인연이며, 집(集)이며, 조건이다.

**13.** '탐닉(耽溺)을 의지하여 집착이 있다'라고 이야기했는데, 아난다여, 다음과 같은 이유에서 탐닉을 의지하여 집착이 있다는 것을 알아야 한다. 아난다여, 전적으로, 완전히, 언제 어디서건 탐닉이 없다면, 어떤 경우에도 탐닉이 없을 때, 탐닉이 지멸(止滅)된 상태에서 집착이 있다고 말할 수 있겠느냐?"

"아닙니다. 세존이시여!"

"아난다여, 그러므로 이 탐닉(耽溺)이 집착의 원인이며, 인연이며, 집(集)이며, 조건이다.

**14.** '욕탐(欲貪)을 의지하여 탐닉(耽溺)이 있다'라고 이야기했는데, 아난다여, 다음과 같은 이유에서 욕탐을 의지하여 탐닉이 있다는 것을 알아야 한다. 아난다여, 전적으로, 완전히, 언제 어디서건 욕탐이 없다면, 어떤 경우에도 욕탐이 없을 때, 욕탐이 지멸(止滅)된 상태에서 탐닉이 있다고 말할 수 있겠느냐?"

"아닙니다. 세존이시여!"

"아난다여, 그러므로 이 욕탐(欲貪)이 탐닉(耽溺)의 원인이며, 인연이며, 집(集)이며, 조건이다.

**15.** '판단(判斷)을 의지하여 욕탐(欲貪)이 있다'라고 이야기했는데, 아난다여, 다음과 같은 이유에서 판단을 의지하여 욕탐이 있다는 것을 알아야 한다. 아난다여, 전적으로, 완전히, 언제 어디서건 판단이 없다면, 어떤 경우에도 판단이 없을 때, 판단이 지멸(止滅)된 상태에서 욕탐이 있다고 말할 수 있겠느냐?"

"아닙니다. 세존이시여!"

"아난다여, 그러므로 이 판단이 욕탐(欲貪)의 원인이며, 인연이며,

집(集)이며, 조건이다.

**│ 16. │** '취득(取得)을 의지하여 판단이 있다'라고 이야기했는데, 아난다여, 다음과 같은 이유에서 취득을 의지하여 판단이 있다는 것을 알아야 한다. 아난다여, 전적으로, 완전히, 언제 어디서건 취득이 없다면, 어떤 경우에도 취득이 없을 때, 취득이 지멸된 상태에서 판단이 있다고 말할 수 있겠느냐?"

"아닙니다. 세존이시여!"

"아난다여, 그러므로 이 취득이 판단의 원인이며, 인연이며, 집(集)이며, 조건이다.

**│ 17. │** '갈구(渴求)를 의지하여 취득이 있다'라고 이야기했는데, 아난다여, 다음과 같은 이유에서 갈구를 의지하여 취득이 있다는 것을 알아야 한다. 아난다여, 전적으로, 완전히, 언제 어디서건 갈구가 없다면, 어떤 경우에도 갈구가 없을 때, 갈구가 지멸된 상태에서 취득이 있다고 말할 수 있겠느냐?"

"아닙니다. 세존이시여!"

"아난다여, 그러므로 이 갈구가 취득의 원인이며, 인연이며, 집(集)이며, 조건이다.

**│ 18. │** '애(愛)를 의지하여 갈구가 있다'라고 이야기했는데, 아난다여, 다음과 같은 이유에서 애를 의지하여 갈구가 있다는 것을 알아야 한다. 아난다여, 전적으로, 완전히, 언제 어디서건, 애가 없다면, 즉 욕애(欲愛), 유애(有愛),[54] 무유애(無有愛)[55]가 없다면, 어떤 경우에도 애가 없을 때,

---

54  'bhava-taṇhā'의 번역. 자기존재를 갈망하는 마음.

55  'vibhava-taṇhā'의 번역. 자기존재에서 벗어나기를 갈망하는 마음.

애가 지멸(止滅)된 상태에서 갈구(渴求)가 있다고 말할 수 있겠느냐?"

"아닙니다. 세존이시여!"

"아난다여, 그러므로 이 애(愛)가 갈구(渴求)의 원인이며, 인연이며, 집(集)이며, 조건이다.

아난다여, 이와 같이 이 두 법(法)⁵⁶은 한 쌍의 수(受)⁵⁷에 의해 하나로 결합된다. ⁵⁸

**19.** '촉(觸)이라는 조건[緣] 때문에 수(受)가 있다'라고 이야기했는데, 아난다여, 다음과 같은 이유에서 촉이라는 조건[緣] 때문에 수(受)가 있다는 것을 알아야 한다. 아난다여, 전적으로, 완전히, 언제 어디서건 촉이 없다면, 즉 안촉(眼觸) 이촉(耳觸), 비촉(鼻觸), 설촉(舌觸), 신촉(身觸), 의촉(意觸)이 없다면, 어떤 경우에도 촉(觸)이 없을 때, 촉(觸)이 지멸(止滅)된 상태에서 수(受)가 있다고 말할 수 있겠느냐?"

"아닙니다. 세존이시여!"

"아난다여, 그러므로 이 촉(觸)이 수(受)의 원인이며, 인연이며, 집

---

56 이 경에는 두 가지 애(愛)가 설해지고 있다. 한편으로는 애(愛)가 인연이 되어 취(取), 유(有), 생(生), 노사(老死)가 연기하는 것을 이야기하고, 다른 한편으로는 애(愛)가 인연이 되어 갈구, 취득, 판단, 욕탐, 탐닉, 집착, 인색, 지킴, 투쟁 등의 사악한 법이 연기한다는 것을 이야기하고 있다. 여기에서 이야기하는 두 법은 취(取), 유(有)의 인연이 되는 애(愛)와 갈구(渴求), 욕탐(欲貪)의 인연이 되는 애(愛)를 의미한다. 이 경에 상응하는 『中阿含經』의 「대인경(大因經)」에서는 이 부분을 '欲愛及有愛此二法因覺緣覺致來'라고 번역하여 두 법을 욕애(欲愛)와 유애(有愛)라고 하고 있다. 욕애는 감각적 쾌락을 갈망하는 마음이고, 유애는 자기존재를 갈망하는 마음이다.

57 'dvayā vedanā'의 번역. 'dvayā'는 상대가 되는 한 쌍을 의미하므로 'dvayā vedanā'는 괴로운 감정(苦受)과 즐거운 감정(樂受)를 의미하는 것 같다.

58 자기존재[有]의 인연이 되는 유애(有愛)와 갈구(渴求), 욕탐(欲貪)의 인연이 되는 욕애(欲愛)가 고락의 감정이라는 동일한 원인에서 기인한다는 의미이다.

(集)이며, 조건이다.

**┃20.┃** '명색(名色)이라는 조건[緣] 때문에 촉(觸) 있다'라고 이야기했는데, 아난다여, 다음과 같은 이유에서 명색(名色)이라는 조건[緣] 때문에 촉(觸)이 있다는 것을 알아야 한다. 아난다여, 기호(記號)[59]들에 의해서, 특징(特徵)[60]들에 의해서, 모습[相][61]들에 의해서, 지시(指示)[62]들에 의해서 개념체계(概念體系)[63]가 성립된다.[64] 그 기호들이, 그 특징들이,

---

59  'ākāra'의 번역.

60  'liṅga'의 번역.

61  'nimitta'의 번역.

62  'uddesa'의 번역.

63  'nāma-kāya'의 번역. 『중아함경』의 「대인경(大因經)」에서는 '명신(名身)'으로 번역함. 아비달마 논서(論書)에서 명색(名色, nāmarūpa)이 정신과 물질을 의미한다고 생각하여, 명신(名身, nāma-kāya)을 정신으로, 색신(色身, rūpa-kāya)을 몸으로 이해하는데, 이것은 잘못된 이해이다. 본래 명(名, nāma)은 이름이나 개념을 의미하고, 색(色, rūpa)은 형색을 의미한다. 우리는 어떤 대상을 인식할 때 개념과 형색으로 인식하게 되는데, 이것을 명색(名色, nāmarūpa)이라고 하는 것이다. 예를 들어, 우리는 책상을 인식할 때, 책상이라는 개념과 형색으로 인식한다. 만약에 우리가 책상이라는 개념을 가지고 있지 않으면, 우리는 결코 책상을 인식할 수 없다. 그리고 책상이라는 개념을 가지고 있어도, 책상의 형색이 지각되지 않으면 책상을 인식할 수 없다. 이와 같이 우리의 인식은 개념과 형색이라는 두 가지 요소에 의해서 이루어진다. 이것은 대상을 인식하는 우리의 의식에 개념들이 내재하고 있다는 것을 의미한다. 즉, 우리의 의식 속에는 대상을 인식할 수 있는 개념들이 체계를 이루고 있는 것이다. 이러한 개념들의 체계가 'nāma-kāya'이다. 신(身)으로 한역(漢譯)되는 'kāya'는 '몸'을 의미하기도 하지만 어떤 것들이 모여서 체계를 이루고 있는 '집단, 모임, 집합'을 의미하기도 한다.

64  우리의 인식을 가능하게 하는 개념체계(nāma-kāya)와 형색체계(rūpa-kāya)는 기호와 특징, 모습과 지시의 구조를 갖는다. 예를 들어 책상이라는 개념은 책을 놓고 볼 수 있는 특징에 부여된 일종의 기호(記號)이다. 그리고 이 기호는 책상의 모습을 하고 있는 대상을 지시한다. 한편 책상의 형색은 책을 놓고 볼 수 있는 모습을 하고 있으며, 이러한 특징을 책상이라는 기호가 지시함으로써 책상의 형색으로 우리의 의식 속에 기억된다. 이와 같이 개념체계(nāma-kāya)와 형색체계(rūpa-kāya)는 기호와 특징, 모습과 지시

그 모습들이, 그 지시들이 없을 때, 형색체계(形色體系)⁶⁵ 속에서 명칭(名稱)의 접촉(接觸)⁶⁶이 있을 수 있겠느냐?"⁶⁷

"아닙니다. 세존이시여!"

"아난다여, 기호들에 의해서, 특징들에 의해서, 모습들에 의해서, 지시들에 의해서 형색체계(形色體系)가 성립된다. 그 기호들이, 그 특징들이, 그 모습들이, 그 지시들이 없을 때, 개념체계(槪念體系) 속에서 대상(對象)의 접촉⁶⁸이 있을 수 있겠느냐?"⁶⁹

---

에 의해서 성립된다는 것을 이야기하고 있다. '개념체계가 성립된다'로 번역한 원어는 'nāma-kāyassa paññatti hoti'로서, 축어적으로는 '개념체계의 시설(施設)이 있다'이다.

65  'rūpa-kāya'의 번역. 『중아함경』의 「대인경(大因經)」에서는 '색신(色身)'으로 번역함. 'nāma-kāya'와 마찬가지로, 대상을 인식하는 우리의 의식 속에는 대상을 인식할 수 있는 형색들이 체계를 이루고 있다. 이러한 형색들의 체계가 'rūpa-kāya'이다.

66  'adhivacana-samphassa'의 번역. 'adhivacana'는 '명칭, 명사'를 의미하고, 'samphassa'는 '접촉, 관계'를 의미한다. 문자 그대로 번역하면 '명칭접촉'이지만, 문맥상 '명칭의 접촉'으로 해석함.

67  형색체계(形色體系)에 속에서 명칭이 접촉한다는 것은 우리가 어떤 것을 인식할 때 우리의 의식 속에 있는 형색체계에 그 형색에 상응하는 명칭이 접촉함으로써 그 사물을 인식한다는 뜻이다. 예를 들어, 책상을 인식할 때, 우리의 의식 속에 형성되어 있는 형색체계 속에서 책상이라는 개념에 상응하는 형색에 책상이라는 명칭이 접촉함으로써 그 대상을 책상으로 인식할 수 있는 것이다.

68  'paṭigha-samphassa'의 번역. 'paṭigha'는 '충돌, 장애'를 의미하는데, 감각적으로 사물을 지각할 때, 지각의 대상으로 존재하는 것을 의미한다. 한역에서는 '유대(有對)'로 번역하는데, 이는 지각의 대상은 지각기관 앞에 대립하고 있는 것이라는 의미일 것이다. 'paṭigha-samphassa'는 '유대촉(有對觸)'으로 번역한다.

69  개념체계(槪念體系)에 속에서 대상(對象)이 접촉한다는 것은 우리가 어떤 것을 인식할 때 우리의 의식 속에 있는 개념체계에 그 개념에 상응하는 지각된 대상이 접촉함으로써 그 사물을 인식한다는 뜻이다. 예를 들어, 책상을 인식할 때, 우리의 의식 속에 형성되어 있는 개념체계 속에서 책상이라는 지각 대상에 상응하는 개념에 책상이라는 대상이 접촉함으로써 그 대상을 책상으로 인식할 수 있는 것이다.

"아닙니다. 세존이시여!"

"아난다여, 기호들에 의해서, 특징들에 의해서, 모습들에 의해서, 지시들에 의해서 개념체계와 형색체계가 성립된다. 그 기호들이, 그 특징들이, 그 모습들이, 그 지시들이 없을 때, 명칭(名稱)의 접촉과 대상의 접촉이 있을 수 있겠느냐?"

"아닙니다. 세존이시여!"

"아난다여, 기호들에 의해서, 특징들에 의해서, 모습들에 의해서, 지시들에 의해서 명색(名色)[70]이 성립된다. 그 기호들이, 그 특징들이, 그 모습들이, 그 지시들이 없을 때, 촉(觸)[71]이 있을 수 있겠느냐?"[72]

"아닙니다. 세존이시여!"

"아난다여, 그러므로 이 명색(名色)이 촉(觸)의 원인이며, 인연이며, 집(集)이며, 조건이다.

▎**21.** ▏ '식(識)이라는 조건[緣] 때문에 명색(名色)이 있다'라고 이야기 했는데, 아난다여, 다음과 같은 이유에서 식(識)이라는 조건 때문에 명색(名色)이 있다는 것을 알아야 한다. 아난다여, 식(識)이라는 모태(母胎)

---

70 'nāmarūpa'의 번역. 일반적으로 명색(名色)을 '정신과 물질'로 이해하고 있는데, 여기에서 볼 수 있듯이 '명색(nāmarūpa)'은 '정신과 물질'이 아니라 '개념과 형색'을 의미한다.

71 'phassa'의 번역.

72 대부분의 연기설(緣起說)에서는 촉(觸)이 육입(六入)에서 연기하는 것으로 되어있는데, 여기에서는 명색(名色)에서 연기하는 것으로 설명하고 있다. 이 경에서 촉(觸)의 조건을 명색(名色)으로 하고 있는 것은 촉(觸)의 두 측면, 즉 명칭의 접촉과 대상의 접촉을 보여주기 위함인 것 같다. 그리고 육입(六入)을 촉의 조건이라고 하는 것은 대상접촉을 이야기하는 것이라고 생각된다. 일반적으로 촉(觸, phassa)을 감각기관이 외부의 대상에 접촉하는 것으로 이해하고 있는데, 여기에서 볼 수 있듯이 촉(觸)은 개념체계와 형색체계 속에서 일어나는 명칭의 접촉과 대상의 접촉을 의미한다.

에 들어가지 않는다면,[73] 명색(名色)이 모태에서 강화될 수 있겠느냐?"

"아닙니다. 세존이시여!"

"아난다여, 식(識)이라는 모태(母胎)에 들어가서 타락한다면, 명색(名色)이 이와 같은 상태로 될 수 있겠느냐?"

"아닙니다. 세존이시여!"

"아난다여, 소년이나 소녀의 어린 식(識)이 절단된다면, 명색(名色)이 자라나고 성장하여 완전해질 수 있겠느냐?"

"아닙니다. 세존이시여!"

"아난다여, 그러므로 이 식(識)이 명색(名色)의 원인이며, 인연이며, 집(集)이며, 조건이다.

**▌22. ▍** '명색(名色)이라는 조건 때문에 식(識)이 있다'라고 이야기했는데, 아난다여, 다음과 같은 이유에서 명색(名色)이라는 조건 때문에 식(識)이 있다는 것을 알아야 한다. 아난다여, 식(識)이 명색(名色)에 의지하지 않으면,[74] 미래에 태어남[生]·늙음[老]·죽음[死]이라는 괴로움의

---

73  'viññāṇaṃ mātu kucchiṃ na okkamissatha'를 번역한 것이다. 여기에서 'viññāṇaṃ'을 주어로 보면 '식(識)이 모태(母胎)에 들어가지 않으면'으로 번역되고, 'mātu kucchiṃ'과 동격인 목적격으로 보면 '식(識)이라는 모태(母胎)에 들어가지 않으면'으로 번역된다. 지금까지 대부분 주격으로 보고 식(識)이 입태(入胎)하여 명색(名色)이 형성되는 것으로 이해했다. 즉, 식(識)이 입태(入胎)하여 몸(色)과 정신(名)이 형성된다고 태생학적으로 해석했던 것이다. 이러한 해석은 '식과 명색이 상호 의존한다'는 이 경의 취지에 어긋난다. 여기에서는 식이 명색의 모태가 되고, 식은 명색에 의지하는 상호의존관계에서 모든 개념이 형성된다는 것을 이야기하고 있다. 유식학(唯識學)의 아뢰야식은 식(識)을 명색의 모태(母胎)로 보는 이러한 관점이 발전한 것이라고 할 수 있다.

74  'nāma-rūpe patiṭṭhaṃ nâlabhissatha'를 '명색(名色)에 의지하지 않으면'으로 번역했다. 'patiṭṭhā'는 'paṭi'와 'sthā'의 합성어로서 도움, 지지, 의지처의 의미를 지닌 여성명사다. 따라서 직역하면, '만약 명색(名色)에서 의지처를 얻지 못한다면'이다. 이것은 식(識)이 명

집(集)과 발생[75]이 있을 수 있겠느냐?"

"아닙니다. 세존이시여!"

"아난다여, 그러므로 이 명색(名色)이 식(識)의 원인이며, 인연이며, 집(集)이며, 조건이다.

아난다여, 명색(名色)이 식(識)과 함께 상호 간에 의존하여 발생할 때, 그때 그대들은 태어나거나, 늙거나, 죽거나, 변천하거나, 다시 태어나게 된다. 그때 명칭(名稱)의 과정[76]이 있고, 그때 언어의 과정[77]이 있고, 그때 개념의 과정[78]이 있고, 그때 반야(般若)의 영역[79]이 있고, 그때 윤전(輪轉)[80]이 있으며, 현재의 상태[81]를 나타내는 일이 되풀이된다.[82]

---

색(名色)과 상호의존관계에 있다는 것을 표현한 것이다.

75  'dukkha-samudaya-sambhava'의 번역.

76  'adhivacana-patha'의 번역. 『중아함경(中阿含經)』의 「대인경(大因經)」에서는 '증어(增語)'로 번역함.

77  'nirutti-patha'의 번역. 『중아함경』의 「대인경」에서는 '증어설(增語說)'로 번역함.

78  'paññatti-patha'의 번역. 『중아함경』의 「대인경」에서는 '전(傳)'으로 번역함.

79  'paññâvacara'의 번역. 『중아함경』의 「대인경」에서는 '전설(傳說)'로 번역함.

80  'vaṭṭa'의 번역. 바퀴가 돌아가듯이 같은 과정이 되풀이되는 것을 의미한다.

81  'itthattaṃ'의 번역.

82  우리는 여기에서 붓다가 이야기하는 생사윤회(生死輪廻)가 무엇을 의미하는지 알 수 있다. 생사윤회는 식(識)과 명색(名色)이 상호의존하면서 순환적으로 발생하는 것을 의미한다. 즉, 식(識)을 조건으로 명색이 발생하고, 명색을 조건으로 식이 발생하는 것이 순환적으로 반복되는 것을 붓다는 생사윤회라고 하고 있는 것이다. 이러한 생사윤회는 생물학적인 생사나 사후에 다음 세상에 태어나는 윤회가 아니라, 명칭, 언어, 개념상의 생사윤회이다. 따라서 이러한 생사윤회는 반야(般若), 즉 지혜로 통찰해야 할 영역이라고 이야기하고 있다. '현재의 상태'란 자아를 개념화하여 생로병사를 겪는 상태를 의미한다. 따라서 붓다는 이 말씀에 이어서 중생이 어떻게 자아를 개념화하여 실재시함으로써 생사(生死)의 세계에 빠져드는가를 이야기하고 있는 것이다.

**23.** 아난다여, 그렇다면 어떤 식으로 자아를 개념화하여 실재시(實在視)하는 것일까? 아난다여, '나의 자아는 형색이 있으며,[83] 작다'[84] 라고 형색이 있는 작은 자아를 개념화하여 실재시한다.[85] '나의 자아는 형색이 있으며, 무한(無限)[86]하다'라고 형색이 있는 무한한 자아를 개념화하여 실재시한다. '나의 자아는 형색이 없으며,[87] 작다'라고 형색이 없는 작은 자아를 개념화하여 실재시한다. '나의 자아는 형색이 없으며 무한(無限)하다'라고 형색이 없는 무한한 자아를 개념화하여 실재시한다.

**24.** 아난다여, 그때 형색이 있는 작은 자아를 개념화하여 실재시하는 사람은, 현재에 형색이 있는 작은 자아를 개념화하여 실재시하거나, 혹은 '나는 [현재는] 그렇지 않지만 [미래에] 그렇게 되도록 준비하겠다'라고 생각하여, 그렇게 존재하는 형색이 있는 작은 자아를 개념화하여 실재시한다.[88] 아난다여, '그에게는 이와 같이 형색이 있는, 작은, 실재하는[89] 자아라는 사변(思辨)[90]이 잠재(潛在)해있다'[91]라고 이야기해야

---

83 'rūpin'의 번역.

84 'paritta'의 번역.

85 '자아를 개념화하여 실재시한다'는 'attānaṃ paññāpento paññāpeti'의 번역. 자아(自我)는 실체가 아닌데, 중생은 그것을 명칭, 언어를 통해 개념화하여 실재시한다는 의미이다.

86 'ananta'의 번역.

87 'arūpin'의 번역.

88 현재의 상태는 그렇지 않지만, 자신이 원하는 미래의 자아를 설정하여 그러한 자아개념을 만든다는 뜻이다.

89 'santa'의 번역.

90 'anudiṭṭhi'의 번역.

91 'anuseti'의 번역. 자아가 실재한다는 생각이 무의식 속에 잠재해있다는 의미.

마땅하다.

아난다여, 그때 형색이 있는 무한한 자아를 개념화하여 실재시하는 사람은, 현재에 형색이 있는 무한한 자아를 개념화하여 실재시하거나, 혹은 '나는 [현재는] 그렇지 않지만 [미래에] 그렇게 되도록 준비하겠다'라고 생각하여, 그렇게 존재하는 형색이 있는 무한한 자아를 개념화하여 실재시한다. 아난다여, '그에게는 이와 같이 '형색이 있는, 무한한, 실재하는 자아'라는 사변이 잠재해있다'라고 이야기해야 마땅하다.

아난다여, 그때 형색이 없는 작은 자아를 개념화하여 실재시하는 사람은, 현재에 형색이 없는 작은 자아를 개념화하여 실재시하거나, 혹은 '나는 [현재는] 그렇지 않지만 [미래에] 그렇게 되도록 준비하겠다'고 생각하여, 그렇게 존재하는 형색이 없는 작은 자아를 개념화하여 실재시한다. 아난다여, '그에게는 이와 같이 형색이 없는, 작은, 실재하는 자아라는 사변이 잠재해있다'라고 이야기해야 마땅하다.

아난다여, 그때 형색이 없는 무한한 자아를 개념화하여 실재시하는 사람은, 현재에 형색이 없는 무한한 자아를 개념화하여 실재시하거나, 혹은 '나는 [현재는] 그렇지 않지만 [미래에] 그렇게 되도록 준비하겠다'고 생각하여, 그렇게 존재하는 형색이 없는 무한한 자아를 개념화하여 실재시한다. 아난다여, '그에게는 이와 같이 형색이 없는, 무한한, 실재하는 자아라는 사변이 잠재해있다'라고 이야기해야 마땅하다.

**| 25. |** 아난다여, 어떤 식으로 자아를 개념화하지 않고, 실재시하지 않는 것일까? 아난다여, '나의 자아는 형색이 있으며, 작다'라고 형색이 있는 작은 자아를 개념화하지 않고, 실재시하지 않는다. '나의 자아는 형색이 있으며 무한하다'라고 형색이 있는, 무한한 자아를 개념화하지

않고, 실재시하지 않는다. '나의 자아는 형색이 없으며 작다'라고 형색이 없는 작은 자아를 개념화하지 않고, 실재시하지 않는다. '나의 자아는 형색이 없으며 무한하다'라고 형색이 없는 무한한 자아를 개념화하지 않고, 실재시하지 않는다.

**26.** 아난다여 그때 형색이 있는 작은 자아를 개념화하지 않고 실재시하지 않는 사람은 현재에 형색이 있는 작은 자아를 개념화하지 않고, 실재시하지 않으며, '나는 [현재는] 그렇지 않지만 [미래에] 그렇게 되도록 준비하겠다'라고 생각하지 않음으로써, 그렇게 존재하는 형색이 있는 작은 자아를 개념화하지 않고, 실재시하지 않는다. 아난다여, '그에게는 이와 같이 형색이 있는, 작은, 실재하는 자아라는 사변이 잠재하지 않는다'라고 이야기해야 마땅하다.

아난다여, 그때 형색이 있는 무한한 자아를 개념화하지 않고 실재시하지 않는 사람은, 현재에 형색이 있는 무한한 자아를 개념화하지 않고, 실재시하지 않으며, '나는 [현재는] 그렇지 않지만 [미래에] 그렇게 되도록 준비하겠다'라고 생각하지 않음으로써, 그렇게 존재하는 형색이 있는 무한한 자아를 개념화하지 않고, 실재시하지 않는다. 아난다여, '그에게는 이와 같이 형색이 있는, 무한한, 실재하는 자아라는 사변이 잠재하지 않는다'라고 이야기해야 마땅하다.

아난다여, 그때 형색이 없는 작은 자아를 개념화하지 않고 실재시하지 않는 사람은, 현재에 형색이 없는 작은 자아를 개념화하지 않고 실재시하지 않으며, '나는 [현재는] 그렇지 않지만 [미래에] 그렇게 되도록 준비하겠다'라고 생각하지 않음으로써, 그렇게 존재하는 형색이 없는 작은 자아를 개념화하지 않고, 실재시하지 않는다. 아난다여, '그에게는 이와 같이 형색이 없는, 작은, 실재하는 자아라는 사변이 잠재하지 않는다'라고 이야기해야 마땅하다.

아난다여, 그때 형색이 없는 무한한 자아를 개념화하지 않고 실재시하지 않는 사람은, 현재에 형색이 없는 무한한 자아를 개념화하지 않고 실재시하지 않으며, '나는 [현재는] 그렇지 않지만 [미래에] 그렇게 되도록 준비하겠다'라고 생각하지 않음으로써, 그렇게 존재하는 형색이 없는, 무한한 자아를 개념화하지 않고, 실재시하지 않는다. 아난다여, '그에게는 이와 같이 형색이 없는, 무한한, 실재하는 자아라는 사변이 잠재하지 않는다'라고 이야기해야 마땅하다.

▌**27.** ▌ 아난다여, 그렇다면 어떤 식으로 자아로 간주하는 것일까? 아난다여, '감정[受][92]이 나의 자아[93]다'라고 생각하여, 감정[受]을 자아로 간주한다. 아난다여, '감정은 나의 자아가 아니다. 감정이 없는 것[94]이 나의 자아다'라고 이렇게 생각하여 감정이 없는 것을 자아로 간주하기도 한다. 아난다여, '감정은 나의 자아가 아니다. 감정이 없는 것도 나의 자아가 아니다. 나의 자아가 느낀다. 참으로, 느끼는 것[95]이 나의 자아다'라고 이렇게 생각하여, 느끼는 것을 자아로 간주하기도 한다.

▌**28.** ▌ 아난다여, 그때 '감정[受]이 나의 자아다'라고 말하는 사람은 '벗이여, 이 감정은 즐거운 감정, 괴로운 감정, 괴롭지도 즐겁지도 않은

---

92 'vedanā'의 번역.

93 'attā'의 번역.

94 'appaṭisaṃvedano'의 번역.

95 'vedanā-dhamma'의 번역.

감정, 세 가지가 있소. 그대는 이 세 가지 감정 가운데 어떤 것을 자아로 간주하오?'라는 질문을 받을 것이다.

　　아난다여, 즐거운 감정을 느낄 때는 괴로운 감정과 괴롭지도 즐겁지도 않은 감정을 느끼지 못하고, 그때는 오직 즐거운 감정만을 느낀다. 아난다여, 괴로운 감정을 느낄 때는 즐거운 감정과 괴롭지도 즐겁지도 않은 감정을 느끼지 못하고, 그때는 오직 괴로운 감정만을 느낀다. 아난다여, 괴롭지도 즐겁지도 않은 감정을 느낄 때는 즐거운 감정과 괴로운 감정을 느끼지 못하고, 그때는 오직 괴롭지도 즐겁지도 않은 감정만을 느낀다.

**┃ 29. ┃** 아난다여, 즐거운 감정은 무상(無常)[96]하고, 유위(有爲)[97]이고, 연기(緣起)한 것[98]이고, 소멸하는 현상[消滅法][99]이고, 쇠멸하는 현상[衰滅法][100]이고, 퇴색하는 현상[退色法][101]이고, 지멸하는 현상[止滅法][102]이다. 아난다여, 괴로운 감정은 무상하고, 유위이고, 연기한 것이고, 소멸하는 현상[消滅法]이고, 쇠멸하는 현상[衰滅法]이고, 퇴색하는 현상[退色法]이고, 지멸하는 현상[止滅法]이다. 아난다여, 괴롭지도 즐겁지도 않은 감정은 무상하고, 유위이고, 연기한 것이고, 소멸하는 현상[消滅法]

---

96　'anicca'의 번역.

97　'saṃkhata'의 번역.

98　'paṭiccasamuppanna'의 번역.

99　'khaya-dhamma'의 번역.

100　'vaya-dhamma'의 번역.

101　'virāga'의 번역.

102　'nirodha-dhamma'의 번역.

이고, 쇠멸하는 현상[衰滅法]이고, 퇴색하는 현상[退色法]이고, 지멸하는
현상[止滅法]이다.

　　그러므로 즐거운 감정을 느끼면서 '이것이 나의 자아다'라고 한
다면, 그 즐거운 감정이 지멸(止滅)하면, '나의 자아가 사라졌다'고 해야
할 것이다. 괴로운 감정을 느끼면서 '이것이 나의 자아다'라고 한다면,
그 괴로운 감정이 지멸하면, '나의 자아가 사라졌다'고 해야 할 것이다.
괴롭지도 즐겁지도 않은 감정을 느끼면서 '이것이 나의 자아다'라고 한
다면, 그 괴롭지도 즐겁지도 않은 감정이 지멸하면, '나의 자아가 사라
졌다'고 해야 할 것이다.

　　'감정이 나의 자아다'라고 말하는 사람은 이와 같이 지금 여기에
서 무상하게 즐거움과 괴로움이 섞여서 나타났다가 사라지는 현상[法]
을 자아로 간주하는 것이다. 아난다여, 그러므로 '감정이 나의 자아다'
라고 여기는 것은 옳지 않다.

**▌30. ▌**　아난다여, 그때 '감정[受]은 나의 자아가 아니다. 감정이 없는
것이 나의 자아다'라고 말하는 사람이 느껴진 것이 전혀 없을 때, 그때
'내가 있다'고 말할 수 있겠느냐?"

　　"할 수 없습니다. 세존이시여!"

　　"아난다여, 그러므로 '감정[受]은 나의 자아가 아니다. 감정이 없는
것이 나의 자아다'라고 여기는 것은 옳지 않다.

**▌31. ▌**　아난다여, 그때 '감정은 나의 자아가 아니다. 감정이 없는 것
도 나의 자아가 아니다. 나의 자아가 느낀다. 참으로, 느끼는 것이 나의
자아다'라고 말하는 사람이 모든 감정이 완전히 남김없이 멸진했을 때,
일체의 감정이 없는 감정이 멸진(滅盡)한 상태에서, '이것이 나다'라고

말할 수 있겠느냐?"

"할 수 없습니다. 세존이시여!"

"아난다여, 그러므로 '감정은 나의 자아가 아니다. 감정이 없는 것
도 나의 자아가 아니다. 나의 자아가 느낀다. 참으로, 느끼는 것이 나의
자아다'라고 여기는 것은 옳지 않다.

**▌32. ▌** 아난다여, 비구가 감정을 자아로 간주하지 않고, 감정이 없는
것을 자아로 간주하지 않고, '나의 자아가 느낀다. 참으로, 느끼는 것이
나의 자아다'라고 간주하지 않으면, 이와 같이 자아로 간주하지 않을
때, 그는 세상에서 어떤 것도 집착하지 않으며, 집착하지 않기 때문에
두려워하지 않으며, 두려움 없이 홀로 열반에 들어간다. 그는 '태어남
은 끝났고, 범행(梵行)을 마쳤으며, 해야 할 일을 끝마쳤다. 다시는 현재
의 상태로 되지 않는다'는 것을 분명하게 안다.

아난다여, 이와 같이 마음이 해탈한 비구에 대하여, '그는 여래는
사후에 존재한다는 견해를 가지고 있다'라고 말한다면, 그것은 옳지 않
다. '그는 여래는 사후에 존재하지 않는다는 견해를 가지고 있다'라고
말한다면, 그것도 옳지 않다. '그는 여래는 사후에 존재하기도 하고 존
재하지 않기도 한다는 견해를 가지고 있다'라고 말한다면, 그것도 옳지
않다. '그는 여래는 사후에 존재하는 것도 아니고, 존재하지 않는 것도
아니다는 견해를 가지고 있다'라고 말한다면, 그것도 옳지 않다. 그 까
닭은 무엇인가? 아난다여, 어떤 명칭(名稱)도, 어떤 명칭의 과정도, 어
떤 언어(言語)도, 어떤 언어의 과정도, 어떤 개념(概念)도, 어떤 개념의
과정도, 어떤 반야(般若)도, 어떤 반야의 영역도, 어떤 윤전(輪轉)도, 윤

전(輪轉)이 반복되는 것[103]까지도, 그 비구는 수승한 지혜(勝智)[104]로 해탈했다. 그런데 그것을 수승한 지혜로 해탈한 비구가 '알지 못하고 보지 못한다'고 할 수 있는 견해[105]를 가지고 있다고 하는 것은 옳지 않기 때문이다.

**❙ 33. ❙** 아난다여, 7식주(七識住)[106]와 2처(二處)[107]가 있다.[108] 7식주란 어떤 것인가?

아난다여, 다양한 몸[109]에 다양한 관념을 지닌[110] 중생이 있다. 예를 들면, 몇몇 인간들과 몇몇 천신들과 악처(惡處)에 떨어진 자들이 그들이다. 이것이 제1식주(第一識住)[111]이다.

아난다여, 다양한 몸에 단일한 관념을 지닌[112] 중생이 있다. 예를

---

103 'vaṭṭaṃ vaṭṭati'의 번역.

104 'abhiññā'의 번역.

105 '알지 못하고 보지 못한다'고 할 수 있는 견해란 '여래가 사후에 존재하는가, 존재하지 않는가?'에 대한 견해는 자아(自我)가 언어와 개념에 의해 실재시되고 있는 명칭에 지나지 않는다는 것을 알지 못하고, 보지 못하기 때문에 갖게 되는 사견(邪見)을 의미한다. 사견을 벗어난 비구가 그런 견해를 가지고 있다고 하는 것은 옳지 않다는 의미이다.

106 'satta viññāṇaṭṭhitiyo'의 번역. '식(識)이 머무는 일곱 가지 장소'라는 의미인데, 불교의 전문용어이기 때문에 풀어서 번역하지 않고 하나의 명사로 번역함.

107 'dve āyatanāni'의 번역. '중생이 살고 있는 두 가지 장소'라는 의미인데, 7식주(七識住)와 마찬가지로 전문용어이기 때문에 하나의 명사로 번역함.

108 7식주(七識住)와 2처(二處)는 식(識)의 다양한 상태와 식(識)의 상태에 따라 벌어지는 중생의 다양한 세계를 의미한다.

109 'nānatta-kāyā'의 번역.

110 'nānatta-saññino'의 번역.

111 'paṭhamā viññāṇaṭṭhiti'의 번역.

112 'ekatta-saññino'의 번역.

들면, 범중천(梵衆天)[113]에 처음 태어난 천신들이 그들이다. 이것이 제2식주(第二識住)[114]이다.

아난다여, 단일한 몸[115]에 다양한 관념을 지닌[116] 중생이 있다. 예를 들면, 광음천(光音天)[117]의 천신들이 그들이다. 이것이 제3식주(第三識住)[118]이다.

아난다여, 단일한 몸에 단일한 관념을 지닌[119] 중생이 있다. 예를 들면, 변정천(遍淨天)[120]의 천신들이 그들이다. 이것이 제4식주(第四識住)[121]이다.

아난다여, 일체의 형색에 대한 관념[色想][122]을 초월하고, 지각대상에 대한 관념[有對想]이 소멸하여, 다양한 관념[123]에 마음을 두지 않고, '허공(虛空)은 무한하다'라고 생각하는 공무변처(空無邊處)[124]에 도달

---

113 'Brahma-kāyikā'의 번역.

114 'dutiyā viññāṇaṭṭhiti'의 번역.

115 'ekatta-kāyā'의 번역.

116 'nānatta-saññino'의 번역.

117 'Ābhassarā'의 번역.

118 'tatiyā viññāṇaṭṭhiti'의 번역.

119 'ekatta-saññino'의 번역.

120 'Subhakiṇṇā'의 번역.

121 'catutthā viññāṇaṭṭhiti'의 번역.

122 'rūpa-saññānaṃ'의 번역.

123 'nānatta-saññānaṃ'의 번역.

124 'ākāsânañcâyatana'의 번역.

한 중생이 있다. 이것이 제5식주(第五識住)[125]이다.

아난다여, 일체의 공무변처를 초월하여, '식(識)은 무한하다'라고 생각하는 식무변처(識無邊處)[126]에 도달한 중생이 있다. 이것이 제6식주(第六識住)[127]이다.

아난다여, 일체의 식무변처를 초월하여, '어떤 것도 존재하지 않는다'라고 생각하는 무소유처(無所有處)[128]에 도달한 중생이 있다. 이것이 제7식주(第七識住)[129]이다.

무상천(無想天)[130]이 제1처(第一處)이고, 비유상비무상처(非有想非無想處)[131]가 제2처(第二處)이다.[132]

---

125 'pañcamī viññāṇaṭṭhiti'의 번역.

126 'viññāṇañcâyatana'의 번역.

127 'chaṭṭā viññāṇaṭṭhiti'의 번역.

128 'ākiñcaññâyatana'의 번역.

129 'sattamī viññāṇaṭṭhiti'의 번역.

130 'asaññasattâyatana'의 번역. 『중아함경』의 「대인경(大因經)」에서는 무상천(無想天)으로 번역함. '상(想)'이 없는 중생이 있는 곳'이라는 의미인데, 『중아함경』의 번역에 따라 무상천으로 번역함.

131 'nevasaññā-nasaññâyatana'의 번역.

132 『중아함경』의 「대인경」에는 이 부분이 다음과 같이 번역되어있다. (阿難 云何有二處 有色衆生無想無覺 謂無想天 是謂第一處 復次 阿難 有無色衆生 度一切無所有處 非有想非無想處 是非有想非無想處成就遊 謂非有想非無想處天 是謂第二處; 아난이여, 2처(二處)란 어떤 것인가? 형상을 가진 중생(有色衆生)이 있나니, 想이 없고 覺[受]이 없는, 이른바 無想天을 第一處라고 한다. 그리고 아난이여, 형상이 없는 중생[無色衆生]이 있나니, 일체의 無所有處를 초월한 非有想非無想處를 성취하여 노니는 이른바 非有想非無想處天을 第二處라고 한다.) 제1처(第一處)인 무상천(無想天)은 색계(色界)에서 가장 높은 사선천(四禪天)에 속하는 하늘이다. 그리고 제2처(第二處)인 비유상비무상처천(非有想非無想處天)은 무색계(無色界)에서 가장 높은 하늘이다.

**│ 34. │** 아난다여, 그때 다양한 몸에 다양한 관념을 지닌 제1식주(第一識住)를, 예를 들면, 몇몇 인간들과 몇몇 천신들과 악처(惡處)에 떨어진 자들을 분명하게 알고, 그것의 집(集)을 분명하게 알고, 그것의 소멸(消滅)[133]을 분명하게 알고, 그것의 유혹[134]을 분명하게 알고, 그것의 재앙[135]을 분명하게 알고, 그것에서 벗어남[136]을 분명하게 아는 사람이 그것을 즐기겠느냐?"

"그렇지 않습니다. 세존이시여!"

"아난다여, 그때 제2식주, 제3식주, 제4식주, 제5식주, 제6식주, 제7식주를 분명하게 알고, 그것의 집(集)을 분명하게 알고, 그것의 소멸(消滅)을 분명하게 알고, 그것의 유혹을 분명하게 알고, 그것의 재앙을 분명하게 알고, 그것에서 벗어남을 분명하게 아는 사람이 그것을 즐기겠느냐?"[137]

"그렇지 않습니다. 세존이시여!"

"아난다여, 그때 무상천(無想天)을 분명하게 알고, 그것의 집(集)을 분명하게 알고, 그것의 소멸을 분명하게 알고, 그것의 유혹을 분명하게 알고, 그것의 재앙을 분명하게 알고, 그것에서 벗어남을 분명하게 아는 사람이 그것을 즐기겠느냐?"

"그렇지 않습니다. 세존이시여!"

---

133 'atthagama'의 번역.

134 'assāda'의 번역.

135 'ādīnava'의 번역.

136 'nissaraṇa'의 번역.

137 동일한 내용이 반복되어 생략함.

"아난다여, 그때 비유상비무상처(非有想非無想處)를 분명하게 알고, 그것의 집(集)을 분명하게 알고, 그것의 소멸(消滅)을 분명하게 알고, 그것의 유혹을 분명하게 알고, 그것의 재앙을 분명하게 알고, 그것에서 벗어남을 분명하게 아는 사람이 그것을 즐기겠느냐?"

"그렇지 않습니다. 세존이시여!"

"아난다여, 비구는 이들 7식주와 2처(二處)의 집(集)과 소멸(消滅)과 유혹과 재앙과 벗어남을 앎으로써 해탈한다. 아난다여, 이것을 지혜에 의한 해탈[慧解脫][138]이라고 한다.

**35.** 아난다여, 이들 해탈은 여덟 가지다. 여덟 가지는 어떤 것들인가?

형색[色]을 가지고[139] 형색들을[140] 본다. 이것이 첫째 해탈[初解脫]이다.[141]

안에 형색[色]에 대한 관념 없이[142] 밖의 형색들을 본다. 이것이 둘째 해탈[第二解脫]이다.[143]

'청정한 상태다[144]'라고 몰입한다.[145] 이것이 셋째 해탈[第三解脫]이다.

---

138 'paññā-vimutto'의 번역.

139 'rūpī'의 번역.

140 'rūpāni'의 번역.

141 대상에 대한 욕탐이 없이 몸, 즉 6근(六根)으로 외부의 형색을 있는 그대로 보는 것을 의미한다. 이것은 초선(初禪)에서 얻는 해탈이다.

142 'arūpa-saññī'의 번역.

143 대상을 개념으로 인식하지 않고 외부의 형색을 있는 그대로 보는 것을 의미한다. 이것은 제2선(第二禪)에서 얻는 해탈이다.

144 'subha'의 번역.

145 'adhimutta'의 번역.

일체의 형색에 대한 관념[色想]을[146] 초월하고, 지각대상에 대한
관념[有對想]이 소멸하여, 다양한 관념에 마음을 두지 않고, '허공(虛空)
은 무한하다'라고 생각하는 공무변처(空無邊處)를 성취하여 살아간다.
이것이 넷째 해탈(第四解脫)이다.

일체의 공무변처(空無邊處)를 초월하여, '식(識)은 무한하다'라고
생각하는 식무변처(識無邊處)를 성취하여 살아간다. 이것이 다섯째 해
탈[第五解脫]이다.

일체의 식무변처를 초월하여, '어떤 것도 존재하지 않는다'라고
생각하는 무소유처(無所有處)를 성취하여 살아간다. 이것이 여섯째 해
탈[第六解脫]이다.

일체의 무소유처(無所有處)를 초월하여, 비유상비무상처(非有想非
無想處)를 성취하여 살아간다. 이것이 일곱째 해탈[第七解脫]이다.

일체의 비유상비무상처(非有想非無想處)를 초월하여, 관념으로 지
각된 것의 멸진[想受滅][147]을 성취하여 살아간다. 이것이 여덟째 해탈[第
八解脫]이다.

아난다여, 이들이 여덟 가지 해탈[八解脫]이다.

**36.** 아난다여, 비구는 이 8해탈(八解脫)에 순관(順觀)으로 들어가
고, 역관(逆觀)으로 들어가고, 순관(順觀)과 역관(逆觀)으로 들어가고, 원
하는 순서로, 원하는 대로, 원하는 데까지 들어가고 나오기 때문에, 번

---

146 'rūpa-saññānaṃ'의 번역.

147 'saññā-vedayita-nirodha'의 번역.

뇌(漏)[148]가 지멸(止滅)하여 무루(無漏)의 마음에 의한 해탈[心解脫]과 지혜에 의한 해탈[慧解脫]을 지금 여기에서 스스로 수승한 지혜로 체험하고,[149] 성취하여[150] 살아간다. 아난다여, 이런 비구를 구분해탈자(俱分解脫者)[151]라고 한다. 아난다여, 이 구분해탈(俱分解脫)[152]보다 더 훌륭하고 뛰어난 구분해탈(俱分解脫)은 없다."

이것이 세존께서 하신 말씀입니다.
아난다 존자는 세존의 설법에 기뻐하고 환희했습니다.

---

148 'āsava'의 번역.

149 'sacchikatvā'의 번역.

150 'upasampajja'의 번역.

151 'ubhato-bhāga-vimutta'의 번역. 심해탈(心解脫)과 혜해탈(慧解脫)을 모두 성취한 사람이라는 의미.

152 'ubhato-bhāga-vimutti'의 번역.

# 대반열반경
## 大般涅槃經[1]

Mahā-Parinibbāna Sutta ⑯

해
제

『장아함경』에「유행경(遊行經)」이라는 이름으로 한역된 이 경은 열반에 즈음한 붓다의 여정과 열반의 모습을 담고 있는 경으로, 단행본으로는 동진(東晋)의 법현(法顯)이 한역한『대반열반경(大般涅槃經)』과 서진(西晋)의 백법조(白法祖)가 한역한『불반니원경(佛般泥洹經)』그리고 역자 미상의『반니원경(般泥洹經)』이 있다. 마하(mahā)는 '크다'는 뜻이고, 빠리닙반나(parinibbāna)는 '완전한 열반(涅槃)'이라는 의미로서 붓다의 열반을 의미한다. 대승경전인『열반경(涅槃經)』은 이 경을 대승적으로 각색한 것이다.

라자가하에서 시작된 붓다의 마지막 여정은 나란타, 빠딸리가마, 웨쌀리, 빠와를 거쳐 꾸씨나라의 싸라 쌍수(雙樹)에 이른다. 이 과정을 이 경은 사실적으로 잘 묘사하고 있다. 이 경이 우리에게 보여주는 붓다는 신적(神的)인 존재도 아니고, 초능력을 지닌 인물도 아니다. 늙은 몸을 이끌고 신체적 고통을 참으며 중생에게 다가가는 붓다의 모습에서 우리는 인간 붓다의 위대한 모습을 볼 수 있다.

붓다의 죽음을 예상한 아난다 존자는 붓다에게 교단을 이끌어갈 후계자를 정해줄 것을 기대한다. 그러나 붓다는 아난다 존자에게 다음과 같이 말씀하신다.

"아난다여, 이제 비구 승가가 나에게 무엇을 바란다는 말이냐? 아난다여, 나는 현교(顯敎)와 밀교(密敎)를 구별하지 않고 진리를 가르쳤다. 아난다여, 여래의 가르침에는 숨겨둔 '스승의 주먹'이 없다. 아난다

---

01   『디가 니까야』의 제16경이며,『장아함경(長阿含經)』의 두 번째 경인「유행경(遊行經)」에 상응하는 경.

여, 만약 누군가 '내가 비구 승가를 이끌겠다'거나 '비구 승가는 나를 따른다'라고 생각한다면, 아난다여, 아마도 그는 비구 승가에 대하여 무언가 말을 할 것이다. 아난다여, 그렇지만 여래는 '내가 비구 승가를 이끌겠다'거나 '비구 승가는 나를 따른다'라고 생각하지 않는다. 아난다여, 그런데 여래가 비구 승가에 대하여 무슨 말을 하겠느냐? 아난다여, 나는 지금 만년에 이른 늙고 노쇠한 늙은이로서, 내 나이 여든 살이 되었다. 아난다여, 마치 낡은 마차가 가죽끈에 묶여서 끌려가듯이, 여래의 몸도 가죽끈에 묶여서 끌려가는 것 같구나. 아난다여, 이제 그대들은 자신을 등불로 삼고, 자신을 귀의처로 삼고, 다른 사람을 귀의처로 삼지 말라. 가르침[法]을 등불로 삼고, 가르침을 귀의처로 삼고, 다른 것을 귀의처로 삼지 않고 살아가도록 하라."

붓다 스스로 교단을 이끄는 지도자라고 생각하지 않았다는 말씀은 놀랍다. 붓다는 진리를 깨달았다는 사실이 다른 사람을 지배하는 권력이 될 수 없으며, 되어서도 안 된다는 것을 이 경에서 분명하게 이야기하고 있는 것이다. 불교인들이 수행을 하면서 흔히들 '성불하여 중생을 제도하겠다'고 이야기한다. 그러나 자신이 깨달아서 중생을 제도하겠다는 생각이 얼마나 큰 교만인가를 이 경은 잘 보여주고 있다. 이미 붓다가 깨달아서 숨김없이 가르친 진리가 있는데 우리가 다시 깨달아야 할 진리가 어디에 있겠는가? 우리가 할 일은 붓다의 가르침에 의지하여 붓다가 가르친 진리를 스스로 실천하는 일이다.

붓다는 열반에 이르는 길을 깨달아 알려주는 안내자일 뿐이며, 그 가르침에 따라 길을 가는 것은 우리 각자의 몫이다. '내가 깨달았으니 너희들은 나를 따르라'고 하는 자가 있다면, 그는 진정한 붓다가 아니다.

교단을 권력화하여 교단의 힘으로 사람들을 지배하는 것도 불교가 아니다. 불교는 초인적인 지도자를 추종하는 종교가 아니라, 먼저 깨달은 붓다의 가르침에 따라 각자가 스스로 그 가르침을 실천하여 열반을 성취하는 종교라는 것을 이 경은 웅변하고 있는 것이다.

**⏻**

**| 1. 1. |** 이와 같이 나는 들었습니다.

한때 세존께서는 라자가하에 있는 깃자꾸따(Gijjhakūṭa)[02]에 머무셨습니다. 그때 마가다의 왕 아자따샷뚜 웨데히뿟따는 왓지(Vajji)를 공격하려고 했습니다. 그는 이렇게 말했습니다.

"이 왓지족은 이와 같이 위력을 가지고 있고, 이와 같이 세력을 가지고 있어 저항했다. 나는 왓지족을 전멸시키겠다. 나는 왓지족을 파멸시키겠다. 나는 왓지족을 소멸하겠다. 나는 왓지족을 몰살하겠다."

**| 1. 2. |** 그래서 마가다의 왕 아자따샷뚜 웨데히뿟따는 마가다의 대신 왓싸까라(Vassakāra) 바라문에게 분부했습니다.

"바라문이여, 이리 오시오. 그대는 세존에게 가서 나의 말로 세존의 발에 머리 숙여 절하고, 병 없이 무탈하시고, 강건하시며, 평안하신

---

02　한역에서 영취산(靈鷲山)으로 번역됨.

지 안부를 묻고, '세존이시여, 마가다의 왕 아자따쌋뚜 웨데히뿟따는 왓지를 공격하려고 합니다. 그는 왓지족은 이와 같이 위력을 가지고, 이와 같이 세력을 가지고 저항한다. 나는 왓지족을 전멸시키겠다. 나는 왓지족을 파멸시키겠다. 나는 왓지족을 소멸하겠다. 나는 왓지족을 몰살하겠다라고 말했습니다'라고 말씀드리도록 하시오."

**▌1. 3. ▌** "폐하, 그렇게 하겠습니다."

마가다의 대신 왓싸까라 바라문은 마가다의 왕 아자따쌋뚜 웨데히뿟따에게 이렇게 대답한 후에, 훌륭한 수레를 마련하여 수레에 올라 라자가하를 떠나 깃자꾸따로 출발했습니다. 그는 수레가 갈 수 있는 곳까지는 수레로 간 다음에, 걸어서 세존에게 갔습니다. 세존에게 가서 함께 인사하고 공손하게 인사말을 나눈 후에 한쪽에 앉았습니다. 한쪽에 앉아서 마가다의 대신 왓싸까라 바라문은 세존에게 마가다의 왕 아자따쌋뚜 웨데히뿟따의 말을 전했습니다.

**▌1. 4. ▌** 그때 아난다 존자는 세존의 뒤에 서서 세존께 부채질을 하고 있었습니다. 세존께서 아난다 존자에게 말씀하셨습니다.

"① 아난다여, 그대는 왓지족이 자주 모이고, 많이 모인다는 말을 들었는가?"

"세존이시여, 저는 그들이 자주 모이고, 많이 모인다고 들었습니다."

"아난다여, 왓지족이 자주 모이고 많이 모이는 한, 아난다여, 왓지족은 당연히 쇠퇴하지 않고 번영할 것이다.

② 아난다여, 그대는 왓지족은 화합하며 모이고, 화합하며 흩어지고, 왓지족이 해야 할 일을 화합하여 결정한다는 말을 들었는가?"

"세존이시여, 저는 그들은 화합하며 모이고 화합하며 흩어지고,

왓지족이 해야 할 일을 화합하여 결정한다고 들었습니다."

"아난다여, 왓지족이 화합하며 모이고 화합하며 흩어지고, 왓지족이 해야 할 일을 화합하여 결정하는 한, 아난다여, 왓지족은 당연히 쇠퇴하지 않고 번영할 것이다.

③ 아난다여, 그대는 왓지족은 정해지지 않은 규범은 [함부로] 제정하지 않고, 정해진 규범은 [함부로] 폐지하지 않으며, 제정된 지 오래된 왓지 법을 지키면서 유지한다는 말을 들었는가?"

"세존이시여, 저는 그들은 정해지지 않은 규범은 [함부로] 제정하지 않고, 정해진 규범은 [함부로] 폐지하지 않으며, 제정된 지 오래된 왓지 법을 지키면서 유지한다고 들었습니다."

"아난다여, 왓지족이 정해지지 않은 규범은 [함부로] 제정하지 않고, 정해진 규범은 [함부로] 폐지하지 않으며, 제정된 지 오래된 왓지 법을 지키면서 유지하는 한, 아난다여, 왓지족은 당연히 쇠퇴하지 않고 번영할 것이다.

④ 아난다여, 그대는 왓지족은 왓지에 사는 왓지 노인들을 공경하고, 존중하고, 존경하고, 공양하고, 그들의 말을 경청하려고 한다는 말을 들었는가?"

"세존이시여, 저는 그들은 왓지에 사는 왓지 노인들을 공경하고, 존중하고, 존경하고, 공양하고, 그들의 말을 경청하려고 한다고 들었습니다."

"아난다여, 왓지족이 왓지에 사는 왓지 노인(老人)들을 공경하고, 존중하고, 존경하고, 공양하고, 그들의 말을 경청하려고 하는 한, 아난다여, 왓지족은 당연히 쇠퇴하지 않고 번영할 것이다.

⑤ 아난다여, 그대는 왓지족은 양갓집 규수와 양갓집 소녀를 강제로 데려와 살게 하지 않는다는 말을 들었는가?"

"세존이시여, 저는 그들은 양갓집 규수와 양갓집 소녀를 강제로 데려와 살게 하지 않는다고 들었습니다."

"아난다여, 왓지족이 양갓집 규수와 양갓집 소녀를 강제로 데려와 살게 하지 않는 한, 아난다여, 왓지족은 당연히 쇠퇴하지 않고 번영할 것이다.

⑥ 아난다여, 그대는 왓지족은 왓지에 있는 왓지 탑묘(塔廟)[03]들을 안과 밖에서 공경하고, 존중하고, 존경하고, 공양하고, 탑묘에 예전부터 봉헌해오고 예전부터 행해오던 여법(如法)한 공양을 게을리하지 않는다는 말을 들었는가?"

"세존이시여, 저는 그들은 왓지에 있는 왓지 탑묘들을 안과 밖에서 공경하고, 존중하고, 존경하고, 공양하고, 탑묘에 예전부터 봉헌해오고 예전부터 행해오던 여법한 공양을 게을리하지 않는다고 들었습니다."

"아난다여, 왓지족이 왓지에 있는 왓지 탑묘들을 안과 밖에서 공경하고, 존중하고, 존경하고, 공양하고, 탑묘에 예전부터 봉헌해오고예전부터 행해오던 여법한 공양을 게을리하지 않는 한, 아난다여, 왓지족은 당연히 쇠퇴하지 않고 번영할 것이다.

⑦ 아난다여, 그대는 왓지족은 아라한(阿羅漢)들에게 여법한 보호소를 마련하여, 오지 않은 아라한들은 그 나라에 오도록 하고, 와 있는

---

03  'cetiya'의 번역.

아라한들은 그 나라에서 편안하게 지내게 한다는 말을 들었는가?"

"세존이시여, 저는 그들은 아라한들에게 여법한 보호소를 마련하여, 오지 않은 아라한들은 그 나라에 오도록 하고, 와 있는 아라한들은 그 나라에서 편안하게 지내게 한다고 들었습니다."

"아난다여, 왓지족이 아라한들에게 여법한 보호소를 마련하여, 오지 않은 아라한들은 그 나라에 오도록 하고, 와 있는 아라한들은 그 나라에서 편안하게 지내게 하는 한, 아난다여, 왓지족은 당연히 쇠퇴하지 않고 번영할 것이다."

**❙ 1. 5. ❙**　그러고 나서 세존께서는 마가다의 대신 왓싸까라 바라문에게 말했습니다.

"바라문이여, 나는 한때 웨쌀리(Vesālī)[04]의 싸란다다(Sārandada) 탑묘에 머물렀소. 그곳에서 나는 왓지족에게 이 일곱 가지 불퇴법(不退法)[05]을 가르쳤소. 바라문이여, 왓지족에게 이 일곱 가지 불퇴법이 있는 한, 그리고 왓지족이 이 일곱 가지 불퇴법에 대해 뜻을 함께하는 한, 바라문이여, 왓지족은 당연히 쇠퇴하지 않고 번영할 것이오."

이와 같이 말씀하시자, 마가다의 대신 왓싸까라 바라문은 세존에게 이렇게 말했습니다.

"고따마 존자여, 단 하나의 불퇴법만 갖추어도 왓지족은 당연히 쇠퇴하지 않고 번영할 것입니다. 그런데 일곱 가지 불퇴법을 갖추었다

---

04　왓지(Vajji)국의 수도. 한역에는 '비사리(毘舍離)'로 번역됨. 산스크리트로는 'Vaiśālī'로 표기함.

05　'aparihāniyā dhammā'의 번역. 나라가 쇠퇴(衰退)하지 않는 법.

면 말해 무엇 하겠습니까? 고따마 존자여, 마가다의 왕 아자따삿뚜 웨데히뿟따는 유혹하지 않고 반목시키지 않고서는 왓지와 전쟁을 해서는 안 될 것입니다. 고따마 존자여, 우리는 할 일이 많아서 이제 가보겠습니다."

"바라문이여, 지금 떠날 때라고 생각되면 그렇게 하시오."

그러자 마가다의 대신 왓싸까라 바라문은 세존의 말씀에 기뻐하고 만족하면서 자리에서 일어나 떠났습니다.

**| 1. 6. |** 마가다의 대신 왓싸까라 바라문이 떠나자 세존께서 아난다 존자에게 말씀하셨습니다.

"아난다여, 라자가하 근처에 머물고 있는 비구들에게 가서 모두 강당에 모이게 하라."

아난다 존자는 "그렇게 하겠습니다. 세존이시여!"라고 세존에게 대답하고, 라자가하 근처에 머물고 있는 비구들을 모두 강당에 모은 후에 세존에게 갔습니다. 세존에게 가서 예배한 후에 한쪽에 서서 아난다 존자는 세존께 이렇게 말했습니다.

"세존이시여, 비구 승가가 모였습니다. 세존이시여, 이제 시간이 되었습니다."

세존께서는 자리에서 일어나 강당으로 가셨습니다. 가서 마련된 자리에 앉으신 다음 세존께서 비구들에게 말씀하셨습니다.

"비구들이여, 일곱 가지 불퇴법을 알려주겠소. 내가 이야기하리니 그것을 듣고 잘 기억하도록 하시오."

"그렇게 하겠습니다. 세존이시여!"

이렇게 그 비구들이 세존에게 대답하자, 세존께서 말씀하셨습니다.

"① 비구들이여, 비구들이 자주 모이고 많이 모이는 한, 비구들은 당연히 쇠퇴하지 않고 번영할 것이오. ② 비구들이여, 비구들이 화합하며 모이고, 화합하며 흩어지고, 승가가 해야 할 일을 화합하여 결정하는 한, 비구들은 당연히 쇠퇴하지 않고 번영할 것이오. ③ 비구들이여, 비구들이 정해지지 않은 규범은 제정하지 않고, 정해진 규범은 폐지하지 않으며, 제정된 학계(學戒)를 지키면서 유지하는 한, 비구들은 당연히 쇠퇴하지 않고 번영할 것이오. ④ 비구들이여, 비구들이 경험이 많고, 출가한 지 오래된, 승가의 어른이며 승가의 지도자인 장로(長老)를 공경하고, 존중하고, 존경하고, 공양하며, 그들의 말을 경청하려고 하는 한, 비구들은 당연히 쇠퇴하지 않고 번영할 것이오. ⑤ 비구들이여, 비구들이 다시 존재하게 하는, 이미 발생한 갈애(渴愛)에 지배되지 않는 한, 비구들은 당연히 쇠퇴하지 않고 번영할 것이오. ⑥ 비구들이여, 비구들이 숲에서의 수행을 열망하는 한, 비구들은 당연히 쇠퇴하지 않고 번영할 것이오. ⑦ 비구들이여, 비구들이 각기 주의집중[06]을 확립하고, 오지 않은 훌륭한 수행자들은 오게 하고, 이미 온 훌륭한 수행자들은 편안하게 머물게 하는 한, 비구들은 당연히 쇠퇴하지 않고 번영할 것이오. 비구들이여, 이 일곱 가지 불퇴법이 비구들에게 있고, 비구들이 이 일곱 가지 불퇴법에서 일치하는 한, 비구들은 당연히 쇠퇴하지 않고 번영할 것이오.

**| 1. 7. |** 비구들이여, 또 다른 일곱 가지 불퇴법을 알려주겠소. 내가 이야기하리니 그것을 듣고 잘 기억하도록 하시오."

---

06 'sati'의 번역.

"그렇게 하겠습니다. 세존이시여!"

이렇게 그 비구들이 세존에게 대답하자, 세존께서 말씀하셨습니다.

"비구들이여, 비구들이 ① 세속의 일을 좋아하지 않고, 즐기지 않고, 세속 일의 즐거움에 빠지지 않는 한, ② 논쟁을 좋아하지 않고, 즐기지 않고, 논쟁의 즐거움에 빠지지 않는 한, ③ 잠자기를 좋아하지 않고, 즐기지 않고, 잠자는 즐거움에 빠지지 않는 한, ④ 모여 놀기를 좋아하지 않고, 즐기지 않고, 모여 노는 즐거움에 빠지지 않는 한, ⑤ 악의(惡意)를 갖지 않고, 사악(邪惡)한 의도에 지배되지 않는 한, ⑥ 삿된 친구, 삿된 동료, 삿된 동무가 되지 않는 한, ⑦ 남다른 성취에 만족하여 도중에 그만두지 않는 한, 비구들은 당연히 쇠퇴하지 않고 번영할 것이오. 비구들이여, 이 일곱 가지 불퇴법이 비구들에게 있고, 비구들이 이 일곱 가지 불퇴법에서 일치하는 한, 비구들은 당연히 쇠퇴하지 않고 번영할 것이오.

**┃ 1. 8. ┃** 비구들이여, 또 다른 일곱 가지 불퇴법을 알려주겠소. 내가 이야기하리니 그것을 듣고 잘 기억하도록 하시오."

"그렇게 하겠습니다. 세존이시여!"

이렇게 그 비구들이 세존에게 대답하자, 세존께서 말씀하셨습니다.

"비구들이여, 비구들이 ① 신뢰할 수 있고, ② 양심이 있고, ③ 두려워할 줄 알고, ④ 배움이 많고, ⑤ 열심히 정진하고, ⑥ 주의집중을 실천하고, ⑦ 통찰력이 있는 한, 비구들은 당연히 쇠퇴하지 않고 번영할 것이오. 비구들이여, 이 일곱 가지 불퇴법이 비구들에게 있고, 비구들이 이 일곱 가지 불퇴법에서 일치하는 한, 비구들은 당연히 쇠퇴하지 않고 번영할 것이오.

**1. 9.** 비구들이여, 또 다른 일곱 가지 불퇴법을 알려주겠소. 내가 이 야기하리니 그것을 듣고 잘 기억하도록 하시오."

"그렇게 하겠습니다. 세존이시여!"

이렇게 그 비구들이 세존에게 대답하자, 세존께서 말씀하셨습니다.

"비구들이여, 비구들이 ① 염각지(念覺支)가 있고, ② 택법각지(擇法覺支)가 있고, ③ 정진각지(精進覺支)가 있고, ④ 희각지(喜覺支)가 있고, ⑤ 경안각지(輕安覺支)가 있고, ⑥ 정각지(定覺支)가 있고, ⑦ 사각지(捨覺支)가 있는 한, 비구들은 당연히 쇠퇴하지 않고 번영할 것이오. 비구들이여, 이 일곱 가지 불퇴법이 비구들에게 있고, 비구들이 이 일곱 가지 불퇴법에서 일치하는 한, 비구들은 당연히 쇠퇴하지 않고 번영할 것이오.

**1. 10.** 비구들이여, 또 다른 일곱 가지 불퇴법을 알려주겠소. 내가 이 야기하리니 그것을 듣고 잘 기억하도록 하시오."

"그렇게 하겠습니다. 세존이시여!"

이렇게 그 비구들이 세존에게 대답하자, 세존께서 말씀하셨습니다.

"비구들이여, 비구들이 ① 무상하다는 생각[無常想]을 하고, ② 무아라는 생각[無我想]을 하고, ③ 부정하다는 생각[不淨想]을 하고, ④ 위험하다는 생각[患想][07]을 하고, ⑤ 버려야 한다는 생각[捨想]을 하고, ⑥ 탐욕을 버려야 한다는 생각[離欲想]을 하고, ⑦ 멸해야 한다는 생각[滅想]을 하는 한, 비구들은 당연히 쇠퇴하지 않고 번영할 것이오. 비구들이여, 이 일곱 가지 불퇴법이 비구들에게 있고, 비구들이 이 일곱 가지 불퇴법

---

07 'ādīnava-saññā'의 번역.

에서 일치하는 한, 비구들은 당연히 쇠퇴하지 않고 번영할 것이오.

**│ 1. 11.│** 비구들이여, 여섯 가지 불퇴법을 알려주겠소. 내가 이야기하
리니 그것을 듣고 잘 기억하도록 하시오."

"그렇게 하겠습니다. 세존이시여!"

이렇게 그 비구들이 세존에게 대답하자, 세존께서 말씀하셨습니다.

"비구들이여, 비구들이 ① 도반(道伴)[08]에 대하여, 보이는 곳에서
든 보이지 않는 곳에서든, 몸으로 자애롭게 행동하는 한, ② 도반에 대
하여, 보이는 곳에서든 보이지 않는 곳에서든, 말로 자애롭게 행동하는
한, ③ 도반에 대하여, 보이는 곳에서든 보이지 않는 곳에서든, 마음으
로 자애롭게 행동하는 한, ④ 여법(如法)하게 얻은 재물을, 발우에 담긴
물건까지도 계행을 갖춘 도반들과 함께 나누는 한, ⑤ 부족함이 없고,
흠이 없고, 깨끗하고, 순수하고, 자유롭고, 현자들이 칭찬하고, 더럽혀
지지 않고, 삼매에 도움이 되는 그와 같은 계행(戒行) 속에서, 보이는 곳
에서든 보이지 않는 곳에서든, 도반들과 함께 계행에 상응하여 살아가
는 한, ⑥ 욕망을 벗어나서 그것을 실천한 사람이 괴로움을 바르게 멸
진하게 하는 출리(出離)의 성자(聖者)의 정견(正見)을 가지고, 보이는 곳
에서든 보이지 않는 곳에서든, 도반들과 함께 정견에 상응하여 살아가
는 한, 비구들은 당연히 쇠퇴하지 않고 번영할 것이오. 비구들이여, 이
여섯 가지 불퇴법이 비구들에게 있고, 비구들이 이 여섯 가지 불퇴법에
서 일치하는 한, 비구들은 당연히 쇠퇴하지 않고 번영할 것이오."

**│ 1. 12.│** 세존께서는 라자가하에 있는 깃자꾸따에 머무시면서 비구들

---

08   'sabrahmacārin'의 번역.

에게 참으로 이러한 많은 설법을 하셨습니다. 계행(戒行)은 이런 것이다[戒]. 삼매(三昧)는 이런 것이다[定]. 반야(般若)는 이런 것이다[慧]. 계행을 두루 실천하면 삼매라는 큰 과보와 큰 공덕이 있고, 삼매를 두루 닦으면 반야라는 큰 과보와 큰 공덕이 있고, 반야가 충만한 마음은 모든 번뇌[漏], 즉 욕루(欲漏), 유루(有漏), 견루(見漏), 무명루(無明漏)에서 바르게 해탈한다[解脫]. 이런 내용의 설법이었습니다.

**1.13.** 　세존께서는 라자가하에서 적절하게 머무신 후에 아난다 존자에게 분부했습니다.

　"아난다여, 가자! 이제 암발랏티까(Ambalaṭṭhikā) 숲으로 가자."

　"예, 세존이시여!"

　아난다 존자는 세존에게 이렇게 대답했습니다. 세존께서는 큰 비구 승가와 함께 암발랏티까에 도착했습니다.

**1. 14.** 　세존께서는 암발랏티까에서 왕의 객사(客舍)[09]에 머무셨습니다. 세존께서는 암발랏티까 숲에서 왕의 객사에 머물면서 비구들에게 참으로 많은 설법을 하셨습니다. 계행(戒行)은 이런 것이다. 삼매(三昧)는 이런 것이다. 반야(般若)는 이런 것이다. 계행을 두루 실천하면 삼매라는 큰 과보와 큰 공덕이 있고, 삼매를 두루 닦으면 반야라는 큰 과보와 큰 공덕이 있고, 반야가 충만한 마음은 모든 번뇌[漏], 즉 욕루(欲漏), 유루(有漏), 견루(見漏), 무명루(無明漏)에서 바르게 해탈한다. 이런 내용의 설법이었습니다.

**1. 15.** 　세존께서는 암발랏티까 숲에서 적절하게 머무신 후에 아난

---

09 　'Rājâgāraka'의 번역.

다 존자에게 분부했습니다.

"아난다여, 가자! 이제 나란다로 가자."

"예, 세존이시여!"

아난다 존자는 세존에게 이렇게 대답했습니다.

세존께서는 큰 비구 승가와 함께 나란다에 도착했습니다. 세존께서는 나란다에서 빠와리깜바와나(Pāvārikambavana)[10]에 머무셨습니다.

**| 1. 16. |**　그때 싸리뿟따(Sāriputta) 존자가 세존에게 와서 세존에게 예배하고 한쪽에 앉았습니다. 한쪽에 앉은 싸리뿟따 존자가 세존에게 말했습니다.

"세존이시여, 저는 바른 깨달음[正覺][11]에 대하여 세존보다 더 잘 아는 사문이나 바라문은 과거에도 없었고, 미래에도 없을 것이며, 현재에도 없다는 것을 한 점의 의심 없이 확신합니다."

"싸리뿟따여, 그대는 '세존이시여, 저는 바른 깨달음에 대하여 세존보다 더 잘 아는 사문이나 바라문은 과거에도 없었고, 미래에도 없을 것이며, 현재에도 없다는 것을 한 점의 의심 없이 확신합니다'라고 황소 같은 우렁찬 목소리로 확신에 찬 사자후를 토하는구나. 싸리뿟따여, 그대는 과거에 존재했던 아라한(阿羅漢), 등정각자(等正覺者),[12] 그 모든 세존의 마음을 마음으로 이해하고서, '그 세존들은 계행(戒行)은 이러

---

10　pāvārika는 외투 장수, 카펫 장수의 의미가 있고, 또 pāvāra는 망고나무의 의미도 있기 때문에 빠와리까의 망고나무 숲이라고도 할 수 있고, 빠와리깜바 숲이라고도 할 수 있고, 망고나무 숲이라고도 할 수 있다.

11　'sambodhi'의 번역.

12　'sammāsambuddha'의 번역.

했고, 법은 이러했고, 반야(般若)는 이러했고, 경지(境地)는 이러했고, 해탈(解脫)은 이러했다'라고 알았는가?"

"그렇지 않습니다. 세존이시여!"

"싸리뿟따여, 그렇다면 그대는 미래에 있게 될 아라한, 등정각자들, 그 모든 세존의 마음을 마음으로 이해하고서, '그 세존들은 계행은 이러하고, 법은 이러하고, 반야는 이러하고, 경지는 이러하고, 해탈은 이러할 것이다'라고 알았는가?"

"그렇지 않습니다. 세존이시여!"

"싸리뿟따여, 그렇다면 그대는 현재 아라한, 등정각자인 나의 마음을 마음으로 이해하고서, '세존은 계행은 이러하고, 법은 이러하고, 반야는 이러하고, 경지는 이러하고, 해탈은 이러하다'라고 알았는가?"

"그렇지 않습니다. 세존이시여!"

"싸리뿟따여, 그대는 과거, 미래, 현재의 아라한, 등정각자들에 대하여 마음으로 이해하여 아는 바가 없는데, 어떻게 '세존이시여, 저는 바른 깨달음에 대하여 세존보다 더 잘 아는 사문이나 바라문은 과거에도 없었고, 미래에도 없을 것이며, 현재에도 없다는 것을 한 점의 의심 없이 확신합니다'라고 황소 같은 우렁찬 목소리로 확신에 찬 사자후를 토했는가?"

**| 1. 17. |** "세존이시여, 저는 과거, 미래, 현재의 아라한, 등정각자들에 대하여 마음으로 이해하여 아는 바가 없습니다. 그렇지만 이치로 미루어[13] 알았습니다. 세존이시여, 비유하면, 왕의 변경에 있는 성의 견고한

---

13  'dhammanvaya'의 번역.

성벽에 견고한 성문과 하나의 입구가 있는데, 그곳에서 총명하고 유능하고 현명한 문지기가 모르는 사람은 막고, 아는 사람은 들여보내는 것과 같습니다. 그는 그 성으로 가는 모든 길을 순찰하면서 성벽의 틈이나 구멍으로 고양이가 돌아다니는 것까지 살피지는 않을 것입니다. 그는 '이 성을 들어오거나 나가는 몸집이 큰 짐승은 어떤 것이든 모두가 이 문으로 들어오거나 나간다'라고 생각할 것입니다. 세존이시여, 이와 마찬가지로 저는 이치로 미루어 알았습니다. 세존이시여, 과거에 존재했던 아라한, 등정각자들, 그 모든 세존들께서는 5개(五蓋)[14]를 버리고, 마음의 번뇌들[心隨煩惱][15]을 통찰하여 제거하고, 4념처(四念處)에 잘 자리 잡은 마음으로 7각지(七覺支)를 여법하게 닦아 익힌 후에 무상(無上)의 등정각(等正覺)[16]을 원만하게 깨달으셨습니다. 세존이시여, 미래에 존재할 아라한, 등정각자들, 그 모든 세존들께서도 5개(五蓋)를 버리고, 마음의 번뇌들[心隨煩惱]을 통찰하여 제거하는 4념처(四念處)에 잘 자리 잡은 마음이 7각지를 여법하게 닦아 익힌 후에 무상(無上)의 등정각(等正覺)을 원만하게 깨달을 것입니다. 세존이시여, 현재 아라한, 등정각자(等正覺者)이신 세존께서도 5개(五蓋)를 버리고, 마음의 번뇌들[心隨煩惱]을 통찰하여, 번뇌를 제거하는 4념처(四念處)에 잘 자리 잡은 마음이 7각지를 여법하게 닦아 익힌[修習] 후에 무상(無上)의 등정각(等正覺)을 원만하게 깨달으셨습니다."

---

14  다섯 가지 번뇌. 탐(貪), 진(瞋), 치(癡), 만(慢), 의(疑).

15  'cetaso upakkilese'의 번역.

16  'sammā-sambodhi'의 번역.

**| 1. 18. |** 세존께서는 나란다에서 빠와리깜바와나에 머물면서 비구들에게 참으로 이러한 많은 설법을 하셨습니다. 계행(戒行)은 이런 것이다. 삼매(三昧)는 이런 것이다. 반야(般若)는 이런 것이다. 계행을 두루 실천하면 삼매라는 큰 과보와 큰 공덕이 있고, 삼매를 두루 닦으면 반야라는 큰 과보와 큰 공덕이 있고, 반야가 충만한 마음은 모든 번뇌[漏], 즉 욕루(欲漏), 유루(有漏), 견루(見漏), 무명루(無明漏)에서 바르게 해탈한다. 이런 내용의 설법이었습니다.

**| 1. 19. |** 세존께서는 나란다에서 적절하게 머무신 후에 아난다 존자에게 분부했습니다.

"아난다여, 가자! 이제 빠딸리가마(Pāṭaligāma)로 가자."

"예, 세존이시여!"

아난다 존자는 세존에게 이렇게 대답했습니다.

세존께서는 큰 비구 승가와 함께 빠딸리가마에 도착했습니다.

**| 1. 20. |** 빠딸리가마의 청신사(淸信士)들은 세존께서 방금 빠딸리가마에 도착하셨다는 말을 들었습니다. 그래서 빠딸리가마의 청신사들은 세존에게 가서 세존께 예배하고 한쪽에 앉았습니다. 한쪽에 앉은 빠딸리가마의 청신사들은 세존께 "세존이시여, 별장(別莊)[17]에 머물러 주시옵소서"라고 말씀드렸습니다. 세존께서는 침묵으로 승낙하셨습니다.

---

17 'āvasathâgāra'는 휴식처를 의미하는 'āvasatha'와 가옥을 의미하는 'agāra'의 합성어로서 휴식을 하기 위한 집을 의미한다. 당시 빠딸리가마에는 항상 릿차위왕과 마가다왕의 종자들이 와서 지주를 쫓아내고 반달이나 한 달을 살면서 사람들을 괴롭혔다고 한다. 그래서 주민들이 머물 곳으로 마을 한가운데 큰 집을 짓고 사용했다고 한다. (전재성 역, 『신들과 인간의 스승』, p. 280. 각주 489 참조.) 여기에서는 별장으로 번역했다.

**| 1. 21. |**　빠딸리가마의 청신사들은 세존께서 승낙하신 것을 알고 자리에서 일어나 세존께 예배하고, 오른쪽으로 세 번을 돈 후에 별장으로 가서 별장에 갖추어야 할 모든 것을 준비했습니다. 자리를 마련하고, 물통을 놓고, 기름등을 설치한 후에 세존에게 가서 세존께 예배하고 한쪽에 섰습니다. 빠딸리가마의 청신사들은 한쪽에 서서 세존에게 말씀드렸습니다.

"세존이시여, 별장에 갖추어야 할 모든 것을 준비했습니다. 자리가 마련되었고, 물통이 놓였으며, 기름등이 설치되었습니다. 세존이시여, 세존께서 지금 가실 때가 되었습니다."

**| 1. 22. |**　그래서 세존께서는 옷을 입고, 발우와 법의(法衣)를 들고, 비구 승가와 함께 별장으로 가셨습니다. 별장에 도착하여 발을 씻고, 별장으로 들어가서 중앙의 기둥에 의지해 동쪽을 향해 앉으셨습니다. 비구 승가도 발을 씻고, 별장에 들어가서 뒤에 있는 벽에 의지해 동쪽을 향해 세존을 앞에 모시고 앉았습니다.

**| 1. 23. |**　그러자 세존께서 빠딸리가마의 청신사들에게 말씀하셨습니다.

"거사(居士)들이 계(戒)를 어기고, 계에서 벗어나면 다섯 가지 재난이 있소. 그 다섯 가지는 어떤 것인가? 거사들이 계를 어기고 계에서 벗어나면, 방일(放逸)의 결과로 많은 재물의 손실을 보게 된다오. 이것이 계를 어기고 계에서 벗어나면 겪게 되는 첫째 재난이오. 다음으로, 계를 어기고, 계에서 벗어난 거사들은 악명(惡名)이 높아진다오. 이것이 계를 어기고 계에서 벗어나면 겪게 되는 둘째 재난이오. 다음으로, 계를 어기고 계에서 벗어난 거사들은 크샤트리아의 모임이든, 바라문의 모임이든, 거사의 모임이든, 사문의 모임이든, 모임에 가면 자신이 없고 수치스럽다오. 이것이 계를 어기고 계에서 벗어나면 겪게 되는 셋째 재난이오. 다음으로, 계를 어기고 계에서 벗어난 거사들은 혼미한 상태로 죽는다오. 이것이 계를 어기고 계에서 벗어나면 겪게 되는 넷째 재난이오. 다음으로, 계를 어기고, 계에서 벗어난 거사들은 몸이 무너져 죽은 후에 험난하고 고통스러운 지옥과 같은 악취(惡趣)에 태어난다오. 이것이 계를 어기고 계에서 벗어나면 겪게 되는 다섯째 재난이오.

**| 1. 24. |**　거사들이 계를 지니고 계를 실천하면 다섯 가지 이익이 있소. 그 다섯 가지는 어떤 것인가? 계를 지니고 계를 실천한 거사들은 방일(放逸)하지 않은 결과로 많은 재물을 얻게 된다오. 이것이 계를 지니고, 계를 실천하면 얻게 되는 첫째 이익이오. 다음으로, 계를 지니고, 계를 실천한 거사들은 명성(名聲)이 높아진다오. 이것이 계를 지니고 계를 실천하면 얻게 되는 둘째 이익이오. 다음으로, 계를 지니고 계를 실천한 거사들은 크샤트리아의 모임이든, 바라문의 모임이든, 거사의 모임이든, 사문의 모임이든, 모임에 가면 자신이 있고, 부끄럽지 않다오. 이것이 계를 지니고 계를 실천하면 얻게 되는 셋째 이익이오. 다음으로, 계를 지니고, 계를 실천한 거사들은 혼미하지 않은 상태로 죽는다오. 이것이 계를 지니고 계를 실천하면 얻게 되는 넷째 이익이오. 다음으로, 계를 지니고 계를 실천한 거사들은 몸이 무너져 죽은 후에 천상 세계와 같은 좋은 곳[善趣]에 태어난다오. 이것이 계를 지니고 계를 실천하면 얻게 되는 다섯째 이익이오."

**| 1. 25. |**　세존께서는 저녁에 빠딸리가마의 청신사들에게 많은 법어(法語)로 가르치고, 격려하고, 장려하고, 고무하신 후에, "훌륭한 거사들이여, 밤이 늦었으니 이제 돌아가십시오"라고 권유하시었습니다. "그렇

게 하겠습니다. 세존이시여!"라고 빠딸리가마의 청신사들은 세존께 대답한 후에, 자리에서 일어나 세존에게 예배하고, 오른쪽으로 [세 번을] 돈 다음 떠났습니다. 세존께서는 빠딸리가마의 청신사들이 떠나가자 곧 빈 집으로 들어가셨습니다.

**▌1. 26.▐** 그때 마가다의 대신(大臣) 쑤니다 왓싸까라(Sunīdha Vassakāra)가 왓지를 물리치기 위하여 빠딸리가마에 성(城)을 건설하고 있었습니다. 그때 수천의 천신(天神)들이 빠딸리가마에서 땅을 지키고 있었습니다. 위력이 큰 천신들이 땅을 지키고 있는 지역에는 위력이 큰 왕의 대신들이 집을 짓기로 마음먹고, 중간의 천신들이 땅을 지키고 있는 지역에는 중간 대신들이 집을 짓기로 마음먹고, 낮은 천신들이 땅을 지키고 있는 지역에는 낮은 대신들이 집을 짓기로 마음먹고 있었습니다.

**▌1. 27.▐** 세존께서는 인간을 초월한 청정한 천안(天眼)으로 수천의 천신들이 빠딸리가마에서 땅을 지키고 있는 것을 보았습니다. 세존께서는 어두운 새벽에 일어나시어 아난다 존자에게 말씀하셨습니다.

"아난다여, 누가 빠딸리가마에 성을 건설하는가?"

"세존이시여, 마가다의 대신 쑤니다 왓싸까라가 왓지를 물리치기 위하여 빠딸리가마에 성을 건설하고 있습니다."

**▌1. 28.▐** "아난다여, 33천(三十三天)[18]의 천신들과 협의라도 한 듯이, 아난다여, 이와 같이 마가다의 대신 쑤니다 왓싸까라가 왓지를 물리치기 위하여 빠딸리가마에 성을 건설하는구나. 아난다여 나는 인간을 초월한 청정한 천안으로 수천의 천신들이 빠딸리가마에서 땅을 지키고 있

---

18 도리천(忉利天)

는 것을 보았다. 위력이 큰 천신들이 땅을 지키고 있는 지역에는 위력이 큰 왕의 대신들이 집을 짓기로 마음먹고, 중간의 천신들이 땅을 지키고 있는 지역에는 중간 대신들이 집을 짓기로 마음먹고, 낮은 천신들이 땅을 지키고 있는 지역에는 낮은 대신들이 집을 짓기로 마음먹고 있다. 아난다여, 성역(聖域)이 되고, 무역(貿易)을 할 정도로, 이곳은 재화(財貨)가 모이는 최상의 도시 빠딸리뿟따(Pāṭaliputta)[19]가 될 것이다. 아난다여, 그렇지만 빠딸리뿟따에는 화재(火災)와 수재(水災)와 반목투쟁(反目鬪爭)의 세 가지 재난(災難)이 있을 것이다.”[20]

**| 1. 29. |** 　그때 마가다의 대신 쑤니다 왓싸까라가 세존을 찾아와서 세존께 정중하게 인사하고, 공손한 인사말을 나눈 후에 한쪽에 섰습니다. 한쪽에 선 마가다의 대신 쑤니다 왓싸까라가 세존에게 이렇게 말했습니다.

　　“고따마 존자께서는 비구 승가와 함께 오늘 공양을 승낙해주십시오.”

　　세존께서는 침묵으로 승낙하셨습니다.

**| 1. 30. |** 　마가다의 대신 쑤니다 왓싸까라는 세존께서 승낙하신 것을 알고 자기 집으로 갔습니다. 집에 가서 단단하고 부드러운 갖가지 훌륭한 음식을 마련하도록 한 후에 세존에게 때를 알렸습니다.

---

19　빠딸리가마에 새로 건설한 성이기 때문에 빠딸리의 아들이라는 의미로 '빠딸리뿟따'라고 하는 것 같다. 후일 새로 건립된 도시는 빠딸리뿌뜨라(Paṭaliputra)로 불리게 되며, 마우리야(Mauriya) 왕조와 굽따(Gupta) 왕조 등 역대 통일 왕조의 수도가 되었다. 현재 인도 비하르주(州)의 주도(州都)인 빠뜨나(Patna)이다.

20　빠딸리뿟따가 귀족들이 모여 사는 상거래의 중심 도시가 되어 재화가 모이는 최상의 도시로 번성하겠지만, 왓지를 공격하기 위해 건립하기 때문에 여러 재난을 겪게 될 것이라는 의미이다.

"고따마 존자여, 때가 되었습니다. 공양이 준비되었습니다."

그래서 세존께서는 오전에 옷을 입고, 발우와 법의(法衣)를 들고, 비구 승가와 함께 마가다의 대신 쑤니다 왓싸까라의 집으로 가서 마련된 자리에 앉으셨습니다. 마가다의 대신 쑤니다 왓싸까라는 부처님을 비롯한 비구 승가를 단단하고 부드러운 갖가지 훌륭한 음식으로 손수 시중을 들며 만족시켰습니다. 마가다의 대신 쑤니다 왓싸까라는 세존께서 공양을 마치고 발우에서 손을 떼시자 아래에 있는 다른 자리로 가서 한쪽에 앉았습니다.

**1. 31.** 세존께서는 한쪽에 앉아 있는 마가다의 대신 쑤니다 왓싸까라를 다음과 같은 게송으로 기쁘게 했습니다.

어느 지역에서 살아가든 현명하게 태어난 사람은
그곳에서 계행을 갖춘 제어된 수행자를 공양한다네.

그때 그들이 공양을 바치는 것을 보고
천신들은 그를 공경하고 존경한다네.
어미가 자식을 연민하듯이 천신들은 그를 연민하나니
천신들이 연민하는 사람은 언제나 좋은 일[吉祥]을 본다네.

세존께서는 마가다의 대신 쑤니다 왓싸까라를 이러한 게송으로 기쁘게 하신 후에 자리에서 일어나 그곳을 떠났습니다.

**1. 32.** 그때 마가다의 대신 쑤니다 왓싸까라는 세존의 뒤를 따르면서 말했습니다.

"오늘 사문 고따마께서 나가시는 문은 이름이 '고따마 문'이 될 것이고, 강가(Gaṅga)강[21]을 건너시는 나루는 '고따마 나루'가 될 것이다."

그래서 세존께서 나가신 문은 그 이름이 '고따마 문'이 되었습니다.

**|1.33.|** 세존께서는 강가강으로 갔습니다. 그때 강가강은 물이 강둑까지 차올랐습니다. 강을 건너기 위해 어떤 사람들은 배를 찾고, 어떤 사람들은 뗏목을 구하고, 어떤 사람들은 뗏목을 묶고 있었습니다. 그런데 세존께서는 마치 건장한 사람이 구부린 팔을 펴거나, 편 팔을 구부리듯이 이와 같이 삽시간에 이쪽 언덕에서 사라져 저쪽 언덕에 비구승가와 함께 나타나셨습니다.

**|1.34.|** 세존께서는 강을 건너기 위해 배를 찾고, 뗏목을 구하고, 뗏목을 묶는 사람들을 보았습니다. 세존께서는 그들이 건널 방도를 구하는 것을 아시고, 그때 이 우다나[22]를 읊으셨습니다.

다리를 만들어 작은 늪지들을 버리고
강과 호수를 건너는 사람들은,
[세상] 사람이 뗏목을 묶고 있는 동안,
지혜로운 그 사람들은 이미 건넜다네.[23]

---

21  갠지스강.
22  'udāna'. 감흥(感興)의 시(詩).
23  세상 사람들은 고난을 극복하기 어렵지만, 지혜로운 사람은 다리를 건너듯이 쉽게 고난을 극복한다는 뜻.

**【2. 1.】** 세존께서 아난다 존자에게 분부했습니다.

"아난다여, 가자! 이제 꼬띠가마(Koṭigāma)로 가자."

"예, 세존이시여!"

아난다 존자는 세존에게 이렇게 대답했습니다.

세존께서는 큰 비구 승가와 함께 꼬띠가마에 도착했습니다. 세존께서는 바로 그 꼬띠가마에 머무셨습니다.

**【2. 2.】** 그곳에서 세존께서 비구들에게 말씀하셨습니다.

"비구들이여, 나와 그대들은 4성제(四聖諦)를 자각하지 못하고 이해하지 못했기 때문에 이와 같이 긴 세월을 흘러 다니고 돌아다녔다오.[24] 네 가지는 어떤 것인가? 비구들이여, 나와 그대들은 고성제(苦聖諦)를 자각하지 못하고 이해하지 못했기 때문에 이와 같이 긴 세월을 흘러 다니고, 돌아다녔다오. 비구들이여, 나와 그대들은 고집성제(苦集聖諦), 고멸성제(苦滅聖諦), 고멸도성제(苦滅道聖諦)를 자각하지 못하고, 이해하지 못했기 때문에 이와 같이 긴 세월을 흘러 다니고, 돌아다녔다오. 비구들이여, 나와 그대들은 고성제를 자각하고 이해했으며, 고집성제, 고멸성제, 고멸도성제를 자각하고 이해했소. 존재로 이끄는[25] 존재에 대한 갈애[有愛][26]는 부서지고 소멸하여 이제 이후의 존재[後有][27]는 없소."

---

24  'sandhāvitaṃ saṃsaritaṃ'의 번역. 'sandhāvitaṃ'은 생사유전(生死流轉)으로, 'saṃsaritaṃ'은 생사윤회(生死輪廻)로 번역된다.

25  'bhava-netti'의 번역.

26  'bhava-taṇha'의 번역.

27  'punabbhava'의 번역.

▌**2. 3.** ▌ 세존께서는 이 말씀을 하시었습니다. 이 말씀을 하시고 나서, 우리의 스승이신 선서(善逝)께서는 다시 이런 말씀을 하셨습니다.

> 4성제(四聖諦)를 여실(如實)하게 통찰하지 못했기에
> 긴 세월을 여기저기 태어남에 의존했네.
> 4성제를 보고서 존재로 이끄는 것[渴愛]이 제거되었으니,
> 이제는 괴로움의 뿌리가 끊어져 이후에는 존재[後有]가 없다네.

▌**2. 4.** ▌ 세존께서는 꼬띠가마에 머무시면서 비구들에게 참으로 이러한 많은 설법을 하셨습니다. 계행(戒行)은 이런 것이다. 삼매(三昧)는 이런 것이다. 반야(般若)는 이런 것이다. 계행을 두루 실천하면 삼매라는 큰 과보와 큰 공덕이 있고, 삼매를 두루 닦으면 반야라는 큰 과보와 큰 공덕이 있고, 반야가 충만한 마음은 모든 번뇌[漏], 즉 욕루(欲漏), 유루(有漏), 견루(見漏), 무명루(無明漏)에서 바르게 해탈한다. 이런 내용의 설법이었습니다.

▌**2. 5.** ▌ 세존께서는 꼬띠가마에서 적절하게 머무신 후에 아난다 존자에게 분부했습니다.

"아난다여, 가자! 이제 나디까(Nādikā)로 가자."

"예, 세존이시여!"

아난다 존자는 세존에게 이렇게 대답했습니다.

세존께서는 큰 비구 승가와 함께 나디까에 도착했습니다. 세존께

서는 나디까에서 긴자까와싸타(Giñjakâvasatha)[28] 정사(精舍)에 머무셨습니다.

▌2. 6. ▐ 그때 아난다 존자가 세존을 찾아와서 세존에게 예배하고 한쪽에 앉았습니다. 아난다 존자는 한쪽에 앉아서 세존께 말씀드렸습니다.

"세존이시여, 나디까에서 죽은 비구 쌀하(Sāḷha)는 어느 곳으로 갔으며, 그의 내세(來世)는 어떠합니까? 세존이시여, 나디까에서 죽은 비구니 난다(Nandā)와, 청신사 쑤닷따(Sudatta)와, 청신녀 쑤자따(Sujātā), 그리고 청신사 꾸꾸다(Kukudha), 깔링가(Kāliṅga), 니까따(Nikaṭa), 까띳싸바(Kaṭissabha), 뜻타(Tuṭṭha), 싼뜻타(Santuṭṭha), 밧다(Bhadda), 쑤밧다(Subhadda)는 각각 어느 곳으로 갔으며, 그들의 내세(來世)는 어떠합니까?"

▌2. 7. ▐ "아난다여, 쌀하 비구는 여러 번뇌[漏][29]들을 지멸(止滅)함으로써, 지금 여기에서 무루(無漏)의 심해탈(心解脫)과 혜해탈(慧解脫)을 몸소 체험하고, 작증(作證)하고, 성취하여 살았다. 아난다여, 난다 비구니는 다섯 가지 낮은 단계의 결박[五下分結][30]이 감소하여 화생(化生)한 아나함(阿那含)[31]으로서 그 세계에서 바로 반열반(般涅槃)했다. 아난다여,

---

28  'Giñjaka'는 '기와'를 의미하고 'āvasatha'는 '집'을 의미하므로 '기와집'이라는 뜻이다. 신심 깊은 나디까의 주민들이 부처님에게 지어준 정사(精舍)라고 한다.

29  'āsava'의 번역.

30  'pañca orambhāgiyāni saṃyojanāni'의 번역. 유신견(有身見), 의심(疑心), 계금취(戒禁取), 욕탐(欲貪), 분노(憤怒) 등 다섯 가지 번뇌를 의미함.

31  'anāvatti-dhamma'의 번역. 'āvattin'은 '방향을 바꾸는'의 의미이다. 따라서 'anāvattin'은 '방향을 바꾸지 않는'이라는 의미에서 '돌아오지 않는'으로 해석한다. 성문(聲聞)의 사과(四果) 가운데 둘째인 불환과(不還果)이다. 'anāvattin'은 불퇴전(不退轉)으로 번역되기도 한다.

쑤닷따 청신사는 세 가지 결박(三結)이 감소하여 탐냄과 성냄과 어리
석음[32]을 소멸한 사다함(斯陀含)[33]으로서 이 세계에 돌아와서 괴로움을
끝낸다. 아난다여, 쑤자따 청신녀는 세 가지 결박이 감소하여 악취(惡
趣)에 떨어지지 않는 수다원(須陀洹)[34]으로서 결국은 정각(正覺)[35]을 성
취하도록 결정되어 있다.

아난다여, 청신사 꾸꾸다, 깔링가, 니까따, 까띳싸바, 뜻타, 싼뜻타,
밧다, 쑤밧다는 다섯 가지 낮은 단계의 결박[五下分結]이 감소하여 화생
한 아나함으로서 그 세계에서 바로 반열반(般涅槃)했다.

아난다여, 나디까에서 죽은 50여 명의 청신사들은 다섯 가지 낮은
단계의 결박[五下分結]이 감소하여 화생한 아나함으로서 그 세계에서 바
로 반열반(般涅槃)했다. 아난다여, 나디까에서 죽은 90여 명의 청신사들
은 세 가지 결박[三結]이 감소하여 탐냄과 성냄과 어리석음을 소멸한 사
다함으로서 이 세계에 와서 괴로움을 끝낸다. 아난다여, 나디까에서 죽
은 500여 명의 청신사들은 세 가지 결박이 감소하여 악취에 떨어지지
않는 수다원으로서 결국은 정각(正覺)을 성취하도록 결정되어 있다.

**▌2. 8. ▌** 아난다여, 태어난 사람이 죽는다는 것은 놀랄 일이 아니다. 만
약 사람이 죽을 때마다 여래를 찾아와서 이런 일을 묻는다면, 아난다
여, 그것은 여래에게 성가신 일이다. 아난다여, 그러므로 이제 나는 '법

---

32  'rāga-dosa-moha'의 번역.
33  'sakadāgāmin'의 번역. 성문(聲聞)의 사과(四果) 가운데 셋째인 일래과(一來果).
34  'sotâpanna'의 번역. 성문(聲聞)의 사과(四果) 가운데 넷째인 예류과(預流果).
35  'sambodhi'의 번역.

의 거울[法鏡]'[36]이라는 법문(法門)을 설하고자 한다. 이것을 구족한 성자(聖者)의 제자는 원한다면 '나는 지옥을 파괴했고, 축생의 자궁을 파괴했고, 아귀의 세계를 파괴했고, 괴롭고 험난한 악취(惡趣)를 파괴했다. 나는 수다원으로서 결국은 정각(正覺)을 성취하도록 결정되어 있다'라고 스스로 자신을 해명할 수 있을 것이다.

**2. 9.** 아난다여, '법의 거울' 법문이란 어떤 것인가? 아난다여, 성자(聖者)의 제자는 붓다(Buddha)에 대하여, '세존은 아라한[應供]이시며, 평등하고 바른 깨달음을 이룬 분[等正覺]이시며, 밝은 앎과 덕행을 구족한 분[明行足]이시며, 행복한 분[善逝]이시며, 세간을 아는 분[世間解]이시며, 위없는 분[無上士]이시며, 사람을 길들이는 분[調御丈夫]이시며, 천신과 인간들의 스승[天人師]이시며, 깨달은 분[佛]이시며, 세존(世尊)이시다'라고 확고하고 청정한 믿음을 갖는다. 그는 가르침에 대하여 '세존께서 잘 가르치신 가르침[法]은 지금 여기에서, 즉시, '와서 보라'고 할 수 있으며, 현자들이 몸소 체험하는 데 도움이 되는 것이다'라고 확고하고 청정한 믿음을 갖는다. 그는 승가(僧伽)에 대하여, '세존의 성문승가(聲聞僧伽)는 좋은 수행을 하고, 올바른 수행을 하고, 이치에 맞는 수행을 하고, 화합(和合)한다. 사쌍팔배(四雙八輩)[37]는 세존의 성문승가(聲聞僧伽)[38]로서 존경받고 환대받고 공양받아 마땅하며, 합장 공경해

---

36 'dhammâdāsa'의 번역.

37 'sāvaka-saṃgha'의 번역.

38 수행을 통해 얻게 되는 네 가지 과위(果位)에 각각 향(向)과 득(得)이 있어서 사쌍(四雙)이 되고, 이들을 팔배(八輩)라고 한다. 즉, 향수다원(向須陀洹), 득수다원(得須陀洹), 향사다함(向斯陀含), 득사다함(得斯陀含), 향아나함(向阿那含), 득아나함(得阿那含), 향아라한(向阿羅

야 하는 위없는 세간(世間)의 복전(福田)이다'라고 확고하고 청정한 민음을 갖는다. 그는 완전하게, 빈틈없이, 흠 없이, 청정하게, 자유롭게, 방해받지 않고, 집착하지 않고, 삼매에 도움이 되도록 성자가 행한 계행(戒行)[39]을 구족한다.

아난다여, 이것이 '법의 거울' 법문이다. 이것을 구족한 성자의 제자는 원한다면 '나는 지옥을 파괴했고, 축생의 자궁을 파괴했고, 아귀의 세계를 파괴했고, 괴롭고 험난한 악취(惡趣)를 파괴했다. 나는 수다원(須陀洹)으로서 결국은 정각(正覺)을 성취하도록 결정되어 있다'라고 스스로 자신을 해명할 수 있을 것이다."

**| 2. 10. |** 세존께서는 나디까에서 긴자까와싸타 정사에 머물면서 비구들에게 참으로 이러한 많은 설법을 하셨습니다. 계행(戒行)은 이런 것이다. 삼매(三昧)는 이런 것이다. 반야(般若)는 이런 것이다. 계행을 두루 실천하면 삼매라는 큰 과보와 큰 공덕이 있고, 삼매를 두루 닦으면 반야라는 큰 과보와 큰 공덕이 있고, 반야가 충만한 마음은 모든 번뇌[漏], 즉 욕루(欲漏), 유루(有漏), 견루(見漏), 무명루(無明漏)에서 바르게 해탈한다. 이런 내용의 설법이었습니다.

**| 2. 11. |** 세존께서는 나디까에서 적절하게 머무신 후에 아난다 존자에게 분부했습니다.

"아난다여, 가자! 이제 웨쌀리로 가자."

"예, 세존이시여!"

---

漢), 득아라한(得阿羅漢)을 사쌍팔배(四雙八輩)라고 한다.
39 'sīla'의 번역.

아난다 존자는 세존에게 이렇게 대답했습니다.

세존께서는 큰 비구 승가와 함께 웨쌀리에 도착했습니다. 세존께서는 웨쌀리에서 암바빨리(Ambapāli) 원림(園林)에 머무셨습니다.

**2. 12.** 그곳에서 세존께서 비구들에게 말씀하셨습니다.

"비구들이여, 비구는 주의집중을 하고 알아차리며 살아야 하오. 이것이 그대들을 위한 나의 가르침이오.

비구들이여, 비구는 어떻게 주의집중을 하는가? 비구는 몸[身][40]을 관찰하며 몸에 머물면서, 열심히 주의집중을 하고 알아차려 세간에 대한 탐욕과 불만을 제거해야 하오. 감정[受][41]을 관찰하며 감정에 머물면서, 열심히 주의집중을 하고 알아차려, 세간에 대한 탐욕과 불만을 제거해야 하오. 마음[心][42]을 관찰하며 마음에 머물면서, 열심히 주의집중을 하고 알아차려 세간에 대한 탐욕과 불만을 제거해야 하오. 법[43]을 관찰하며 법에 머물면서, 열심히 주의집중을 하고 알아차려 세간에 대한 탐욕과 불만을 제거해야 하오. 비구들이여, 비구는 이와 같이 주의집중을 해야 하오.

**2. 13.** 비구들이여, 비구는 어떻게 알아차리는가? 비구들이여, 비구는 나아가고 물러날 때 알아차리고 행동하며, 바라보고 돌아볼 때 알아차리고 행동하며, 구부리고 펼 때 알아차리고 행동하며, 가사(袈裟)와

---

40  'kāya'의 번역.

41  'vedanā'의 번역.

42  'citta'의 번역.

43  'dhamma'의 번역.

발우와 승복을 지닐 때 알아차리고 행동하며, 먹고 마시고 씹고 맛볼 때 알아차리고 행동하며, 대소변을 볼 때 알아차리고 행동하며, 가고, 서고, 앉고, 자고, 깨고, 말하고, 침묵할 때 알아차리고 행동한다오. 비구들이여, 비구는 이와 같이 알아차려야 하오.

비구들이여, 비구는 주의집중을 하고 알아차리며 살아야 하오. 이것이 그대들을 위한 나의 가르침이오."

**┃ 2. 14. ┃** 기녀(妓女) 암바빨리(Ambapālī)는 "세존께서 지금 웨쌀리에 도착하여 자신의 망고 숲에 머물고 계신다"는 말을 들었습니다. 그래서 기녀 암바빨리는 훌륭한 수레들을 마련한 후에, 훌륭한 수레에 올라, 훌륭한 수레를 타고 웨쌀리를 나서 자신의 원림(園林)으로 향했습니다. 그녀는 수레로 갈 수 있는 곳까지는 수레로 간 후에, 수레에서 내려 걸어서 세존에게 갔습니다. 그녀는 세존에게 예배한 후에 한쪽에 앉았습니다. 한쪽에 앉은 기녀 암바빨리를 세존께서는 여법한 말씀으로 가르치고, 격려하고, 장려하고, 기쁘게 하셨습니다.

세존으로부터 가르침을 받고 기뻐하면서, 기녀 암바빨리는 세존에게 이렇게 말씀드렸습니다.

"세존이시여, 세존께서는 비구 승가와 함께 내일 저의 공양을 받아주시옵소서."

세존께서는 침묵으로 승낙하셨습니다. 기녀 암바빨리는 세존께서 승낙하신 것을 알고, 자리에서 일어나 세존께 예배한 후에 오른쪽으로 [세 번] 돌고 떠나갔습니다.

**| 2. 15. |** 웨쌀리에 사는 릿차위(Licchavi)[44]들은 "세존께서 지금 웨쌀리에 도착하여 암바빨리 원림에 머물고 계신다"는 말을 들었습니다. 그래서 릿차위들은 훌륭한 수레들을 마련한 후에, 훌륭한 수레에 올라, 훌륭한 수레를 타고 웨쌀리를 나섰습니다. 그때 어떤 릿차위들은 푸른색으로 화장을 하고, 푸른색 옷을 입고, 푸른색 장신구를 하고 있어 푸른색이었고, 어떤 릿차위들은 노란색으로 화장을 하고, 노란색 옷을 입고, 노란색 장신구를 하고 있어 노란색이었고, 어떤 릿차위들은 붉은색 화장을 하고, 붉은색 옷을 입고, 붉은색 장신구를 하고 있어 붉은색이었고, 어떤 릿차위들은 흰색 화장을 하고, 흰색 옷을 입고, 흰색 장신구를 하고 있어 흰색이었습니다.

**| 2. 16. |** 그때 기녀 암바빨리가 [수레를 급히 몰다가] 젊은 릿차위들의 차축(車軸)을 차축으로, 바퀴를 바퀴로, 멍에를 멍에로 부딪쳤습니다. 그러자 릿차위들이 기녀 암바빨리에게 말했습니다.

"여보게! 암바빨리여, 그대는 왜 젊은 릿차위들의 차축을 차축으로, 바퀴를 바퀴로, 멍에를 멍에로 부딪치는 것인가?"

"귀공자들이시여, 정말이지, 제가 세존을 비구 승가와 함께 내일 저의 공양에 초대했답니다."

"여보게! 암바빨리여, 10만 냥에 그 공양을 넘기게."

"귀공자들이시여, 여러분께서 저에게 웨쌀리를 영지(領地)와 함께 준다고 해도, 저는 이러한 큰 공양을 넘겨드릴 수 없습니다."

그러자 그 릿차위들은 "여보게, 천한 여인에게 우리가 졌네. 여보

---

44  왓지(Vajji)국의 종족 이름, 웨쌀리는 왓지의 수도이며, 왓지는 릿차위족의 나라이다.

게, 천한 여인에게 우리가 넘어갔네"라고 손가락을 튕기면서 아쉬워했습니다.

그 릿차위들은 암바빨리 원림으로 나아갔습니다.

**| 2. 17. |** 세존께서는 멀리서 그 릿차위들이 오는 것을 보시고 비구들에게 말씀하셨습니다.

"비구들이여, 비구들 가운데 도리천(忉利天)의 천신들을 보지 못한 사람들은 릿차위 무리를 보도록 하시오. 비구들이여, 릿차위 무리를 살펴보시오. 비구들이여, 릿차위 무리를 견주어 도리천의 무리로 보시오."

**| 2. 18. |** 릿차위들은 수레로 갈 수 있는 곳까지는 수레로 간 후에, 수레에서 내려 걸어서 세존에게 갔습니다. 릿차위들은 세존에게 예배한 후에 한쪽에 앉았습니다. 한쪽에 앉은 릿차위들을 세존께서는 여법한 말씀으로 가르치고, 격려하고, 장려하고, 기쁘게 하셨습니다.

세존으로부터 가르침을 받고 기뻐하면서, 릿차위들은 세존에게 이렇게 말씀드렸습니다.

"세존이시여, 세존께서는 비구 승가와 함께 내일 우리의 공양을 받아주시옵소서."

"릿차위들이여, 나는 내일 기녀 암바빨리의 공양을 받기로 승낙했소."

그러자 그 릿차위들은 "여보게, 천한 여인에게 우리가 졌네. 여보게, 천한 여인에게 우리가 넘어갔네"라고 손가락을 튕기면서 아쉬워했습니다.

그 릿차위들은 세존의 말씀에 기뻐하고, 만족하고서 자리에서 일어나 세존께 예배한 후에 오른쪽으로 [세 번] 돌고 떠나갔습니다.

**| 2. 19. |** 기녀 암바빨리는 그날 밤새 자신의 원림(園林)에 단단하고 부

드러운 갖가지 훌륭한 음식을 마련한 후에 세존께 알렸습니다.

"세존이시여, 공양이 준비되었습니다."

세존께서는 오전에 옷을 입고, 발우와 법의(法衣)를 들고, 비구 승가와 함께 기녀 암바빨리의 집으로 가서 마련된 자리에 앉으셨습니다. 기녀 암바빨리는 부처님을 비롯한 비구 승가를 단단하고 부드러운 갖가지 훌륭한 음식으로 손수 시중을 들며 만족시켰습니다. 기녀 암바빨리는 세존께서 공양을 마치고 발우에서 손을 떼시자 아래에 있는 다른 자리로 가서 한쪽에 앉았습니다.

기녀 암바빨리는 한쪽에 앉아 세존에게 이렇게 말했습니다.

"세존이시여, 저는 이 원림을 부처님을 비롯한 비구 승가에 바치고자 합니다."

세존께서는 원림을 받으셨습니다. 세존께서는 기녀 암바빨리를 여법한 말씀으로 가르치고, 격려하고, 장려하고, 기쁘게 하신 후에 자리에서 일어나 그곳을 떠났습니다.

|2.20.| 세존께서는 웨쌀리에서 암바빨리 원림에 머물면서 비구들에게 참으로 이러한 많은 설법을 하셨습니다. 계행(戒行)은 이런 것이다. 삼매(三昧)는 이런 것이다. 반야(般若)는 이런 것이다. 계행을 두루 실천하면 삼매라는 큰 과보와 큰 공덕이 있고, 삼매를 두루 닦으면 반야라는 큰 과보와 큰 공덕이 있고, 반야가 충만한 마음은 모든 번뇌[漏], 즉 욕루(欲漏), 유루(有漏), 견루(見漏), 무명루(無明漏)에서 바르게 해탈한다. 이런 내용의 설법이었습니다.

|2.21.| 세존께서는 암바빨리 원림에서 적절하게 머무신 후에 아난다 존자에게 분부했습니다.

"아난다여, 가자! 이제 벨루와가마까(Veluvagāmaka)로 가자."

"예, 세존이시여!"

아난다 존자는 세존에게 이렇게 대답했습니다.

세존께서는 큰 비구 승가와 함께 벨루와가마까에 도착하여 벨루와가마까에 머무셨습니다.

**❙ 2. 22. ❙** 그곳에서 세존께서 비구들에게 말씀하셨습니다.

"비구들이여, 그대들은 모두 웨쌀리에서 친구나 지인이나 동료를 따라 우기(雨期) 안거(安居)에 들어가도록 하시오. 나는 벨루와가마까에서 우기 안거에 들어가겠소."

그 비구들은 "그렇게 하겠습니다. 세존이시여!"라고 대답하고 모두 웨쌀리에서 친구나 지인이나 동료를 따라 우기 안거에 들었고, 세존께서는 벨루와가마까에서 우기 안거에 드시었습니다.

**❙ 2. 23. ❙** 그런데 안거 중에 세존에게 심한 병이 생겨서 죽을 정도로 극심한 고통이 생겼습니다. 세존께서는 주의집중과 알아차림으로 괴로워하지 않고 참아냈습니다.

그때 세존께서는 이렇게 생각하셨습니다.

'내가 시자(侍者)에게 알리지 않고, 비구 승가에 작별인사도 없이 반열반(般涅槃)에 든다면,[45] 그것은 적절치 않다. 정진(精進)하여 이 병을 내쫓고, 살려는 의지[46]를 가지고 머무는 것이 어떨까?'

그래서 세존께서는 정진하여 그 병을 내쫓고, 생명을 유지하려는

---

45 'parinibbayeyyaṃ'의 번역.

46 'jīvita-saṃkhāra'의 번역. 'jīvita-saṃkhāra'는 죽지 않고 살려는 의지를 의미한다.

의지를 가지고 머무셨습니다. 세존의 병은 진정되었습니다.

**┃2. 24.┃** 세존께서는 병에서 회복되시자 곧 병실에서 나와 승원의 그늘에 마련된 자리에 앉아계셨습니다. 그때 아난다 존자가 세존을 찾아와서 예배한 후에 한쪽에 앉았습니다. 아난다 존자는 한쪽에 앉아서 이렇게 말했습니다.

"세존이시여, 세존께서 병을 이겨내시고, 건강하신 것을 보니 한없이 기쁩니다. 세존께서 편찮으시니 제 몸은 마치 술에 취한 것처럼 중심을 잡을 수 없었고, 아무것도 보이지 않았습니다. 세존이시여, 그렇지만 '세존께서 비구 승가에 대하여 무언가 말씀을 하시지 않고서 반열반(般涅槃)에 드시지는 않을 것이다'라는 생각이 들어 약간의 위로가 되었습니다."

**┃2. 25.┃** "아난다여, 이제 비구 승가가 나에게 무엇을 바란다는 말이냐? 아난다여, 나는 현교(顯敎)와 밀교(密敎)를 구별하지 않고[47] 진리를 가르쳤다. 아난다여, 여래의 가르침에는 숨겨둔 '스승의 주먹'[48]이 없다. 아난다여, 만약 누군가 '내가 비구 승가를 이끌겠다'거나 '비구 승가

---

47 'anantaraṃ abāhiraṃ karitvā'의 번역. 축어적(逐語的)으로는 '안으로 [감추지] 않고, 밖으로 [공개하지] 않고'이다. 대부분의 종교는 대외적으로 드러내는 교리, 즉 현교(顯敎)와 교단 내부에서 비밀스럽게 전하는 교리, 즉 밀교(密敎)가 있다. 불교도 후대에 밀교를 자칭하는 교리가 등장하지만, 붓다는 결코 현교와 밀교를 구별하지 않았음을 이 경은 보여주고 있다.

48 'ācariya-muṭṭhi'의 번역. 우파니샤드에서는 스승이 후계자를 선택하여 진리를 비전(秘傳)하였다. 이것을 '스승의 주먹'이라고 한다. 스승의 주먹이 없다는 것은 특별한 사람에게만 가르치기 위해 주먹 속에 숨겨둔 진리가 없다는 의미다. 여기에서 우리는 선종(禪宗)에서 주장하는 가섭존자에게만 특별하게 비전(秘傳)한 교외별전(敎外別傳)은 없었다는 것을 알 수 있다.

는 나를 따른다'라고 생각한다면, 아난다여, 아마도 그는 비구 승가에 대하여 무언가 말을 할 것이다. 아난다여, 그렇지만 여래는 '내가 비구 승가를 이끌겠다'거나 '비구 승가는 나를 따른다'라고 생각하지 않는다. 아난다여, 그런데 여래가 비구 승가에 대하여 무슨 말을 하겠느냐? 아난다여, 나는 지금 만년에 이른 늙고 노쇠한 늙은이로서, 내 나이 여든 살이 되었다. 아난다여, 마치 낡은 마차가 가죽끈에 묶여서 끌려가듯이, 여래의 몸도 가죽끈에 묶여서 끌려가는 것 같구나. 아난다여, 여래가 일체의 외부의 상태[49]에 마음을 쓰지 않고,[50] 어떤 감정도 사라져서 외부의 상태에서 벗어난[51] 마음의 삼매를 성취하여 머물 때, 아난다여, 그때 여래의 몸은 편안하다.

**| 2. 26. |** 아난다여, 이제 그대들은 자신을 등불로 삼고, 자신을 귀의처로 삼고, 다른 사람을 귀의처로 삼지 말라. 가르침[法]을 등불로 삼고, 가르침을 귀의처로 삼고, 다른 것을 귀의처로 삼지 않고 살아가도록 하라. 아난다여, 비구가 자신을 등불로 삼고, 자신을 귀의처로 삼고, 다른 사람을 귀의처로 삼지 않으며, 가르침을 등불로 삼고, 가르침을 귀의처로 삼고, 다른 것을 귀의처로 삼지 않고 살아간다는 것은 어떤 것인가?

아난다여, 비구는 몸[身]을 관찰하며 몸에 머물면서, 열심히 주의집중을 하고 알아차려 세간에 대한 탐욕과 불만을 제거해야 한다. 감정[受]을 관찰하며 감정에 머물면서, 열심히 주의집중을 하고 알아차려

---

49 'nimitta'의 번역.

50 'amanasi-kārā'의 번역.

51 'animittaṃ'의 번역.

세간에 대한 탐욕과 불만을 제거해야 한다. 마음[心]을 관찰하며 마음에 머물면서, 열심히 주의집중을 하고 알아차려 세간에 대한 탐욕과 불만을 제거해야 한다. 법을 관찰하며 법에 머물면서, 열심히 주의집중을 하고 알아차려, 세간에 대한 탐욕과 불만을 제거해야 한다. 아난다여, 이와 같이 하는 것이 비구가 자신을 등불로 삼고, 자신을 귀의처로 삼고, 다른 것을 귀의처로 삼지 않으며, 가르침을 등불로 삼고, 가르침을 귀의처로 삼고, 다른 것을 귀의처로 삼지 않고 살아가는 것이다.

아난다여, 지금이든 나의 사후(死後)든, 자신을 등불로 삼고, 자신을 귀의처로 삼고, 다른 사람을 귀의처로 삼지 않으며, 가르침을 등불로 삼고, 가르침을 귀의처로 삼고, 다른 것을 귀의처로 삼지 않고 살아간다면, 아난다여, 그 비구들은 누구든지 학계(學戒)를 열망하는 나의 가장 훌륭한 제자가 될 것이다."

▌3. 1. ▌ 세존께서는 오전에 옷을 입고 발우와 법의(法衣)를 들고 탁발하러 웨쌀리에 들어가서 탁발을 하시고, 탁발에서 돌아와 탁발한 음식을 드신 후에 아난다 존자에게 분부하셨습니다.

"아난다여, 좌구(坐具)를 챙겨라. 오후 휴식을 위해 짜빨라(Cāpāla) 탑묘(塔廟)로 가야겠다."

아난다 존자는 "그렇게 하겠습니다. 세존이시여!"라고 세존께 대답하고서, 좌구를 들고 세존의 뒤를 따라갔습니다.

▌3. 2. ▌ 세존께서는 짜빨라 탑묘로 가서 마련된 자리에 앉으셨습니다. 아난다 존자는 세존께 예배하고 한쪽에 앉았습니다. 한쪽에 앉은 아난다 존자에게 세존께서 말씀하셨습니다.

"아난다여, 웨쌀리가 보기 좋구나. 우데나(Udena) 탑묘가 보기 좋

구나. 고따마까(Gotamaka) 탑묘가 보기 좋구나. 쌋땀바(Sattamba) 탑묘
가 보기 좋구나. 바후뿟따(Bahuputta) 탑묘[52]가 보기 좋구나. 싸란다다
(Sārandada) 탑묘가 보기 좋구나. 짜빨라 탑묘가 보기 좋구나."[53]

**| 3.3. |** 　아난다여, 4신족(四神足)[54]을 닦고, 익히고, 통달하고, 철저하
게 실천하고, 실행하고, 체화(體化)하고, 훌륭하게 성취한 사람은 누구
나 분명히 영겁(永劫)토록, 또는 겁(劫)이 다할 때까지 머물 수 있다. 아
난다여, 여래는 4신족을 닦고, 익히고, 통달하고, 철저하게 실천하고,
실행하고, 체화하고, 훌륭하게 성취했다. 아난다여, 분명히 여래는 영
겁토록, 또는 겁이 다할 때까지 머물 수 있다."

**| 3.4. |** 　아난다 존자는 세존께서 이와 같이 언질을 주고 암시하시는
것을, 마치 마라에게 홀린 듯이 알아채지 못하고, "세존이시여, 세존께
서는 영겁토록 머무소서. 여래께서는 대중의 이익을 위하여, 대중의 행
복을 위하여, 세간을 연민하사, 천신과 인간의 복과 이익과 행복을 위
하여 영겁토록 머무소서"라고 세존께 간청하지 않았습니다.

**| 3.5. |** 　세존께서는 아난다 존자에게 두 번, 세 번 같은 말씀을 하셨
지만, 아난다 존자는 세존께서 이와 같이 언질을 주고, 암시하시는 것
을, 마치 마라에게 홀린 듯이 알아채지 못하고, "세존이시여, 세존께서
는 영겁토록 머무소서. 여래께서는 대중의 이익을 위하여, 대중의 행복
을 위하여, 세간을 연민하사, 천신과 인간의 복과 이익과 행복을 위하

---

52　다자탑(多子塔)으로 잘 알려진 탑묘.

53　만년의 붓다가 죽음을 앞두고 웨쌀리 풍경을 마지막으로 보면서 하시는 말씀.

54　'cattāra iddhipādā'의 번역.

여 영겁토록 머무소서"라고 세존께 간청하지 않았습니다.

**3. 6.** 그러자 세존께서 아난다 존자에게 분부하셨습니다.

"아난다여, 그대는 이제 그만 가보아라."

아난다 존자는 "그렇게 하겠습니다. 세존이시여!"라고 세존께 대답하고, 자리에서 일어나 세존에게 예배하고, 오른쪽으로 [세 번을] 돈후에 가까이에 있는 다른 나무 아래 앉았습니다.

**3. 7.** 아난다 존자가 떠난 지 얼마 되지 않아, 마라(Māra) 빠삐만 (Pāpimant)[55]이 세존에게 와서 한쪽에 섰습니다. 한쪽에 서서 마라 빠삐만이 세존에게 말했습니다.

"세존이시여, 세존께서는 이제 반열반(般涅槃)에 드십시오. 여래께서는 반열반에 드십시오. 세존이시여, 이제 세존께서 반열반에 드실 때입니다. 세존이시여, 세존께서는 '빠삐만이여, 나는 나의 성문(聲聞) 비구들이 학식 있고, 교양 있고, 숙련되고, 많은 지식을 갖추고, 가르침 [法]을 수지(受持)하고, 가르침에 따라 진리를 실천하고, 화합하며 공경하고[和敬], 가르침에 따르는 수행자[56]가 되어, 스스로 스승의 가르침을 배운 후에, 그것을 알리고, 가르치고, 시설하고, 제공하고, 현시하고, 설명하고, 명료하게 하고, 다른 사람과의 논쟁이 생기면 진리로써 잘 비판하여 절복하고, 이치에 맞게 진리[法][57]를 가르칠 수 있을 때까지는 반열반에 들지 않겠다'라고 하셨습니다.

---

55   죽음의 신. 마왕(魔王) 파순(波旬)으로 한역됨.

56   'anudhamma-cārino'의 번역.

57   'dhamma'의 번역.

**｜3. 8. ｜** 세존이시여, 그런데 지금 세존의 성문(聲聞) 비구들은 학식 있고, 교양 있고, 숙련되고, 많은 지식을 갖추고, 가르침을 수지(受持)하고, 가르침에 따라 진리를 실천하고, 화합하며 공경하고[和敬], 가르침에 따르는 수행자로서, 스스로 스승의 가르침을 배운 후에, 그것을 알리고, 가르치고, 시설하고, 제공하고, 현시하고, 설명하고, 명확하게 하고, 다른 사람과의 논쟁이 생기면 진리로써 잘 비판하여 절복(折伏)하고, 이치에 맞게 진리를 가르치고 있습니다. 세존이시여, 세존께서는 이제 반열반에 드십시오. 여래께서는 반열반에 드십시오. 세존이시여, 이제 세존께서 반열반에 드실 때입니다.

세존이시여, 세존께서는 '빠삐만이여, 나는 나의 성문 비구니와 성문 청신사와 성문 청신녀들이 학식 있고, 교양 있고, 숙련되고, 많은 지식을 갖추고, 가르침을 수지하고, 가르침에 따라 진리를 실천하고, 화합하며 공경하고, 가르침에 따르는 수행자로서, 스스로 스승의 가르침을 배운 후에, 그것을 알리고, 가르치고, 시설하고, 제공하고, 현시하고, 설명하고, 명료하게 하고, 다른 사람과의 논쟁이 생기면 진리로써 잘 비판하여 절복하고, 이치에 맞게 진리를 가르칠 수 있을 때까지는 반열반(般涅槃)에 들지 않겠다'라고 하셨습니다.

세존이시여, 그런데 지금 세존의 성문 비구니와 성문 청신사와 성문 청신녀들은 학식 있고, 교양 있고, 숙련되고, 많은 지식을 갖추고, 가르침을 수지하고, 가르침에 따라 진리를 실천하고, 화합하며 공경하고, 가르침에 따르는 수행자로서 스스로 스승의 가르침을 배운 후에, 그것을 알리고, 가르치고, 시설하고, 제공하고, 현시하고, 설명하고, 명료하게 하고, 다른 사람과의 논쟁이 생기면 진리로써 잘 비판하여 절복(折

伏)하고, 이치에 맞게 진리를 가르치고 있습니다. 세존이시여, 세존께서는 이제 반열반에 드십시오. 여래께서는 반열반에 드십시오. 세존이시여, 이제 세존께서 반열반에 드실 때입니다.

세존이시여, 세존께서는 '빠삐만이여, 나는 나의 이 범행(梵行)[58]이 번성하고, 번창하고, 많은 사람들에게 널리 퍼지고, 두루 퍼져서 사람들에 의해 잘 드러날 때까지는 반열반에 들지 않겠다'라고 하셨습니다.

세존이시여, 그런데 지금 세존의 범행(梵行)은 번성하고, 번창하고, 많은 사람들에게 널리 퍼지고, 두루 퍼져 사람들에 의해 잘 드러났습니다. 세존이시여, 세존께서는 이제 반열반에 드십시오. 여래께서는 반열반에 드십시오. 세존이시여, 이제 세존께서 반열반에 드실 때입니다."

**┃3. 9. ┃** 이와 같이 이야기하자, 세존께서 마라 빠삐만에게 말씀하셨습니다.

"빠삐만이여, 네가 관여할 일이 아니다. 머지않아 여래의 반열반이 있을 것이다. 석 달 후에 여래는 반열반에 들 것이다."

**┃3. 10.┃** 세존께서는 짜빨라 탑묘에서 주의집중을 하고 알아차리면서 수명(壽命)을 유지하려는 의지[59]를 놓아버리셨습니다. 여래께서 수명을 유지하려는 의지를 놓아버렸을 때, 온몸의 털이 곤두서는 무서운 큰 지진이 있었으며, 천둥소리가 진동했습니다. 세존께서는 그 의미를 아시고, 그때 이 우다나를 읊으셨습니다.

---

58 'brahmacariya'의 번역.

59 'āyu-saṃkhāra'의 번역.

헤아릴 수 있는 태어남[60]과 더불어 헤아릴 수 없는 태어남까지도,
존재하려는 의지를[61] 성자는[62] 놓아버렸다네.
안으로 즐거운 삼매에 들어
자아의 태어남[63]이라는 쇠사슬을 끊어버렸다네.

**3. 11.** 그때 아난다 존자에게 이런 생각이 들었습니다.

'참으로 놀랍다. 실로 일찍이 없었던 일이다. 이 지진은 참으로 크다. 이 지진은 정말 엄청나서 온몸의 털이 곤두서고 무서우며, 천둥소리가 진동한다. 큰 지진이 나타나는 원인은 무엇이고, 연유(緣由)는 무엇일까?'

**3. 12.** 그래서 아난다 존자는 세존에게 가서 예배한 후에 한쪽에 앉아 세존에게 물었습니다.

"세존이시여, 참으로 놀랍습니다. 세존이시여, 실로 일찍이 없었던 일입니다. 세존이시여, 이 지진은 참으로 큽니다. 세존이시여, 이 지진은 정말 엄청나서 온몸의 털이 곤두서고 무서우며, 천둥소리가 진동합니다. 세존이시여, 큰 지진이 일어나는 원인은 무엇이고, 연유는 무엇입니까?"

**3. 13.** "아난다여, 큰 지진에는 여덟 가지 원인이 있고, 여덟 가지 연유가 있다. 여덟 가지는 어떤 것인가? 아난다여, 대지(大地)는 물 위에

---

60  'sambhava'의 번역.

61  'bhava-saṃkhāra'의 번역.

62  'muni'의 번역.

63  'atta-sambhava'의 번역.

안주하고, 물은 바람 위에 안주하고, 바람은 허공에 머물고 있다. 아난다여, 큰바람이 불 때, 부는 바람이 물을 흔들고, 흔들리는 물이 땅을 흔든다. 이것이 큰 지진이 일어나는 첫째 원인이며, 첫째 연유이다.

**3. 14.** 아난다여, 다음으로는 신통력이 있고 마음이 자재한 사문이나 바라문, 또는 큰 신변(神變)과 큰 위력을 지닌 천신(天神)이 있어, 작은 땅에 대한 관념[地想][64]과 무한한 물에 대한 관념[水想][65]을 닦으면,[66] 그것이 이 땅을 흔들고, 뒤흔들고, 진동시키고, 요동치게 한다. 이것이 큰 지진이 일어나는 둘째 원인이며, 둘째 연유이다.

**3. 15.** 아난다여, 다음으로는 보살(菩薩)[67]이 도솔천(兜率天)에서 죽어 주의집중을 하고 알아차리면서 모태에 들어갈 때, 이 땅이 흔들리고, 뒤흔들리고, 진동하고, 요동친다. 이것이 큰 지진이 일어나는 셋째 원인이며, 셋째 연유이다.

**3. 16.** 아난다여, 다음으로는 보살이 주의집중을 하고 알아차리면서 모태에서 나올 때, 이 땅이 흔들리고, 뒤흔들리고, 진동하고, 요동친다. 이것이 큰 지진이 일어나는 넷째 원인이며, 넷째 연유이다.

**3. 17.** 아난다여, 다음으로는 여래가 위없는 바르고 평등한 깨달음[無上正等正覺][68]을 성취할 때, 이 땅이 흔들리고, 뒤흔들리고, 진동하고, 요

---

64 'paṭhavi-saññā'의 번역.

65 'āpo-saññā'의 번역.

66 무한한 물 위에 유한하고 작은 땅이 안주하고 있다는 관념을 수습(修習)하는 것을 의미한다.

67 'Bodhisatta'의 번역.

68 'anuttara sammā sambodhi'의 번역.

동친다. 이것이 큰 지진이 일어나는 다섯째 원인이며, 다섯째 연유이다.

**3. 18.** 아난다여, 다음으로는 여래가 위없는 법륜(法輪)⁶⁹을 굴릴 때, 이 땅이 흔들리고, 뒤흔들리고, 진동하고, 요동친다. 이것이 큰 지진이 일어나는 여섯째 원인이며, 여섯째 연유이다.

**3. 19.** 아난다여, 다음으로는 여래가 주의집중을 하고 알아차리면서 수명을 유지하려는 의지를 놓아버릴 때, 이 땅이 흔들리고, 뒤흔들리고, 진동하고, 요동친다. 이것이 큰 지진이 일어나는 일곱째 원인이며, 일곱째 연유이다.

**3. 20.** 아난다여, 다음으로는 여래가 무여열반계(無餘涅槃界)⁷⁰에 반열반할 때, 이 땅이 흔들리고, 뒤흔들리고, 진동하고, 요동친다. 이것이 큰 지진이 일어나는 여덟째 원인이며, 여덟째 연유이다. 아난다여, 이것이 큰 지진이 일어나는 여덟 가지 원인이며, 여덟 가지 연유이다.

**3. 21.** 아난다여, 여덟 가지 무리[八衆]⁷¹가 있다. 팔중(八衆)이란 어떤 것인가? 그것은 크샤트리아의 무리, 바라문의 무리, 거사(居士)⁷²의 무리, 사문(沙門)의 무리, 사천왕(四天王)의 무리, 도리천(忉利天)의 무리, 마라의 무리, 범천(梵天)의 무리이다.

**3. 22.** 아난다여, 나는 예전에 수백 명의 크샤트리아의 무리를 찾아가서 그곳에서 그들과 함께 앉아, 함께 대화하고 토론한 적이 있다. 그

---

69  'dhamma-cakka'의 번역.

70  'anupādisesāya nibbāna dhātu'의 번역.

71  'aṭṭha parisā'의 번역.

72  'gahapati'의 번역.

곳에서 나는 그들과 다름없는 용모를 하고, 그들과 다름없는 소리를 내어 이치에 맞는 말로 그들을 가르치고, 격려하고, 장려하고, 기쁘게 했다. 이야기하는 동안 그들은 '이야기하고 있는 이 사람은 천신인가, 인간인가?'라고 하며 나를 알아보지 못했다. 나는 이치에 맞는 말로 그들을 가르치고, 격려하고, 장려하고, 기쁘게 한 후에 사라졌다. 그런데 사라진 후에도 그들은 '사라진 이 사람은 천신인가, 인간인가?'라고 하며 나를 알아보지 못했다.

**┃3. 23.┃** 아난다여, 나는 예전에 수백 명의 바라문의 무리, 거사의 무리, 사문의 무리, 사천왕의 무리, 도리천의 무리, 마라의 무리, 범천의 무리를 찾아가서 그곳에서 그들과 함께 앉아, 함께 대화하고, 토론한 적이 있다. 그곳에서 나는 그들과 다름없는 용모를 하고, 그들과 다름없는 소리를 내어, 이치에 맞는 말로 그들을 가르치고, 격려하고, 장려하고, 기쁘게 했다. 이야기하는 동안 그들은 '이야기하고 있는 이 사람은 천신인가, 인간인가?'라고 하며 나를 알아보지 못했다. 나는 이치에 맞는 말로 그들을 가르치고, 격려하고, 장려하고, 기쁘게 한 후에 사라졌다. 그런데 사라진 후에도 그들은 '사라진 이 사람은 천신인가, 인간인가?'라고 하며 나를 알아보지 못했다.

아난다여, 이들이 팔중(八衆)이다.

**┃3. 24.┃** 아난다여, 여덟 가지 승리자의 자리[八勝處][73]가 있다. 팔승처

---

73 'aṭṭha abhibhâyatāni'의 번역. 팔중(八衆)은 번뇌에 지배당하고 사는 무지한 범부를 의미하고, 팔승처(八勝處)는 번뇌를 극복하고 자신의 삶의 주인으로 살아가는 수행자를 의미한다.

(八勝處)란 어떤 것인가?

**▌3. 25.▐** 어떤 사람은 안으로 형색에 대한 관념[色想]을 가지고[74] 아름답고 흉한 유한한 밖의 형색들을 본다. 그는 '나는 그 형색들을 극복하고 있다는 것을 알고 있고, 보고 있다'라고 생각한다. 이것이 첫째 승리자의 자리[初勝處]이다.

**▌3. 26.▐** 어떤 사람은 안으로 형색에 대한 관념[色想]을 가지고 아름답고 흉한 무량한 밖의 형색들을 본다. 그는 '나는 그 형색들을 극복하고 있다는 것을 알고 있고, 보고 있다'라고 생각한다. 이것이 둘째 승리자의 자리[第二勝處]이다.

**▌3. 27.▐** 어떤 사람은 안으로 형색에 대한 관념이 없이[無色想][75] 아름답고 흉한 유한한 밖의 형색들을 본다. 그는 '나는 그 형색들을 극복하고 있다는 것을 알고 있고, 보고 있다'라고 생각한다. 이것이 셋째 승리자의 자리[第三勝處]이다.

**▌3. 28.▐** 어떤 사람은 안으로 형색에 대한 관념이 없이[無色想] 아름답고 흉한 무량한 밖의 형색들을 본다. 그는 '나는 그 형색들을 극복하고 있다는 것을 알고 있고, 보고 있다'라고 생각한다. 이것이 넷째 승리자의 자리[第四勝處]이다.

**▌3. 29.▐** 어떤 사람은 안으로 형색에 대한 관념이 없이[無色想] 푸른색의, 푸른 형상의, 푸른 특징의 푸른빛이 나는 밖의 형색들을 본다. 예를 들면, 푸른색의, 푸른 모습의, 푸른 특징의, 푸르게 빛나는 우마(ummā)

---

74  'rūpa-saññī'의 번역.

75  'arūpa-saññī'의 번역.

꽃을 본다. 예를 들면, 바라나시(Bārāṇasī)에서 나는 푸른색의, 푸른 모습의, 푸른 특징의, 푸르게 빛나는, 양면이 부드러운 옷을 본다. 이와 같이 안으로 형색에 대한 관념이 없이 푸른색의, 푸른 모습의, 푸른 특징의 푸르게 빛나는 밖의 형색들을 본다. 그는 '나는 그 형색들을 극복하고 있다는 것을 알고 있고, 보고 있다'라고 생각한다. 이것이 다섯째 승리자의 자리[第五勝處]이다.

**3. 30.** 어떤 사람은 안으로 형색에 대한 관념이 없이[無色想] 노란색의, 노란 모습의, 노란 특징의 노란빛이 나는 밖의 형색들을 본다. 예를 들면, 노란색의, 노란 모습의, 노란 특징의, 노랗게 빛나는 까니까라(kaṇikāra) 꽃을 본다. 예를 들면, 바라나시에서 나는 노란색의, 노란 모습의, 노란 특징의, 노랗게 빛나는, 양면이 부드러운 옷을 본다. 이와 같이 안으로 형색에 대한 관념이 없이 노란색의, 노란 모습의, 노란 특징의, 노랗게 빛나는 밖의 형색들을 본다. 그는 '나는 그 형색들을 극복하고 있다는 것을 알고 있고, 보고 있다'라고 생각한다. 이것이 여섯째 승리자의 자리[第六勝處]이다.

**3. 31.** 어떤 사람은 안으로 형색에 대한 관념이 없이[無色想] 붉은색의, 붉은 모습의, 붉은 특징의 붉게 빛나는 밖의 형색들을 본다. 예를 들면, 붉은색의, 붉은 모습의, 붉은 특징의, 붉게 빛나는 반두지와까(bandhujīvaka) 꽃을 본다. 예를 들면, 바라나시에서 나는 붉은색의, 붉은 모습의, 붉은 특징의, 붉게 빛나는, 양면이 부드러운 옷을 본다. 이와 같이 안으로 형색에 대한 관념이 없이 붉은색의, 붉은 모습의, 붉은 특징의, 붉게 빛나는 밖의 형색들을 본다. 그는 '나는 그 형색들을 극복하고 있다는 것을 알고 있고, 보고 있다'라고 생각한다. 이것이 일곱째 승리

자의 자리[第七勝處]이다.

**3. 32.** 어떤 사람은 안으로 형색에 대한 관념이 없이[無色想] 흰색의, 흰 모습의, 흰 특징의 흰빛이 나는 밖의 형색들을 본다. 예를 들면, 흰색의, 흰 모습의, 흰 특징의, 희게 빛나는 태백성(太白星)[76]을 본다. 예를 들면, 바라나시에서 나는 흰색의, 흰 모습의, 흰 특징의, 희게 빛나는, 양면이 부드러운 옷을 본다. 이와 같이 안으로 형색에 대한 관념이 없이 흰색의, 흰 모습의, 흰 특징의, 희게 빛나는 밖의 형색들을 본다. 그는 '나는 그 형색들을 극복하고 있다는 것을 알고 있고, 보고 있다'라고 생각한다. 이것이 여덟째 승리자의 자리[第八勝處]이다.

아난다여, 이들이 팔승처(八勝處)이다.

**3. 33.** 아난다여, 여덟 가지 해탈[八解脫]이 있다. 8해탈(八解脫)이란 어떤 것인가?

형색을 가지고 형색을 본다. 이것이 첫째 해탈이다.

안에 형색에 대한 관념 없이 밖의 형색들을 본다. 이것이 둘째 해탈이다.

'청정한 상태다'라고 몰입한다. 이것이 셋째 해탈이다.

일체의 형색에 대한 관념[色想]을 초월하고 지각대상에 대한 관념[有對想]이 소멸하여, 다양한 관념에 마음을 두지 않고, '허공(虛空)은 무한하다'라고 생각하는 공무변처(空無邊處)를 성취하여 살아간다. 이것이 넷째 해탈이다.

일체의 공무변처를 초월하여, '식(識)은 무한하다'라고 생각하는

---

76 'osadhi-tārakā'의 번역. 금성(金星)을 의미함.

식무변처(識無邊處)를 성취하여 살아간다. 이것이 다섯째 해탈이다.

일체의 식무변처를 초월하여, '어떤 것도 존재하지 않는다'라고 생각하는 무소유처(無所有處)를 성취하여 살아간다. 이것이 여섯째 해탈이다.

일체의 무소유처를 초월하여, 비유상비무상처(非有想非無想處)를 성취하여 살아간다. 이것이 일곱째 해탈이다.

일체의 비유상비무상처를 초월하여, 관념으로 지각된 것의 멸진[想受滅]을 성취하여 살아간다. 이것이 여덟째 해탈이다.

아난다여, 이들이 8해탈(八解脫)이다.

**| 3. 34. |** 아난다여, 한때 나는 우루웰라(Uruvela)에 있는 네란자라(Nerañjara) 강기슭의 아자빨라(Ajapāla) 니그로다(nigrodha) 나무 아래에서 처음 정각을 성취하여 머물고 있었다. 아난다여, 그러자 마라 빠삐만이 나에게 와서 한쪽에 섰다. 마라 빠삐만은 한쪽에 서서 나에게 말했다.

'세존이시여, 세존께서는 이제 반열반에 드십시오. 여래께서는 반열반에 드십시오. 세존이시여, 이제 세존께서 반열반에 드실 때입니다.'

**| 3. 35. |** 아난다여, 이렇게 말하자 나는 마라 빠삐만에게 말했다.

'빠삐만이여, 나는 나의 성문(聲聞) 비구, 비구니, 청신사, 청신녀들이 학식 있고, 교양 있고, 숙련되고, 많은 지식을 갖추고, 가르침을 수지(受持)하고, 가르침에 따라 진리를 실천하고, 화합하며 공경하고[和敬], 가르침에 따르는 수행자로서 스스로 스승의 가르침을 배운 후에, 그것을 알리고, 가르치고, 시설하고, 제공하고, 현시하고, 설명하고, 명료하게 하고, 다른 사람과의 논쟁이 생기면 진리로써 잘 비판하여 절복하고, 이치에 맞게 진리를 가르칠 수 있을 때까지는 반열반에 들지 않겠다. 빠삐만이여, 나는 나의 이 범행(梵行)이 번성하고, 번창하고, 많은 사람들에게 널리 퍼지고, 두루 퍼져서, 사람들에 의해 잘 드러날 때까지는 반열반에 들지 않겠다.'

**| 3. 36. |**　아난다여, 그런데 오늘 조금 전에 짜빨라 탑묘에서 마라 빠삐만이 나를 찾아와 한쪽에 섰다. 아난다여, 마라 빠삐만은 한쪽에 서서 나에게 말했다.

'세존이시여, 세존께서는 이제 반열반에 드십시오. 여래께서는 반열반에 드십시오. 세존이시여, 이제 세존께서 반열반에 드실 때입니다. 세존이시여, 세존께서는 '빠삐만이여, 나는 나의 성문 비구, 비구니, 청신사, 청신녀들이 학식 있고, 교양 있고, 숙련되고, 많은 지식을 갖추고, 가르침을 수지하고, 가르침에 따라 진리를 실천하고, 화합하며 공경하고, 가르침에 따르는 수행자로서 스스로 스승의 가르침을 배운 후에, 그것을 알리고, 가르치고, 시설하고, 제공하고, 현시하고, 설명하고, 명료하게 하고, 다른 사람과의 논쟁이 생기면 진리로써 잘 비판하여 절복하고, 이치에 맞게 진리를 가르칠 수 있을 때까지는 반열반에 들지 않겠다'고 하셨습니다.

세존이시여, 그런데 지금 세존의 성문 비구, 비구니, 청신사, 청신녀들은 학식 있고, 교양 있고, 숙련되고, 많은 지식을 갖추고, 가르침을 수지하고, 가르침에 따라 진리를 실천하고, 화합하며 공경하고, 진리에 따르는 수행자로서, 스스로 스승의 가르침을 배운 후에, 그것을 알리고, 가르치고, 시설하고, 제공하고, 현시하고, 설명하고, 명확하게 하고, 다른 사람과의 논쟁이 생기면 진리로써 잘 비판하여 절복(折伏)하고, 이치에 맞게 진리를 가르치고 있습니다. 세존이시여, 세존께서는 이제 반열반에 드십시오. 여래께서는 반열반에 드십시오. 세존이시여, 이제 세존께서 반열반에 드실 때입니다.

세존이시여, 세존께서는 '빠삐만이여, 나는 나의 이 범행(梵行)이 번성하고, 번창하고, 많은 사람들에게 널리 퍼지고, 두루 퍼져서, 사람들에 의해 잘 드러날 때까지는 반열반에 들지 않겠다'고 하셨습니다. 세존이시여, 그런데 지금 세존의 범행(梵行)은 번성하고, 번창하고, 많은 사람들에게 널리 퍼지고, 두루 퍼져 사람들에 의해 잘 드러났습니다. 세존이시여, 세존께서는 이제 반열반에 드십시오. 여래께서는 반열반에 드십시오. 세존이시여, 이제 세존께서 반열반에 드실 때입니다.'

**▎3. 37.▎** 아난다여, 이와 같이 말하자, 나는 마라 빠삐만에게 말했다.

'빠삐만이여, 네가 관여할 일이 아니다. 머지않아 여래의 반열반이 있을 것이다. 석 달 후에 여래는 반열반에 들 것이다.'

아난다여, 오늘 조금 전에 짜빨라 탑묘에서 여래는 주의집중을 하고 알아차리면서 수명을 유지하려는 의지를 놓아버렸다."

**▎3. 38.▎** 이와 같이 말씀하시자, 아난다 존자는 세존께 말씀드렸습니다.

"세존이시여, 세존께서는 영겁토록 머무소서. 여래께서는 대중의 이익을 위하여, 대중의 행복을 위하여, 세간을 연민하사, 천신과 인간의 복과 이익과 행복을 위하여 영겁토록 머무소서."

"이제 그만 됐다. 아난다여, 여래에게 간청하지 말라. 아난다여, 여래에게 간청하기에는 이미 때가 늦었다."

**▎3. 39.▎** 아난다 존자는 두 번, 세 번 거듭하여 간청했지만, 그때마다 세존께서는 이미 때가 늦었음을 말씀하시고, 이렇게 말씀하셨습니다.

"아난다여, 그대는 여래의 깨달음을 신뢰하는가?"

"그렇습니다. 세존이시여!"

"아난다여, 그렇다면 그대는 왜 여래에게 세 차례나 강요하는가?"

**3. 40.** "세존이시여, 저는 여래로부터 직접 '아난다여, 4신족(四神足)을 닦고, 익히고, 통달하고, 철저하게 실천하고, 실행하고, 체화(體化)하고, 훌륭하게 성취한 사람은 누구나 분명히 영겁(永劫)토록, 또는 겁(劫)이 다할 때까지 머물 수 있다. 아난다여, 여래는 4신족을 닦고, 익히고, 통달하고, 철저하게 실천하고, 실행하고, 체화하고, 훌륭하게 성취했다. 아난다여, 분명히 여래는 영겁토록, 또는 겁이 다할 때까지 머물 수 있다'고 들었습니다."

"아난다여, 그대는 확실하게 들었는가?"

"그렇습니다. 세존이시여!"

"그러므로, 아난다여, 여래가 이와 같이 중요한 언질을 주고 중요한 암시를 주었는데, 그대는 그것을 이해하지 못하고, 여래에게 '세존께서는 영겁토록 머무소서. 여래께서는 대중의 이익을 위하여, 대중의 행복을 위하여, 세간을 연민하사, 천신과 인간의 복과 이익과 행복을 위하여 영겁토록 머무소서'라고 간청하지 않은 것은 그대의 잘못이며, 그대의 실수이다. 아난다여, 만약에 그대가 여래에게 간청했다면, 두 번은 그대의 청을 거절했겠지만, 세 번째는 들어주었을 것이다. 그러므로, 아난다여, 그것은 너의 잘못이고, 너의 실수이다.

**3. 41.** 아난다여, 나는 한때 라자가하에 있는 깃자꾸따에 머물렀다. 아난다여, 그곳에서도 나는 그대에게 말했었다.

아난다여, 라자가하가 보기 좋구나. 깃자꾸따가 보기 좋구나. 아난다여, 4신족을 닦고, 익히고, 통달하고, 철저하게 실천하고, 실행하고,

체화(體化)하고, 훌륭하게 성취한 사람은 누구나 분명히 영겁(永劫)토록, 또는 겁(劫)이 다할 때까지 머물 수 있다. 아난다여, 여래는 4신족(四神足)을 닦고, 익히고, 통달하고, 철저하게 실천하고, 실행하고, 체화하고, 훌륭하게 성취했다. 아난다여, 분명히 여래는 영겁토록, 또는 겁이 다할 때까지 머물 수 있다.

　　아난다여, 여래가 이와 같이 중요한 언질을 주고, 중요한 암시를 주었는데, 그대는 그것을 이해하지 못하고, 여래에게 '세존께서는 영겁토록 머무소서. 여래께서는 대중의 이익을 위하여, 대중의 행복을 위하여, 세간을 연민하사, 천신과 인간의 복과 이익과 행복을 위하여 영겁토록 머무소서'라고 간청하지 않은 것은 그대의 잘못이며, 그대의 실수이다. 아난다여, 만약에 그대가 여래에게 간청했다면, 두 번은 그대의 청을 거절했겠지만, 세 번째는 들어주었을 것이다. 그러므로, 아난다여, 그것은 너의 잘못이고, 너의 실수이다.

**3. 42.**　아난다여, 나는 한때 라자가하에 있는 니그로다(Niggrodha) 원림(園林)에 머물렀었고, 한때 라자가하에 있는 쪼라(Cora) 절벽[77]에 머물렀었고, 한때 라자가하에 있는 웨바라(Vebhāra) 산 중턱의 칠엽굴(七葉窟)에 머물렀었고, 한때 라자가하에 있는 이씨길리(Isigili) 산 중턱의 깔라(Kāḷa) 바위에 머물렀었고, 한때 라자가하에 있는 씨따(Sīta) 숲의 쌉빠쏜디까(Sappasoṇḍika) 동굴에 머물렀었고, 한때 라자가하에 있는 따뽀다(Tapoda) 원림에 머물렀었고, 한때 라자가하에 있는 웰루와나 깔란

---

77　'cora'는 도적을 의미한다. 의미상 '도적의 절벽'인데 지명이므로 '쪼라 절벽'으로 번역했다.

다까니와빠(Veḷuvana-Kalandakanivāpa)[78]에 머물렀었고, 한때 라자가하에 있는 지와까의 망고 숲에 머물렀었고, 한때 라자가하에 있는 맛다꿋치(maddakucchi)의 사슴동산에 머물렀었다.

**3. 43.** 아난다여, 나는 그곳에서도 그대에게 말했었다.

아난다여, 라자가하가 보기 좋구나. 깃자꾸따가 보기 좋구나. 고따마 니그로다가 보기 좋구나. 쪼라 절벽이 보기 좋구나. 웨바라 산 중턱의 칠엽굴(七葉窟)이 보기 좋구나. 이씨길리 산 중턱의 깔라 바위가 보기 좋구나. 씨따 숲의 쌉빠쏜디까 동굴이 보기 좋구나. 따뽀다 원림(園林)이 보기 좋구나. 웰루와나 깔란다까니와빠가 보기 좋구나. 지와까의 망고 숲이 보기 좋구나. 맛다꿋치의 사슴동산이 보기 좋구나.

**3. 44.** 아난다여, 4신족(四神足)을 닦고, 익히고, 통달하고, 철저하게 실천하고, 실행하고, 체화(體化)하고, 훌륭하게 성취한 사람은 누구나 분명히 영겁(永劫)토록, 또는 겁(劫)이 다할 때까지 머물 수 있다. 아난다여, 여래는 4신족을 닦고, 익히고, 통달하고, 철저하게 실천하고, 실행하고, 체화하고, 훌륭하게 성취했다. 아난다여, 분명히 여래는 영겁토록, 또는 겁이 다할 때까지 머물 수 있다.

아난다여, 여래가 이와 같이 중요한 언질을 주고, 중요한 암시를 주었는데, 그대는 그것을 이해하지 못하고, 여래에게 '세존께서는 영겁토록 머무소서. 여래께서는 대중의 이익을 위하여, 대중의 행복을 위하

---

78 웰루와나 깔란다까니와빠(Veḷuvana-Kalandakanivāpa)는 마가다국에 최초로 세워진 죽림정사(竹林精舍)이다. 웰루와나(Veḷuvana)는 '죽림(竹林)'을 의미하고, 깔란다까니와빠(Kalandakanivāpa)는 '다람쥐 먹이'를 의미한다. 한역에서는 '죽림가란타원(竹林迦蘭陀園)'으로 번역하기도 한다.

여, 세간을 연민하사, 천신과 인간의 복과 이익과 행복을 위하여 영겁
토록 머무소서'라고 간청하지 않은 것은 그대의 잘못이며, 그대의 실수
이다. 아난다여, 만약에 그대가 여래에게 간청했다면, 두 번은 그대의
청을 거절했겠지만, 세 번째는 들어주었을 것이다. 그러므로, 아난다
여, 그것은 너의 잘못이고, 너의 실수이다.

**❚ 3. 45. ❚**    아난다여, 나는 한때 웨쌀리에 있는 우데나(Udena) 탑묘에 머
물렀었다. 아난다여, 나는 그곳에서도 그대에게 말했었다.

'아난다여, 웨쌀리가 보기 좋구나. 우데나 탑묘가 보기 좋구나. 아
난다여, 4신족을 닦고, 익히고, 통달하고, 철저하게 실천하고, 실행하
고, 체화(體化)하고, 훌륭하게 성취한 사람은 누구나 분명히 영겁(永劫)
토록, 또는 겁(劫)이 다할 때까지 머물 수 있다. 아난다여, 여래는 4신족
을 닦고, 익히고, 통달하고, 철저하게 실천하고, 실행하고, 체화하고, 훌
륭하게 성취했다. 아난다여, 분명히 여래는 영겁토록, 또는 겁이 다할
때까지 머물 수 있다.'

아난다여, 여래가 이와 같이 중요한 언질을 주고, 중요한 암시를
주었는데, 그대는 그것을 이해하지 못하고, 여래에게 '세존께서는 영겁
토록 머무소서. 여래께서는 대중의 이익을 위하여, 대중의 행복을 위하
여, 세간을 연민하사, 천신과 인간의 복과 이익과 행복을 위하여 영겁
토록 머무소서'라고 간청하지 않은 것은 그대의 잘못이며, 그대의 실수
이다. 아난다여, 만약에 그대가 여래에게 간청했다면, 두 번은 그대의
청을 거절했겠지만, 세 번째는 들어주었을 것이다. 그러므로 아난다여,
그것은 너의 잘못이고, 너의 실수이다.

**❚ 3. 46. ❚**    아난다여, 나는 한때 웨쌀리에 있는 고따마까 탑묘에 머물렀

었고, 한때 웨쌀리에 있는 쌋땀바 탑묘에 머물렀었고, 한때 웨쌀리에 있는 바후뿟따 탑묘에 머물렀었고, 한때 웨쌀리에 있는 싸란다다 탑묘에 머물렀었다.

**| 3. 47. |** 아난다여, 나는 오늘 조금 전에 짜빨라 탑묘에서 그대에게 말했다.

'아난다여, 웨쌀리가 보기 좋구나. 우데나 탑묘가 보기 좋구나. 고따마까 탑묘가 보기 좋구나. 쌋땀바 탑묘가 보기 좋구나. 바후뿟따 탑묘가 보기 좋구나. 싸란다다 탑묘가 보기 좋구나. 짜빨라 탑묘가 보기 좋구나. 아난다여, 4신족(四神足)을 닦고, 익히고, 통달하고, 철저하게 실천하고, 실행하고, 체화(體化)하고, 훌륭하게 성취한 사람은 누구나 분명히 영겁(永劫)토록, 또는 겁(劫)이 다할 때까지 머물 수 있다. 아난다여, 여래는 4신족을 닦고, 익히고, 통달하고, 철저하게 실천하고, 실행하고, 체화하고, 훌륭하게 성취했다. 아난다여, 분명히 여래는 영겁토록, 또는 겁이 다할 때까지 머물 수 있다.'

아난다여, 여래가 이와 같이 중요한 언질을 주고, 중요한 암시를 주었는데, 그대는 그것을 이해하지 못하고, 여래에게 '세존께서는 영겁토록 머무소서. 여래께서는 대중의 이익을 위하여, 대중의 행복을 위하여, 세간을 연민하사, 천신과 인간의 복과 이익과 행복을 위하여 영겁토록 머무소서'라고 간청하지 않은 것은 그대의 잘못이며, 그대의 실수이다. 아난다여, 만약에 그대가 여래에게 간청했다면, 두 번은 그대의 청을 거절했겠지만, 세 번째는 들어주었을 것이다. 그러므로, 아난다여, 그것은 너의 잘못이고, 너의 실수이다.

**| 3. 48. |** 아난다여, '사랑하고 좋아하는 모든 것은 달라지고, 떠나고,

변한다'고 내가 미리 가르치지 않았던가? 아난다여, 태어난 것[79]을, 존재하는 것[80]을, 유위(有爲)[81]를, 쇠멸법(衰滅法)[82]을 어떻게 부서지지 말라고 할 수 있겠는가? 그런 일은 있을 수 없다. 아난다여, 여래는 수명을 유지하려는 의지를 버리고, 내놓고, 벗어나고, 포기하고, 단념하고, 놓아버렸다. 여래는 '머지않아 여래의 반열반이 있을 것이다. 석 달 후에 여래는 반열반에 들 것이다'라고 확실하게 말했다. 그 말을 여래가 살기 위해서 다시 번복한다는 것은 있을 수 없다.

아난다여, 가자! 이제 마하와나(Mahā-vana)[83]의 중각강당(重閣講堂)으로 가자."

"예, 세존이시여!"

아난다 존자는 세존에게 이렇게 대답했습니다.

**3. 49.** 세존께서는 아난다 존자와 함께 마하와나의 중각강당으로 가서 아난다 존자에게 말씀하셨습니다.

"아난다여, 그대는 웨쌀리 부근에 머물고 있는 비구들에게 가서 모두 강당에 모이도록 하라."

"예, 세존이시여!"

아난다 존자는 이렇게 세존께 대답하고, 웨쌀리 부근에 머물고 있는 비구들에게 가서 모두 강당에 모이도록 한 후, 세존에게 가서 예배

---

79  'jāta'의 번역.

80  'bhūta'의 번역.

81  'saṅkhata'의 번역.

82  'paloka-dhamma'의 번역.

83  한역에 '대림원(大林園), 대림정사(大林精舍)'로 번역됨.

한 후에 한쪽에 섰습니다. 아난다 존자는 한쪽에 서서 세존께 말씀드렸습니다.

"세존이시여, 비구 승가가 모였습니다. 세존이시여, 이제 때가 되었습니다."

**┃3. 50.┃** 세존께서는 강당으로 가서 마련된 자리에 앉으셨습니다. 세존께서는 앉아서 비구들에게 말씀하셨습니다.

"비구들이여, 나는 진리[84]를 체득하여 그대들을 가르쳤소. 그러므로 그대들은 내가 가르친 진리를 철저하게 배우고 실천하고 수습(修習)하고, 익혀서, 대중의 이익을 위하여, 대중의 행복을 위하여, 세간을 연민하여 천신과 인간의 복과 이익과 행복을 위하여, 그 범행(梵行)이 오래 지속되고, 길이 지속되도록 해야 하오.

비구들이여, 어떤 것이 내가 체득하여 그대들을 가르친 진리이며, 그대들이 철저하게 배우고 실천하고 수습하고 익혀서, 대중의 이익을 위하여, 대중의 행복을 위하여, 세간을 연민하여, 천신과 인간의 복과 이익과 행복을 위하여, 그 범행(梵行)이 오래 지속되고, 길이 지속되도록 해야 할 진리인가? 그것은 4념처(四念處), 4정근(四正勤), 4신족(四神足), 5근(五根), 5력(五力), 7각지(七覺支) 그리고 성스러운 8정도(八正道)라오. 비구들이여, 나는 이들 진리를 체득하여 가르쳤으니, 그대들은 철저하게 배우고 실천하고 수습하고 익혀서, 대중의 이익을 위하여, 대중의 행복을 위하여, 세간을 연민하여, 천신과 인간의 복과 이익과 행복을 위하여, 그 범행(梵行)이 오래 지속되고, 길이 지속되도록 하시오."

---

84  여기에서 'dhamma'의 복수형인 'dhammā'를 진리로 번역했다.

**❙3. 51.❙** 그리고 나서 세존께서 비구들에게 말씀하셨습니다.

"비구들이여, 이제 그대들에게 당부하고자 하오. 제행(諸行)[85]은 쇠멸법(衰滅法)[86]이니 방일(放逸)하지 말고 [무아의 열반을] 성취하도록 하시오.[87] 머지않아 여래의 반열반이 있을 것이오. 석 달 후에 여래는 반열반에 들 것이오."

세존께서는 이렇게 말씀하셨습니다. 선서께서는 이렇게 말씀하시고, 스승님께서는 다시 말씀하셨습니다.

내 나이 너무 늙었고, 내 수명 얼마 남지 않았소.
그대들을 두고 나는 가려 하오. 나는 나 자신을 의지처로 삼았다오.
비구들이여, 방일하지 말고, 주의집중을 유지하여
계행을 잘 행하도록 하오.
마음 모아 바른 뜻[88]을 세워, 자신의 마음을 잘 지켜보도록 하오.
방일하지 않고, 가르침과 율(律)[89]에 머무는 사람은
유전(流轉)하는 생(生)을 버리고 괴로움을 끝내게 될 것이오.

---

85 'saṅkhārā'의 번역.

86 'vaya dhammā'의 번역.

87 'saṅkhāra(行)'는 '자아'를 형성하려는 의지이다. 제행(諸行, saṅkhārā)은 이 의지에 의해 자아로 존재화한 것을 의미한다. 즉, 5취온(五取蘊)을 의미한다. 우리가 취하고 있는 자아라는 존재는 쇠멸하는 현상이므로, 부지런히 노력하여 5취온이라는 자기존재의 사슬에서 벗어나 무아(無我)의 열반을 성취하라는 말씀이다.

88 열반을 성취하려는 뜻을 의미함.

89 'dhamma-vinaya'의 번역.

**┃ 4. 1. ┃** 세존께서는 오전에 옷을 입고 발우와 법의(法衣)를 들고 탁발하러 웨쌀리에 들어가서 탁발을 하시고, 탁발에서 돌아와 탁발한 음식을 드신 후에 용상(龍象)이 둘러보듯이[90] 웨쌀리를 둘러보신 다음, 아난다 존자에게 말씀하셨습니다.

"아난다여, 이것이 여래가 마지막으로 보는 웨쌀리가 될 것이다. 아난다여, 가자! 이제 반다가마(Bhaṇḍagāma)로 가자."

"예, 세존이시여!"라고 아난다 존자는 세존에게 대답했습니다.

세존께서는 큰 비구 승가와 함께 반다가마에 도착하여 그곳에서 머무셨습니다.

**┃ 4. 2. ┃** 그곳에서 세존께서 비구들에게 말씀하셨습니다.

"비구들이여, 네 가지 법(法)을 자각하지 못하고 이해하지 못했기 때문에 나와 그대들은 이와 같이 오랜 세월을 흘러 다니고 돌아다녔다오. 네 가지 법은 어떤 것인가? 비구들이여, 성자의 계행(戒行)을 자각하지 못하고 이해하지 못했기 때문에 나와 그대들은 이와 같이 오랜 세월을 흘러 다니고 돌아다녔다오. 비구들이여, 성자(聖者)의 삼매(三昧)와 성자의 반야(般若)와 성자의 해탈(解脫)을 자각하지 못하고 이해하지 못했기 때문에 나와 그대들은 이와 같이 오랜 세월을 흘러 다니고 돌아다녔다오. 비구들이여, 나는 성자의 계행과 성자의 삼매와 성자의 반야와 성자의 해탈을 자각하고 이해했소. 존재로 이끄는 존재에 대한 갈애[有愛]는 부서지고 소멸하여 이제 이후의 존재[後有]가 없다오."

**┃ 4. 3. ┃** 세존께서는 이렇게 말씀하셨습니다. 선서께서는 이렇게 말

---

90 큰 코끼리를 용상(龍象)이라고 한다. 부처님께서 경치를 조망하는 모습을 표현한 것이다.

씀하시고, 스승님께서는 다시 말씀하셨습니다.

> 위없는 계행(戒行)과 삼매(三昧)와 반야(般若)와
> 해탈(解脫)이 있나니,
> 명성 높은 고따마는 이들 법을 자각했다네.
> 붓다(Buddha)는 이와 같이 자각한 법을 비구들에게 가르쳤다네.
> 괴로움을 끝낸 눈이 있는 스승은 반열반(般涅槃)한다네.

**4. 4.** 세존께서는 반다가마에 머물면서 비구들에게 참으로 이러한 많은 설법을 하셨습니다. 계행(戒行)은 이런 것이다. 삼매(三昧)는 이런 것이다. 반야(般若)는 이런 것이다. 계행을 두루 실천하면 삼매라는 큰 과보와 큰 공덕이 있고, 삼매를 두루 닦으면 반야라는 큰 과보와 큰 공덕이 있고, 반야가 충만한 마음은 모든 번뇌[漏], 즉 욕루(欲漏), 유루(有漏), 견루(見漏), 무명루(無明漏)에서 바르게 해탈한다. 이런 내용의 설법이었습니다.

**4. 5.** 세존께서는 반다가마에서 적절하게 머무신 후에 아난다 존자에게 분부했습니다.

"아난다여, 가자! 이제 핫티가마(Hatthigāma)로 가자. 아난다여, 가자! 이제 암바가마(Ambagāma)로 가자. 아난다여, 가자! 이제 잠부가마(Jambugāma)로 가자. 아난다여, 가자! 이제 보가나가라(Bhoganagara)로 가자."[91]

---

91  4.4와 동일한 내용이 반복되므로 생략함.

**▌4. 6. ▐**  "예, 세존이시여!"라고 아난다 존자는 세존에게 대답했습니다. 세존께서는 큰 비구 승가와 함께 보가나가라에 도착했습니다.

**▌4. 7. ▐**  세존께서는 그곳 보가나가라에서 아난다(Ānanda) 탑묘에 머무셨습니다. 그곳에서 세존께서 비구들에게 말씀하시었습니다.

"비구들이여, 내가 네 가지 큰 교법[四大敎法][92] 을 가르쳐주겠소. 잘 듣고 깊이 생각해 보시오. 내가 이야기하겠소."

"그렇게 하겠습니다. 세존이시여!"라고 비구들은 세존에게 대답했습니다. 세존께서 말씀하셨습니다.

**▌4. 8. ▐**  "비구들이여, 어떤 비구가 '존자들이여, 나는 세존으로부터 직접 듣고, 직접 가르침을 받았소. 이것이 법(法)이고, 이것이 율(律)이고, 이것이 스승의 가르침[93] 이오'라고 말하면, 비구들이여, 그대들은 그 비구의 말을 찬탄하지도 말고, 비난하지도 마시오. 찬탄하거나 비난하지 말고, 그가 하는 말들을 잘 배운 다음, 경(經)에 비추어 해석하고 율(律)에 비추어 살펴보도록 하시오. 만약 경에 비추어 해석하고 율에 비추어 살펴보아서, 그것들이 경을 해석한 것이 아니고 율을 보여준 것이 아니면, 비구들이여, 그대들은 이제 '이것은 분명히 세존의 말씀이 아니다. 이 비구는 잘못 수지(受持)했다'라고 결론을 내리고 그것을 버리도록 하시오. 만약 경에 비추어 해석하고 율에 비추어 살펴보아서, 그것들이 경을 해석한 것이고 율을 보여준 것이면, 비구들이여, 그대들은 이제 '이것은 분명히 세존의 말씀이다. 이 비구는 잘 수지했다'라고 결

---

92  'cattāro mahā-padesā'의 번역.

93  'Satthu sāsana'의 번역.

론을 내리도록 하시오. 비구들이여, 이것이 첫째 큰 교법이니 그대들은 명심하도록 하시오.

**｜ 4. 9. ｜** 비구들이여, 어떤 비구가 '존자들이여, 이러한 곳에 훌륭한 장로(長老)가 있는 승가(僧伽)가 머물고 있소. 나는 그 승가로부터 직접 듣고 직접 가르침을 받았소. 이것이 법(法)이고, 이것이 율(律)이고, 이것이 스승의 가르침이오'라고 말하면, 비구들이여, 그대들은 그 비구의 말을 찬탄하지도 말고 비난하지도 마시오. 찬탄하거나 비난하지 말고, 그가 하는 말들을 잘 배운 다음, 경(經)에 비추어 해석하고 율에 비추어 살펴보도록 하시오. 만약 경에 비추어 해석하고 율에 비추어 살펴보아서, 그것들이 경을 해석한 것이 아니고 율을 보여준 것이 아니면, 비구들이여, 그대들은 이제 '이것은 분명히 세존의 말씀이 아니다. 이 비구는 잘못 수지했다'라고 결론을 내리고 그것을 버리도록 하시오. 만약 경에 비추어 해석하고 율에 비추어 살펴보아서, 그것들이 경을 해석한 것이고 율을 보여준 것이면, 비구들이여, 그대들은 이제 '이것은 분명히 세존의 말씀이다. 이 비구는 잘 수지했다'라고 결론을 내리도록 하시오. 비구들이여, 이것이 둘째 큰 교법이니 그대들은 명심하도록 하시오.

**｜ 4. 10. ｜** 비구들이여, 어떤 비구가 '존자들이여, 이러한 곳에 학식이 많고, 아함(阿含)[94]에 정통한, 법(法)을 호지(護持)하고, 율(律)을 호지하고, 논모(論母)[95]를 호지한 많은 장로(長老) 비구들이 머물고 있소. 나는 그

---

94  'āgama'의 번역. 전승되는 부처님의 말씀.

95  'mātikā'의 번역. mātikā는 경(經)이나 율(律)의 주요한 표제어를 뽑아 외우기 쉽게 축약한 것이다. 법(法)에 대한 마띠까는 논장의 첫머리에 나타나며, 논장은 이 마띠까를 상세하게 설명하는 형식으로 구성되어있다. 율(律)에 대한 마띠까는 비구계본(比丘戒本)과 비

장로들로부터 직접 듣고, 직접 가르침을 받았소. 이것이 법(法)이고, 이것이 율(律)이고, 이것이 스승의 가르침이오'라고 말하면, 비구들이여, 그대들은 그 비구의 말을 찬탄하지도 말고 비난하지도 마시오. 찬탄하거나 비난하지 말고, 그가 하는 말들을 잘 배운 다음, 경(經)에 비추어 해석하고 율에 비추어 살펴보도록 하시오. 만약 경에 비추어 해석하고 율에 비추어 살펴보아서, 그것들이 경을 해석한 것이 아니고 율을 보여준 것이 아니면, 비구들이여, 그대들은 이제 '이것은 분명히 세존의 말씀이 아니다. 이 비구는 잘못 수지했다'라고 결론을 내리고 그것을 버리도록 하시오. 만약 경에 비추어 해석하고 율에 비추어 살펴보아서, 그것들이 경을 해석한 것이고 율을 보여준 것이면, 비구들이여, 그대들은 이제 '이것은 분명히 세존의 말씀이다. 이 비구는 잘 수지했다'라고 결론을 내리도록 하시오. 비구들이여, 이것이 셋째 큰 교법이니 그대들은 명심하도록 하시오.

**┃4.11.┃** 비구들이여, 어떤 비구가 '존자들이여, 이러한 곳에 학식이 많고, 아함(阿含)에 정통한, 법(法)을 호지(護持)하고, 율(律)을 호지하고, 논모(論母)를 호지한 어떤 장로(長老) 비구가 머물고 있소. 나는 그 장로에게서 직접 듣고, 직접 가르침을 받았소. 이것이 법(法)이고, 이것이 율(律)이고, 이것이 스승의 가르침이오'라고 말하면, 비구들이여, 그대들은 그 비구의 말을 찬탄하지도 말고 비난하지도 마시오. 찬탄하거나 비난하지 말고, 그가 하는 말들을 잘 배운 다음, 경(經)에 비추어 해석하고 율에 비추어 살펴보도록 하시오. 만약 경에 비추어 해석하고 율에 비

---

구니계본(比丘尼戒本)이다.

추어 살펴보아서, 그것들이 경을 해석한 것이 아니고, 율을 보여준 것이 아니면, 비구들이여, 그대들은 이제 '이것은 분명히 세존의 말씀이 아니다. 이 비구는 잘못 수지했다'라고 결론을 내리고 그것을 버리도록 하시오. 만약 경에 비추어 해석하고 율에 비추어 살펴보아서, 그것들이 경을 해석한 것이고 율을 보여준 것이면, 비구들이여, 그대들은 이제 '이것은 분명히 세존의 말씀이다. 이 비구는 잘 수지했다'라고 결론을 내리도록 하시오. 비구들이여, 이것이 넷째 큰 교법이니 그대들은 명심하도록 하시오.

비구들이여, 이들이 네 가지 큰 교법이니 그대들은 명심하도록 하시오."

**| 4.12. |**　세존께서는 보가나가라에서 아난다 탑묘에 머물면서 비구들에게 참으로 이러한 많은 설법을 하셨습니다. 계행(戒行)은 이런 것이다. 삼매(三昧)는 이런 것이다. 반야(般若)는 이런 것이다. 계행을 두루 실천하면 삼매라는 큰 과보와 큰 공덕이 있고, 삼매를 두루 닦으면 반야라는 큰 과보와 큰 공덕이 있고, 반야가 충만한 마음은 모든 번뇌[漏], 즉 욕루(欲漏), 유루(有漏), 견루(見漏), 무명루(無明漏)에서 바르게 해탈한다. 이런 내용의 설법이었습니다.

**| 4.13. |**　세존께서는 보가나가라에서 적절하게 머무신 후에 아난다 존자에게 분부했습니다.

"아난다여, 가자! 이제 빠와(Pāvā)로 가자."

"예, 세존이시여!"라고 아난다 존자는 세존에게 대답했습니다.

세존께서는 큰 비구 승가와 함께 빠와에 도착했습니다.

세존께서는 그곳 빠와에서 대장장이 쭌다(Cunda)의 망고 숲에 머무셨습니다.

**4. 14.** 대장장이 쭌다는 세존께서 지금 빠와에 도착하여 빠와에서 자신의 망고 숲에 머물고 계신다는 말을 들었습니다. 그래서 대장장이 쭌다는 세존을 찾아갔습니다. 세존에게 가서 예배한 후에 한쪽에 앉았습니다. 한쪽에 앉은 대장장이 쭌다를 세존께서는 여법한 말씀으로 가르치고, 격려하고, 장려하고, 기쁘게 하셨습니다.

**4. 15.** 세존으로부터 가르침을 받고 기뻐하면서, 대장장이 쭌다는 세존에게 말씀드렸습니다.

"세존이시여, 세존께서는 비구 승가와 함께 내일 저의 공양을 받아주시옵소서."

세존께서는 침묵으로 승낙하셨습니다.

**4. 16.** 대장장이 쭌다는 세존께서 승낙하신 것을 알고, 자리에서 일어나 세존께 예배한 후에 오른쪽으로 [세 번] 돌고 떠나갔습니다.

**4. 17.** 대장장이 쭌다는 그날 밤새 자신의 집에 훌륭한 음식과 풍성한 전단수이(栴檀樹栮)<sup>96</sup> 버섯 요리를 마련한 후에, 세존께 알렸습니다.

---

96 'sūkara-maddava'의 번역. 'sūkara-maddava'는 '돼지'를 의미하는 'sūkara'와 '부드러운'의 의미인 'maddava'의 합성어로서 '부드러운 돼지고기'로 번역할 수도 있다. 그러나 'sūkara-maddava'는 버섯의 이름을 의미하기도 하며, 한역에 전단수이(栴檀樹栮)로 번역되었다. 나무에 기생하는 송이버섯이나 표고버섯처럼 전단수에 기생하는 버섯이라고 생각된다. 일설에 의하면, 이 버섯은 향기가 좋고 맛이 있어 귀한 음식인데, 찾기가 힘들어서 후각이 발달한 돼지를 이용하여 채취한다고 한다. 그래서 'sūkara-maddava'라고 부른다는 것이다. 쭌다는 대장장이로서 깊은 산 속에 살고 있기 때문에, 부처님께 버섯을 구해 요리한 음식을 공양했다고 보는 것이 더 옳다고 생각된다. 율장에 의하면, 비구는 자신을 위해 요리한 짐승의 고기를 먹어서는 안 된다고 한다. 그런데 부처님을 위해 돼지고기를 요리해서 공양한다는 것은 납득하기 어려운 일이다. 따라서 전단수이 버섯

"세존이시여, 공양이 준비되었습니다."

**4. 18.** 세존께서는 오전에 옷을 입고, 발우와 법의(法衣)를 들고, 비구 승가와 함께 대장장이 쭌다의 집으로 가서 마련된 자리에 앉으셨습니다. 자리에 앉으신 세존께서 대장장이 쭌다에게 분부했습니다.

"쭌다여, 그대가 마련한 전단수이 버섯요리는 나에게 공양하고, 다른 음식은 비구 승가에 공양하도록 하오."

대장장이 쭌다는 "그렇게 하겠나이다. 세존이시여!"라고 세존에게 대답한 후에, 마련된 전단수이 버섯 요리는 세존에게 공양드리고, 다른 음식은 비구 승가에 공양드렸습니다.

**4. 19.** 그러자 세존께서 대장장이 쭌다에게 분부했습니다.

"쭌다여, 남은 전단수이 버섯요리는 구덩이에 파묻으시오. 쭌다여, 나는 천신(天神)과 마라와 범천(梵天)을 포함하는 세간(世間)과, 사문과 바라문과 왕과 사람들을 포함하는 인간 가운데서 이 음식을 먹고 소화시킨 것은 여래 이외에는 보지 못했소."

대장장이 쭌다는 "그렇게 하겠나이다. 세존이시여!"라고 세존에게 대답한 후에, 남은 전단수이 버섯요리를 구덩이에 파묻은 다음, 세존에게 가서 세존에게 예배한 후에 한쪽에 앉았습니다. 한쪽에 앉은 대장장이 쭌다를 세존께서는 여법한 말씀으로 가르치고, 격려하고, 장려하고, 기쁘게 하신 후에 자리에서 일어나 그곳을 떠났습니다.

**4. 20.** 쭌다가 공양한 전단수이 버섯요리를 드신 세존께서는 혈변

---

으로 번역했다. 부처님께서 이 버섯 요리를 드시고 병에 걸렸다고 하는데, 버섯 요리 가운데 독버섯이 들어가지 않았을까 생각된다.

(血便)이 나오는 심한 설사병이 발생하여 죽을 지경의 혹독한 고통들이 생겼습니다. 세존께서는 그 고통들을 주의집중과 알아차림으로 괴로 워하지 않고 참아냈습니다.

그런 다음 세존께서 아난다 존자에게 분부했습니다.

"아난다여, 가자! 이제 꾸씨나라(Kusinārā)로 가자."

"예, 세존이시여!"라고 아난다 존자는 세존에게 대답했습니다.


나는 들었네. 대장장이 쭌다의 공양을 드시고,

죽을 지경으로 고통이 심한 병이 드셨다네.

전단수이 버섯요리를 드시고,

스승님에게 혹독한 질병이 생겼다네.

설사를 하시면서 세존께서 말씀하셨다네.

"나는 꾸씨나라성(城)으로 간다."[97]


**❙4. 21.❙** 세존께서 도중에 길에서 벗어나 어떤 나무 아래로 가서 아난 다 존자에게 분부했습니다.

"아난다여, 그대는 어서 가사를 네 겹으로 접어 자리를 마련해다 오. 아난다여, 내가 피곤해서 앉아야겠다."

"예, 세존이시여!"라고 아난다 존자는 세존에게 대답한 후에 가사 를 네 겹으로 접어 자리를 마련했습니다.

**❙4. 22.❙** 세존께서는 마련된 자리에 앉으셨습니다. 세존께서는 앉아

---

97 '태국본'에 의하면 이 게송은 합송자들이 읊은 것이라고 한다.

서 아난다 존자에게 분부했습니다.

"아난다여, 그대는 어서 마실 물을 가져다 다오. 아난다여, 목이 말라 마셔야겠다."

이와 같이 말씀하시자 아난다 존자는 세존에게 말했습니다.

"세존이시여, 방금 오백 대의 마차가 지나갔습니다. 수레바퀴가 가르고 지나가서 혼탁하고 더러운 적은 물이 흐릅니다. 세존이시여, 멀지 않은 곳에 있는 까꿋타(Kakutthā) 강은 마시기 좋은 깨끗하고 시원한 물이 있으며, 강둑이 아름답습니다. 세존께서는 그곳에서 물도 마시고, 몸도 시원하게 식히십시오."

**┃4. 23.┃** 세존께서는 두 번째로 아난다 존자에게 분부했습니다.

"아난다여, 그대는 어서 마실 물을 가져다다오. 아난다여, 목이 말라 마셔야겠다."

두 번째도 아난다 존자는 세존에게 같은 말을 했습니다.

**┃4. 24.┃** 세존께서는 세 번째로 아난다 존자에게 분부했습니다.

"아난다여, 그대는 어서 마실 물을 가져다다오. 아난다여, 목이 말라 마셔야겠다."

아난다 존자는 "그렇게 하겠습니다. 세존이시여!"라고 세존에게 대답한 후에 발우를 가지고 그 강으로 갔습니다. 그런데 수레바퀴가 가르고 지나가서 혼탁하고 더러운 적은 물이 흐르고 있던 그 강은 아난다 존자가 다가가자 혼탁하지 않은 맑고 청정한 물이 흘렀습니다.

**┃4. 25.┃** 아난다 존자에게 이런 생각이 들었습니다.

'참으로 불가사의(不可思議)하다. 참으로 희유하다. 이는 세존의 큰 신통(神通)이며, 큰 위력(威力)이로다! 수레바퀴가 가르고 지나가서 혼

탁하고 더러운 적은 물이 흐르고 있던 이 강에 내가 다가가자 혼탁하지 않은 맑고 청정한 물이 흐르다니!'

아난다 존자는 발우에 물을 담아 들고 세존에게 가서 이렇게 말씀드렸습니다.

"참으로 불가사의합니다. 세존이시여! 참으로 희유합니다. 세존이시여! 이는 세존의 큰 신통이며, 세존의 큰 위력입니다. 수레바퀴가 가르고 지나가서 혼탁하고 더럽고 적은 물이 흐르고 있던 이 강에, 제가 다가가자 혼탁하지 않은 맑고 청정한 물이 흐르다니! 세존께서는 물을 드십시오. 선서께서는 물을 드십시오."

그리하여 세존께서는 물을 마셨습니다.

**| 4. 26. |** 그때 알라라 깔라마(Ālāra Kālāma)의 제자 뿍꾸싸 말라뿟따 (Pukkhusa Malla-putta)가 빠와에서 꾸씨나라로 여행을 하고 있었습니다. 뿍꾸싸 말라뿟따는 어떤 나무 아래에 앉아 있는 세존을 보았습니다. 그는 세존에게 다가와서 예배하고 한쪽에 앉았습니다. 뿍꾸싸 말라뿟따는 한쪽에 앉아 세존에게 이렇게 말했습니다.

"세존이시여, 수행자들이 적정(寂靜)하게 머무는 것은 참으로 불가사의합니다. 참으로 희유합니다.

**| 4. 27. |** 세존이시여, 예전에 알라라 깔라마가 여행을 하다가 도중에 길에서 벗어나 어떤 나무 아래로 가서 오후 휴식을 위해 앉았습니다. 세존이시여, 그런데 오백 대의 마차가 알라라 깔라마 가까이로 지나갔습니다. 오백 대의 마차의 뒤를 따라오던 어떤 사람이 알라라 깔라마에게 다가가서 이렇게 말했습니다.

'존자님, 오백 대의 마차가 지나가는 것을 보았습니까?'

'존자여, 나는 보지 못했소.'

'존자님, 그러면 소리는 들었습니까?'

'존자여, 나는 소리를 듣지 못했소.'

'존자님, 그러면 잠들었습니까?'

'존자여, 나는 잠들지 않았소.'

'존자님, 그러면 생각이 있었습니까?'[98]

'존자여, 그렇소.'

'존자님, 당신은 생각이 있고, 의식이 있고, 깨어있으면서 가까이지나가는 오백 대의 마차를 참으로 보지 못하고, 소리도 듣지 못했다니, 존자님, 당신의 쌍가띠(saṅghāṭī)[99]가 먼지로 뒤덮였는데도 말씀입니까?'

'존자여, 그렇소.'

세존이시여, 그러자 그에게 이런 생각이 들었습니다. '수행자들이 적정(寂靜)하게 머무는 것은 참으로 불가사의하고, 참으로 희유하구나! 생각이 있고, 의식이 있고, 깨어있으면서 가까이로 지나가는 오백 대의 마차를 보지 못하고, 소리도 듣지 못하다니!' 그는 알라라 깔라마에게 큰 신심을 표시하고 그곳을 떠났습니다.”

**| 4. 28. |** “뻑쿠싸여, 그대는 어떻게 생각하시오? 어떤 사람은 생각이 있고, 의식이 있고, 깨어있으면서 가까이로 지나가는 오백 대의 마차를 보지 못하고, 소리도 듣지 못하고, 어떤 사람은 생각이 있고, 의식이 있고, 깨어있으면서 억수로 비가 내리고 천지를 진동하며 천둥과 번개가

---

98  'saññin'의 번역.

99  수행자들이 걸치고 다니는 웃옷.

내리치는데, 내리치는 번개를 보지 못하고 소리도 듣지 못한다면, 어떤 것이 더 하기 어렵고, 어떤 것이 더 성취하기 어렵겠소?"

**4. 29.** "세존이시여, 오백 대의 마차나, 육백, 칠백, 팔백, 구백, 천 대의 마차나, 십만 대의 마차 따위로 어떻게 비교하겠습니까? 어떤 사람이 생각이 있고, 의식이 있고, 깨어있으면서 억수로 비가 내리고 천지를 진동하며 천둥치고 번개가 내리치는데, 내리치는 번개를 보지 못하고 소리도 듣지 못한다면, 그것이 더 하기 어렵고, 그것이 더 성취하기 어렵습니다."

**4. 30.** "뿍꾸싸여, 나는 한때 아뚜마(Ātumā)에 있는 부싸가라(Bhusâ-gara)에 머물렀소. 그때 억수로 비가 내리고 천지를 진동하며 천둥과 번개가 내리쳐서 부싸가라의 농부 형제 두 사람과 네 마리의 황소가 벼락을 맞았소. 뿍꾸싸여, 그래서 수많은 대중이 아뚜마를 나서서 벼락 맞은 농부 형제와 네 마리의 황소에게 갔소.

**4. 31.** 뿍꾸싸여, 나는 그때 부싸가라를 나서서 부싸가라 성문 광장을 거닐고 있었소. 뿍꾸싸여, 그러자 그 수많은 대중 가운데서 어떤 사람이 나에게 다가왔소. 다가와서 나에게 인사한 후에 한쪽에 섰소. 뿍꾸싸여, 나는 한쪽에 서 있는 그 사람에게 이렇게 물었소.

**4. 32.** '존자여, 저 수많은 대중은 왜 모였소?'

'세존이시여, 지금 억수로 비가 내리고, 천지를 진동하며 천둥과 번개가 내리쳐서 농부 형제 두 사람과 네 마리의 황소가 벼락을 맞았습니다. 그래서 저 수많은 대중이 모였습니다. 세존이시여, 그런데 당신은 어디에 계셨습니까?'

'존자여, 나는 여기에 있었소.'

'세존이시여, 그러면 무엇을 보셨습니까?'

'존자여, 보지 못했소.'

'세존이시여, 그러면 어떤 소리를 들었습니까?'

'존자여, 나는 소리를 듣지 못했소.'

'세존이시여, 그러면 잠들었습니까?'

'존자여, 나는 잠들지 않았소.'

'세존이시여, 그러면 생각이 있었습니까?'

'존자여, 그렇소.'

'세존이시여, 당신은 생각이 있고, 의식이 있고, 깨어있으면서, 억수로 비가 내리고, 천지를 진동하며 천둥과 번개가 내리치는데 보지 못하고, 소리도 듣지 못했다는 말씀입니까?'

'존자여, 그렇소.'

**[4. 33.]** 뿍쿠싸여, 그러자 그 사람은 이렇게 생각했소.

'수행자들이 적정(寂靜)하게 머무는 것은 참으로 불가사의하고, 참으로 희유하구나! 생각이 있고, 의식이 있고, 깨어있으면서, 억수로 비가 내리고, 천지를 진동하며 천둥과 번개가 내리치는데 보지 못하고, 소리도 듣지 못하다니!'

그는 나에게 큰 신심을 표시하고 그곳을 떠났소."

**[4. 34.]** 이와 같이 말씀하시자, 뿍쿠싸 말라뿟따는 세존에게 이렇게 말했습니다.

"세존이시여, 저는 알라라 깔라마에 대한 저의 신심을 큰바람에 날려버리고, 급류로 깨끗이 쓸어버렸나이다. 세존이시여, 훌륭하십니다! 세존이시여, 훌륭하십니다! 세존이시여, 마치 뒤집힌 것을 바로 세우는 것 같고, 감추어진 것을 드러내는 것 같고, 길 잃은 자에게 길을 알

려주는 것 같고, '눈 있는 자들은 보라'고 어둠 속에 등불을 비춰주는 것
같습니다. 이와 같이 세존께서는 여러 가지 방법으로 진리를 알려주셨
습니다. 세존이시여, 그래서 저는 세존께 귀의합니다. 가르침과 비구
승가에 귀의합니다. 세존이시여, 저를 청신사로 받아주소서. 지금부터
살아있는 날까지 귀의하겠나이다.'"

**| 4. 35. |** 그리고 뿍꾸싸 말라뿟따는 어떤 사람에게 분부했습니다.

"너는 어서 나에게 황금색 양탄자[毹]¹⁰⁰를 한 쌍 가져오너라."

그 사람은 "그렇게 하겠습니다. 주인님!"이라고 뿍꾸싸 말라뿟따
에게 대답한 후에, 황금색 양탄자 한 쌍을 가져왔습니다.

그러자 뿍꾸싸 말라뿟따는 그 황금색 양탄자 한 쌍을 들고 세존에
게 다가왔습니다.

"세존이시여, 이것은 황금색 양탄자 한 쌍입니다. 세존이시여, 세
존께서는 저를 가엽게 여기시고 이것을 받아주소서."

"뿍꾸싸여, 그 양탄자 하나는 내가 걸치게 하고, 하나는 아난다가
걸치게 하시오."

"그렇게 하겠나이다. 세존이시여!"라고 뿍꾸싸 말라뿟따는 세존
에게 대답한 후에 하나는 세존께서 걸치시도록 하고, 하나는 아난다 존
자가 걸치도록 했습니다.

---

100 '황금색 양탄자 한 쌍'은 'siṅgi-vaṇṇaṃ yugaṃ maṭṭaṃ'을 번역한 것이다. 축어적으로는
황금빛(siṅgi-vaṇṇaṃ) 한 쌍(yugaṃ) 분량(maṭṭaṃ)이다. 여기에서 황금빛이 무엇을 의미
하는지 분명하지 않다. 문맥상 몸에 걸치는 것으로 여겨지는데, 구체적으로 어떤 것인
지는 알 수가 없다. 대부분 옷으로 번역하는데, 『장아함경』의 「유행경(遊行經)」에서는
전(氈)으로 번역하고 있다. 여기에서는 「유행경」에 따라 '양탄자'로 번역했다. 인도인들
이 여행할 때 몸에 걸치는 양탄자로 생각된다.

**⎮4. 36.⎮**　세존께서는 뿍꾸싸 말라뿟따를 여법한 말씀으로 가르치고, 격려하고, 장려하고, 기쁘게 하셨습니다. 뿍꾸싸 말라뿟따는 세존으로 부터 가르침을 받고 기뻐하면서, 자리에서 일어나 세존에게 예배한 후에 오른쪽으로 [세 번] 돌고 떠나갔습니다.

**⎮4. 37.⎮**　아난다 존자는 뿍꾸싸 말라뿟따가 떠난 후에 바로 그 황금색 양탄자 한 쌍을 들고 세존의 몸 가까이 다가갔습니다. 세존의 몸 가까이 다가간 그 양탄자는 마치 불이 꺼진 숯처럼 빛을 잃었습니다.

　　그러자 아난다 존자는 세존에게 이렇게 말씀드렸습니다.

　　"불가사의합니다. 세존이시여! 희유합니다. 세존이시여! 세존이시여, 여래의 피부색은 어찌 이리 맑고 청정한가요! 세존이시여, 이 황금색 양탄자 한 쌍을 들고 세존의 몸 가까이 다가가니, 세존의 몸 가까이 다가간 그 천은 마치 불이 꺼진 숯처럼 빛을 잃습니다!"

　　"그렇다. 아난다여. 아난다여, 여래의 피부색은 두 가지 경우에 유난히 맑고 청정하다. 두 가지는 어떤 경우인가? 아난다여, 그것은 여래가 위없는 바르고 평등한 깨달음[無上正等正覺]을 성취하는 밤과 무여열반계(無餘涅槃界)에 반열반하는 밤이다. 아난다여, 이 두 경우에 여래의 피부색은 유난히 맑고 청정하다.

**⎮4. 38.⎮**　아난다여, 오늘 밤 후야(後夜)에 꾸씨나라 근처에 있는 말라 (Malla)[101]들의 쌀라(sāla) 숲속의 쌀라 쌍수(雙樹)[102]에서 여래의 반열반이 있을 것이다. 가자. 아난다여, 이제 까꿋타(Kakutthā) 강으로 가자."

---

101　부처님 당시 인도의 16대국 가운데 하나인 말라국 사람을 의미한다.

102　'yamaka-sālā'의 번역.

"예, 세존이시여!"라고 아난다 존자는 세존에게 대답했습니다.

뿍꾸싸가 한 쌍의 황금색 양탄자를 바치니,
그것을 걸친 스승님은 금빛으로 빛났다네.

**4.39.** 세존께서는 큰 비구 승가와 함께 까꿋타 강으로 가서 까꿋타 강물 속으로 들어가 몸을 씻고 물을 마신 다음, 몸에 묻은 물을 닦으신 후에 망고 숲으로 가서 쭌다까(Cundaka) 존자에게 분부했습니다.

"쭌다까여, 그대는 어서 가사를 네 겹으로 접어 자리를 마련해다오. 쭌다까여, 피곤하여 앉아야겠다."

"예, 세존이시여!"라고 쭌다까 존자는 세존에게 대답한 후에 가사를 네 겹으로 접어 자리를 마련했습니다.

**4.40.** 세존께서는 다시 일어날 생각을 하시고, 주의집중을 하고 알아차리면서 오른쪽 측면으로 발을 포개고 사자처럼 누우셨습니다. 그러자 쭌다까 존자는 세존 앞에 앉았습니다.

**4.41.**

부처님은 맑고 청정하여 마시기 좋은 물이 있는
까꿋타 강으로 가셨다네.
세상에 비길 바 없는 여래는
몸이 피곤하신 스승님은 물속에 들어가셨다네.
비구의 무리 가운데서 존경을 받는
스승님은 몸을 씻고 물을 마신 후에 밖으로 나오셨다네.

이 세상에서 법을 설하신 우리의 스승 세존께서는

망고 숲에 도달했다네.

쭌다까 비구에게 분부했다네.

"내가 눕도록 가사를 네 겹으로 접어 깔아라!"

자신을 잘 수습(修習)하신 분의 분부에 쭌다[103]는 기뻐하면서

재빨리 네 겹의 가사를 깔았다네.

몸이 피곤하신 스승님께서 누우시니,

그때 쭌다는 맨 앞에 앉았다네.


**4. 42.** 세존께서 아난다 존자에게 분부했습니다.

"아난다여, 누군가가 대장장이 쭌다에게 '쭌다 존자여, 여래께서 그대가 올린 공양을 마지막으로 드시고 반열반(般涅槃)하신 것은 그대에게 해로운 일이고, 죄가 되오'라고 말하여 쭌다가 죄책감을 일으킬지도 모른다. 아난다여, 다음과 같이 말하여 대장장이 쭌다의 죄책감을 없애도록 하라.

'존자여, 여래께서 그대가 올린 공양을 마지막으로 드시고 반열반(般涅槃)하신 것은 그대에게 이로운 일이고 축복이라오. 여보시오, 쭌다 존자여, 나는 세존의 면전에서 이러한 말씀을 듣고, 세존의 면전에서 가르침을 받았소. 똑같은 결실과 똑같은 과보가 있으며, 다른 공양보다 훨씬 더 큰 결과와 공덕이 있는 두 가지 공양이 있다오. 두 가지 공양은

---

103 'Cunda'의 번역. 붓다에게 공양을 올린 대장장이 쭌다(Cunda)가 아니라 운율을 맞추기 위해 쭌다까(Cundaka) 존자를 'Cunda'로 표기한 것이다.

어떤 것인가? 그것은 여래께서 드시고 위없는 바르고 평등한 깨달음 [無上正等正覺]을 성취하신 공양과 여래께서 드시고 무여열반계(無餘涅 槃界)에 반열반하시는 공양이라오. 이 두 공양은 똑같은 결실과 똑같은 과보가 있으며, 다른 공양보다 훨씬 더 큰 결실과 공덕이 있다오. 쭌다 존자가 쌓은 업(業)은 장수하게 되고, 찬탄 받게 되고, 행복하게 되고, 명성을 얻게 되고, 천상에 태어나게 되고, 위력을 얻게 된다오.'

아난다여, 이와 같이 대장장이 쭌다의 죄책감을 없애도록 하라."

**4. 43.** 세존께서는 그 도리를 아시고 그때 이 우다나를 읊으셨습니다.

베풀면 공덕이 늘고, 자제(自制)하면 원한이 쌓이지 않는다.
착한 사람은 악을 버리고, 탐진치(貪瞋癡)를 소멸하여
열반을 얻는다.

**5. 1.** 세존께서 아난다 존자에게 분부했습니다.

"아난다여, 가자! 이제 히란냐와띠(Hiraññavatī) 강 건너편 언덕에 있는 꾸씨나라 근처 말라(Malla)들의 쌀라 숲으로 가자."

"예, 세존이시여!"라고 아난다 존자는 세존에게 대답했습니다.

세존께서는 큰 비구 승가와 함께 히란냐와띠 강 건너편 언덕에 있는 꾸씨나라 근처 말라들의 쌀라 숲으로 가서 아난다 존자에게 분부했습니다.

"아난다여, 그대는 어서 쌀라 쌍수(雙樹) 사이에 머리를 북쪽으로 하여 침상을 마련해다오. 내가 피곤해서 누워야겠다."

"예, 세존이시여!"라고 아난다 존자는 세존에게 대답한 후에, 쌀라 쌍수 사이에 머리를 북쪽으로 하여 침상을 마련했습니다. 그러자 세존께서는 주의집중을 하고 알아차리시면서 오른쪽 측면으로 발을 포개고 사자처럼 누우셨습니다.

【 5. 2. 】　그때 여래에게 공양하기 위해 쌀라 쌍수가 때아닌 꽃을 만개하여 여래의 몸 위에 흩날리고 흩뿌리고 뒤덮었습니다. 여래에게 공양하기 위해 천상의 만다라와(Mandārava) 꽃들이 하늘에서 떨어져 여래의 몸 위에 흩날리고 흩뿌리고 뒤덮었습니다. 여래에게 공양하기 위해 천상의 전단향(栴檀香) 가루들이 하늘에서 떨어져 여래의 몸 위에 흩날리고 흩뿌리고 뒤덮었습니다. 여래에게 공양하기 위해 천상의 악기들이 하늘에서 음악을 연주했습니다. 여래에게 공양하기 위해 천상의 합창 소리가 하늘에서 들렸습니다.

【 5. 3. 】　세존께서 아난다 존자에게 분부하셨습니다.

"아난다여, 여래에게 공양하기 위해 쌀라 쌍수가 때아닌 꽃을 만개하여 여래의 몸 위에 흩날리고 흩뿌리고 뒤덮고, 천상의 만다라와 꽃들이 하늘에서 떨어져 여래의 몸 위에 흩날리고 흩뿌리고 뒤덮고, 천상의 전단향 가루들이 하늘에서 떨어져 여래의 몸 위에 흩날리고 흩뿌리고 뒤덮고, 천상의 악기들이 하늘에서 음악을 연주하고, 천상의 합창 소리가 하늘에서 들리는구나. 아난다여, 그러나 이렇게 하는 것은 여래를 공경하고, 존경하고, 존중하고, 공양하고, 받드는 것이 아니다. 아난다여, 비구나 비구니나 청신사나 청신녀가 여법하게 가르침을 실천하고, 화경(和敬)을 실천하고, 가르침에 따라 수행하면서 살아가는 것이 여래를 공경하고, 존경하고, 존중하고, 공양하고, 받드는 최상의 공양이다. 아난다여, 그러므로 '우리는 여법하게 가르침을 실천하고, 화경을 실천하고, 가르침에 따라 수행하겠다'라고, 아난다여, 참으로 그대들은 이와 같이 공부해야 한다."

**| 5. 4. |** 그때 우빠와나(Upavāṇa) 존자가 세존 앞에 서서 세존에게 부채질을 하고 있었습니다. 세존께서는 "비구여, 내 앞에 서 있지 말고 물러서라!"고 하시면서 우빠와나 존자를 내치셨습니다.

그러자 아난다 존자에게 이런 생각이 들었습니다.

'우빠와나 존자는 오랜 세월을 가까이에서 모신 세존의 측근(側近) 시자(侍者)이다. 그런데 세존께서는 임종(臨終)의 시간에 '비구여, 내 앞에 서 있지 말고 물러서라!'고 하시면서 우빠와나 존자를 내치셨다. 무엇 때문에, 어떤 연유에서 세존께서는 우빠와나 존자를 내치셨을까?'

**| 5. 5. |** 그래서 아난다 존자는 세존에게 이렇게 말씀드렸습니다.

"세존이시여, 우빠와나 존자는 오랜 세월을 가까이에서 모신 세존의 측근 시자입니다. 그런데 세존께서는 임종(臨終)의 시간에 '비구여, 내 앞에 서 있지 말고 물러서라!'고 하시면서 우빠와나 존자를 내치셨습니다. 세존이시여, 무엇 때문에, 어떤 연유에서 세존께서는 우빠와나 존자를 내치셨나이까?"

"아난다여, 시방(十方)세계에 있는 많은 천신들이 여래를 보기 위해 모였다. 아난다여, 꾸씨나라 근처에 있는 말라들의 쌀라 숲 주변 12 요자나[104]가 입추(立錐)의 여지가 없이 큰 위력을 지닌 천신들로 꽉 찰 정도다. 아난다여, 그 천신들이 '우리는 여래를 뵙기 위해 멀리서 왔다. 여래(如來), 아라한, 등정각자(等正覺者)께서 언제 다시 세상에 출현하

---

104  길이의 단위. 1요자나는 14km 정도의 거리.

겠는가? 오늘 밤 후야(後夜)에 여래의 반열반이 있을 것이다. 그런데 이 큰 위력을 지닌 비구가 세존 앞에 서서 가로막고 있어서 임종의 시간에 여래를 뵐 수가 없다'고 불평하고 있다."

**| 5. 6. |** "세존이시여, 세존께서 보시기에 천신들은 어떻게 하고 있습니까?"[105]

"아난다여, 허공에서는 지상(地想)을 지닌[106] 천신[107]들이 '세존께서 너무 빨리 반열반하려고 하시네! 선서께서 너무 빨리 반열반하려고 하시네! 세간에서 눈이 사라지려 하네!' 하면서 머리카락을 쥐어뜯으며 울부짖고, 팔을 내저으며 울부짖고, 깎아지른 절벽에서 굴러떨어진 듯이 뒹굴고 있다. 아난다여, 땅 위에서는 지상(地想)을 지닌 천신들이 '세존께서 너무 빨리 반열반하려고 하시네! 선서께서 너무 빨리 반열반하려고 하시네! 세간에서 눈이 사라지려 하네!'라고 머리카락을 쥐어뜯으며 울부짖고, 팔을 내저으며 울부짖고, 깎아지른 절벽에서 굴러떨어진 듯이 뒹굴고 있다. 그러나 탐욕에서 벗어난 천신[108]들은 주의집중을 하고 알아차리면서 '제행무상(諸行無常)인 것을 지금 어찌하겠는가?'라고 참고 있다."

---

105 'Kathaṃ-bhūtā pana bhante Bhagavā devatā manasikarotîti'의 번역.

106 'paṭhavi-saññin'의 번역.

107 지상(地想)을 지닌 천신이란 지거천(地居天)을 의미하는 듯하다. 불교의 세계관에 의하면 천상의 세계는 지거천(地居天)과 공거천(空居天)이 있다. 지거천은 땅에 거주하는 천신이라는 의미인데, 욕계(欲界)의 사천왕천과 도리천(忉利天)이 지거천에 속한다. 그 이상의 천신들은 허공에 거주하기 때문에 공거천(空居天)이라고 부른다.

108 욕계를 벗어난 천신, 즉 색계천 이상의 천신을 의미한다.

**| 5. 7. |** "세존이시여, 이전에는 사방(四方)에서 우기(雨期)를 지낸 비구들이 세존을 뵙기 위해 왔고, 저희는 마음을 잘 닦은 그 비구들을 뵈올 수 있었고, 모실 수 있었습니다. 세존이시여, 그러나 세존의 사후(死後)에는 마음을 잘 닦은 비구들을 뵈올 수도 없고, 모실 수도 없게 되었습니다."

**| 5. 8. |** "아난다여, 신심(信心) 있는 선남자들이 찾아와서 보게 되고 감격하게 되는 네 가지 장소가 있다. 그 넷은 어떤 곳인가?

아난다여, '여기에서 여래께서 탄생하셨다'라고 하는 곳이 선남자들이 찾아와서 보게 되고 감격하게 되는 장소다.

아난다여, '여기에서 여래께서 위없는 바르고 평등한 깨달음[無上正等正覺]을 성취하셨다'라고 하는 곳이 선남자들이 찾아와서 보게 되고 감격하게 되는 장소다.

아난다여, '여기에서 여래께서 위없는 진리의 수레바퀴[法輪]를 굴리셨다'라고 하는 곳이 선남자들이 찾아와서 보게 되고 감격하게 되는 장소다.

아난다여, '여기에서 여래께서 무여열반계(無餘涅槃界)에 반열반하셨다'라고 하는 곳이 선남자들이 찾아와서 보게 되고 감격하게 되는 장소다.

아난다여, 이곳들이 신심(信心) 있는 선남자들이 찾아와서 보게 되고 감격하게 되는 네 가지 장소다.

아난다여, 신심 있는 비구, 비구니, 청신사, 청신녀들은 '여기에서 여래께서 탄생하셨다'고 찾아올 것이다. 아난다여, 신심 있는 비구, 비구니, 청신사, 청신녀들은 '여기에서 여래께서 위없는 바르고 평등한 깨달음[無上正等正覺]을 성취하셨다'고 찾아올 것이다. 아난다여, 신심 있는 비구, 비구니, 청신사, 청신녀들은 '여기에서 여래께서 위없는 진리의 수레바퀴[法輪]를 굴리셨다'고 찾아올 것이다. 아난다여, 신심 있는 비구, 비구니, 청신사, 청신녀들은 '여기에서 여래께서 무여열반계(無餘涅槃界)에 반열반하셨다'고 찾아올 것이다.

아난다여, 누구든지 청정한 마음으로 탑묘를 순례하며 여행한 사람은 죽게 되면, 몸이 무너져 죽은 후에 모두 천상 세계와 같은 좋은 곳[善趣]에 태어날 것이다."

**▎ 5. 9. ▎** "세존이시여, 우리는 여인들에 대하여 어떻게 처신해야 합니까?"

"아난다여, 보지 마라."

"세존이시여, 보았다면 어떻게 처신해야 합니까?"

"아난다여, 말을 걸지 마라."

"세존이시여, 말을 걸어오면 어떻게 처신해야 합니까?"

"아난다여, 주의집중을 수행해야 한다."

**▎ 5. 10.▎** "세존이시여, 우리는 여래의 시신(屍身)[109]을 어떻게 장사(葬事)지내야 합니까?"

"아난다여, 그대들은 여래의 장례(葬禮)[110]에 대하여 걱정하지 말라. 아난다여, 그대들은 어서 자신의 일[111]에 전념하고 헌신하되, 게으르

---

109 'sarīra'의 번역. 'sarīra'는 유골(遺骨)을 의미하는데, 이를 사리(舍利)로 한역하였다.

110 'sarīra-pūjā'의 번역. 문자 그대로는 '시신 공양'인데 '장례'로 번역했다.

111 'sadattha'의 번역. 'sadattha'는 'sat-attha', 즉 '참된 목적, 참된 이익, 최고의 선(善), 이상(理

지 말고 스스로 노력하며 살도록 하라. 아난다여, 여래에게 신심(信心)이 있는 현명한 크샤트리아나 바라문이나 거사(居士)들이 여래의 장례를 치를 것이다."

**5. 11.** "세존이시여, 그러면 여래의 시신은 어떻게 장사지내야 합니까?"

"아난다여, 전륜왕(轉輪王)의 시신을 장사지내듯이 여래의 시신을 장사지내야 한다."

"세존이시여, 그러면 전륜왕의 시신은 어떻게 장사지냅니까?"

"아난다여, 전륜왕의 시신을 새 옷으로 감싼 후에 넓은 솜으로 감싼다. 넓은 솜으로 감싼 후에 다시 새 옷으로 감싼다. 이러한 방식으로 오백 겹으로 전륜왕의 시신을 감싼 후에 쇠로 만든 기름통에 넣은 다음, 쇠로 만든 다른 기름통에 넣고 오직 향나무로만 장작더미를 만들어 전륜왕의 시신을 화장(火葬)한다. 그리고 사거리에 전륜왕의 사리탑을 세운다. 아난다여, 전륜왕의 시신은 이와 같이 장사지낸다.

아난다여, 전륜왕(轉輪王)의 시신을 장사지내듯이 여래의 시신을 장사지내고, 사거리에 여래의 사리탑을 세우도록 하라. 그곳에 아름다운 꽃다발이나 향을 올리고 예배하거나, 청정한 신심을 일으키면, 그 사람에게는 오랜 세월 이익과 행복이 있을 것이다.

**5. 12.** 아난다여, 사리탑을 세워야 할 네 부류의 훌륭한 사람들이 있

---

想)'의 의미도 있고, 'sva-attha', 즉 '자신의 이익, 자신의 일'이라는 의미도 있다. 여기에서는 여래의 장례 절차와 같은 다른 일에 마음 쓰지 말고 자신이 해야 할 수행에 전념하라는 의미로 사용되고 있다. 따라서 자신의 일로 번역했다.

다. 그 넷은 어떤 사람들인가?

여래(如來), 아라한(阿羅漢), 등정각자(等正覺者)들은 사리탑을 세워야 할 훌륭한 사람들이다. 벽지불(辟支佛)[112]들은 사리탑을 세워야 할 훌륭한 사람들이다. 여래의 성문(聲聞) 제자들은 사리탑을 세워야 할 훌륭한 사람들이다. 전륜왕(轉輪王)들은 사리탑을 세워야 할 훌륭한 사람들이다.

아난다여, 어떤 연유에서 여래, 아라한, 등정각자들은 사리탑을 세워야 할 훌륭한 사람들인가? 아난다여, 많은 사람들은 '이것이 세존, 아라한, 등정각자의 사리탑이다'라고 마음으로 기뻐하며, 그곳에서 마음으로 기뻐한 후에는 몸이 무너져 죽은 후에 천상 세계와 같은 좋은 곳에 태어난다. 아난다여, 이러한 연유에서 여래, 아라한, 등정각자들은 사리탑을 세워야 할 훌륭한 사람들이다.

아난다여, 어떤 연유에서 벽지불, 여래의 성문 제자, 전륜왕은 사리탑을 세워야 할 훌륭한 사람들인가? 아난다여, 많은 사람들은 '이것이 벽지불, 여래의 성문 제자, 전륜왕의 사리탑이다'라고 마음으로 기뻐하며, 그곳에서 마음으로 기뻐한 후에는 몸이 무너져 죽은 후에 천상 세계와 같은 좋은 곳에 태어난다. 아난다여, 이러한 연유에서 벽지불, 여래의 성문 제자, 전륜왕은 사리탑을 세워야 할 훌륭한 사람들이다.

아난다여, 이들이 사리탑을 세워야 할 네 부류의 훌륭한 사람들이다."

**|5.13.|** 그러자 아난다 존자는 방으로 들어가 문짝을 붙잡고 "참으로 나는 배워야 할 것이 많은 유학(有學)[113]이다. 그런데 나를 연민하시는 나

---

112 'pacceka-buddha'의 번역.

113 'sekha'의 번역. 아라한이 되지 못한 수행자를 의미함. 아라한(阿羅漢)은 'asekha(無學)'라

의 스승께서는 반열반하려고 하시는구나!"라고 통곡하며 서 있었습니다.

그러자 세존께서 비구들에게 말씀하셨습니다.

"비구들이여, 아난다는 어찌하고 있는가?"

"세존이시여, 아난다 존자는 방으로 들어가 문짝을 붙잡고 '참으로 나는 배워야 할 것이 많은 유학(有學)이다. 그런데 나를 연민하시는 나의 스승님께서는 반열반하려고 하시는구나!'라고 통곡하며 서 있습니다."

그러자 세존께서 어떤 비구에게 분부했습니다.

"여보게 비구여, 그대는 '존자여, 스승님께서 아난다를 부르십니다'라고 나의 말로 아난다를 부르게."

"그렇게 하겠습니다. 세존이시여!"라고 그 비구는 세존에게 대답한 후에 아난다 존자에게 가서 "존자여, 스승님께서 아난다를 부르십니다"라고 말했습니다.

"존자여, 알았습니다"라고 아난다 존자는 그 비구에게 대답한 후에, 세존에게 가서 세존에게 예배하고 한쪽에 앉았습니다.

**│5. 14.│** 한쪽에 앉은 아난다 존자에게 세존께서는 이렇게 말씀하셨습니다.

"아난다여, 이제 그만하라! 슬퍼하지 말라! 비탄해 하지 말라! 아난다여, '사랑스럽고 즐거운 모든 것은 변하고, 떠나가고, 달라진다'라고 내가 미리 이야기하지 않았더냐? 아난다여, 그것을 지금 어찌하겠느냐? 태어난 존재는 유위(有爲)이며, 쇠멸법(衰滅法)이다. 그것을 사멸(死滅)하지 말라고 할 수는 없다. 아난다여, 오랜 세월 그대는 한량없는

─────

고 한다.

불이(不二)의 즐겁고 유익한 자애로운 신업(身業)과 구업(口業)과 의업(意業)으로 여래를 모셨다. 아난다여, 그대는 공덕을 쌓은 사람이다. 전념으로 정진하여 빨리 무루(無漏)가 되도록 하여라."

**|5. 15.|** 세존께서 비구들에게 말씀하셨습니다.

"비구들이여, 과거세의 아라한, 등정각자들에게도 내 시자(侍者) 아난다와 같은 세존들의 가장 뛰어난 시자들이 있었다오. 비구들이여, 미래세의 아라한, 등정각자들에게도 내 시자 아난다와 같은 세존들의 가장 뛰어난 시자들이 있을 것이오. 비구들이여, 아난다는 훌륭한 시자로서 여래를 뵈러 가야 할 때, 비구를 보러 가야 할 때, 비구니를 보러 가야 할 때, 청신사를 보러 가야 할 때, 청신녀를 보러 가야 할 때, 왕의 대신들을 보러 가야 할 때, 외도와 외도의 제자들을 보러 가야 할 때를 알았다오.

**|5. 16.|** 비구들이여, 아난다에게는 네 가지 불가사의(不可思議)한[114] 미증유법(未曾有法)[115]이 있다오. 그 네 가지는 어떤 것인가?

비구들이여, 만약 비구 대중이 아난다에게 가서 그를 보면, 그들은 아난다를 보고 기뻐한다오. 비구들이여, 그곳에서 아난다가 설법을 하면 그들은 설법을 듣고 기뻐하고, 아난다가 침묵하면 비구 대중은 만족하지 못한다오.

비구들이여, 만약 비구니, 청신사, 청신녀 대중이 아난다에게 가서 그를 보면, 그들은 아난다를 보고 기뻐한다오. 비구들이여, 그곳에서 아난다가 설법을 하면 그들은 설법을 듣고 기뻐하고, 아난다가 침묵하

---

114  'acchariya'의 번역.

115  'abbhuta-dhamma'의 번역.

면 그들은 만족하지 못한다오.

비구들이여, 전륜왕에게는 네 가지 불가사의한 미증유법이 있다오. 그 네 가지는 어떤 것인가?

비구들이여, 만약 크샤트리아, 바라문, 거사, 사문(沙門) 대중이 전륜왕을 보기 위해 가면 그들은 전륜왕을 보고 기뻐한다오. 그곳에서 전륜왕이 이야기하면 그들은 이야기를 듣고 기뻐하고, 전륜왕이 침묵하면 그들은 만족하지 못한다오.

비구들이여, 아난다에게도 이와 같은 네 가지 불가사의한 미증유법이 있나니, 비구들이여, 만약 비구, 비구니, 청신사, 청신녀 대중이 아난다를 보기 위해 가면, 그들은 아난다를 보고 기뻐한다오. 비구들이여, 그곳에서 아난다가 설법을 하면, 그들은 설법을 듣고 기뻐하고, 아난다가 침묵하면 그들은 만족하지 못한다오.

비구들이여, 이것이 아난다에게 있는 네 가지 불가사의한 미증유법이라오."

**[5. 17.]** 이와 같이 말씀하시자, 아난다 존자가 세존에게 이렇게 말씀드렸습니다.

"세존이시여, 세존께서는 이 사막에 있는 지방의 작은 도성(都城)에서 반열반하지 마시옵소서. 세존이시여, 짬빠(Campā)나 라자가하나 싸왓띠나 싸께따(Sāketa)나 꼬쌈비(Kosambi)나 바라나시(Bārāṇasi) 같은 다른 큰 도시들도 있습니다. 세존께서는 그런 곳에서 반열반하셔야 합니다. 그런 곳에는 여래에게 신심이 있는 큰 재력을 가진 크샤트리아, 바라문, 거사들이 많습니다. 그들이 여래의 장례를 치를 것입니다."

"아난다여, 그런 말 하지 말라. 아난다여, 사막에 있는 지방의 작은 도성이라고 말하지 말라.

**5.18.** 아난다여, 옛날에 여법한 법왕으로서 칠보(七寶)를 구족하고, 사방을 정복하여 나라를 안정시킨 마하쑤닷싸나(Mahā-Sudassana)[116]라는 전륜왕이 있었다. 아난다여, 이 꾸씨나라는 꾸싸와띠(Kusāvatī)라고 불리던 마하쑤닷싸나 왕의 왕도(王都)로서, 가로는 동서(東西)로 12요자나이고, 세로는 남북(南北)으로 7요자나였다.

아난다여, 꾸싸와띠는 음식이 풍부하고 사람들로 가득 찬, 인구가 많은 번영하는 왕도였다. 아난다여, 음식이 풍부하고 사람들로 가득 차고 인구가 많고 번영한 알라까마나(Āḷakamanā)라는 천신들의 왕도처럼, 아난다여, 이와 같이 꾸싸와띠는 음식이 풍부하고 사람들이 가득 찬, 인구가 많은 번영하는 왕도였다.

아난다여, 꾸싸와띠는 밤낮으로 열 가지 소리, 즉 코끼리 소리, 말소리, 마차 소리, 북소리, 장고 소리, 비파소리, 노랫소리, 싸마(samma)[117]소리, 딸라(tāla)[118]소리, 그리고 열 번째로 '먹어라! 마셔라! 삼켜라!' 하는 소리가 끊이지 않았다.

**5.19.** 아난다여, 가라! 그대는 꾸씨나라로 들어가서 꾸씨나라의 말라족 사람들에게 '와쎗타(Vāseṭṭha)[119]들이여, 오늘 밤 후야(後夜)에 여래의 반열반이 있을 것이오. 와쎗타들이여, 나오십시오! 와쎗타들이여,

---

116 대선현왕(大善現王)으로 한역됨. 매우 잘생긴 왕이란 의미이다.

117 심벌즈처럼 두 손에 끼고 부딪혀서 소리를 내는 악기. 불교의식에서 바라춤을 출 때 사용하는 바라이다.

118 징이나 심벌즈와 비슷한 타악기.

119 말라족 현인의 이름. 말라족 사람을 높여 부르는 호칭으로 생각된다.

나오십시오! 우리 마을에서 여래의 반열반이 있었지만 나는 임종의 시간에 여래를 뵙지 못했다라고 뒤에 후회하지 마십시오'라고 알려라!"

"그렇게 하겠습니다. 세존이시여!"라고 아난다 존자는 세존에게 대답한 후에 옷을 입고, 발우와 법의(法衣)를 들고, 자신을 벗 삼아 꾸씨나라로 들어갔습니다.

**5. 20.** 그때 꾸씨나라의 말라족 사람들은 어떤 해야 할 일 때문에 공회당에 모여 있었습니다. 그래서 아난다 존자는 꾸씨나라의 말라족 공회당을 찾아가서 꾸씨나라의 말라족 사람들에게 "와쎗타들이여, 오늘 밤 후야(後夜)에 여래의 반열반이 있을 것이오. 와쎗타들이여, 나오십시오! 와쎗타들이여, 나오십시오! '우리 마을에서 여래의 반열반이 있었지만 나는 임종의 시간에 여래를 뵙지 못했다'고 뒤에 후회하지 마십시오"라고 알렸습니다.

**5. 21.** 아난다 존자의 말을 듣고, 말라족 사람들은 아들, 며느리, 부인 등, 누구라고 할 것 없이 모두 고통스러운 마음으로 비통해하는 가운데, 어떤 사람들은 "세존께서 너무 빨리 반열반하려 하시네! 선서께서 너무 빨리 반열반하려 하시네! 세간에서 눈이 사라지려 하네!" 하면서 머리카락을 쥐어뜯으며 울부짖고, 팔을 내저으며 울부짖고, 깎아지른 절벽에서 굴러떨어진 듯이 뒹굴었습니다.

말라족 사람들은 아들, 며느리, 부인 등, 누구라고 할 것 없이 모두 고통스러운 마음으로 비통해하면서 근처에 있는 말라들의 쌀라 숲으로 아난다 존자를 찾아갔습니다.

**5. 22.** 그러자 아난다 존자에게 이런 생각이 들었습니다.

'만약에 내가 말라 사람들을 한 사람씩 세존에게 예배하게 한다면, 꾸씨나라의 말라 사람들이 세존에게 예배를 마치기도 전에 날이 밝을 것이다. 차라리 한 가족씩 둘러 세워 '세존이시여, 이런 이름을 가진 말라 사람이 아들, 부인, 가족, 친지와 함께 세존의 발에 머리 조아려 예배합니다'라고 세존에게 예배하게 하면 어떨까?'

그래서 아난다 존자는 그 방법으로 초저녁[初夜]에 꾸씨나라의 말라 사람들을 세존에게 예배하게 했습니다.

**| 5. 23. |** 그 무렵 쑤밧다(Subhadda)라는 편력수행자가 꾸씨나라에 머물고 있었습니다. 편력수행자 쑤밧다는 "오늘 밤 후야(後夜)에 여래의 반열반이 있을 것이다"라는 소문을 들었습니다.

그때 편력수행자 쑤밧다는 이렇게 생각했습니다.

'나는 나이 많은 원로 편력수행자인 스승님과 스승님의 스승들이 '언제 어느 때 여래, 아라한, 등정각자들이 세상에 출현할지 모른다'[120]고 이야기하는 것을 들었다. 그런데 오늘 밤 후야에 사문 고따마의 반열반이 있을 것이다. 나에게 진리에 대한 의심이 일어났는데, 사문 고따마에 대하여 '내가 그 진리에 대한 의심을 버릴 수 있도록 사문 고따마는 나에게 진리를 가르쳐줄 것 같다'는 믿음이 나에게 생긴다.'

**| 5. 24. |** 그래서 편력수행자 쑤밧다는 근처에 있는 말라들의 쌀라 숲으로 아난다 존자를 찾아가서 아난다 존자에게 말했습니다.

"아난다 존자여, 나는 나이 많은 원로 편력수행자인 스승님과 스승님의 스승들이 '언제 어느 때 여래, 아라한, 등정각자들이 세상에 출현할지 모른다'라고 이야기하는 것을 들었소. 그런데 오늘 밤 후야에 사문

---

120 그만큼 여래가 세상에 나타나는 것은 드문 일이라는 의미.

고따마의 반열반이 있을 것이오. 나에게 진리에 대한 의심이 일어났는데, 사문 고따마에 대하여 '내가 그 진리에 대한 의심을 버릴 수 있도록 사문 고따마는 나에게 진리를 가르쳐줄 것 같다'는 믿음이 나에게 생겼소. 아난다 존자여, 내가 사문 고따마를 뵐 수 있도록 해주시오."

이와 같이 말하자, 아난다 존자가 편력수행자 쑤밧다에게 말했습니다.

"그만두십시오! 쑤밧다 존자여! 여래를 괴롭히지 마십시오. 여래는 피곤하십니다."

편력수행자 쑤밧다는 두 번, 세 번 거듭하여 뵙기를 청했고, 그때마다 아난다 존자는 거절했습니다.

**5. 25.** 세존께서는 아난다 존자와 편력수행자 쑤밧다의 대화를 들으셨습니다. 그리고 세존께서 아난다 존자에게 분부했습니다.

"멈추어라! 아난다여, 쑤밧다를 막지 말라! 아난다여, 쑤밧다가 여래를 볼 수 있도록 하라. 쑤밧다가 나에게 묻고자 하는 것이 무엇이든지, 그것은 모두 알기 위한 것이지 괴롭히기 위한 것이 아니다. 내가 질문을 받아 설명하면, 그는 그것을 곧바로 이해할 것이다."

그러자 아난다 존자가 쑤밧다에게 말했습니다.

"가십시오! 쑤밧다 존자여, 세존께서 그대를 허락하십니다."

**5. 26.** 그래서 편력수행자 쑤밧다는 세존에게 가서 세존과 정중하게 인사를 하고, 공손한 인사말을 나눈 후에 한쪽에 앉았습니다. 편력수행자 쑤밧다는 한쪽에 앉아서 세존에게 이렇게 말했습니다.

"고따마 존자여! 교단의 지도자로서, 대중의 스승으로서, 명성이 자자하며 큰 존경을 받는 교조들, 즉 뿌라나 깟싸빠, 막칼리 고쌀라, 아지따 께싸깜발린, 빠꾸다 깟짜야나, 싼자야 벨랏티뿟따, 니간타 나따뿟따 등은 스스로 이야기하듯이 모두 진리를 자증(自證)했습니까, 그렇지 않으면 모두 자증하지 못했습니까, 혹은 어떤 사람은 자증하고, 어떤 사람은 자증하지 못했습니까?"

"그만두시오! 쑤밧다여, '그들이 스스로 이야기하듯이 모두 진리를 자증했는지, 그렇지 않으면 모두 자증하지 못했는지, 혹은 어떤 사람은 자증하고, 어떤 사람은 자증하지 못했는지'는 차치(且置)하고, 쑤밧다여, 내가 그대에게 가르침을 주겠소. 잘 듣고 깊이 생각해 보시오. 내가 이야기하겠소."

쑤밧다가 "존자여, 그렇게 하겠습니다"라고 세존에게 대답하자, 세존께서 이렇게 말씀하셨습니다.

**▍5. 27.▍** "쑤밧다여, 성자(聖者)의 8정도(八正道)가 드러나지 않은 가르침[法]과 율(律)에는 사문(沙門)도 없고, 둘째 사문도 없고, 셋째 사문도 없고, 넷째 사문도 없다오.[121] 그러나 쑤밧다여, 성자의 8정도가 드러난 가르침[法]과 율(律)에는 사문도 있고, 둘째 사문도 있고, 셋째 사문도 있고, 넷째 사문도 있소. 쑤밧다여, 나의 이 가르침[法]과 율(律)에는 성자의 8정도가 드러나 있소. 쑤밧다여, 여기에 사문이 있고, 여기에 둘째 사문이 있고, 여기에 셋째 사문이 있고, 여기에 넷째 사문이 있소. 다른 가르침과 율에는 논쟁만 있을 뿐 사문들이 없다오. 쑤밧다여, 이 가르

---

121 8정도를 드러내지 못하는 가르침과 율에서는 진정한 수행자가 나올 수 없다는 의미이다. 여기에서 둘째, 셋째, 넷째 사문은 사과(四果), 즉 아라한, 아나함, 사다함, 수다원을 의미한다.

침[法]과 율(律)에서 비구들이 바르게 살아간다면, 이 세상은 아라한(阿羅漢)들이 사는 세상이 될 것이오."

쑤밧따여, 내 나이 스물아홉에 출가한 것은
선(善)이 무엇인가를 알기 위함이었소.
50년이라는 긴 세월을
쑤밧따여, 나는 출가수행자로서
정리(正理)와 법도(法道)를 벗어나지 않았나니,[122]
이밖에는 사문이 없다오.

"둘째 사문도 없고, 셋째 사문도 없고, 넷째 사문도 없다오. 다른 가르침과 율에는 논쟁만 있을 뿐 사문들이 없지만, 쑤밧다여, 이 가르침[法]과 율(律)에서 비구들이 바르게 살아간다면, 이 세상은 아라한들이 사는 세상이 될 것이오."

**| 5. 28. |**  이와 같이 말씀하시자, 편력수행자 쑤밧다가 세존에게 이렇게 말했습니다.

"훌륭합니다. 세존이시여! 훌륭합니다. 세존이시여! 세존이시여,

---

122 'ñāyassa dhammassa padesa-vattī'의 번역. 'ñāya'는 논리(論理)를 의미하는 말로서, 여기에서는 '합리적'이라는 의미로 사용된 것 같다. 'padesa-vattī'는 '어떤 지역이나 범위에서 활동하는 사람'의 의미이다. 따라서 문자 그대로의 의미는 '합리적인 법도의 범위에서 활동한 사람'이다. 부처님은 출가수행자로서 50여 년을 사문의 법도를 벗어나지 않고 수행했다는 의미이다.

마치 뒤집힌 것을 바로 세우는 것 같고, 감추어진 것을 드러내는 것 같고, 길 잃은 자에게 길을 알려주는 것 같고, '눈 있는 자들은 보라'고 어둠 속에 등불을 비춰주는 것 같습니다. 이와 같이 세존께서는 여러 가지 방법으로 진리를 알려주셨습니다. 세존이시여, 그래서 저는 세존께 귀의합니다. 가르침과 비구 승가에 귀의합니다. 세존이시여, 저는 세존께 출가하여 구족계를 받고자 합니다."

　　"쑤밧다여, 이전에 외도(外道)였던 사람으로서 이 가르침과 율에 출가하여 구족계를 받고자 하는 사람은 넉 달 동안 별주(別住)[123]하고, 넉 달이 지나서 확신을 가진 비구들이 그를 비구가 되도록 출가시켜 구족계를 준다오. 그렇지만 나는 사람마다 차이가 있다는 것을 알고 있소."

**| 5. 29. |**　"세존이시여, 만약에 이전에 외도(外道)였던 사람으로서 이 가르침과 율에 출가하여 구족계를 받고자 하는 사람은 넉 달 동안 별주(別住)하고, 넉 달이 지나서 확신을 가진 비구들이 그를 비구가 되도록 출가시켜 구족계를 준다면, 저는 넉 달 동안 별주하겠나이다. 넉 달이 지나서 확신을 가진 비구들께서 비구가 되도록 출가시켜 구족계를 주십시오."

　　그러자 세존께서 아난다 존자에게 분부하셨습니다.

　　"그렇다면 아난다여, 쑤밧다를 출가시켜라!"

　　"그렇게 하겠나이다. 세존이시여!"라고 아난다 존자는 세존에게 대답했습니다.

**| 5. 30. |**　그러자 편력수행자 쑤밧다가 아난다 존자에게 말했습니다.

---

123　비구 승가와 함께 생활하지 않고 따로 생활하는 것. 구족계를 받기 전에 따로 생활하면서 승가의 승인을 기다리는 것을 의미한다.

"아난다 존자여! 지금 그대들이 스승의 면전에서 제자로서 관정
(灌頂)을 받은 것은[124] 그대들의 재산이요, 그대들의 지복(至福)입니다."

편력수행자 쑤밧다는 세존의 면전에서 출가하여 구족계를 받았
습니다. 쑤밧다 존자는 구족계를 받자 곧 홀로 외딴곳에서 열심히 노력
하고 정진하며 지냈습니다. 그리고 오래지 않아 선남자(善男子)들이 출
가하는 목적인 위없는 범행(梵行)의 완성을 지금 여기에서 스스로 체험
하고 성취하여 살아갔습니다. 그는 '태어남은 끝났고, 범행을 마쳤으
며, 해야 할 일을 끝마쳤다. 다시는 현재의 상태로 되지 않는다'는 것을
체득했습니다.

쑤밧다 존자는 아라한 가운데 한 분이 되었습니다. 그는 세존의
마지막 직제자(直弟子)가 되었습니다.

**6. 1.** 세존께서 아난다 존자에게 분부했습니다.

"아난다여, 그대들은 '스승의 말씀은 이제 없다. 실로 스승은 존재
하지 않는다'라고 생각할지도 모른다. 아난다여, 그러나 그렇게 보아서
는 안 된다. 아난다여, 내가 그대들에게 가르치고 시설(施設)한 가르침
[法]과 율(律)이 나의 사후에는 그대들의 스승이다.

**6. 2.** 아난다여, 지금 비구들은 상호 간에 '법우여(avuso)'라고 부르
는데, 나의 사후에는 그렇게 불러서는 안 된다. 아난다여, 장로 비구는 젊
은 비구를 이름이나, 성이나, '법우여'라는 말로 부르도록 하고, 젊은 비구

---

124 'antevāsâbhisekena abhisittā'의 번역. 'antevāsâbhisekena'는 'antevāsa'와 'abhisekena'의 합
성어로서 제자(antevāsa) 관정식(abhiseka)의 구격(具格)이다. 따라서 'antevāsâbhisekena
abhisittā'는 '제자관정식에 의해 관정을 받은'의 의미이다. 여기에서는 세존의 제자가 되
어 구족계를 받는 것을 제자로서 관정을 받았다고 이야기하고 있다.

는 장로 비구를 '장로여(bhante)'나 '존자여(āyasmā)'라고 부르도록 하라.

**▮ 6. 3. ▮**  아난다여, 나의 사후에 승가가 원하면 소소한 학계(學戒)들은 폐지하도록 하라.

**▮ 6. 4. ▮**  아난다여, 나의 사후에 찬나(Channa)[125] 비구에게 범단(梵壇)[126] 의 벌을 주어야 한다."

"세존이시여, 범단의 벌이란 어떤 것입니까?"

"아난다여, 찬나 비구가 대화를 원해도, 비구들은 대화해서도 안 되고, 훈계해서도 안 되고, 질책해서도 안 된다."

**▮ 6. 5. ▮**  이제 세존께서 비구들에게 분부하셨습니다.

"비구들이여, 어떤 비구든 붓다[佛]나 가르침[法]이나 승가[僧]나 길[127]이나 방법[128]에 대하여 의심이나 의혹이 있으면 묻도록 하시오. 이 후에 '스승님을 대면하고 있었지만, 우리는 직접 세존에게 면전에서 물어보지 못했구나!'라고 후회하지 마시오."

이렇게 말씀하시자, 그 비구들은 침묵했습니다.

같은 말씀으로 두 번, 세 번 거듭하여 분부했지만, 그때마다 비구

---

125  부처님께서 출가할 때 말을 끌던 마부였다. 부처님께서 성도하시고 고향인 까삘라왓뚜에 갔을 때 출가했다. 평소 자만심이 많아 제멋대로 행동했다고 한다. 여기에서는 부처님께서 직접 처벌을 명하고 있지만, 실제로 부처님께서 열반에 임하여 한 개인의 처벌을 거론했다고는 생각되지 않는다. 찬나 비구가 부처님을 믿고 교단에서 방자한 행동을 했기 때문에, 부처님의 입멸 후에 교단으로부터 중벌을 받은 것으로 추정된다.

126  'brahmā-daṇḍa'의 번역. 묵빈(黙擯)으로 한역하기도 함. 비구가 계율을 범하고도 그에 상응하는 벌칙을 받지 않으면, 대중은 그와 말이나 왕래를 하지 않고 빼돌려 승단에서 내쫓는 벌.

127  'magga'의 번역.

128  'paṭipadā'의 번역.

들은 침묵했습니다.

　그러자 세존께서 비구들에게 분부했습니다.

　"비구들이여, 만약 스승을 공경하여 직접 묻지 못한다면, 비구들이여, 동료를 통해 말하도록 하시오!"

　이렇게 말씀하시자, 그 비구들은 침묵했습니다.

**6.6.**　그러자 아난다 존자가 세존에게 말했습니다.

　"놀랍습니다. 세존이시여! 희유합니다. 세존이시여! 세존이시여, 저는 이 비구 승가 가운데 어떤 비구도 붓다나 가르침이나 승가나 길이나 방법에 대하여 의심이나 의혹이 없다고 확신합니다."

　"아난다여, 그대는 확신을 가지고 이야기하는구나. 아난다여, 여래는 이제 이 비구 승가 가운데 어떤 비구도 붓다나 가르침이나 승가나 길이나 방법에 대하여 의심이나 의혹이 없으며, 아난다여, 이들 500명의 비구들은 가장 낮은 비구라도 악취에 떨어지지 않고 결국은 정각(正覺)을 성취하도록 결정된 수다원(須陀洹)이라는 것을 알았다."

**6.7.**　세존께서 비구들에게 분부하셨습니다.

　"자! 비구들이여, 내가 이제 그대들에게 이르겠소. 제행(諸行)은 쇠멸하는 법(衰滅法)이니, 방일(放逸)하지 말고 정진(精進)하시오."

　이것이 여래의 마지막 말씀입니다.

**6.8.**　세존께서는 초선(初禪)에 드셨습니다. 초선에서 나와 제2선(第二禪)에 드셨습니다. 제2선에서 나와 제3선(第三禪)에 드셨습니다. 제3선에서 나와 제4선(第四禪)에 드셨습니다. 제4선에서 나와 공무변처(空無邊處)에 드셨습니다. 공무변처정(空無邊處定)에서 나와 식무변처(識無邊處)에 드셨습니다. 식무변처정(識無邊處定)에서 나와 무소유처정

(無所有處)에 드셨습니다. 무소유처정(無所有處定)에서 나와 비유상비무
상처(非有想非無想處)에 드셨습니다. 비유상비무상처정(非有想非無想處
定)에서 나와 상수멸(想受滅, saññā-vedayita-nirodha)에 드셨습니다.

그러자 아난다 존자가 아누룻다(Anuruddha) 존자에게 말했습니다.

"아누룻다 존자여, 세존께서 반열반하셨습니다."

"아난다 존자여, 세존께서는 반열반하신 것이 아니라, 상수멸에
드셨습니다."

**6. 9.** 세존께서는 상수멸정(想受滅定)에서 나와 비유상비무상처(非
有想非無想處)에 드셨습니다. 비유상비무상처정(非有想非無想處定)에서
나와 무소유처(無所有處)에 드셨습니다. 무소유처정(無所有處定)에서 나
와 식무변처(識無邊處)에 드셨습니다. 식무변처정(識無邊處定)에서 나와
공무변처(空無邊處)에 드셨습니다. 공무변처정(空無邊處定)에서 나와 제
4선(第四禪)에 드셨습니다. 제4선에서 나와 제3선(第三禪)에 드셨습니
다. 제3선에서 나와 제2선(第二禪)에 드셨습니다. 제2선에서 나와 초선
(初禪)에 드셨습니다. 초선에서 나와 제2선에 드셨습니다. 제2선에서
나와 제3선에 드셨습니다. 제3선에서 나와 제4선에 드셨습니다. 세존
께서는 제4선에서 나오신 후 곧바로 반열반하셨습니다.

**6. 10.** 세존께서 반열반하실 때 반열반과 함께 온몸의 털이 곤두서
는 무서운 큰 지진이 일어났고, 천둥이 쳤습니다.

세존께서 반열반하실 때 반열반과 함께 싸함빠띠(Sahampati) 범천
(梵天)은 이런 게송(偈頌)을 읊었습니다.

세상에 태어난 것들은 모두 몸을 내려놓게 된다네.

이와 같이 세상에 비길 바 없는 스승님도
큰 위력이 있는 정각(正覺) 여래(如來)께서도 반열반하셨네.

세존께서 반열반하실 때 반열반과 함께 싹까(Sakka) 인드라천(帝釋天)은 이런 게송을 읊었습니다.

제행(諸行)은 무상(無常)한 생멸법(生滅法)[129]이라.
생겨난 다음에는 소멸하나니,
제행의 적멸(寂滅)[130]이 행복[131]이라네.[132]

세존께서 반열반하실 때 반열반과 함께 아누룻다 존자는 이런 게송을 읊었습니다.

이와 같이 마음이 평화로운 분에게 들숨 날숨이 없어졌네.
욕망 없는 성자(聖者)께서 고요하게 서거(逝去)하셨네.
견고한 마음으로 고통[133]을 이겨내고,

---

129 'uppāda-vaya-dhamma'의 번역.

130 'vūpasama'의 번역.

131 'sukha'의 번역.

132 諸行無常 是生滅法 生滅滅已 寂滅爲樂

133 'vedanā'의 번역. 'vedanā(受)'는 고락(苦樂)의 감정을 의미한다. 부처님께서는 괴로운 감정은 물론 즐거운 감정도 결국은 괴로움이 된다고 말씀하셨다. 따라서 'vedanā'는 고통을 의미하기도 한다.

등불이 꺼지듯이 마음 해탈하시었네.

세존께서 반열반하실 때 반열반과 함께 아난다 존자는 이런 게송을 읊었습니다.

그때 나는 두려웠네. 몸의 털이 곤두섰네.
일체 공덕 구족하신 정각(正覺)께서 반열반하신 그때에.

세존께서 반열반하실 때, 탐욕을 버리지 못한 몇몇 비구들은 "세존께서 너무 빨리 반열반하려 하시네! 선서께서 너무 빨리 반열반하려 하시네! 세간에서 눈이 사라지려 하네!" 하면서 팔을 내저으며 울부짖고, 깎아지른 절벽에서 굴러떨어진 듯이 뒹굴었습니다.

그러나 탐욕에서 벗어난 비구들은 주의집중을 하고 알아차리면서 "제행무상(諸行無常)인 것을 지금 어찌하겠는가?"라고 참고 있었습니다.

**|6. 11.|** 그러자 아누룻다 존자가 비구들에게 말했습니다.

"법우(法友)들이여, 이제 그만하시오! 슬퍼하지 마시오! 비탄해 하지 마시오! 법우들이여, '사랑스럽고 즐거운 모든 것은 변하고, 떠나가고, 달라진다'라고 세존께서 미리 말씀하시지 않았소? 법우들이여, 그것을 지금 어찌하겠소? 태어난 존재는 유위(有爲)이며, 쇠멸법(衰滅法)이오. 그것을 사멸(死滅)하지 말라고 할 수는 없는 것이오. 법우들이여, 천신들이 불평하고 있소."

"존자여, 아누룻다 존자께서 보시기에 천신들은 어떻게 하고 있습니까?"

"아난다 존자여, 허공에서는 지상(地想)을 지닌 천신들이 '세존께서 너무 빨리 반열반하셨네! 선서께서 너무 빨리 반열반하셨네! 세간에서 눈이 사라졌네!' 하면서 머리카락을 쥐어뜯으며 울부짖고, 팔을 내저으며 울부짖고, 깎아지른 절벽에서 굴러떨어진 듯이 뒹굴고 있소. 아난다 존자여, 땅 위에서는 지상(地想)을 지닌 천신들이 '세존께서 너무 빨리 반열반하셨네! 선서께서 너무 빨리 반열반하셨네! 세간에서 눈이 사라졌네!'라고 머리카락을 쥐어뜯으며 울부짖고, 팔을 내저으며 울부짖고, 깎아지른 절벽에서 굴러떨어진 듯이 뒹굴고 있소. 그러나 탐욕을 벗어난 천신들은 주의집중을 하고 알아차리면서 '제행무상(諸行無常)인 것을 지금 어찌하겠는가?'라고 참고 있소."

**6. 12.** 아누룻다 존자와 아난다 존자는 남은 밤을 법담(法談)으로 보냈습니다. 그러고 나서 아누룻다 존자가 아난다 존자에 말했습니다.

"아난다 법우여, 가시오. 꾸씨나라로 들어가서 꾸씨나라의 말라족 사람들에 '와쎗타들이여, 여래께서 반열반하셨습니다. 이제 때가 되었습니다'라고 알리시오!"

"그렇게 하겠습니다. 존자여!"라고 아난다 존자는 아누룻다 존자에게 대답한 후에 오전에 옷을 입고, 발우와 법의를 들고, 자신을 벗 삼아 꾸씨나라로 들어갔습니다.

그때 꾸씨나라의 말라족 사람들은 어떤 해야 할 일 때문에 공회당에 모여 있었습니다. 그래서 아난다 존자는 꾸씨나라의 말라족 공회당을 찾아가서 꾸씨나라의 말라족 사람들에게 "와쎗타들이여, 여래께서 반열반하셨습니다. 이제 때가 되었습니다"라고 알렸습니다.

아난다 존자의 말을 듣고, 말라족 사람들은 아들, 며느리, 부인 등,

누구라고 할 것 없이 모두 고통스러운 마음으로 비통해하는 가운데, 어떤 사람들은 "세존께서 너무 빨리 반열반하셨네! 선서께서 너무 빨리 반열반하셨네! 세간에서 눈이 사라졌네!" 하면서 머리카락을 쥐어뜯으며 울부짖고, 팔을 내저으며 울부짖고, 깎아지른 절벽에서 굴러떨어진 듯이 뒹굴렀습니다.

**▌6. 13.▐** 꾸씨나라의 말라족 사람들은 하인들에게 분부했습니다.

"꾸씨나라의 모든 향과 화환과 악사(樂師)들을 모아라!"

그리하여 꾸씨나라의 말라족 사람들은 모든 향과 화환과 악사들과 500유가(yuga)[134]의 천을 가지고 근처에 있는 말라들의 쌀라 숲으로 세존의 시신을 찾아갔습니다. 그리고 세존의 시신을 춤과 노래와 음악과 화환과 향으로 공경하고, 예배(禮拜)하고, 예경(禮敬)하고, 공양하고, 차양을 치고, 둥근 천막을 세우면서 그날을 보냈습니다.

그러면서 꾸씨나라의 말라족 사람들은 이렇게 생각했습니다.

"오늘은 세존의 시신을 다비(茶毘)하기에[135] 적절치 않다. 우리는 내일 낮에 여래의 시신을 다비해야겠다."

그래서 꾸씨나라의 말라족 사람들은 세존의 시신을 춤과 노래와 음악과 화환과 향으로 공경하고, 예배(禮拜)하고, 예경(禮敬)하고, 공양하고, 차양을 치고, 둥근 천막을 세우면서 둘째 날을 보냈습니다. 셋째 날도 그렇게 보냈고, 넷째 날도 그렇게 보냈고, 다섯째 날도 그렇게 보

---

134 길이나 깊이의 단위. 장(張)이나 심(尋)으로 한역됨.

135 'jhāpeti'의 번역. 'jhāpeti'는 '불을 붙이다, 화장하다'는 의미의 동사다. 명사형은 'jhāpeta'인데, 이를 한역(漢譯)에서 음역(音譯)하여 다비(茶毘)로 번역했다.

냈고, 여섯째 날도 그렇게 보냈습니다.

**‖6. 14.‖** 일곱째 날 꾸씨나라의 말라족 사람들은 이렇게 생각했습니다.

'우리는 세존의 시신을 춤과 노래와 음악과 화환과 향으로 공경하고, 예배(禮拜)하고, 예경(禮敬)하고, 공양하면서 성의 남쪽으로 운구(運柩)한 후에 성의 남쪽 밖에서 여래의 시신을 다비해야겠다.'

그래서 말라의 지도자 여덟 사람이 머리를 감고, 새 옷으로 갈아입고, "우리가 세존의 시신을 들어 올리자!"고 했으나 그들은 들어 올릴 수 없었습니다.

그러자 꾸씨나라의 말라족 사람들이 아누룻다 존자에게 말했습니다.

"존자여, 무엇 때문에, 어떤 연유(緣由)에서 이들 말라의 지도자 여덟 사람이 머리를 감고 새 옷으로 갈아입고, '우리가 세존의 시신을 들어 올리자!'고 하지만 들어 올릴 수 없습니까?"

"와쎗타들이여, 그대들의 의도와 천신들의 의도가 다르기 때문이오."

**‖6. 15.‖** "존자여, 그렇다면 천신들의 의도는 무엇입니까?"

"와쎗타들이여, 그대들의 의도는 '우리는 세존의 시신을 춤과 노래와 음악과 화환과 향으로 공경하고, 예배(禮拜)하고, 예경(禮敬)하고, 공양하면서 성의 남쪽으로 운구(運柩)한 후에 성의 남쪽 밖에서 여래의 시신을 다비해야겠다'는 것이고, 천신들의 의도는 '우리는 세존의 시신을 춤과 노래와 음악과 화환과 향으로 공경하고, 예배(禮拜)하고, 예경(禮敬)하고, 공양하면서 성의 북쪽으로 운구(運柩)한 후에, 성의 북문(北門)으로 들어와서 성의 중앙으로 운구한 다음, 동문(東門)으로 나가서 성의 동쪽에 있는 마꾸따 반다나(Makuṭa-bandhana)라는 말라의 탑묘에서 여래의 시신을 다비해야겠다'는 것이오."

"존자여, 천신들의 의도가 그렇다면, 그렇게 하겠습니다."

**| 6. 16. |** 그때 꾸씨나라는 더러운 쓰레기더미 틈새까지 무릎에 찰 정도로 만다라와 꽃으로 덮였습니다. 천신들과 꾸씨나라의 말라족 사람들은 세존의 시신을 천상과 인간의 춤과 노래와 음악과 화환과 향으로 공경하고, 예배(禮拜)하고, 예경(禮敬)하고, 공양하면서 성의 북쪽으로 운구한 후에, 성의 북문으로 들어와서 성의 중앙으로 운구한 다음, 동문으로 나가서 성의 동쪽에 있는 마꾸따 반다나라는 말라의 탑묘에 여래의 시신을 내려놓았습니다.

**| 6. 17. |** 꾸씨나라의 말라족 사람들이 아난다 존자에게 말했습니다.

"아난다 존자여, 여래의 시신은 어떻게 장사(葬事)지내야 합니까?"

"와쎗타들이여, 전륜왕(轉輪王)의 시신을 장사지내듯이 여래의 시신을 장사지내야 합니다."

"아난다 존자여, 그러면 전륜왕의 시신은 어떻게 장사지냅니까?"

"와쎗타들이여, 전륜왕의 시신을 새 옷으로 감싼 후에 넓은 솜으로 감쌉니다. 넓은 솜으로 감싼 후에 다시 새 옷으로 감쌉니다. 이러한 방식으로 오백 겹으로 전륜왕의 시신을 감싼 후에 쇠로 만든 기름통에 넣은 다음, 쇠로 만든 다른 기름통에 넣고, 오직 향나무로만 장작더미를 만들어 전륜왕의 시신을 화장(火葬)합니다. 그리고 사거리에 전륜왕의 사리탑을 세웁니다. 와쎗타들이여, 전륜왕의 시신은 이와 같이 장사지냅니다. 와쎗타들이여, 전륜왕의 시신을 장사지내듯이 여래의 시신을 장사지내고, 사거리에 여래의 사리탑을 세우도록 하십시오. 그곳에 아름다운 꽃다발이나 향을 올리고 예배하거나, 청정한 신심을 일으키면, 그 사람에게는 오랜 세월 이익과 행복이 있을 것입니다."

**|6. 18.|** 그러자 꾸씨나라의 말라족 사람들은 하인들에게 분부했습니다.

"그렇다면, 말라의 새 솜을 모아라!"

그리하여 꾸씨나라의 말라족 사람들은 여래의 시신을 새 옷으로 감싼 후에 넓은 솜으로 감싸고, 넓은 솜으로 감싼 후에 다시 새 옷으로 감쌌습니다. 이러한 방식으로 오백 겹으로 여래의 시신을 감싼 후에 쇠로 만든 기름통에 넣은 다음, 쇠로 만든 다른 기름통에 넣고, 오직 향나무로만 장작더미를 만들어 여래의 시신을 장작더미에 올려놓았습니다.

**|6. 19.|** 그 무렵에 마하 까싸빠(Mahā-Kassappa) 존자는 500명의 큰 비구 승가와 함께 빠와(Pava)에서 꾸씨나라로 가고 있었습니다. 마하 까싸빠 존자는 도중에 길에서 벗어나 어떤 나무 아래에 앉아있었습니다.

그때 어떤 사명외도(邪命外道)¹³⁶가 꾸씨나라에서 만다라와 꽃을 가지고 빠와로 가고 있었습니다. 마하 까싸빠 존자는 멀리서 사명외도가 다가오는 것을 보았습니다. 사명외도를 보고 마하 까싸빠 존자가 그에게 물었습니다.

"존자여, 혹시 우리 스승님 소식을 아십니까?"

"그렇습니다. 존자여! 나는 알고 있습니다. 오늘이 사문 고따마께서 반열반하신지 이레가 됩니다. 이 만다라와 꽃은 그곳에서 가져온 것입니다."

그 말을 듣고, 탐욕을 버리지 못한 몇몇 비구들은 "세존께서 너무

---

136 'Ājīvaka'의 번역. 막칼리 고쌀라의 교단에 속하는 수행자를 지칭함.

빨리 반열반하셨네! 선서께서 너무 빨리 반열반하셨네! 세간에서 눈이 사라졌네!" 하면서 팔을 내저으며 울부짖고, 깎아지른 절벽에서 굴러 떨어진 듯이 뒹굴었습니다. 그러나 탐욕에서 벗어난 비구들은 주의 집중을 하고 알아차리면서 "제행무상(諸行無常)인 것을 지금 어찌하겠는가?"라고 참고 있었습니다.

**[6. 20.]** 그때 쑤밧다(Subhadda)라는 늙어서 출가한 비구가 대중 가운데 앉아있었습니다. 늙어서 출가한 쑤밧다가 그 비구들에게 말했습니다.

"존자들이여, 이제 그만하시오! 슬퍼하지 마시오! 비탄해 하지 마시오! 우리는 대사문(大沙門)으로부터 잘 벗어난 것이오. '그대들은 이것은 해도 된다. 그대들은 이것은 해서는 안 된다'라고 해서 우리는 성가셨는데, 이제는 우리가 하고 싶은 것은 하고, 하기 싫은 것은 하지 않을 수 있게 되었소."

그러자 마하 까싸빠 존자가 비구들에게 분부했습니다.

"법우들이여, 이제 그만하시오! 슬퍼하지 마시오! 비탄해 하지 마시오! 법우들이여, '사랑스럽고 즐거운 모든 것은 변하고, 떠나가고, 달라진다'라고 세존께서 미리 말씀하시지 않았소? 법우들이여, 그것을 지금 어찌하겠소? 태어난 존재는 유위(有爲)이며, 쇠멸법(衰滅法)이오. 그것을 사멸(死滅)하지 말라고 할 수는 없는 것이오."

**[6. 21.]** 한편 말라의 지도자 네 사람이 머리를 감고 새 옷으로 갈아입고, "우리가 세존의 다비(茶毘) 장작에 불을 붙이자!"고 했으나 그들은 불을 붙일 수 없었습니다.

그러자 꾸씨나라의 말라족 사람들이 아누룻다 존자에게 말했습니다.

"존자여, 무엇 때문에 어떤 연유(緣由)에서 이들 말라의 지도자 네 사람이 머리를 감고 새 옷으로 갈아입고, '우리가 세존의 다비 장작에 불을 붙이자!'고 하지만 불을 붙일 수 없습니까?"

"와쎗타들이여, 천신들의 의도가 다르기 때문이오."

"존자여, 그렇다면 천신들의 의도는 무엇입니까?"

"와쎗타들이여, 천신들의 의도는 '마하 까싸빠 존자가 500명의 큰 비구 승가와 함께 빠와에서 꾸씨나라로 오고 있으니, 마하 까싸빠 존자가 세존의 발에 정례(頂禮)를 올리기 전에는 세존의 다비 장작이 불붙게 하지 않겠다'는 것이오."

"존자여, 천신들의 의도가 그렇다면, 그렇게 하겠습니다."

**│6. 22.│** 이윽고 마하 까싸빠 존자가 말라의 탑묘인 꾸씨나라의 마꾸따 반다나에 왔습니다. 그는 세존의 다비 장작으로 가서 한쪽 어깨를 드러내어 법의를 걸치고 합장한 후에, 다비 장작을 오른쪽으로 세 번 돌고 나서, [관의] 발 쪽을 열고 세존의 발에 정례했습니다.

함께 온 500명의 비구들도 한쪽 어깨를 드러내어 법의를 걸치고 합장한 후에, 다비 장작을 오른쪽으로 세 번 돌고 나서 세존의 발에 정례했습니다.

마하 까싸빠 존자와 500명의 비구들이 예배하자 세존의 다비 장작이 저절로 타올랐습니다.

**│6. 23.│** 세존의 시신을 다비하는 동안 피부와 가죽, 살과 근육 그리고 골수(骨髓)는 재나 검댕을 남기지 않고 타버리고 사리(舍利)[137]만 남았

---

137 'sarīra'의 번역. 'sarīra'는 '몸, 신체'의 의미와 '시체, 해골, 유골'의 의미가 있다. 이 경에서

습니다.

마치 버터나 기름이 타는 동안 재나 검댕을 남기지 않듯이, 세존의 시신을 다비하는 동안 피부와 가죽, 살과 근육 그리고 골수(骨髓)는 재나 검댕을 남기지 않고 타버리고 사리만 남았습니다. 500겹으로 둘러싼 외부의 천과 내부의 모든 천도 타버렸습니다.

세존의 시신이 타버리자, 하늘에서 물이 쏟아져 세존의 다비 장작의 불을 껐습니다. 쌀라 나무에서도 물이 솟아나와 세존의 다비 장작의 불을 껐습니다. 꾸씨나라의 말라족 사람들도 오직 향수로만 세존의 다비 장작의 불을 껐습니다.

그리고 나서 꾸씨나라의 말라족 사람들은 공회당에 [여래의 사리를 모시고] 창으로 담장을 만들고 활로 벽을 둘러친 후에, 이레 동안 춤과 노래와 음악과 화환과 향으로 여래의 사리를 공경하고, 예배(禮拜)하고, 예경(禮敬)하고, 공양했습니다.

**| 6. 24. |** 그때 마가다의 왕 아자따삿뚜 웨데히뿟따는 세존께서 꾸씨나라에서 반열반하셨다는 소문을 들었습니다. 그래서 마가다의 왕 아자따삿뚜 웨데히뿟따는 꾸씨나라의 말라족 사람들에게 사자를 보내 이렇게 말했습니다.

---

세존의 다비(茶毘)하기 전의 몸도 'sarīra'로 표현하고, 다비 후의 유골도 'sarīra'로 표현하고 있다. 그래서 다비하기 전에는 '시신'으로 번역하고, 다비 후에는 '사리'로 번역했다. 우리가 사리(舍利)라고 부르는 것은 'sarīra'의 음역(音譯)이다. 따라서 'sarīra'에는 우리가 알고 있는 '영롱한 구슬 형태의 유골'이라는 의미는 없다. 이 경에도 'sarīra'라는 표현만 나올 뿐 '영롱한 구슬'이라는 표현은 보이지 않는다. 따라서 'sarīra(舍利)'를 '영롱한 구슬 형태의 유골'로 이해한 것은 후대의 일이라고 생각된다. 세존의 시신을 다비했을 때 영롱한 구슬 형태의 사리가 출현한 것은 아니다.

"세존도 크샤트리아이고, 나도 크샤트리아이다. 나는 세존의 사리 일부를 내 몫으로 분배받을 자격이 있다. 나는 세존의 큰 사리탑을 세우고자 한다."

웨쌀리에 사는 릿차위들도 세존께서 꾸씨나라에서 반열반하셨다는 소문을 들었습니다. 그래서 웨쌀리에 사는 릿차위들도 꾸씨나라의 말라족 사람들에게 사자를 보내 이렇게 말했습니다.

"세존도 크샤트리아이고, 우리도 크샤트리아이다. 우리는 세존의 사리 일부를 우리 몫으로 분배받을 자격이 있다. 우리는 세존의 큰 사리탑을 세우고자 한다."

까삘라왓투(Kapilavatthu)에 사는 싸꺄(Sakya, 釋迦)족 사람들도 세존께서 꾸씨나라에서 반열반하셨다는 소문을 들었습니다. 그래서 까삘라왓투에 사는 싸꺄족 사람들도 꾸씨나라의 말라족 사람들에게 사자를 보내 이렇게 말했습니다.

"세존은 우리의 가장 훌륭한 친족이시다. 우리는 세존의 사리 일부를 우리 몫으로 분배받을 자격이 있다. 우리는 세존의 큰 사리탑을 세우고자 한다."

알라까빠(Allakappa)에 사는 불리(Būli)족 사람들도 세존께서 꾸씨나라에서 반열반하셨다는 소문을 들었습니다. 그래서 알라까빠에 사는 불리족 사람들도 꾸씨나라의 말라족 사람들에게 사자를 보내 이렇게 말했습니다.

"세존도 크샤트리아이고, 우리도 크샤트리아이다. 우리는 세존의 사리 일부를 우리 몫으로 분배받을 자격이 있다. 우리는 세존의 큰 사리탑을 세우고자 한다."

라마가마(Rāmagāma)에 사는 꼴리야(Koliya)족 사람들도 세존께서 꾸씨나라에서 반열반하셨다는 소문을 들었습니다. 그래서 라마가마에 사는 꼴리야족 사람들도 꾸씨나라의 말라족 사람들에게 사자를 보내 이렇게 말했습니다.

"세존도 크샤트리아이고, 우리도 크샤트리아이다. 우리는 세존의 사리 일부를 우리 몫으로 분배받을 자격이 있다. 우리는 세존의 큰 사리탑을 세우고자 한다."

웨타디빠(Veṭhadīpa)에 사는 바라문(婆羅門)도 세존께서 꾸씨나라에서 반열반하셨다는 소문을 들었습니다. 그래서 웨타디빠에 사는 바라문도 꾸씨나라의 말라족 사람들에게 사자를 보내 이렇게 말했습니다.

"세존은 크샤트리아이고, 나는 바라문이다. 나는 세존의 사리 일부를 내 몫으로 분배받을 자격이 있다. 나는 세존의 큰 사리탑을 세우고자 한다."

빠와에 사는 말라족 사람들도 세존께서 꾸씨나라에서 반열반하셨다는 소문을 들었습니다. 그래서 빠와에 사는 말라족 사람들도 꾸씨나라의 말라족 사람들에게 사자를 보내 이렇게 말했습니다.

"세존도 크샤트리아이고, 우리도 크샤트리아이다. 우리는 세존의 사리 일부를 우리 몫으로 분배받을 자격이 있다. 우리는 세존의 큰 사리탑을 세우고자 한다."

**| 6. 25. |**   이렇게 말하자, 꾸씨나라의 말라족 사람들은 그 대중에게 이렇게 말했습니다.

"세존께서는 우리 마을의 땅에서 반열반하셨다. 우리는 세존의 사리를 나누어주지 않겠다."

이렇게 말하자, 도나(Doṇa)[138] 바라문이 그 대중에게 이렇게 말했습니다.

　　존자들이여, 내 한 말씀 들어보오.
　　우리의 부처님은 인욕을 가르쳤소.
　　위없는 분의 사리를 나누면서
　　다투는 것은 좋은 일이 아니오.
　　존자들이여, 우리 모두 화합하여
　　화기애애하게 여덟 부분으로 나누어서,
　　사방에 유명한 사리탑을 만듭시다.
　　많은 사람들이 눈 가진 분에게 신심을 일으키도록.

"그렇다면, 바라문이여, 당신이 여래의 사리를 여덟 부분으로 골고루 잘 나누시오."

도나 바라문은 "존자들이여, 그렇게 하겠습니다"라고 그 대중에게 승낙하고, 여래의 사리를 여덟 부분으로 골고루 잘 나눈 다음, 그 대중에게 말했습니다.

"존자들이여, 이 단지[139]는 저에게 주십시오. 저는 세존의 큰 단지

---

138　'Doṇa'는 유명한 바라문 학자로서, 부처님의 설법을 듣고 불환과(不還果)를 얻은 사람이라고 한다. 「증지부(增支部)」에 의하면, 그는 욱깟따에서 세따뱌로 가는 도중에 부처님의 족적을 보고 찾아왔다고 한다. 그가 세존의 사리를 팔분(八分)하여 분배했다고 전한다.

139　사리를 분배할 때 사용한 단지.

탑을 세우고자 합니다."

그들은 도나 바라문에게 단지를 주었습니다.

**| 6. 26. |**　뻽팔리와나(Pipphalivana)에 사는 모리야(Moriya)족 사람들도 세존께서 꾸씨나라에서 반열반하셨다는 소문을 들었습니다. 그래서 뻽팔리와나에 사는 모리야족 사람들도 꾸씨나라의 말라족 사람들에게 사자를 보내 이렇게 말했습니다.

"세존도 크샤트리아이고, 우리도 크샤트리아이다. 우리는 세존의 사리 일부를 우리 몫으로 분배받을 자격이 있다. 우리는 세존의 큰 사리탑을 세우고자 한다."

"세존의 사리를 이미 분배하여 세존의 사리가 남지 않았소. 이제 그대들은 숯을 가져가시오."

그래서 그들은 숯을 가져갔습니다.

**| 6. 27. |**　마가다의 왕 아자따쌋뚜 웨데히뿟따는 라자가하에 세존의 큰 사리탑을 세웠습니다.

웨쌀리에 사는 릿차위들은 웨쌀리에 세존의 큰 사리탑을 세웠습니다.

까삘라왓투에 사는 싸꺄족 사람들은 까삘라왓투에 세존의 큰 사리탑을 세웠습니다.

알라까빠에 사는 불리족 사람들은 알라까빠에 세존의 큰 사리탑을 세웠습니다.

라마가마에 사는 꼴리야족 사람들은 라마가마에 세존의 큰 사리탑을 세웠습니다.

웨타디빠에 사는 바라문은 웨타디빠에 세존의 큰 사리탑을 세웠습니다.

빠와에 사는 말라족 사람들 빠와에 세존의 큰 사리탑을 세웠습니다.

꾸씨나라의 말라족 사람들은 꾸씨나라에 세존의 큰 사리탑을 세웠습니다.

도나 바라문은 세존의 큰 단지탑을 세웠습니다.

뻽팔리와나에 사는 모리야족 사람들은 뻽팔리와나에 세존의 큰 숯탑을 세웠습니다.

이와 같이 여덟 개의 사리탑과 아홉 번째 단지탑과 열 번째 숯탑이 옛날에 세워졌던 것입니다.

**| 6. 28. |**

눈 가진 분의 사리는 8도나(doṇa)[140]인데,

7도나는 잠부디빠[141]에 봉안(奉安)되었다네.

위없이 고귀한 분의 사리 1도나는 용왕(龍王)[142]이

라마가마에 봉안했다네.

치아 하나는 33천신(三十三天神)[143]이 공양하고,

하나는 간다라(Gandhāra)성에 봉안되었네.

깔링가(Kāliṅga) 왕국에 또 하나가 봉안되었고,

---

140  용량의 단위.

141  'Jambu-dīpa'의 번역. 염부제(閻浮堤) 또는 섬부주(贍部洲)로 한역됨. 인도 본토 또는 인류가 사는 땅.

142  'nāga-rājan'의 번역.

143  'Tidiva'의 번역.

또 하나는 용왕이 봉안했다네.

그래서 이 풍요로운 대지는 최상의 공물(供物)과

빛으로 장엄되었다네.

천왕과 용왕과 제왕의 공양을 받고,

최상의 인간에 의해 이렇게 공양을 받았나니,

그대들은 그분을 합장하고 공경하라!

부처님은 백겁(百劫) 동안 만나 뵙기 어렵나니.

# 대념처경
## 大念處經[1]

Mahā-Satipaṭṭhāna Sutta [22]

해
제

싸띠빳타나(satipaṭṭhāna)는 주의집중(注意集中)을 의미하는 싸띠(sati)와 확립(確立)을 의미하는 빳타나(paṭṭhāna)의 합성어로서, 주의집중 수행을 의미한다. 한역에서는 염처(念處)로 번역하였다. 따라서 '크다', '위대하다'라는 뜻의 마하(mahā)를 합쳐 한역하면 「대념처경(大念處經)」이 된다. 이 경의 한역은 『장아함경』에는 없고, 『중아함경』에 「염처경(念處經)」이라는 이름으로 번역되어 있다.

염처 수행은 구체적으로는 4념처(四念處) 수행을 의미하는데, 붓다가 이 경에서 열반을 성취하는 유일한 수행법이라고 강조하듯이, 4념처 수행은 불교 수행의 시작과 끝이다. 근본불교의 수행법을 망라하여 37조도품(助道品)이라고 하는데, 37조도품은 4념처(四念處), 4정근(四正勤), 4신족(四神足). 5근(五根), 5력(五力), 7각지(七覺支), 8정도(八正道)로 이루어져 있다. 이러한 구성을 겉으로만 보면 4념처는 불교수행의 출발점이고, 8정도는 종착점이라고 생각할 수 있다. 그러나 이 경을 통해서 보면, 4념처는 37조도품을 모두 포괄하고 있다는 것을 알 수 있다. 바꾸어 말하면, 4념처 수행을 구체적으로 전개하면 37조도품이 된다.

4념처에서 시작되는 불교 수행은 자연스럽게 4정근(四正勤)으로 이어진다. 4정근은 염처 수행을 통해 자신의 몸과 마음을 살피는 가운데, 자신의 못된 점은 반성하여 없애고, 좋은 점은 살펴서 키워가는 수행이다. 4정근은 4념처와 다른 수행이 아니라 4념처 수행의 연장인 것이다.

4신족(四神足)은 4정근을 통해서 자신의 의지와 마음이 속박에서

---

01  『디가 니까야(Dīgha-Nikāya)』의 제22경이며, 『중아함경』의 98번째 경인 「염처경(念處經)」에 상응하는 경. 『장아함경』에는 이에 상응하는 경이 없다.

벗어나 자유롭게 된 것을 의미한다. 욕망에 구속된 일상적인 삶에서 벗어나 마땅히 해야 할 일에 의욕을 일으키고, 바른 생각을 일으켜서 4념처 수행을 자신의 뜻대로 수행할 수 있게 되는 것을 4신족이라고 한다.

5근(五根)은 4신족의 성취를 통해서 불교수행에 확신을 가지고[信根] 정진하면서[精進根] 염처(念處) 수행을 통해서[念根] 선정에 들어[定根] 지혜가 밝아지게 되는[慧根] 것을 의미한다.

5력(五力)은 5근(五根)이 우리의 삶을 이끄는 힘으로 성장한 것을 의미한다.

7각지(七覺支)는 염각지(念覺支), 택법각지(擇法覺支), 정진각지(精進覺支), 희각지(喜覺支), 경안각지(輕安覺支), 정각지(定覺支), 사각지(捨覺支)로 이루어져 있는데, 염각지는 4념처를 의미하고, 택법각지와 정진각지는 4정근을 의미하며, 희각지, 경안각지, 정각지, 사각지는 4신족과 5근과 5력을 통해서 얻게 되는 선정(禪定)을 의미한다.

마지막으로, 8정도(八正道)의 정념(正念, sammā-sati)은 4념처 수행을 의미하기 때문에, 8정도는 정견(正見)을 가지고 살아가면서 4념처 수행을 통해 열반을 성취하는 과정을 보여준다고 할 수 있다.

대승불교로 발전하면서 다양한 수행법이 나타났지만, 붓다가 가르친 열반을 성취하는 유일한 수행법은 4념처이다. 불교를 수행하여 마음의 평화를 얻으려는 사람들은 이 경에서 그 길을 찾을 수 있을 것이다.

**1.** ┃ 이와 같이 나는 들었습니다.

한때 세존께서는 꾸루쑤(Kurūsu)에 있는 꾸루(Kurū)족의 마을 깜
마싸담마(Kammāssadhamma)에 머무셨습니다. 그때 세존께서 "비구들
이여!" 하고 비구들을 불렀습니다. 비구들은 "예, 스승님!" 하고 세존께
응답했습니다.

세존께서는 이렇게 말씀하셨습니다.

"비구들이여, 중생이 근심과 슬픔을 극복하고, 괴로움과 불만을
소멸하는 방법을 터득하여 열반을 자증(自證)할 수 있는 유일한 청정한
길은 오직 네 가지 주의집중[四念處][02]뿐이오.

어떤 것이 네 가지인가? 비구들이여, 비구는 몸[身]을 관찰하며 몸
에 머물면서, 열심히 주의집중을 하고 알아차려 세간에 대한 탐욕과 불

---

02 'cattāro-satipaṭṭhāna'의 번역.

만을 제거해야 하오. 감정[受]을 관찰하며 감정에 머물면서, 열심히 주의집중을 하고 알아차려, 세간에 대한 탐욕과 불만을 제거해야 하오. 마음[心]을 관찰하며 마음에 머물면서, 열심히 주의집중을 하고 알아차려, 세간에 대한 탐욕과 불만을 제거해야 하오. 법(法)을 관찰하며 법에 머물면서, 열심히 주의집중을 하고 알아차려, 세간에 대한 탐욕과 불만을 제거해야 하오.

**2.** 비구들이여, 비구는 어떻게 몸을 관찰하면서 몸에 머무는가?

비구들이여, 비구는 숲이나 나무 아래나 한가한 장소에 가서 가부좌를 한 후에, 몸을 곧추세우고 앉아 앞을 향하고 주의집중을 준비한 다음, 주의를 집중하여 들이쉬고 주의를 집중하여 내쉰다오. 길게 들이쉬면서 '나는 길게 들이쉰다'라고 알아차리고, 길게 내쉬면서 '나는 길게 내쉰다'라고 알아차린다오. 짧게 들이쉬면서 '나는 짧게 들이쉰다'라고 알아차리고, 짧게 내쉬면서 '나는 짧게 내쉰다'라고 알아차린다오. '나는 온몸으로 느끼면서 들이쉬겠다'라고 수습(修習)하고, '나는 온몸으로 느끼면서 내쉬겠다'라고 수습한다오. '나는 신행(身行)[03]을 고요히 가라앉히면서 들이쉬겠다'라고 수습하고, '나는 신행을 고요히 가라앉히면서 내쉬겠다'라고 수습한다오.

비구들이여, 비유하면, 솜씨 있는 도공(陶工)이나 도공의 제자가 [흙덩이를] 길게 당기면서 '나는 길게 당긴다'라고 알아차리고, 짧게 당기면서 '나는 짧게 당긴다'라고 알아차리는 것과 같다오. 비구들이여, 이와 같이 비구는 길게 들이쉬면서 '나는 길게 들이쉰다'라고 알아차리고,

---

03  'kāya-saṃkhāra'의 번역. 몸을 자아(自我)라고 생각하는 망상.

길게 내쉬면서 '나는 길게 내쉰다'라고 알아차린다오. 짧게 들이쉬면서 '나는 짧게 들이쉰다'라고 알아차리고, 짧게 내쉬면서 '나는 짧게 내쉰다'라고 알아차린다오. '나는 온몸으로 느끼면서 들이쉬겠다'라고 수습(修習)하고, '나는 온몸으로 느끼면서 내쉬겠다'라고 수습한다오. '나는 신행(身行)을 고요히 가라앉히면서 들이쉬겠다'라고 수습하고, '나는 신행(身行)을 고요히 가라앉히면서 내쉬겠다'라고 수습한다오.

이와 같이 안으로 몸을 관찰하면서 몸에 머물고, 밖으로 몸을 관찰하면서 몸에 머물고, 안과 밖으로 몸을 관찰하면서 몸에 머문다오. 모여서 나타나는 현상[集法]을 관찰하면서[04] 몸에 머물고, 소멸하는 현상[滅法]을 관찰하면서[05] 몸에 머물고, 모여서 나타나고 소멸하는 현상을 관찰하면서[06] 몸에 머문다오. 그러면 단지 알아차릴 정도[07]로만, 단지 주의집중을 할 수 있을 정도[08]로만, '몸이 있다'라고 생각하는 주의집중이 일어난다오. 그는 의존하지 않고 머물며, 세간에서 어떤 것도 취하지 않는다오. 비구들이여, 이와 같이 비구는 몸을 관찰하면서 몸에 머문다오.

**┃ 3. ┃** 비구들이여, 다음으로 비구는 가면서는 '나는 가고 있다'라고 알아차리고, 서 있으면서는 '나는 서 있다'라고 알아차리고, 앉아서는 '나는 앉아있다'라고 알아차리고, 누워서는 '나는 누워있다'라고 알아

---

04 'samudaya-dhammânupassī'

05 'vaya-dhammânupassī'의 번역.

06 'samudaya-vaya-dhammânupassī'의 번역.

07 'ñāṇa-mattāya'의 번역.

08 'paṭissati-mattāya'의 번역.

차린다오. 그는 몸이 취한 자세를 그대로 알아차린다오.

　　이와 같이 안으로 몸을 관찰하면서 몸에 머물고, 밖으로 몸을 관찰하면서 몸에 머물고, 안과 밖으로 몸을 관찰하면서 몸에 머문다오. 모여서 나타나는 현상[集法]을 관찰하면서 몸에 머물고, 소멸하는 현상[滅法]을 관찰하면서 몸에 머물고, 모여서 나타나고 소멸하는 현상을 관찰하면서 몸에 머문다오. 그러면 단지 알아차릴 정도로만, 단지 주의집중을 할 수 있을 정도로만, '몸이 있다'라고 생각하는 주의집중이 일어난다오. 그는 의존하지 않고 머물며, 세간에서 어떤 것도 취하지 않는다오. 비구들이여, 이와 같이 비구는 몸을 관찰하면서 몸에 머문다오.

**| 4. |**　　비구들이여, 다음으로 비구는 나아가고 물러날 때 알아차리고, 바라보고 돌아볼 때 알아차리고, 구부리고 펼 때 알아차리고, 가사(袈裟)와 발우와 승복을 지닐 때 알아차리고, 먹고, 마시고, 씹고, 맛볼 때 알아차리고, 대소변을 볼 때 알아차리고, 가고, 서고, 앉고, 자고, 깨고, 말하고, 침묵할 때 알아차린다오.

　　이와 같이 안으로 몸을 관찰하면서 몸에 머물고, 밖으로 몸을 관찰하면서 몸에 머물고, 안과 밖으로 몸을 관찰하면서 몸에 머문다오. 모여서 나타나는 현상을 관찰하면서 몸에 머물고, 소멸하는 현상을 관찰하면서 몸에 머물고, 모여서 나타나고 소멸하는 현상을 관찰하면서 몸에 머문다오. 그러면 단지 알아차릴 정도로만, 단지 주의집중을 할 수 있을 정도로만, '몸이 있다'라고 생각하는 주의집중이 일어난다오. 그는 의존하지 않고 머물며, 세간에서 어떤 것도 취하지 않는다오. 비구들이여, 이와 같이 비구는 몸을 관찰하면서 몸에 머문다오.

**| 5. |**　　비구들이여, 다음으로 비구는 이 몸을, '이 몸에는 머리카락,

털, 손톱, 이빨, 피부, 살, 힘줄, 뼈, 골수, 콩팥, 염통, 간, 늑막, 비장, 허파, 창자, 내장, 위, 똥, 쓸개, 가래, 고름, 피, 땀, 기름, 눈물, 비계, 침, 콧물, 활액(滑液), 오줌이 들어있다'라고 발바닥에서 머리끝까지 피부 속에 가득 찬 갖가지 더러운 것을 낱낱이 관찰한다오.

비구들이여, 비유하면, 갖가지 곡물들, 즉 쌀, 벼, 녹두, 콩, 참깨, 기장으로 가득 찬, 양쪽이 터진 자루를 안목(眼目) 있는 사람이 풀어놓고, '이것은 쌀이다. 이것은 벼다. 이것은 녹두다. 이것은 콩이다. 이것은 참깨다. 이것은 기장이다'라고 낱낱이 관찰하는 것과 같다오.

비구들이여, 이와 같이 비구는 이 몸을, '이 몸에는 머리카락, 털, 손톱, 이빨, 피부, 살, 힘줄, 뼈, 골수, 콩팥, 염통, 간, 늑막, 비장, 허파, 창자, 내장, 위, 똥, 쓸개, 가래, 고름, 피, 땀, 기름, 눈물, 비계, 침, 콧물, 활액(滑液), 오줌이 들어있다'라고 발바닥에서 머리끝까지 피부 속에 가득 찬 갖가지 더러운 것을 낱낱이 관찰한다오.

이와 같이 안으로 몸을 관찰하면서 몸에 머물고, 밖으로 몸을 관찰하면서 몸에 머물고, 안과 밖으로 몸을 관찰하면서 몸에 머문다오. 모여서 나타나는 현상을 관찰하면서 몸에 머물고, 소멸하는 현상을 관찰하면서 몸에 머물고, 모여서 나타나고 소멸하는 현상을 관찰하면서 몸에 머문다오. 그러면 단지 알아차릴 정도로만, 단지 주의집중을 할 수 있을 정도로만, '몸이 있다'라고 생각하는 주의집중이 일어난다오. 그는 의존하지 않고 머물며, 세간에서 어떤 것도 취하지 않는다오. 비구들이여, 이와 같이 비구는 몸을 관찰하면서 몸에 머문다오.

**6.** 비구들이여, 다음으로 비구는 이 몸을 있는 그대로, 취한 자세 그대로, '이 몸에는 지계(地界), 수계(水界), 화계(火界), 풍계(風界)가 있

다'라고 계(界)를 낱낱이 관찰한다오.

비구들이여, 비유하면, 솜씨 있는 소백정이나 소백정의 제자가 암소를 잡아 큰 사거리에 부위별로 나누어 놓고 앉아있는 것과 같다오.

비구들이여, 이와 같이 비구는 이 몸을 있는 그대로, 취한 자세 그대로, '이 몸에는 지계, 수계, 화계, 풍계가 있다'라고 계를 낱낱이 관찰한다오.

이와 같이 안으로 몸을 관찰하면서 몸에 머물고, 밖으로 몸을 관찰하면서 몸에 머물고, 안과 밖으로 몸을 관찰하면서 몸에 머문다오. 모여서 나타나는 현상[法]을 관찰하면서 몸에 머물고, 소멸하는 현상을 관찰하면서 몸에 머물고, 모여서 나타나고 소멸하는 현상을 관찰하면서 몸에 머문다오. 그러면 단지 알아차릴 정도로만, 단지 주의집중을 할 수 있을 정도로만, '몸이 있다'라고 생각하는 주의집중이 일어난다오. 그는 의존하지 않고 머물며, 세간에서 어떤 것도 취하지 않는다오. 비구들이여, 이와 같이 비구는 몸을 관찰하면서 몸에 머문다오.

**7.** 비구들이여, 예를 들어 하루나 이틀이나 사흘이 지나서 부풀어 오르고, 검푸르게 변한, 예전에 죽어버린, 묘지에 버려진 시체를 보면, 비구는 이 몸과 비교하여, '이 몸은 이와 같은 현상[法]이고, 이와 같이 존재하며, 이와 같은 것에 지나지 않는다'라고 생각한다오.

이와 같이 안으로 몸을 관찰하면서 몸에 머물고, 밖으로 몸을 관찰하면서 몸에 머물고, 안과 밖으로 몸을 관찰하면서 몸에 머문다오. 모여서 나타나는 현상[法]을 관찰하면서 몸에 머물고, 소멸하는 현상을 관찰하면서 몸에 머물고, 모여서 나타나고 소멸하는 현상을 관찰하면서 몸에 머문다오. 그러면 단지 알아차릴 정도로만, 단지 주의집중을

할 수 있을 정도로만, '몸이 있다'라고 생각하는 주의집중이 일어난다
오. 그는 의존하지 않고 머물며, 세간에서 어떤 것도 취하지 않는다오.
비구들이여, 이와 같이 비구는 몸을 관찰하면서 몸에 머문다오.

▌**8.** ▌  비구들이여, 예를 들어, 까마귀나, 독수리나, 개나, 늑대가 먹
고 있거나, 갖가지 버러지가 생겨서 파먹고 있는, 묘지에 버려진 시체
를 보면, 비구는 이 몸과 비교하여, '이 몸은 이와 같은 현상[法]이고, 이
와 같이 존재하고, 이와 같은 것에 지나지 않는다'라고 생각한다오.

　　이와 같이 안으로 몸을 관찰하면서 몸에 머물고, 밖으로 몸을 관
찰하면서 몸에 머물고, 안과 밖으로 몸을 관찰하면서 몸에 머문다오.
모여서 나타나는 현상[法]을 관찰하면서 몸에 머물고, 소멸하는 현상
을 관찰하면서 몸에 머물고, 모여서 나타나고 소멸하는 현상을 관찰하
면서 몸에 머문다오. 그러면 단지 알아차릴 정도로만, 단지 주의집중을
할 수 있을 정도로만, '몸이 있다'라고 생각하는 주의집중이 일어난다
오. 그는 의존하지 않고 머물며, 세간에서 어떤 것도 취하지 않는다오.
비구들이여, 이와 같이 비구는 몸을 관찰하면서 몸에 머문다오.

▌**9.** ▌  비구들이여, 예를 들어 붉은 살점이 붙어있는 해골을 힘줄이
결합하고 있는 묘지에 버려진 시체를 보거나, 붉은 살점으로 더럽혀진
해골을 힘줄이 결합하고 있는 묘지에 버려진 시체를 보거나, 붉은 살
점이 사라진 해골을 힘줄이 결합하고 있는, 묘지에 버려진 시체를 보
거나, 결합하는 힘줄이 사라져 손뼈는 손뼈대로, 다리뼈는 다리뼈대로,
경골(脛骨)은 경골대로, 대퇴골(大腿骨)은 대퇴골대로, 요추(腰椎)는 요
추대로, 척추(脊椎)는 척추대로, 두개골(頭蓋骨)은 두개골대로, 뼈가 사
방팔방으로 흩어진 채로 묘지에 버려진 시체를 보면, 비구는 이 몸과

비교하여, '이 몸은 이와 같은 현상[法]이고, 이와 같이 존재하고, 이와 같은 것에 지나지 않는다'라고 생각한다오.[09]

이와 같이 안으로 몸을 관찰하면서 몸에 머물고, 밖으로 몸을 관찰하면서 몸에 머물고, 안과 밖으로 몸을 관찰하면서 몸에 머문다오. 모여서 나타나는 현상을 관찰하면서 몸에 머물고, 소멸하는 현상을 관찰하면서 몸에 머물고, 모여서 나타나고 소멸하는 현상을 관찰하면서 몸에 머문다오. 그러면 단지 알아차릴 정도로만, 단지 주의집중을 할 수 있을 정도로만, '몸이 있다'라고 생각하는 주의집중이 일어난다오. 그는 의존하지 않고 머물며, 세간에서 어떤 것도 취하지 않는다오. 비구들이여, 이와 같이 비구는 몸을 관찰하면서 몸에 머문다오.

**┃ 10. ┃** 비구들이여, 예를 들어, 뼛조각들이 하얗게 조개껍질 색처럼 된 묘지에 버려진 시체를 보거나, 뼛조각들이 말라서 수북하게 쌓인 묘지에 버려진 시체를 보거나, 뼛조각들이 썩어서 가루가 된 묘지에 버려진 시체를 보면, 비구는 이 몸과 비교하여, '이 몸은 이와 같은 현상[法]이고, 이와 같이 존재하고, 이와 같은 것에 지나지 않는다'라고 생각한다오.[10]

이와 같이 안으로 몸을 관찰하면서 몸에 머물고, 밖으로 몸을 관찰하면서 몸에 머물고, 안과 밖으로 몸을 관찰하면서 몸에 머문다오. 모여서 나타나는 현상[法]을 관찰하면서 몸에 머물고, 소멸하는 현상을 관찰하면서 몸에 머물고, 모여서 나타나고 소멸하는 현상을 관찰하면서 몸에 머문다오. 그러면 단지 알아차릴 정도로만, 단지 주의집중을

---

09  반복되는 동일한 내용을 생략함.

10  반복되는 동일한 내용을 생략함.

할 수 있을 정도로만, '몸이 있다'라고 생각하는 주의집중이 일어난다
오. 그는 의존하지 않고 머물며, 세간에서 어떤 것도 취하지 않는다오.
비구들이여, 이와 같이 비구는 몸을 관찰하면서 몸에 머문다오.

**| 11. |** 비구들이여, 비구는 어떻게 감정[受]을 관찰하면서 감정에 머
무는가?

비구들이여, 비구는 즐거운 감정을 느끼면서 '나는 즐거운 감정을
느낀다'라고 알아차리고, 괴로운 감정을 느끼면서 '나는 괴로운 감정을
느낀다'라고 알아차리고, 괴롭지도 즐겁지도 않은 감정을 느끼면서 '나
는 괴롭지도 즐겁지도 않은 감정을 느낀다'라고 알아차린다오. 육체적
인 즐거운 감정을 느끼면서 '나는 육체적인 즐거운 감정을 느낀다'라고
알아차리고, 정신적인 즐거운 감정을 느끼면서 '나는 정신적인 즐거운
감정을 느낀다'라고 알아차리고, 육체적인 괴로운 감정을 느끼면서 '나
는 육체적인 괴로운 감정을 느낀다'라고 알아차리고, 정신적인 괴로운
감정을 느끼면서 '나는 정신적인 괴로운 감정을 느낀다'라고 알아차리
고, 육체적인 괴롭지도 즐겁지도 않은 감정을 느끼면서 '나는 육체적인
괴롭지도 즐겁지도 않은 감정을 느낀다'라고 알아차리고, 정신적인 괴
롭지도 즐겁지도 않은 감정을 느끼면서 '나는 정신적인 괴롭지도 즐겁
지도 않은 감정을 느낀다'라고 알아차린다오.

이와 같이 안으로 감정을 관찰하면서 감정에 머물고, 밖으로 감정
을 관찰하면서 감정에 머물고, 안과 밖으로 감정을 관찰하면서 감정에
머문다오. 모여서 나타나는 현상[法]을 관찰하면서 감정에 머물고, 소
멸하는 현상을 관찰하면서 감정에 머물고, 모여서 나타나고 소멸하는
현상을 관찰하면서 감정에 머문다오. 그러면 단지 알아차릴 정도로만,

단지 주의집중을 할 수 있을 정도로만, '감정이 있다'라고 생각하는 주의집중이 일어난다오. 그는 의존하지 않고 머물며, 세간에서 어떤 것도 취하지 않는다오. 비구들이여, 이와 같이 비구는 감정을 관찰하면서 감정에 머문다오.

**| 12. |** 비구들이여, 비구는 어떻게 마음[心]을 관찰하면서 마음에 머무는가?

비구들이여, 비구는 탐욕[貪]이 있는 마음을 '탐욕이 있는 마음이다'라고 알아차리고, 탐욕이 없는 마음을 '탐욕이 없는 마음이다'라고 알아차린다오.

성냄[瞋]이 있는 마음을 '성냄이 있는 마음이다'라고 알아차리고, 성냄이 없는 마음을 '성냄이 없는 마음이다'라고 알아차린다오.

어리석음[癡]이 있는 마음을 '어리석음이 있는 마음이다'라고 알아차리고, 어리석음이 없는 마음을 '어리석음이 없는 마음이다'라고 알아차린다오.

넓은 마음을 '넓은 마음이다'라고 알아차리고, 옹졸한 마음을 '옹졸한 마음이다'라고 알아차린다오.

최상의 마음을 '최상의 마음이다'라고 알아차리고, 무상(無上)의 마음을 '무상의 마음이다'라고 알아차린다오.

삼매에 든 마음을 '삼매에 든 마음이다'라고 알아차리고, 삼매에 들지 않은 마음을 '삼매에 들지 않은 마음이다'라고 알아차린다오.

해탈한 마음을 '해탈한 마음이다'라고 알아차리고, 해탈하지 않은 마음을 '해탈하지 않은 마음이다'라고 알아차린다오.

이와 같이 안으로 마음을 관찰하면서 마음에 머물고, 밖으로 마음을 관찰하면서 마음에 머물고, 안과 밖으로 마음을 관찰하면서 마음에 머문다오. 모여서 나타나는 현상[法]을 관찰하면서 마음에 머물고, 소멸하는 현상을 관찰하면서 마음에 머물고, 모여서 나타나고 소멸하는 현상을 관찰하면서 마음에 머문다오. 그러면 단지 알아차릴 정도로만, 단지 주의집중을 할 수 있을 정도로만, '마음이 있다'라고 생각하는 주의집중이 일어난다오. 그는 의존하지 않고 머물며, 세간에서 어떤 것도 취하지 않는다오. 비구들이여, 이와 같이 비구는 마음을 관찰하면서 마음에 머문다오.

**│ 13. │** 비구들이여, 비구는 어떻게 법(法)을 관찰하면서 법(法)에 머무는가?

비구들이여, 비구는 법(法)을 관찰하면서 다섯 가지 번뇌[五蓋][11] 법(法)에 머문다오.

비구들이여, 비구는 어떻게 법(法)을 관찰하면서 다섯 가지 번뇌 (煩惱) 법(法)에 머무는가?

비구들이여, 비구는 마음속에 감각적 욕망[12]이 있으면, '나의 마음속에 감각적 욕망이 있다'라고 알아차리고, 감각적 욕망이 없으면, '나의 마음속에 감각적 욕망이 없다'라고 알아차린다오. 발생하지 않았던 감각적 욕망이 어떻게 발생하는지를 알아차리고, 발생한 감각적 욕망이 어떻게 소멸하는지를 알아차리고, 소멸한 감각적 욕망이 어떻게 미래에 발생하지 않는지를 알아차린다오.

---

11  'pañca nīvaraṇā'의 번역.
12  'kāmacchanda'의 번역.

마음속에 분노(憤怒)[13]가 있으면, '나의 마음속에 분노가 있다'라고 알아차리고, 분노가 없으면, '나의 마음속에 분노가 없다'라고 알아차린다오. 발생하지 않았던 분노가 어떻게 발생하는지를 알아차리고, 발생한 분노가 어떻게 소멸하는지를 알아차리고, 소멸한 분노가 어떻게 미래에 발생하지 않는지를 알아차린다오.

마음속에 혼침(昏沈)[14]과 수면(睡眠)[15]이 있으면, '나의 마음속에 혼침과 수면이 있다'라고 알아차리고, 혼침과 수면이 없으면, '나의 마음속에 혼침과 수면이 없다'라고 알아차린다오. 발생하지 않았던 혼침과 수면이 어떻게 발생하는지를 알아차리고, 발생한 혼침과 수면이 어떻게 소멸하는지를 알아차리고, 소멸한 혼침과 수면이 어떻게 미래에 발생하지 않는지를 알아차린다오.

마음속에 들뜸[掉擧][16]과 걱정[17]이 있으면, '나의 마음속에 들뜸과 걱정이 있다'라고 알아차리고, 들뜸과 걱정이 없으면, '나의 마음속에 들뜸과 걱정이 없다'라고 알아차린다오. 발생하지 않았던 들뜸과 걱정이 어떻게 발생하는지를 알아차리고, 발생한 들뜸과 걱정이 어떻게 소멸하는지를 알아차리고, 소멸한 들뜸과 걱정이 어떻게 미래에 발생하지 않는지를 알아차린다오.

---

13  'vyāpāda'의 번역.

14  'thīna'의 번역. 멍하고 둔감한 상태를 의미함.

15  'middha'의 번역. 잠재적인 경향, 즉 무의식적인 성향.

16  'uddhacca'의 번역.

17  'kukkucca'의 번역.

마음속에 의심(疑心)[18]이 있으면, '나의 마음속에 의심이 있다'라고 알아차리고, 의심이 없으면, '나의 마음속에 의심이 없다'라고 알아차린다오. 발생하지 않았던 의심이 어떻게 발생하는지를 알아차리고, 발생한 의심이 어떻게 소멸하는지를 알아차리고, 소멸한 의심이 어떻게 미래에 발생하지 않는지를 알아차린다오.

이와 같이 안으로 법을 관찰하면서 법에 머물고, 밖으로 법을 관찰하면서 법에 머물고, 안과 밖으로 법을 관찰하면서 법에 머문다오. 모여서 나타나는 법(法)을 관찰하면서 법에 머물고, 소멸하는 법을 관찰하면서 법에 머물고, 모여서 나타나고 소멸하는 법을 관찰하면서 법에 머문다오. 그러면 단지 알아차릴 정도로만, 단지 주의집중을 할 수 있을 정도로만, '법이 있다'라고 생각하는 주의집중이 일어난다오. 그는 의존하지 않고 머물며, 세간에서 어떤 것도 취하지 않는다오. 비구들이여, 이와 같이 비구는 법(法)을 관찰하면서 다섯 가지 번뇌(煩惱) 법(法)에 머문다오.

▌14. ▐　비구들이여, 다음으로 비구는 법을 관찰하면서 5취온(五取蘊)[19]법에 머문다오. 비구들이여, 비구는 어떻게 법을 관찰하면서 5취온 법에 머무는가?

비구들이여, 비구는 '이것은 색(色)[20]이다, 이것은 색의 집(集)[21]이

18　'vicikiccha'의 번역. 확신하지 못하고 주저함.

19　'pañca-upādānakkhandha'의 번역.

20　'rūpa'의 번역.

21　'samudaya'의 번역.

다, 이것은 색의 멸(滅)[22]이다, 이것은 수(受)[23]이다, 이것은 수의 집(集)이다, 이것은 수의 멸(滅)이다, 이것은 상(想)[24]이다, 이것은 상의 집(集)이다, 이것은 상의 멸(滅)이다, 이것은 행(行)[25]이다, 이것은 행의 집(集)이다, 이것은 행의 멸(滅)이다, 이것은 식(識)[26]이다, 이것은 식의 집(集)이다, 이것은 식의 멸(滅)이다.' 이와 같이 안으로 법을 관찰하면서 법에 머물고, 밖으로 법을 관찰하면서 법에 머물고, 안과 밖으로 법을 관찰하면서 법에 머문다오. 모여서 나타나는 법(法)을 관찰하면서 법에 머물고, 소멸하는 법을 관찰하면서 법에 머물고, 모여서 나타나고 소멸하는 법을 관찰하면서 법에 머문다오. 그러면 단지 알아차릴 정도로만, 단지 주의집중을 할 수 있을 정도로만, '법이 있다'라고 생각하는 주의집중이 일어난다오. 그는 의존하지 않고 머물며, 세간에서 어떤 것도 취하지 않는다오. 비구들이여, 이와 같이 비구는 법(法)을 관찰하면서 5취온(五取蘊) 법에 머문다오.

**15.** 비구들이여, 다음으로 비구는 법을 관찰하면서 여섯 가지 내외입처[六內外入處][27] 법에 머문다오.

비구들이여, 비구는 어떻게 법을 관찰하면서 육내외입처(六內外入處) 법에 머무는가?

---

22 'atthagama'의 번역.

23 'vedanā'의 번역.

24 'saññā'의 번역.

25 'saṃkhārā'의 번역.

26 'viññāṇa'의 번역.

27 'cha ajjhattika–bāhira āyatana'의 번역. 12입처(入處)를 의미함.

비구는 보는 나[眼][28]를 알아차리고, 보이는 형색들[色][29]을 알아차리고, 그 둘을 의지하여 결박(結縛)[30]이 발생하는 것을 알아차린다오. 발생하지 않았던 결박이 어떻게 발생하는지를 알아차리고, 발생한 결박이 어떻게 소멸하는지를 알아차리고, 소멸한 결박이 어떻게 미래에 발생하지 않는지를 알아차린다오.[31]

듣는 나[耳]를 알아차리고, 들리는 소리들[聲]을 알아차리고, 냄새 맡는 나[鼻]를 알아차리고, 냄새들[香]을 알아차리고, 맛보는 나[舌]를 알아차리고, 맛들[味]을 알아차리고, 만지는 나[身]를 알아차리고, 만져지는 촉감들[觸]을 알아차리고, 의식하는 나[意]를 알아차리고, 의식되

---

28 'cakkhu'의 번역. '눈'으로 번역하지 않고 '보는 나[眼]'로 번역한 것은 'cakkhu'가 얼굴에 붙어있는 '눈'을 의미하는 것이 아니기 때문이다. 근(根, indriya)으로서의 'cakkhu'는 '시각활동'을 의미하는데, 여기에서 관찰되는 것은 입처(入處, āyatana)로서의 'cakkhu'이기 때문에 '시각활동'이라고 할 수 없다. 입처(入處, āyatana)는 '자아가 머무는 장소'라는 의미이므로 입처(入處, āyatana)로서의 'cakkhu'는 '시각활동을 하는 자아(自我)'를 의미한다. 따라서 '보는 나'로 번역했다. 이(耳, sota), 비(鼻, ghāna), 설(舌, jivhā), 신(身, kāya), 의(意, mano)도 마찬가지다.

29 'rūpe'의 번역. 복수(複數)형이 사용되고 있음에 주의할 것.

30 'saṃyojana'의 번역.

31 육내외입처(六內外入處)는 중생이 자아의식을 가지고 지각활동(知覺活動)을 할 때 내외(內外)로 대립하게 되는 지각 구조이다. 우리는 지각활동을 할 때 지각하는 자아(주관)와 지각되는 대상(객관)이 독자적으로 대립하고 있다고 생각한다. 자아는 몸 안에 있고, 대상은 몸 밖에 있다고 생각하는 것이다. 육내외입처(六內外入處)는 이것을 의미한다. 따라서 육내외입처(六內外入處)에 대한 관찰은 이러한 중생의 지각활동에 대한 관찰을 의미한다. 우리는 몸 안에 있는 자아가 눈을 통해서 밖에 있는 대상을 본다고 생각한다. 그때 대상에 대하여 욕탐(欲貪)이 생기게 되는데, 이 욕탐이 결박(結縛)이다. 욕탐이라는 결박은 몸 안의 자아가 몸 밖의 대상에 대하여 일으킨 것인데, 사실은 몸 안에는 지각활동을 하는 자아가 없고, 몸 밖에는 지각활동과 무관한 대상이 없다. 이러한 사실의 자각을 통해서 욕탐이라는 결박은 소멸하고 다시는 발생하지 않게 된다.

는 법(法)들을 알아차리고, 그 둘을 의지하여 결박(結縛)이 발생하는 것을 알아차린다오. 발생하지 않았던 결박이 어떻게 발생하는지를 알아차리고, 발생한 결박이 어떻게 소멸하는지를 알아차리고, 소멸한 결박이 어떻게 미래에 발생하지 않는지를 알아차린다오.

이와 같이 안으로 법을 관찰하면서 법에 머물고, 밖으로 법을 관찰하면서 법에 머물고, 안과 밖으로 법을 관찰하면서 법에 머문다오. 모여서 나타나는 법(法)을 관찰하면서 법에 머물고, 소멸하는 법을 관찰하면서 법에 머물고, 모여서 나타나고 소멸하는 법을 관찰하면서 법에 머문다오. 그러면 단지 알아차릴 정도로만, 단지 주의집중을 할 수 있을 정도로만, '법이 있다'라고 생각하는 주의집중이 일어난다오. 그는 의존하지 않고 머물며, 세간에서 어떤 것도 취하지 않는다오. 비구들이여, 이와 같이 비구는 법을 관찰하면서 육내외입처(六內外入處) 법에 머문다오.

**┃16. ┃** 비구들이여, 다음으로 비구는 법을 관찰하면서 7각지(七覺支)[32] 법에 머문다오. 비구들이여, 비구는 어떻게 법을 관찰하면서 7각지 법에 머무는가?

비구들이여, 비구는 마음속에 염각지(念覺支)[33]가 있으면, '내 마음속에 염각지가 있다'라고 알아차리고, 마음속에 염각지(念覺支)가 없으면, '내 마음속에 염각지가 없다'라고 알아차린다오. 발생하지 않았던 염각지가 어떻게 발생하는지 알아차리고, 발생한 염각지의 수습(修習)

---

32 'satta bojjhaṅga'의 번역.

33 'sati-sambojjhaṅga'의 번역.

이 어떻게 실행되는지 알아차린다오.

마음속에 택법각지(擇法覺支)[34]가 있으면, (중략)

마음속에 정진각지(精進覺支)[35]가 있으면, (중략)

마음속에 희각지(喜覺支)[36]가 있으면, (중략)

마음속에 경안각지(輕安覺支)[37]가 있으면, (중략)

마음속에 정각지(定覺支)[38]가 있으면, (중략)

마음속에 사각지(捨覺支)[39]가 있으면, '내 마음속에 사각지(捨覺支)가 있다'라고 알아차리고, 마음속에 사각지 없으면, '내 마음속에 사각지가 없다'라고 알아차린다오. 발생하지 않았던 사각지가 어떻게 발생하는지 알아차리고, 발생한 사각지의 수습(修習)이 어떻게 실행되는지 알아차린다오.

**❙17. ❙** 비구들이여, 다음으로 비구는 법을 관찰하면서 4성제(四聖諦) 법에 머문다오.

비구들이여, 비구는 어떻게 법을 관찰하면서 4성제 법에 머무는가?

비구들이여, 비구는 '이것이 괴로움[苦]이다'라고 여실하게 알아차리고, '이것이 괴로움[苦]의 집(集)이다'라고 여실하게 알아차리고, '이것이 괴로움[苦]의 소멸[滅]이다'라고 여실하게 알아차리고, '이것이 괴

---

34 'dhamma-vicaya-sambojjhaṅga'의 번역.

35 'viriya-sambojjhaṅga'의 번역.

36 'pīti-sambojjhaṅga'의 번역.

37 'passaddhi-sambojjhaṅga'의 번역.

38 'samādhi-sambojjhaṅga'의 번역.

39 'upekhā-sambojjhaṅga'의 번역.

로움[苦]의 소멸[滅]에 이르는 길[道]이다'라고 여실하게 알아차린다오.

**18.** 비구들이여, 고성제(苦聖諦)란 어떤 것인가? 태어남[生]은 괴롭고, 늙음[老]은 괴롭고, 병(病)은 괴롭고, 죽음[死]은 괴롭고, 슬픔, 비탄, 고통, 근심, 불안은 괴롭고, 원하는 것을 얻지 못하는 것은 괴롭다오. 한마디로 말해서, 5취온(五取蘊)은 괴롭다오.

비구들이여, 태어남[生]이란 어떤 것인가? 이런저런 중생이 이런저런 중생의 부류 속에 태어남, 탄생, 출현, 출생, 온(蘊)[40]들의 현현(顯現),[41] 입처(入處)[42]들의 획득(獲得),[43] 비구들이여, 이것을 태어남이라고 한다오.

비구들이여, 늙음[老]이란 어떤 것인가? 이런저런 중생이 이런저런 중생의 부류 속에서 늙음, 노쇠함, 이가 빠지고 백발이 됨, 피부가 주름짐, 수명이 짧아짐, 감각기능[根][44]들의 쇠퇴, 비구들이여, 이것을 늙음이라고 한다오.

비구들이여, 죽음[死]이란 어떤 것인가? 이런저런 중생이 이런저런 중생의 부류에서 사라짐, 소멸함, 파괴됨, 소실됨, 사망함, 죽음, 종말, 온(蘊)들이 파괴됨, 시체를 매장함, 비구들이여, 이것을 죽음이라고

---

40 'khandha'의 번역.

41 'pātu-bhāva'의 번역. 볼 수 있는 상태로 되는 것을 의미한다. 온(蘊)들의 현현(顯現)이란 5온(五蘊)이 자아(自我)의 형태로 모습을 드러내는 것을 의미한다.

42 'āyatana'의 번역.

43 'paṭilābha'의 번역. 입처(入處)들의 획득(獲得)이란 즉 지각활동을 하는 자아의식(六入處)을 갖게 되는 것을 의미한다.

44 'indriya'의 번역.

한다오.

비구들이여, 슬픔[45]이란 어떤 것인가? 비구들이여, 다양한 불행에 따르는, 다양한 괴로움을 겪음으로써 생긴 슬픔, 시름, 비통, 마음속의 슬픔, 마음속의 큰 슬픔, 비구들이여, 이것을 슬픔이라고 한다오.

비구들이여, 비탄(悲嘆)[46]이란 어떤 것인가? 비구들이여, 다양한 불행에 따르는, 다양한 괴로움을 겪음으로써 생긴 한탄, 비탄, 비읍(悲泣), 통곡(慟哭), 비구들이여, 이것을 비탄이라고 한다오.

비구들이여, 괴로움[47]이란 어떤 것인가? 비구들이여, 신체적인 괴로움, 신체적인 불쾌함, 신체적인 경험에서 생긴 괴롭고 불쾌한 감정, 비구들이여, 이것을 고통이라고 한다오.

비구들이여, 근심[48]이란 어떤 것인가? 비구들이여, 심적(心的)인 괴로움, 심적인 불쾌함, 심적인 경험에서 생긴 괴롭고 불쾌한 감정, 비구들이여, 이것을 근심이라고 한다오.

비구들이여, 불안(不安)[49]이란 어떤 것인가? 비구들이여, 다양한 불행에 따르는, 다양한 괴로움을 겪음으로써 생긴 초조(焦燥), 불안, 걱정, 절망, 비구들이여, 이것을 불안이라고 한다오.

비구들이여, '원하는 것을 얻지 못하는 것은 괴롭다'는 것은 어떤

---

45  'soka'의 번역.

46  'parideva'의 번역.

47  'dukkha'의 번역.

48  'domanassa'의 번역.

49  'upāyāsa'의 번역.

것인가? 비구들이여, 태어나는 중생에게[50] '아아! 제발 우리가 태어나는 일이 없으면 좋으련만. 제발 우리에게 태어나는 일이 일어나지 않으면 좋으련만!'하는 소망이 생긴다오. 그런데 이 소망이 이루어지지 않게 된다면, 이와 같이 원하는 것을 얻지 못하는 것은 괴롭다오. 비구들이여, 늙어가는 중생에게, 죽어가는 중생에게, 슬퍼하고, 비탄에 빠지고, 고통받고, 근심하고, 불안한 중생에게 '아아! 제발 우리가 슬퍼하고 비탄에 빠지고, 고통받고, 근심하고 불안해하는 일이 없으면 좋으련만. 제발 우리에게 이런 일이 일어나지 않으면 좋으련만!'하는 소망이 생긴다오. 그런데 이 소망이 이루어지지 않게 된다면, 이와 같이 원하는 것을 얻지 못하는 것은 괴롭다오.

비구들이여, '한마디로 말해서 5취온(五取蘊)은 괴롭다'는 것은 어떤 것인가? 색취온(色取蘊), 수취온(受取蘊), 상취온(想取蘊), 행취온(行取蘊), 식취온(識取蘊), 비구들이여, 이것들을 '한마디로 말해서 5취온은 괴롭다'고 하는 것이라오.

비구들이여, 이것을 고성제(苦聖諦)라고 한다오.

▌**19.** ▌ 비구들이여, 고집성제(苦集聖諦)란 어떤 것인가? 그것은 다시 존재하게 하는 것으로서, 좋아하고 탐착하며 이것저것을 애락(愛樂)하는 갈애(渴愛),[51] 즉 욕애(欲愛),[52] 유애(有愛),[53] 무유애(無有愛)[54]라오.

---

50  'jāti-dhammānaṃ sattānaṃ'의 번역.

51  'taṇhā'의 번역.

52  'kāma-taṇhā'의 번역.

53  'bhava-taṇhā'의 번역.

54  'vibhava-taṇhā'의 번역.

비구들이여, 그 갈애는 어디에서 발생하고 있으며, 어디에 안주(安住)하고 있는가? 세간(世間)에 있는 사랑스러운 형색[色],[55] 기쁨을 주는 형색, 거기에서 그 갈애는 발생하고 있으며, 거기에 안주하고 있다오.

어떤 것이 세간에 있는 사랑스러운 형색, 기쁨을 주는 형색인가? 보는 나[眼][56]가 세간에 있는 사랑스러운 형색, 기쁨을 주는 형색이라오. 거기에서 그 갈애는 발생하고 있고, 거기에 안주하고 있다오.

듣는 나[耳],[57] 냄새 맡는 나[鼻],[58] 맛보는 나[舌],[59] 만지는 나[身],[60] 의식하는 나[意][61]가 세간에 있는 사랑스러운 형색, 기쁨을 주는 형색이라오. 거기에서 그 갈애는 발생하고 있고, 거기에 안주하고 있다오.

보이는 형색들이[色],[62] 들리는 소리들이[聲],[63] 냄새들이[香],[64] 맛들[味]이,[65] 촉감들[觸]이,[66] 의식되는 법(法)들[67]이 세간에 있는 사랑스러운 형색, 기쁨을 주는 형색이라오. 거기에서 그 갈애는 발생하고 있

---

55  'rūpa'의 번역.

56  'cakkhu'의 번역. 안입처(眼入處)를 의미한다.

57  'sota'의 번역.

58  'ghāna'의 번역.

59  'jivhā'의 번역.

60  'kāya'의 번역.

61  'mano'의 번역.

62  'rūpā'의 번역.

63  'saddā'의 번역.

고, 거기에 안주하고 있다오.

안식(眼識)[68]이, 이식(耳識)[69]이, 비식(鼻識)[70]이, 설식(舌識)[71]이, 신식(身識)[72]이, 의식(意識)[73]이 세간에 있는 사랑스러운 형색, 기쁨을 주는 형색이라오. 거기에서 그 갈애는 발생하고 있고, 거기에 안주하고 있다오.

안촉(眼觸)[74]이, 이촉(耳觸)이, 비촉(鼻觸)이, 설촉(舌觸)이, 신촉(身觸)이, 의촉(意觸)이 세간에 있는 사랑스러운 형색, 기쁨을 주는 형색이라오. 거기에서 그 갈애는 발생하고 있고, 거기에 안주하고 있다오.

안촉에서 생긴 감정[受, vedanā][75]이, 이촉에서 생긴 감정이, 비촉에서 생긴 감정이, 설촉에서 생긴 감정이, 신촉에서 생긴 감정이, 의촉에서 생긴 감정이 세간에 있는 사랑스러운 형색, 기쁨을 주는 형색이라오. 거기에서 그 갈애는 발생하고 있고, 거기에 안주하고 있다오.

---

64  'ghandhā'의 번역.

65  'rasā'의 번역.

66  'phoṭṭhabhā'의 번역.

67  'dhammā'의 번역.

68  'cakkhu-viññāṇaṃ'의 번역.

69  'sota-viññāṇaṃ'의 번역.

70  'ghāna-viññāṇaṃ'의 번역.

71  'jivhā-viññāṇaṃ'의 번역.

72  'kāya-viññāṇaṃ'의 번역.

73  'mano-viññāṇaṃ'의 번역.

74  'cakkhu-samphasso'의 번역.

75  'vedanā'의 번역.

보이는 형색에 대한 관념[色想]<sup>76</sup>이, 들리는 소리에 대한 관념[聲想]이, 냄새에 대한 관념[香想]이, 맛에 대한 관념[味想]이, 촉감에 대한 관념[觸想]이, 의식되는 법에 대한 관념[法想]<sup>77</sup>이 세간에 있는 사랑스러운 형색, 기쁨을 주는 형색이라오. 거기에서 그 갈애는 발생하고 있고, 거기에 안주하고 있다오.

보이는 형색에 대한 의욕[色思]<sup>78</sup>이, 들리는 소리에 대한 의욕[聲思]이, 냄새에 대한 의욕[香思]이, 맛에 대한 의욕[味思]이, 촉감에 대한 의욕[觸思]이, 의식되는 법에 대한 의욕[法思]이 세간에 있는 사랑스러운 형색, 기쁨을 주는 형색이라오. 거기에서 그 갈애는 발생하고 있고, 거기에 안주하고 있다오.

보이는 형색에 대한 갈애[色愛]<sup>79</sup>가, 들리는 소리에 대한 갈애[聲愛]가, 냄새에 대한 갈애[香愛]가, 맛에 대한 갈애[味愛]가, 촉감에 대한 갈애[觸愛]가, 법에 대한 갈애[法愛]가 세간에 있는 사랑스러운 형색, 기쁨을 주는 형색이라오. 거기에서 그 갈애는 발생하고 있고, 거기에 안주하고 있다오.

보이는 형색에 대한 사유(思惟)<sup>80</sup>가, 들리는 소리에 대한 사유가, 냄새에 대한 사유가, 맛에 대한 사유가, 촉감에 대한 사유가, 의식되는 법에 대한 사유가 세간에 있는 사랑스러운 형색, 기쁨을 주는 형색이라

---

76  'rūpa-saññā'의 번역.

77  'dhamma-saññā'의 번역. 지각 대상에 대한 관념을 의미한다.

78  'rūpa-sañcetanā'

79  'rūpa-taṇhā'의 번역.

80  'rūpa-vitakka'의 번역.

오. 거기에서 그 갈애는 발생하고 있고, 거기에 안주하고 있다오.

보이는 형색에 대한 숙고(熟考)[81]가, 들리는 소리에 대한 숙고가, 냄새에 대한 숙고가, 맛에 대한 숙고가, 촉감에 대한 숙고가, 의식되는 법에 대한 숙고가 세간에 있는 사랑스러운 형색, 기쁨을 주는 형색이라오. 거기에서 그 갈애는 발생하고 있고, 거기에 안주하고 있다오.

비구들이여, 이것을 고집성제(苦集聖諦)라고 한다오.

**| 20. |** 비구들이여, 고멸성제(苦滅聖諦)란 어떤 것인가?

그것은 그 갈애(渴愛)가 남김없이 사라지고, 소멸하는 것이며, 그 갈애를 버리는 것이며, 포기하는 것이며, 그 갈애에서 벗어나는 것이며, 그 갈애를 염리(厭離)하는 것이라오.

비구들이여, 그 갈애는 어디에서 소멸(消滅)하고 있고, 어디에서 지멸(止滅)하고 있는가?

세간(世間)에 있는 사랑스러운 형색, 기쁨을 주는 형색, 거기에서 그 갈애는 소멸하고 있으며, 거기에서 지멸하고 있다오.

어떤 것이 세간에 있는 사랑스러운 형색, 기쁨을 주는 형색인가? 보는 나[眼]가 세간에 있는 사랑스러운 형색, 기쁨을 주는 형색이라오. 거기에서 그 갈애는 소멸하고 있고, 거기에서 지멸하고 있다오.

듣는 나[耳], 냄새 맡는 나[鼻], 맛보는 나[舌], 만지는 나[身], 의식하는 나[意]가 세간에 있는 사랑스러운 형색, 기쁨을 주는 형색이라오. 거기에서 그 갈애는 소멸하고 있고, 거기에서 지멸하고 있다오.

보이는 형색[色]들이, 들리는 소리[聲]들이, 냄새[香]들이, 맛[味]들

---

81  'rūpa-vicāro'의 번역.

이, 촉감[觸]들이, 의식되는 법(法)들이 세간에 있는 사랑스러운 형색, 기쁨을 주는 형색이라오. 거기에서 그 갈애는 소멸하고 있고, 거기에서 지멸하고 있다오.

안식(眼識)이, 이식(耳識)이, 비식(鼻識)이, 설식(舌識)이, 신식(身識)이, 의식(意識)이 세간에 있는 사랑스러운 형색, 기쁨을 주는 형색이라오. 거기에서 그 갈애는 소멸하고 있고, 거기에서 지멸하고 있다오.

안촉(眼觸)이, 이촉(耳觸)이, 비촉(鼻觸)이, 설촉(舌觸)이, 신촉(身觸)이, 의촉(意觸)이 세간에 있는 사랑스러운 형색, 기쁨을 주는 형색이라오. 거기에서 그 갈애는 소멸하고 있고, 거기에서 지멸하고 있다오.

안촉(眼觸)에서 생긴 감정[受]이, 이촉(耳觸)에서 생긴 감정[受]이, 비촉(鼻觸)에서 생긴 감정[受]이, 설촉(舌觸)에서 생긴 감정[受]이, 신촉(身觸)에서 생긴 감정[受]이, 의촉(意觸)에서 생긴 감정[受]이 세간에 있는 사랑스러운 형색, 기쁨을 주는 형색이라오. 거기에서 그 갈애는 소멸하고 있고, 거기에서 지멸하고 있다오.

보이는 형색에 대한 관념[色想]이, 들리는 소리에 대한 관념[聲想]이, 냄새에 대한 관념[香想]이, 맛에 대한 관념[味想]이, 촉감에 대한 관념[觸想]이, 법에 대한 관념[法想][82]이 세간에 있는 사랑스러운 형색, 기쁨을 주는 형색이라오. 거기에서 그 갈애는 소멸하고 있고, 거기에서 지멸하고 있다오.

보이는 형색에 대한 의욕[色思]이, 들리는 소리에 대한 의욕[聲思]이, 냄새에 대한 의욕[香思]이, 맛에 대한 의욕[味思]이, 촉감에 대한 의

---

82  지각 대상에 대한 관념을 의미한다.

욕[觸思]이, 의식되는 법에 대한 의욕[法思]이 세간에 있는 사랑스러운 형색, 기쁨을 주는 형색이라오. 거기에서 그 갈애는 소멸하고 있고, 거기에서 지멸하고 있다오.

보이는 형색에 대한 갈애[色愛]가, 들리는 소리에 대한 갈애[聲愛]가, 냄새에 대한 갈애[香愛]가, 맛에 대한 갈애[味愛]가, 촉감에 대한 갈애[觸愛]가, 의식되는 법에 대한 갈애[法愛]가 세간에 있는 사랑스러운 형색, 기쁨을 주는 형색이라오. 거기에서 그 갈애는 소멸하고 있고, 거기에서 지멸하고 있다오.

보이는 형색에 대한 사유(思惟)가, 들리는 소리에 대한 사유가, 냄새에 대한 사유가, 맛에 대한 사유가, 촉감에 대한 사유가, 의식되는 법에 대한 사유가 세간에 있는 사랑스러운 형색, 기쁨을 주는 형색이라오. 거기에서 그 갈애는 소멸하고 있고, 거기에서 지멸하고 있다오.

보이는 형색에 대한 숙고(熟考)가, 들리는 소리에 대한 숙고가, 냄새에 대한 숙고가, 맛에 대한 숙고가, 촉감에 대한 숙고가, 법에 대한 숙고가 세간에 있는 사랑스러운 형색, 기쁨을 주는 형색이라오. 거기에서 그 갈애는 소멸하고 있고, 거기에서 지멸하고 있다오.

비구들이여, 이것을 고멸성제(苦滅聖諦)라고 한다오.

**21.** 비구들이여, 고멸도성제(苦滅道聖諦)란 어떤 것인가?

그것은 성자(聖者)의 8정도(八正道), 즉 정견(正見),[83] 정사(正思),[84]

---

83 'sammā-diṭṭhi'의 번역.

84 'sammā-saṅkappo'의 번역. 바른 목적이나 의도를 의미한다.

정어(正語),[85] 정업(正業),[86] 정명(正命),[87] 정정진(正精進),[88] 정념(正念),[89] 정정(正定)[90]이라오.

비구들이여, 정견(正見)이란 어떤 것인가?

비구들이여, 괴로움[苦]에 대하여 알고, 괴로움의 집[苦集]에 대하여 알고, 괴로움의 소멸[苦滅]에 대하여 알고, 괴로움을 소멸하는 길[苦滅道]에 대하여 아는 것, 비구들이여, 이것을 정견이라고 한다오.

비구들이여, 정사(正思)란 어떤 것인가?

욕망에서 벗어나려는[出離] 생각,[91] 화내지 않으려는[無恚] 생각,[92] 해치지 않으려는[非暴力] 생각,[93] 비구들이여, 이것을 정사라고 한다오.

비구들이여, 정어(正語)란 어떤 것인가?

거짓말 안 하기[不妄語],[94] 이간질 안 하기[不兩舌],[95] 욕설 안 하기[不

---

85  'sammā-vācā'의 번역.

86  'sammā-kammanta'의 번역.

87  'sammā-ājīva'의 번역. 바른 생활이나 직업을 의미함.

88  'sammā-vāyāma'의 번역.

89  'sammā-sati'의 번역.

90  'sammā-samādhi'의 번역.

91  'nekkhamma-saṅkappa'의 번역.

92  'avyāpāda-saṅkappa'의 번역.

93  'avihiṃsa-saṅkappa'의 번역.

94  'musā-vadā veramaṇī'의 번역.

95  'pisuṇāya vācāya veramaṇī'의 번역.

惡口],96 쓸데없는 잡담 안 하기[不綺語],97 비구들이여, 이것을 정어라고
한다오.

비구들이여, 정업(正業)이란 어떤 것인가?

생명 죽이지 않기[不殺生],98 주지 않는 것 훔치지 않기[不偸盜],99 삿
된 음행(淫行) 하지 않기[不邪淫],100 비구들이여, 이것을 정업이라고 한
다오.

비구들이여, 정명(正命)이란 어떤 것인가?

비구들이여, 성자의 제자101는 삿된 생업(生業)102을 버리고 바른 생
업103으로 살아간다오. 비구들이여, 이것을 정명이라고 한다오.

비구들이여, 정정진(正精進)이란 어떤 것인가?

비구들이여, 비구는 발생하지 않은 사악하고 옳지 못한 법[惡不善
法]들104은 생기지 않도록 의욕을 일으키고, 힘쓰고, 정진하고, 마음을
다잡고, 노력한다오. 발생한 사악하고 옳지 못한 법들은 버리도록 의욕
을 일으키고, 힘쓰고, 정진하고, 마음을 다잡고, 노력한다오. 발생하지

---

96 'pharusāya vācāya veramaṇī'의 번역.

97 'samphappalāpa veramaṇī'의 번역.

98 'pāṇâtipātā veramaṇī'의 번역.

99 'adinnâdānā veramaṇī'의 번역.

100 'kāmesu micchâcārā veramaṇī'의 번역.

101 'ariya-sāvaka'의 번역.

102 'micchā-āvīja'의 번역.

103 'sammā-āvījaṃ'의 번역.

104 'pāpakānaṃ akusalānaṃ dhammānaṃ'의 번역.

않은 옳은 법[善法]들[105]은 생기도록 의욕을 일으키고, 힘쓰고, 정진하고, 마음을 다잡고, 노력한다오. 발생한 옳은 법들은 머물고, 망실되지 않고, 증가하고, 충만해지고, 수습(修習)하고, 성취하도록 의욕을 일으키고, 힘쓰고, 정진하고, 마음을 다잡고, 노력한다오. 비구들이여, 이것을 정정진이라고 한다오.

비구들이여, 정념(正念)이란 어떤 것인가?

비구들이여, 비구는 몸[身]을 관찰하며 몸에 머물면서, 열심히 주의집중을 하고 알아차려 세간에서 탐욕과 불만을 제거해야 하오. 감정[受]을 관찰하며 감정에 머물면서, 열심히 주의집중을 하고 알아차려, 세간에서 탐욕과 불만을 제거해야 하오. 마음[心]을 관찰하며 마음에 머물면서, 열심히 주의집중을 하고 알아차려, 세간에서 탐욕과 불만을 제거해야 하오. 법(法)을 관찰하며 법에 머물면서, 열심히 주의집중을 하고 알아차려, 세간에서 탐욕과 불만을 제거해야 하오. 비구들이여, 이것을 정념이라고 한다오.

비구들이여, 정정(正定)이란 어떤 것인가? 비구는 욕망을 멀리하고, 불선법(不善法)을 멀리하여, 사유가 있고, 숙고가 있는, 멀리함에서 생긴 즐거움과 행복이 있는 초선(初禪)을 성취하여 살아간다오. 사유와 숙고를 억제하여, 내적으로 조용해진, 마음이 집중된, 사유와 숙고가 없는, 삼매에서 생긴 즐거움과 행복이 있는 제2선(第二禪)을 성취하여 살아간다오. 즐거움과 이욕(離欲)으로부터 초연하여 평정한 마음으로 주의집중과 알아차림을 하며 지내는 가운데 몸으로 행복을 느끼면

---

105  'kusalānaṃ dhammānaṃ'의 번역.

서, 성자들이 '평정한 주의집중을 하는 행복한 상태'라고 이야기한 제3 선(第三禪)을 성취하여 살아간다오. 행복감을 포기하고, 괴로움을 버림으로써, 이전의 만족과 불만이 소멸하여, 괴롭지도 않고 행복하지도 않은, 평정한 주의집중이 청정한 제4선(第四禪)을 성취하여 살아간다오. 비구들이여, 이것을 정정(正定)이라고 한다오. 비구들이여, 이것을 고멸도성제(苦滅道聖諦)라고 한다오.

이와 같이 안으로 법을 관찰하면서 법에 머물고, 밖으로 법을 관찰하면서 법에 머물고, 안과 밖으로 법을 관찰하면서 법에 머문다오. 모여서 나타나는 법[集法]을 관찰하면서 법에 머물고, 소멸하는 법을 관찰하면서 법에 머물고, 모여서 나타나고 소멸하는 법을 관찰하면서 법에 머문다오. 그러면 단지 알아차릴 정도로만, 단지 주의집중을 할 수 있을 정도로만, '법이 있다'고 생각하는 주의집중이 일어난다오. 그는 의존하지 않고 머물며, 세간에서 어떤 것도 취하지 않는다오. 비구들이여, 이와 같이 비구는 법을 관찰하면서 4성제(四聖諦) 법에 머문다오.

**22.** 비구들이여, 누구든지 7안거(七安居)[106] 동안 이 4념처(四念處)를 이와 같이 수행하면, 지금 여기에서 깨닫거나(阿羅漢) 유여(有餘)의 불환과(不還果), 둘 가운데 하나의 과(果)를 기대할 수 있을 것이오. 비구들이여, 그러므로 7안거 동안 지속하도록 하시오. 누구든지 6안거(六安居) 동안 4념처를 이와 같이 수행하면, … 5안거(五安居) 동안 … 4안거(四安居) 동안 … 3안거(三安居) 동안 … 2안거(二安居) 동안 … 1안거(一

---

106 'satta-vassāni'의 번역.

安居) 동안 4념처를 이와 같이 수행하면, 지금 여기에서 깨닫거나[107] 유여(有餘)의 불환과(不還果), 둘 가운데 하나의 과(果)를 기대할 수 있을 것이오. 비구들이여, 그러므로 1안거(一安居) 동안 지속하도록 하시오.

비구들이여, 누구든지 일곱 달 동안 이 4념처를 이와 같이 수행하면, 지금 여기에서 깨닫거나 유여(有餘)의 불환과(不還果), 둘 가운데 하나의 과(果)를 기대할 수 있을 것이오. 비구들이여, 그러므로 일곱 달 동안 지속하도록 하시오. 누구든지 여섯 달 동안 ⋯ 다섯 달 동안 ⋯ 넉 달 동안 ⋯ 석 달 동안 ⋯ 두 달 동안 ⋯ 한 달 동안 ⋯ 반 달 동안 이 4념처를 이와 같이 수행하면, 지금 여기에서 깨닫거나 유여(有餘)의 불환과(不還果), 둘 가운데 하나의 과(果)를 기대할 수 있을 것이오. 비구들이여, 그러므로 반 달 동안 지속하도록 하시오.

비구들이여, 누구든지 칠일(七日) 동안 이 4념처를 이와 같이 수행하면, 지금 여기에서 깨닫거나 유여(有餘)의 불환과(不還果), 둘 가운데 하나의 과(果)를 기대할 수 있을 것이오.

비구들이여, '중생이 근심과 슬픔을 극복하고, 괴로움과 불만을 소멸하는 방법을 터득하여 열반을 자증(自證)할 수 있는 유일한 청정한 길은 오로지 네 가지 주의집중[四念處] 뿐이다'라고 내가 말한 것은 이런 이유에서 그런 것이오."

이와 같이 말씀하시자, 그 비구들은 세존의 말씀에 기뻐하고, 환희했습니다.

---

107 아라한(阿羅漢)이 되는 것을 의미함.

# 전륜성왕사자후경
## 轉輪聖王獅子吼經[1]

Cakkavatti-Sīhanāda Sutta 26

해
제

짜까와띠(Cakkavatti)는 '수레바퀴를 돌리는 자'라는 뜻으로서 전륜성왕(轉輪聖王)을 의미하고, 씨하나다(Sīhanāda)는 '사자의 울음소리', 즉 사자후(獅子吼)를 의미한다. 따라서 이 경의 이름을 번역하면 「전륜성왕사자후경(轉輪聖王獅子吼經)」이다.

전륜성왕(轉輪聖王)은 불법(佛法)으로 나라를 다스리는, 불교에서 이상으로 삼는 왕이다. 이 경은 전륜성왕은 어떻게 나라를 다스리는지에 대하여 이야기하고 있다. 따라서 이 경은 불교의 정치사상을 보여주고 있다. 정치를 잘못하면 인간이 타락하고, 인간이 타락한 사회는 결국 투쟁과 살육(殺戮)이 만연하는 도병겁(刀兵劫)의 재앙을 맞이하게 된다고 이야기하는 이 경은 마치 인류의 역사를 예견이라도 한 것 같은 생각이 들게 한다.

인간의 타락이 극에 이르러 도병겁이 되면, 사람들은 모두가 적이 되어 서로를 죽이는 시대가 된다. 그리고 이 시대에는 부도덕한 욕망, 터무니없는 욕심, 삿된 윤리가 만연하여 부모를 공경하지 않고, 사문을 공경하지 않고, 바라문을 공경하지 않고, 집안 어른을 공경하지 않는 자들이 존경받고, 칭찬받게 된다.

도병겁은 영국의 철학자 토마스 홉스(Thomas Hobbes)가 이야기한 '만인에 의한 만인의 투쟁'을 연상케 하는 시대이다. 우리는 실로 이러한 시대에 살고 있다. 그 결과 오늘의 우리 사회는 도병겁과 다름없는 시대

---

01 『디가 니까야(Dīgha-Nikāya)』의 제26경이며, 『장아함경(長阿含經)』의 6번째 경인 「전륜성왕수행경(轉輪聖王修行經)」에 상응하는 경. 원어의 의미에 따라 「전륜성왕사자후경(轉輪聖王獅子吼經)」으로 번역함.

가 되었다. 이경은 이러한 현실에 희망의 메시지를 전하고 있다. 도병겁의 시기에 살육을 싫어하는 사람들이 살아남아서 새로운 세계를 건설하면 미륵불(彌勒佛)이 출현하여 인류를 제도한다는 것이다. 미륵신앙은 대승불교에서 출현하지만, 그 근거는 이 경이다.

◑

**1.** 이와 같이 나는 들었습니다.

　한때 세존께서는 마가다의 마뚤라(Mātulā)에 머무셨습니다. 그때 세존께서 "비구들이여!" 하고 비구들을 불렀습니다. 그 비구들은 "예, 세존이시여!"라고 세존에게 대답했습니다.

　세존께서 말씀하셨습니다.

　"비구들이여, 자신을 등불로 삼고, 자신을 귀의처로 삼고, 다른 사람을 귀의처로 삼지 마시오. 가르침을 등불로 삼고, 가르침을 귀의처로 삼고, 다른 것을 귀의처로 삼지 마시오. 비구들이여, 비구가 자신을 등불로 삼고, 자신을 귀의처로 삼고, 다른 사람을 귀의처로 삼지 않으며, 가르침을 등불로 삼고, 가르침을 귀의처로 삼고, 다른 것을 귀의처로 삼지 않고 살아간다는 것은 어떤 것인가? 비구들이여, 비구는 몸[身]을 관찰하며 몸에 머물면서, 열심히 주의집중을 하고 알아차려 세간에 대한 탐욕과 불만을 제거해야 하오. 감정[受]을 관찰하며 감정에 머물면서, 열심히 주의집중을 하고 알아차려, 세간에 대한 탐욕과 불만을 제거해야 하오. 마음[心]을 관찰하며 마음에 머물면서, 열심히 주의집중을 하고 알아차려, 세간에 대한 탐욕과 불만을 제거해야 하오. 법(法)을 관찰하며 법에 머물면서, 열심히 주의집중을 하고 알아차려, 세간에 대한 탐욕과 불만을 제거해야 하오. 비구들이여, 이와 같이 하는 것이 비구가 자신을 등불로 삼고, 자신을 귀의처로 삼고, 다른 사람을 귀의처로 삼지 않으며, 가르침을 등불로 삼고, 가르침을 귀의처로 삼고, 다른 것을 귀의처로 삼지 않고 살아가는 것이오. 비구들이여, 이와 같이 자신의 고향에서 수행하시오.[02] 자신의 고향에서 수행하면, 마라는 접근할 수 없고 상대할 수 없을 것이오.[03] 비구들이여, 이와 같이 선법(善法)을 수지(受持)하면 공덕(功德)이 늘어날 것이오.

**2.** 비구들이여, 옛날에 여법(如法)한 법왕(法王)으로서 칠보(七寶)를 구족하고 사방을 정복하여 나라를 안정시킨 달하네미(Daḷhanemi)라

---

02  'gocare bhikkhave caratha sake pettike visaye'의 번역. 'gocara'는 소(go)가 활동하는 범위를 의미하는 말로서 목장을 의미한다. 그리고 'saka pettika visaya'는 문자 그대로는 '자신의 아버지의 영역'이다. 'visaya'는 6근(六根)의 대상인 6경(六境)의 경(境)에 해당하는 말로서, 감각이나 지각의 대상을 의미한다. 예를 들면 안(眼)은 근(根, indriya)이고 색(色)은 경(境, visaya)이다. 여기에서 'gocare'와 'sake pettike visaye'는 처격(處格)으로서 동격(同格)이며 2인칭 복수 기원법 'caratha(가라, 행하라)'의 대상이다. 따라서 문자 그대로 해석하면, '자신의 아버지의 영역을 활동범위로 하여 그곳에서 행하라!'이다. 여기에서 이야기하는 'saka pettika visaya'는 4념처(四念處) 수행의 대상, 즉 자신의 身, 受, 心, 法을 의미한다. 우리의 마음을 외부로 향하지 않고, 자신의 내면으로 향하여 몸과 마음을 살피는 것이 4념처 수행이다. 이것을 이 경에서는 고향을 떠나 타향을 떠돌던 나그네가 아버지의 땅, 고향으로 돌아오는 것에 비유하고 있다.

03  소가 목장 안에서 돌아다니면 맹수들이 접근할 수 없듯이, 수행자가 자신의 내면을 잘 살피면 죽음의 신 마라가 접근할 수 없다는 의미이다.

는 전륜성왕(轉輪聖王)이 있었다오. 그에게는 금륜보(金輪寶),[04] 백상보(白象寶),[05] 감마보(紺馬寶),[06] 신주보(神珠寶),[07] 옥녀보(玉女寶),[08] 거사보(居士寶),[09] 주병보(主兵寶)[10] 등의 칠보(七寶)가 있었다오. 그리고 그에게는 영웅적으로 적군을 정복하는 천 명이 넘는 용감한 아들이 있었다오. 그는 바다에 이르는[11] 대지(大地)를 몽둥이나 칼을 사용하지 않고, 법(法)[12]으로 정복하여 다스렸다오.

**▮ 3. ▮** 비구들이여, 수백, 수천 년이 지난 후에 달하네미왕이 어떤 하인에게 '여봐라! 그대는 천상의 금륜보(金輪寶)가 뒤로 물러나 자리에서 벗어난 것을 발견하면 나에게 알려라'고 분부했다오.

비구들이여, 그 사람은 '그렇게 하겠나이다. 대왕이시여!'라고 달하네미왕에게 대답했다오.

비구들이여, 그런데 그 하인은 수백, 수천 년이 지난 후에 천상의 금륜보(金輪寶)가 뒤로 물러나, 자리에서 벗어난 것을 보았다오. 그는 그것을 보고 나서 달하네미왕을 찾아가 이렇게 말했다오.

---

04  'cakka-ratana'의 번역.

05  'hatthi-ratana'의 번역.

06  'assa-ratana'의 번역.

07  'maṇi-ratana'의 번역.

08  'itthi-ratana'의 번역.

09  'gahapati-ratana'의 번역.

10  'pariṇaya-ratana'의 번역.

11  'sāgara-pariyanta'의 번역이다. '바다를 경계로 하는'의 의미인데, 사방으로 바다에 이르기까지 다른 나라가 없다는 뜻이다. 모든 나라를 통일한 대제국을 의미한다.

12  'dhamma'의 번역.

'폐하, 아시옵소서! 천상의 금륜보가 뒤로 물러나 자리에서 벗어 났나이다.'

비구들이여, 그러자 달하네미왕은 태자(太子)를 불러서 이렇게 말 했다오.

'나의 왕자여, 지금 천상의 금륜보가 뒤로 물러나 자리에서 벗어 났다고 한다. 그런데 나는 '전륜성왕의 천상의 금륜보가 뒤로 물러나 자리에서 벗어나면, 이제 그 왕은 오래 살지 못한다'고 들었다. 나는 인 간의 욕락(欲樂)을 누렸다. 이제 천상(天上)의 욕락(欲樂)을 누리고 싶다. 왕자여, 이리 오너라! 바다에 이르는 이 대지를 네가 다스려라! 나는 머 리와 수염을 깎고, 가사와 발우를 지니고, 집을 떠나 출가해야겠다.'

비구들이여, 그래서 달하네미왕은 훌륭한 태자를 왕위에 잘 옹립 한 후에 머리와 수염을 깎고, 가사와 발우를 지니고, 집을 떠나 출가했 다오. 비구들이여, 대왕이 선인(仙人)이 되어 출가한 지 7일 만에 천상 의 금륜보가 사라졌다오.

**4.** 비구들이여, 그러자 어떤 하인이 관정(灌頂)을 한[13] 크샤트리 아 왕을 찾아가서 이렇게 말했다오.

'폐하, 아시옵소서! 천상의 금륜보가 사라졌나이다.'

비구들이여, 그 왕은 천상의 금륜보가 사라진 것에 근심하였으며 상심했다오. 그래서 그는 선인이 된 대왕을 찾아가서 이렇게 말했다오.

'폐하, 아시옵소서! 천상의 금륜보가 사라졌나이다.'

---

13　정식으로 왕위에 올랐다는 의미이다. 관정(灌頂)은 정수리에 물을 붓는 의식(儀式)으로 서, 크샤트리아가 왕위에 오를 때 행하는 의식이다.

이렇게 말하자, 선인이 된 대왕은 그 왕에게 이렇게 말했다오.

'아들아, 너는 천상의 금륜보가 사라진 것에 근심하거나 상심하지 말라. 아들아, 그 천상의 금륜보는 네 조상의 유산이 아니다. 아들아, 너는 어서 전륜성왕의 도리를 실천하도록 하여라. 네가 전륜성왕의 도리를 실천하면서 보름날 포살일(布薩日)에 머리를 감고 포살을 위하여 큰 누각 위에 올라가면 천 폭(千輻)의 바퀴 테와 바퀴 통을 지닌, 모든 형태를 구비한, 천상의 금륜보가 나타날 것이다.'

**5.** '폐하, 그렇다면 어떤 것이 전륜성왕의 도리입니까?'

'아들아, 너는 법(法)에 의지하여, 법을 공경하고, 법을 존중하고, 법을 존경하고, 법을 받들고, 법을 숭배하여, 법의 기치[旗幟]를 세우고, 법의 깃발을 날리고, 법의 위력을 드러내어, 나라 안의 백성, 군대, 크샤트리아, 신하, 바라문(婆羅門)과 거사(居士), 지방의 작은 마을 사람들과 사문과 바라문, 금수(禽獸)에 이르기까지, 이들을 여법(如法)하게 지키고, 보호하여, 안주(安住)하게 하여라. 그리고 너의 왕국에서는 법에 어긋난 일을 하지 못하도록 하여라. 너의 왕국에 가난한 사람들이 있거든, 그들에게 재물을 나누어주어라. 아들아, 너의 왕국에 있는 사문이나 바라문으로서, 자만하거나 태만하지 않고, 관용과 자제(自制)에 헌신하면서, 자신을 길들이고, 자신을 알고, 자신을 완성시키는 사람들을 수시로 찾아가서, '존자여, 선(善)은 무엇이고, 불선(不善)은 무엇입니까? 어떤 것이 죄(罪)가 되고, 어떤 것이 죄가 되지 않습니까? 해야 할 일은 무엇이고, 해서는 안 될 일은 무엇입니까? 무엇을 행하면 나에게 오랜 세월 무익한 괴로움이 있고, 무엇을 행하면 나에게 오랜 세월 유익한 즐거움이 있을까요?'라고 묻도록 하여라. 그들로부터 답을 들은 후에는, 불선은 제거하도록 하고, 선은 잘 기억하여 실천하도록 하여라. 아들아, 이것이 전륜성왕의 도리다.'

비구들이여, 그 왕은 선인이 된 왕에게 '폐하, 잘 알겠습니다'라고 대답하고, 전륜성왕의 도리를 실천했다오.

그가 전륜성왕의 도리를 실천하면서 보름날 포살일(布薩日)에 머리를 감고, 포살을 위하여 큰 누각 위에 올라가자, 천 폭(千輻)의 바퀴 테와 바퀴 통을 지닌, 모든 형태를 구비한, 천상의 금륜보가 나타났다오. 그것을 보고서 그 왕은 '관정(灌頂)을 한 크샤트리아 왕이 전륜성왕의 도리를 실천하면서 보름날 포살일에 머리를 감고, 포살을 위하여 큰 누각 위에 올라가면, 천 폭(千輻)의 바퀴 테와 바퀴 통을 지닌, 모든 형태를 구비한, 천상의 금륜보가 나타나는데, 그가 바로 전륜성왕이라고 들었다. 나는 분명히 전륜성왕이 된 것이다'라고 생각했다오.

**6.** 비구들이여, 그 왕은 자리에서 일어나서 한쪽 어깨에 웃옷을 걸치고, 왼손으로 물병을 들고, '금륜보님이여, 굴러가소서! 금륜보님이여, 정복하소서!'라고 말하며, 오른손으로 금륜보에 물을 뿌렸다오. 비구들이여, 그러자 그 금륜보는 동방(東方)으로 굴러갔으며, 전륜성왕은 네 종류의 군사들과 함께 그 뒤를 따랐다오. 비구들이여, 금륜보가 멈추어 선 자리에 전륜성왕은 네 종류의 군사와 함께 주둔했다오. 비구들이여, 그러자 동방에 있는 적국의 왕들이 전륜성왕을 찾아와서 이렇게 말했다오.

'어서 오십시오. 대왕이시여! 잘 오셨습니다. 대왕이시여! 모두 당신의 것입니다. 대왕이시여! 지도해주십시오. 대왕이시여!'

전륜성왕은 이렇게 말했다오.

'산 것을 죽이지 말라. 주지 않은 것을 취하지 말라. 사음(邪淫)을 행하지 말라. 거짓으로 말하지 말라. 술을 마시지 말라. 그리고 적당하게 먹어라.'

비구들이여, 그러자 동방에 있는 적국의 왕들은 전륜성왕에게 복종했다오.

**7.** 비구들이여, 그러자 금륜보는 동쪽 바다 깊이 들어갔다가 다시 나와서 남방(南方), 서방(西方), 북방(北方)으로 굴러갔으며, 전륜성왕은 네 종류의 군사들과 함께 그 뒤를 따랐다오. 비구들이여, 금륜보가 멈추어 선 자리에 전륜성왕은 네 종류의 군사와 함께 주둔했다오. 비구들이여, 그러자 남방, 서방, 북방에 있는 적국의 왕들이 전륜성왕을 찾아와서 이렇게 말했다오.

'어서 오십시오. 대왕이시여! 잘 오셨습니다. 대왕이시여! 모두 당신의 것입니다. 대왕이시여! 지도해주십시오. 대왕이시여!'

전륜성왕은 이렇게 말했다오.

'산 것을 죽이지 말라. 주지 않은 것을 취하지 말라. 사음(邪淫)을 행하지 말라. 거짓으로 말하지 말라. 술을 마시지 말라. 그리고 적당하게 먹어라.'

비구들이여, 그리하여 사방에 있는 적국의 왕들은 전륜성왕에게 복종했다오.

비구들이여, 그리하여 금륜보는 바다에 이르는 대지를 정복한 후에, 왕도(王都)로 돌아와서 전륜성왕의 내궁(內宮) 입구에 있는 재판정(裁判廷) 맨 앞에 멈추어 서서 차축에 단단히 고정된 것처럼 전륜성왕의 내궁을 장식했다오.

**8.** 비구들이여, 둘째 전륜성왕과 셋째, 넷째, 다섯째, 여섯째 전륜성왕도 마찬가지였다오. 일곱째 전륜성왕도 훌륭한 태자를 왕위에 잘 옹립한 후에 머리와 수염을 깎고, 가사와 발우를 지니고, 집을 떠나 출가했다오. 비구들이여, 전륜성왕이 선인(仙人)이 되어 출가한 지 7일 만에 천상의 금륜보가 사라졌다오.

**9.** 비구들이여, 그러자 어떤 하인이 관정(灌頂)을 한 크샤트리아 왕을 찾아가서 이렇게 말했다오.

'폐하, 아시옵소서! 천상의 금륜보가 사라졌나이다.'

비구들이여, 그 왕은 천상의 금륜보가 사라진 것에 근심하고, 상심하였으나, 선인이 된 대왕을 찾아가 전륜성왕의 도리를 묻지는 않았다오. 그는 참으로 자신의 생각으로 백성을 다스렸다오. 그는 자신의 생각으로 백성을 다스렸지만, 백성들은 전왕(前王)들이 전륜성왕의 도리를 실천하던 이전처럼 번창하지 않았다오.

비구들이여, 그러자 신하(臣下), 내시(內侍), 사력대신(司曆大臣), 근위병, 수문장, 주술사(呪術師)들이 모여서 그 왕을 찾아가 이렇게 말했다오.

'폐하, 폐하께서는 자신의 생각으로 백성을 다스리시지만, 백성들은 전왕(前王)들이 전륜성왕의 도리를 실천하던 이전처럼 번창하지 않습니다. 폐하, 폐하의 왕국에는 신하, 내시, 사력대신, 근위병, 수문장, 주술사들이 있으며, 저희뿐만 아니라 다른 사람들도 전륜성왕의 도리를 기억하고 있습니다. 폐하, 폐하께서는 어서 우리에게 전륜성왕의 도리에 대하여 물어주십시오. 폐하께서 물으시면, 전륜성왕의 도리에 대하여 저희가 설명해드리겠습니다.'

**｜ 10. ｜** 비구들이여, 그러자 그 왕은 신하, 내시, 사력대신, 근위병, 수문장, 주술사들을 모아놓고, 전륜성왕의 도리에 대하여 물었다오. 왕이 묻자, 그들은 왕에게 전륜성왕의 도리에 대하여 설명했다오. 왕은 그것을 들은 후에 여법하게 그 도리를 지켰으나, 가난한 사람들에게 재물을 나누어주지는 않았다오. 가난한 사람들에게 재물을 나누어주지 않자, 가난이 만연(漫然)했다오. 가난이 만연하자, 어떤 사람이 다른 사람이 주지 않은 것을 도둑질로 빼앗았다오. 사람들이 그를 붙잡아 그 왕에게 가서 알렸다오.

'폐하, 이 사람이 다른 사람이 주지 않은 것을 도둑질로 빼앗았습니다.'

비구들이여, 이렇게 말하자, 그 왕이 그 사람에게 말했다오.

'여봐라! 진실로 네가 다른 사람이 주지 않은 것을 도둑질로 빼앗은 놈이냐?'

'그렇습니다. 폐하!'

'왜 그랬느냐?'

'폐하, 저는 참으로 가난해서 살 수가 없습니다.'

비구들이여, 그러자 그 왕은 그 사람에게 재물을 나누어주었다오.

'여봐라! 너는 이 재물로 너 스스로 살아가고, 부모를 봉양(奉養)하고, 처자(妻子)를 돌보고, 직업에 종사하고, 사문과 바라문에게 천상에 태어나고 천상에 이르는 좋은 과보를 가져다주는 유익한 공양을 하도록 하여라.'

비구들이여, 그 사람은 왕에게 '그렇게 하겠나이다. 폐하!'라고 대답했다오.

**11.** 비구들이여, 그런데 또 어떤 사람이 다른 사람이 주지 않은 것을 도둑질로 빼앗았다오. 사람들이 그를 붙잡아 그 왕에게 가서 알렸다오.

'폐하, 이 사람이 다른 사람이 주지 않은 것을 도둑질로 빼앗았습니다.'

비구들이여, 이렇게 말하자, 그 왕이 그 사람에게 말했다오.

'여봐라! 진실로 네가 다른 사람이 주지 않은 것을 도둑질로 빼앗은 놈이냐?'

'그렇습니다. 폐하!'

'왜 그랬느냐?'

'폐하, 참으로 가난해서 살 수가 없습니다.'

비구들이여, 그러자 그 왕은 그 사람에게 재물을 나누어주었다오.

'여봐라! 너는 이 재물로 너 스스로 살아가고, 부모를 봉양(奉養)하고, 처자(妻子)를 돌보고, 직업에 종사하고, 사문과 바라문에게 천상에 태어나고 천상에 이르는 좋은 과보를 가져다주는 유익한 공양을 하도록 하여라.'

비구들이여, 그 사람은 왕에게 '그렇게 하겠나이다. 폐하!'라고 대답했다오.

**12.** 비구들이여, 그러자 사람들은 '여보게, 다른 사람이 주지 않은 것을 도둑질로 빼앗은 사람에게 왕이 재물을 나누어주었다네'라고 들었다오. 그 말을 듣고서, 그들은 '우리는 차라리 다른 사람이 주지 않은 것을 도둑질로 빼앗는 것이 좋겠다'라고 생각했다오.

비구들이여, 그래서 어떤 사람이 다른 사람이 주지 않은 것을 도둑질로 빼앗았다오. 사람들이 그를 붙잡아 그 왕에게 가서 알렸다오.

'폐하, 이 사람이 다른 사람이 주지 않은 것을 도둑질로 빼앗았습니다.'

비구들이여, 이렇게 말하자, 그 왕이 그 사람에게 말했다오.

'여봐라! 진실로 네가 다른 사람이 주지 않은 것을 도둑질로 빼앗은 놈이냐?'

'그렇습니다. 폐하!'

'왜 그랬느냐?'

'폐하, 참으로 가난해서 살 수가 없습니다.'

비구들이여, 그러자 그 왕은 이렇게 생각했다오.

'만약 내가 다른 사람이 주지 않은 것을 도둑질로 빼앗은 자에게 재물을 나누어주면, 이와 같이 주지 않은 것을 취하는 일이 증가할 것이다. 나는 이런 사람을 제압하고, 엄벌하고, 이런 사람의 머리를 베는 것이 좋겠다.'

비구들이여, 그래서 그 왕은 하인들에게 명령했다오.

'내가 명하나니, 이놈을 팔을 뒤로하여 굵은 밧줄로 묶어서 단단히 결박하고, 머리를 삭발한 후에, 거슬리는 소리가 나는 작은 북을 걸치고, 차도에서 차도로, 사거리에서 사거리로, 이리저리 끌고 다닌 다음, 남문(南門)으로 나가, 성의 남쪽으로 가서 제압하고, 엄벌하고, 그의 머리를 베어라.'

비구들이여, 그 하인들은 '폐하, 그렇게 하겠나이다'라고 왕에게 대답한 후에, 그 사람을 팔을 뒤로하여 굵은 밧줄로 묶어서 단단히 결박하고, 머리를 삭발한 후에, 거슬리는 소리가 나는 작은 북을 걸치고,

차도에서 차도로, 사거리에서 사거리로, 이리저리 끌고 다닌 다음, 남문으로 나가, 성의 남쪽으로 가서 그 사람을 제압하고, 엄벌하고, 그의 머리를 베었다오.

**▎13. ▎** 비구들이여, 그러자 사람들은 '여보게, 다른 사람이 주지 않은 것을 도둑질로 빼앗은 사람들을 왕이 제압하고, 엄벌하고, 그들의 머리를 베었다네'라고 들었다오. 그들은 그 말을 듣고서 '우리는 차라리 날카로운 칼을 드는 것이 좋겠다. 날카로운 칼을 들고서 우리가 도둑질하며 주지 않은 것을 빼앗을 때, 주지 않는 사람들을 제압하고, 엄벌하고, 그들의 머리를 베는 것이 좋겠다'라고 생각했다오.

그들은 날카로운 칼을 들었다오. 그들은 날카로운 칼을 들고서 마을을 강탈하고, 시장을 강탈하고, 성을 강탈하고, 노상강도 짓을 자행했다오. 그들은 도둑질하며 주지 않은 것을 빼앗으면서, 주지 않는 사람들을 제압하고, 엄벌하고, 그들의 머리를 베었다오.

**▎14. ▎** 비구들이여, 이와 같이 가난한 사람들에게 재물을 나누어주지 않자 가난이 만연했고, 가난이 만연하자 도둑질이 만연했고, 도둑질이 만연하자 흉기가 만연했고, 흉기가 만연하자 살생(殺生)이 만연했고, 살생이 만연하자 그 중생의 수명이 줄어들고 장점(長點)이 줄어들었다오. 그들의 수명이 줄어들고 장점이 줄어들어서, 8만 세의 수명을 가진 인간들의 자손들은 수명이 4만 세가 되었다오.

비구들이여, 인간의 수명이 4만 세일 때, 어떤 사람이 다른 사람이 주지 않은 것을 도둑질로 빼앗았다오. 사람들이 그를 붙잡아 그 왕에게 가서 알렸다오.

'폐하, 이 사람이 다른 사람이 주지 않은 것을 도둑질로 빼앗았습

니다.'

비구들이여, 이렇게 말하자, 그 왕이 그 사람에게 말했다오.

'여봐라! 진실로 네가 다른 사람이 주지 않은 것을 도둑질로 빼앗은 놈이냐?'

그는 '아닙니다. 폐하!'라고 말했다오. 그는 고의로 거짓말을 한 것이오.

**15.** 비구들이여, 이와 같이 가난한 사람들에게 재물을 나누어주지 않자 가난이 만연했고, 가난이 만연하자 도둑질이 만연했고, 도둑질이 만연하자 흉기가 만연했고, 흉기가 만연하자 살생이 만연했고, 살생이 만연하자 거짓말이 만연했고, 거짓말이 만연하자 그 중생의 수명이 줄어들고 장점이 줄어들었다오. 그들의 수명이 줄어들고 장점이 줄어들어서 4만 세의 수명을 가진 인간들의 자손들은 수명이 2만 세가 되었다오.

비구들이여, 인간의 수명이 2만 세일 때, 어떤 사람이 다른 사람이 주지 않은 것을 도둑질로 빼앗았다오. 어떤 사람이 이 사람을 왕에게 알렸다오. 그는 이런 이름을 가진 사람이 다른 사람이 주지 않은 것을 도둑질로 빼앗았습니다'라고 이간질[兩舌]을 한 것이오.

**16.** 비구들이여, 이와 같이 가난한 사람들에게 재물을 나누어주지 않자 가난이 만연했고, 가난이 만연하자 도둑질이 만연했고, 도둑질이 만연하자 흉기가 만연했고, 흉기가 만연하자 살생이 만연했고, 살생이 만연하자 거짓말이 만연했고, 거짓말이 만연하자 이간질이 만연했고, 이간질이 만연하자 그 중생의 수명이 줄어들고 장점이 줄어들었다오. 그들의 수명이 줄어들고 장점이 줄어들어서 2만 세의 수명을 가진 인간들의 자손들은 수명이 1만 세가 되었다오.

비구들이여, 인간의 수명이 1만 세일 때, 어떤 중생은 아름답고, 어떤 중생은 추악했다오. 그때 추악한 중생이 아름다운 중생을 탐애(貪愛)하여 다른 사람의 아내와 통정(通情)했다오.

**▌17. ▌** 비구들이여, 이와 같이 가난한 사람들에게 재물을 나누어주지 않자 가난이 만연했고, 가난이 만연하자 도둑질이 만연했고, 도둑질이 만연하자 흉기가 만연했고, 흉기가 만연하자 살생이 만연했고, 살생이 만연하자 거짓말이 만연했고, 거짓말이 만연하자 이간질이 만연했고, 이간질이 만연하자 사음(邪淫)이 만연했고, 사음이 만연하자 그 중생의 수명이 줄어들고 장점이 줄어들었다오. 그들의 수명이 줄어들고 장점이 줄어들어서 1만 세의 수명을 가진 인간들의 자손들은 수명이 5천 세가 되었다오.

비구들이여, 인간의 수명이 5천 세일 때, 욕설[惡口]과 쓸데없는 잡담[綺語], 두 가지가 만연했고, 이들 두 가지 법이 만연하자 그 중생의 수명이 줄어들고 장점이 줄어들었다오. 그들의 수명이 줄어들고 장점이 줄어들어서 5천 세의 수명을 가진 인간들의 자손들은 수명이 어떤 사람들은 2천5백 세가 되었고, 어떤 사람들은 2천 세가 되었다오.

비구들이여, 인간의 수명이 2천5백 세일 때, 탐애(貪愛)와 분노[瞋恚]가 만연했고, 탐애와 분노가 만연하자 그 중생의 수명이 줄어들고 장점이 줄어들었다오. 그들의 수명이 줄어들고 장점이 줄어들어서, 2천5백 세의 수명을 가진 인간들의 자손들은 수명이 1천 세가 되었다오.

비구들이여, 인간의 수명이 1천 세일 때, 사견(邪見)이 만연했고, 사견이 만연하자 그 중생의 수명이 줄어들고 장점이 줄어들었다오. 그들의 수명이 줄어들고 장점이 줄어들어서 1천 세의 수명을 가진 인간들의 자손들은 수명이 500세가 되었다오.

　비구들이여, 인간의 수명이 500세일 때, 부도덕한 욕망,[14] 터무니없는 욕심,[15] 삿된 윤리,[16] 세 가지가 만연했고, 이들 세 가지 법이 만연하자 그 중생의 수명이 줄어들고, 장점이 줄어들었다오. 그들의 수명이 줄어들고, 장점이 줄어들어서, 500세의 수명을 가진 인간들의 자손들은 수명이 어떤 사람들은 250세가 되었고, 어떤 사람들은 200세가 되었다오.

　비구들이여, 인간의 수명이 250세일 때, 이런 법들이 만연하자 어머니를 공경하지 않고, 아버지를 공경하지 않고, 사문을 공경하지 않고, 바라문을 공경하지 않고, 집안 어른을 공경하지 않게 되었다오.

**｜ 18. ｜**　비구들이여, 이와 같이 가난한 사람들에게 재물을 나누어주지 않자 가난이 만연했고, 가난이 만연하자 도둑질이 만연했고, 도둑질이 만연하자 흉기가 만연했고, 흉기가 만연하자 살생(殺生)이 만연했고, 살생이 만연하자 거짓말이 만연했고, 거짓말이 만연하자 이간질이 만연했고, 이간질이 만연하자 사음이 만연했고, 사음이 만연하자 욕설과 쓸데없는 잡담, 두 가지가 만연했다오. 이들 두 가지 법이 만연하자 탐애와 분노가 만연했고, 탐애와 분노가 만연하자 사견이 만연했고, 사견이 만연하자 부도덕한 욕망, 터무니없는 욕심, 삿된 윤리, 세 가지가 만연했고, 이들 세 가지 법이 만연하자 어머니를 공경하지 않고, 아버지를 공경하지 않고, 사문을 공경하지 않고, 바라문을 공경하지 않고, 집안 어른을

---

14　'adhamma-rāga'의 번역.

15　'visama-lobha'의 번역.

16　'micchā-dhamma'의 번역.

공경하지 않게 되었으며, 이런 일들이 만연하자 그 중생의 수명이 줄어들고 장점이 줄어들었다오. 그들의 수명이 줄어들고 장점이 줄어들어서 250세의 수명을 가진 인간들의 자손들은 수명이 100세가 되었다오.

**| 19. |** 비구들이여, 이런 인간들의 자손들의 수명이 10세가 되는 때가 있게 된다오. 비구들이여, 인간의 수명이 10세일 때, 소녀들은 나이가 다섯 살이 되면 결혼하기에 충분한 여인이 된다오. 비구들이여, 인간의 수명이 10세일 때는 발효유(醱酵乳), 연유(煉乳), 참기름, 꿀, 설탕, 소금 등과 같은 맛있는 것들이 사라진다오. 비구들이여, 인간의 수명이 10세일 때는 보리밥[17]이 최상의 음식이 된다오. 비구들이여, 비유하면, 오늘날 쌀밥과 고기가 최상의 음식이듯이, 비구들이여, 인간의 수명이 10세일 때는 보리밥이 최상의 음식이 된다오. 비구들이여, 인간의 수명이 10세일 때는 열 가지 선업도(善業道)는 모두 다 사라지고, 열 가지 악업도(惡業道)는 현저하게 빛을 내나니, 비구들이여, 인간의 수명이 10세일 때는 '선(善)'이라는 말도 없게 된다오. 그런데 어떻게 착한 일이 있을 수 있겠소? 비구들이여, 인간의 수명이 10세일 때는 어머니를 공경하지 않고, 아버지를 공경하지 않고, 사문을 공경하지 않고, 바라문을 공경하지 않고, 집안 어른을 공경하지 않는 자들이 존경받고 칭찬받게 된다오. 비구들이여, 비유하면, 오늘날 어머니를 공경하고, 아버지를 공경하고, 사문을 공경하고, 바라문을 공경하고, 집안 어른을 공경하는 자들이 존경받고, 칭찬받듯이, 비구들이여, 인간의 수명이 10세

---

17 'kudrūsaka'의 번역. PTS 영역본(*Dialogue of The Buddha*, vol.3, p.70)의 주석에 의하면 'kudrūsaka'는 곡물로서, 호밀이나 쌀보리의 일종이라고 한다.

일 때는 어머니를 공경하지 않고, 아버지를 공경하지 않고, 사문을 공경하지 않고, 바라문을 공경하지 않고, 집안 어른을 공경하지 않는 자들이 존경받고, 칭찬받게 된다오.

**| 20. |** 비구들이여, 인간의 수명이 10세일 때는 어머니나 고모나 이모나 선생님의 부인이나 스승의 아내라는 말이 없어져서 염소나 양, 닭이나 돼지, 개나 늑대처럼 뒤섞여 사는 세상이 된다오. 비구들이여, 인간의 수명이 10세일 때는 그 중생이 상호 간에 날카로운 증오를 드러내고, 날카로운 분노와 날카로운 악의와 날카로운 살의를 드러낸다오. 어미가 자식에게, 자식이 어미에게, 아비가 자식에게 자식이 아비에게, 형제가 형제에게, 형제가 자매에게, 자매가 형제에게 날카로운 증오를 드러내고, 날카로운 분노와 날카로운 악의와 날카로운 살의를 드러낸다오. 비구들이여, 비유하면 사냥꾼이 짐승을 보고서 날카로운 증오를 드러내고, 날카로운 분노와 날카로운 악의와 날카로운 살의를 드러내듯이, 비구들이여, 실로 이와 같이 인간의 수명이 10세일 때는 그 중생이 상호 간에 날카로운 증오를 드러내고, 날카로운 분노와 날카로운 악의와 날카로운 살의를 드러낸다오. 어미가 자식에게, 자식이 어미에게, 아비가 자식에게 자식이 아비에게, 형제가 형제에게, 형제가 자매에게, 자매가 형제에게 날카로운 증오를 드러내고, 날카로운 분노와 날카로운 악의와 날카로운 살의를 드러낸다오.

**| 21. |** 비구들이여, 인간의 수명이 10세일 때 7일간의 도병겁(刀兵劫)[18]이 일어난다오. 그들은 상대방을 짐승으로 생각하게 된다오. 그들

---

18 'satthantarakappa'의 번역.

은 손에 날카로운 칼을 들고 다니게 된다오. 그들은 날카로운 칼로 '이 짐승! 이 짐승!'이라고 하면서 상대방의 목숨을 빼앗게 된다오.

비구들이여, 그런데 그 중생 가운데서 어떤 중생은 '나는 누구도 죽이지 않겠다. 우리는 아무도 죽이지 않겠다. 우리는 차라리 풀숲이나 삼림(森林)이나 밀림(密林)이나 험한 강이나 바위틈으로 들어가서 나무뿌리나 과일을 먹으며 목숨을 부지해야겠다'라고 생각하게 된다오. 그들은 풀숲이나 삼림이나 밀림이나 험한 강이나 바위틈으로 들어가서 나무뿌리나 과일을 먹으며 목숨을 부지하게 된다오. 그들은 7일이 지난 후에 풀숲이나 삼림이나 밀림이나 험한 강이나, 바위틈에서 나와서 서로 얼싸안고 모여서 노래하고, '만세! 여보시오, 중생이여, 당신은 살아있었구려. 만세! 여보시오, 중생이여, 당신은 살아있었구려!'라고 위로하게 된다오.

비구들이여, 이제 그 중생은 이렇게 생각하게 된다오.

'우리는 불선법(不善法)을 지녔기 때문에 이렇게 많은 친족을 잃게 된 것이다. 이제 우리는 선(善)을 행하도록 하자. 어떤 선을 행해야 할까? 이제 우리는 살생(殺生)을 그치도록 하자. 우리는 이 선법(善法)을 지니고, 유지하도록 하자.'

그들은 살생을 그치고, 이 선법을 지니고 유지하게 된다오. 그들이 살생을 그치고, 이 선법을 지니고 유지함으로써 수명이 늘어나고 장점이 늘어나게 된다오. 그들의 수명이 늘어나고 장점이 늘어나서 10세의 수명을 가진 인간들의 자손들은 수명이 20세가 된다오.

**│ 22. │** 비구들이여, 이제 그 중생은 이렇게 생각하게 된다오.

'우리는 선법을 지녔기 때문에 수명이 늘어나고, 장점이 늘어났다. 이제 우리는 더 많은 선을 행하도록 하자. 이제 우리는 도둑질을 그치고, 사음을 그치고, 거짓말을 그치고, 이간질을 그치고, 욕설을 그치고, 쓸데없는 잡담을 그치고, 탐애를 버리고, 분노를 버리고, 사견을 버리고, 세 가지 법, 즉 부도덕한 욕망, 터무니없는 욕심, 삿된 윤리를 버리도록 하자. 우리는 이제 어머니를 공경하고, 아버지를 공경하고, 사문을 공경하고, 바라문을 공경하고, 집안 어른을 공경하도록 하자. 우리는 이 선법을 지니고, 유지하도록 하자.'

비구들이여, 그들은 어머니를 공경하고, 아버지를 공경하고, 사문을 공경하고 바라문을 공경하고, 집안 어른을 공경하게 되며, 이 선법을 지니고, 유지하게 된다오.

그들이 선법을 지니고 유지함으로써 수명이 늘어나고 장점이 늘어나게 된다오. 그들의 수명이 늘어나고 장점이 늘어나서 20세의 수명을 가진 인간들의 자손들은 수명이 40세가 된다오. 40세의 수명을 가진 인간들의 자손들은 수명이 80세가 되고, 160세가 되고, 320세가 되고, 640세가 되고, 2천 세가 되고, 4천 세가 되고, 8천 세가 되고, 2만 세가 되고, 4만 세가 되고, 4만 세의 수명을 가진 인간들의 자손들은 수명이 8만 세가 된다오.

▌23. ▌ 비구들이여, 인간의 수명이 8만 세일 때, 소녀들은 나이가 5백 살이 되면 결혼하기에 충분한 여인이 된다오. 비구들이여, 인간의 수명이 8만 세일 때는 질병이 세 가지가 있게 되는데, 욕망과 배고픔과 늙음이라오. 비구들이여, 인간의 수명이 8만 세일 때는 이 잠부디빠(Jambudīpa)[19]가 번성(繁盛)하고, 풍요롭게 되며, 마을과 시장과 왕도(王

---

19 'Jambudīpa'는 인도의 우주관에서 수미산 남쪽에 있는 대륙의 이름이다. 한역(漢譯)에서

都)는 닭이 날아갈 수 있을 만큼 가깝게 된다오. 비구들이여, 인간의 수명이 8만 세일 때, 이 잠부디빠는, 생각건대, 갈대밭이나 왕골밭처럼[20] 사람들이 빈틈없이 넘치게 된다오. 비구들이여, 인간의 수명이 8만 세일 때, 이 바라나씨(Bārāṇasī)는 번성하고, 풍요롭고, 인구가 많고, 사람들과 먹을 것이 넘치는 께뚜마띠(Ketumatī)라는 이름의 왕도(王都)가 된다오. 비구들이여, 인간의 수명이 8만 세일 때, 이 잠부디빠에는 8만4천의 마을이 있게 되는데, 께뚜마띠가 그들 가운데 가장 큰 왕도라오.

**| 24. |** 비구들이여, 인간의 수명이 8만 세일 때, 왕도(王都) 께뚜마띠에서 여법(如法)한 법왕(法王)으로서 칠보(七寶)를 구족하고 사방을 정복하여 나라를 안정시키는 쌍카(Saṃkha)라고 불리는 전륜성왕이 출현한다오. 그에게 금륜보(金輪寶), 백상보(白象寶), 감마보(紺馬寶), 신주보(神珠寶), 옥녀보(玉女寶), 거사보(居士寶), 주병보(主兵寶) 등의 칠보가 있게 된다오. 그리고 그에게는 영웅적으로 적군을 정복하는 천 명이 넘는 용감한 아들이 있다오. 그는 바다에 이르는 대지(大地)를 몽둥이나 칼을 사용하지 않고, 법(法)으로 정복하여 다스린다오.

**| 25. |** 비구들이여, 열 가지 이름[十號]을 구족한 내가 지금 이 세간에 출현했듯이, 인간의 수명이 8만 세일 때, 아라한[應供], 원만하고 바르게 깨달으신 분[正遍知], 앎과 실천을 구족하신 분[明行足], 행복하신 분[善逝], 세상을 잘 아시는 분[世間解], 위없는 분[無上士], 사람을 길들

---

는 염부제(閻浮堤)로 번역한다. 우리 인류가 살고 있는 땅을 의미한다.

20  'nala'와 'sara'는 갈대의 일종이다. 이것은 많은 사람들이 넘쳐나서 빈틈이 없는 것을 갈대밭에 갈대들이 빈틈없이 무성하게 자라는 것에 비유한 것이다.

여 바른길로 이끄시는 분[調御丈夫], 천신과 인간의 스승[天人師], 진리
를 깨달으신 분[佛], 세존(世尊), 이러한 열 가지 이름[十號]을 구족한 미
륵(彌勒)<sup>21</sup>이라고 불리는 세존이 세간에 출현하게 된다오. 내가 지금 그
러하듯이, 그는 천계(天界), 마라, 범천(梵天)을 포함한 이 세간을, 사문
과 바라문, 왕과 백성을 포함한 인간계를 수승한 지혜로 몸소 체득하여
알려준다오. 내가 지금 그러하듯이, 그는 처음도 좋고 중간도 좋고 마
지막도 좋은, 의미 있고 명쾌하고 완벽한 진리[法]를 가르치며, 청정한
범행(梵行)을 알려준다오. 내가 지금 그러하듯이, 그는 수천 명의 비구
승가를 돌본다오.

| **26.** | 비구들이여, 쌍카왕은 마하 빠나다(Mahā-Panāda) 왕이 세웠던
궁전을 다시 건설하여 그곳에서 살다가 사문과 바라문, 떠돌이, 부랑
아, 거지들에게 보시(布施)하고, 미륵(彌勒) 세존, 아라한(阿羅漢), 등정각
(等正覺)의 앞에서 머리와 수염을 깎고, 가사와 발우를 지니고, 집을 떠
나 출가한다오. 그는 이와 같이 출가하여 홀로 떨어져서 부지런히 열심
히 노력하며 지내다가, 오래지 않아 선남자(善男子)들이 출가하는 목적
인 위없는 범행(梵行)의 완성을 바로 그 자리에서 스스로 체험하고 성
취하여 살아간다오.

| **27.** | 비구들이여, 자신을 등불로 삼고, 자신을 귀의처로 삼고, 다른
사람을 귀의처로 삼지 마시오. 가르침을 등불로 삼고, 가르침을 귀의처
로 삼고, 다른 것을 귀의처로 삼지 마시오. 비구들이여, 비구가 자신을
등불로 삼고, 자신을 귀의처로 삼고, 다른 사람을 귀의처로 삼지 않으

---

21   'Metteya'의 번역.

며, 가르침을 등불로 삼고, 가르침을 귀의처로 삼고, 다른 것을 귀의처로 삼지 않고 살아간다는 것은 어떤 것인가?

비구들이여, 비구는 몸[身]을 관찰하며 몸에 머물면서, 열심히 주의집중을 하고 알아차려 세간에 대한 탐욕과 불만을 제거해야 하오. 감정[受]을 관찰하며 감정에 머물면서, 열심히 주의집중을 하고 알아차려, 세간에 대한 탐욕과 불만을 제거해야 하오. 마음[心]을 관찰하며 마음에 머물면서, 열심히 주의집중을 하고 알아차려, 세간에 대한 탐욕과 불만을 제거해야 하오. 법(法)을 관찰하며 법에 머물면서, 열심히 주의집중을 하고 알아차려, 세간에 대한 탐욕과 불만을 제거해야 하오. 비구들이여, 이와 같이 하는 것이 비구가 자신을 등불로 삼고, 자신을 귀의처로 삼고, 다른 사람을 귀의처로 삼지 않으며, 가르침을 등불로 삼고, 가르침을 귀의처로 삼고, 다른 것을 귀의처로 삼지 않고 살아가는 것이오.

**│28.│** 비구들이여, 이와 같이 자신의 고향에서 수행하시오. 자신의 고향에서 수행하면, 수명도 늘어나고, 장점도 늘어나고, 즐거움도 늘어나고, 재산도 늘어나고, 위력도 늘어날 것이오.

비구들이여, 비구의 수명이란 어떤 것인가? 비구들이여, 비구는 욕삼매근행성취신족(欲三昧勤行成就神足),[22] 정근삼매근행성취신족(精勤三昧勤行成就神足),[23] 심삼매근행성취신족(心三昧勤行成就神足),[24] 사유

---

22  'chanda-samādhi-padhāna-saṃkhāra-samannāgata iddhipāda'의 번역.

23  'viriya-samādhi-padhāna-saṃkhāra-samannāgata iddhipāda'의 번역.

24  'citta-samādhi-padhāna-saṃkhāra-samannāgata iddhipāda'의 번역.

삼매근행성취신족(思惟三昧勤行成就神足)²⁵을 닦아 익힌다오. 이들 4신
족(四神足)을 닦아 익히고 지속적으로 실천한 비구는 마음먹으면 겁
(劫)동안,²⁶ 또는 겁(劫)이 다할 때까지²⁷ 머물 수 있다오. 비구들이여, 이
것을 비구의 수명이라고 한다오.

비구들이여, 비구의 장점(長點)이란 무엇인가? 비구들이여, 비구
는 계행(戒行)을 지니나니, 별해탈율의(別解脫律儀)²⁸를 수호하고 살아
가면서 행동규범[行境]을 갖추어 하찮은 죄에서도 두려움을 보고, 배워
야 할 규범[學戒]을 수지(受持)하여 학습(學習)한다오. 비구들이여, 이것
을 비구의 장점이라고 한다오.

비구들이여, 비구의 즐거움이란 무엇인가? 비구들이여, 비구는 감
각적 욕망을 멀리하고 불선법(不善法)을 멀리하며, 사유가 있고 숙고가
있으며, 멀리함에서 생긴 기쁨과 행복감이 있는 초선(初禪)을 성취하여
살아간다오. 비구는 사유와 숙고를 억제하고, 내적으로 평온하게 마음
이 집중된, 사유가 없고 숙고가 없는 삼매(三昧)에서 생긴 기쁨과 행복
감이 있는 제2선(第二禪)을 성취하여 살아간다오. 비구는 기쁨에서 벗어
나 평정한 주의집중과 알아차림을 하며 지내는 가운데 몸으로 행복을

---

25  'vīmaṃsa-samādhi-padhāna-saṃkhāra-samannāgata iddhipāda'의 번역.

26  'kappa'의 번역.

27  'kappâvasesa'의 번역. 'kappa(劫)'는 한 우주가 생성되어 소멸되는 기간이다. 즉, 우주가
    존재하는 시간을 겁(劫)이라고 한다. 따라서 한 겁이나 겁이 남아있는 동안 머문다는 것
    은 우주가 존재하는 동안 우주와 함께 머문다는 뜻이다.

28  5계, 10계, 구족계 등을 받아 신업(身業)과 구업(口業)으로 지은 악업(惡業)에서 해탈하는
    계법(戒法).

느끼면서, 성자들이 '평정한 주의집중을 하는 행복한 상태'라고 이야기한 제3선(第三禪)을 성취하여 살아간다오. 비구는 행복감을 포기하고 괴로움을 버림으로써, 이전의 만족과 불만이 소멸하여 괴롭지도 않고 행복하지도 않은 평정한 주의집중이 청정한 제4선(第四禪)을 성취하여 살아간다오. 비구들이여, 이것을 비구의 즐거움이라고 한다오.

비구들이여, 비구의 재산이란 무엇인가? 비구들이여, 비구는 자애로운[慈] 마음으로 한쪽 방향을 가득 채우고 살아간다오. 그와 같이 두 번째, 세 번째, 네 번째 방향을 가득 채우고 살아간다오. 이와 같이 온 세상을 위로, 아래로, 사방으로, 모든 곳을 빠짐없이 편재(遍在)하고, 광대하고, 무한하고, 원한 없고, 평화롭고 자애로운 마음으로 가득 채우고 살아간다오. 비구는 연민하는[悲] 마음으로, 기뻐하는[喜]²⁹ 마음으로, 평정한[捨]³⁰ 마음으로 온 세상을 가득 채우고 살아간다오. 비구들이여, 이것을 비구의 재산이라고 한다오.

비구들이여, 비구의 위력이란 무엇인가? 비구들이여, 비구는 여러 번뇌[漏]³¹들을 지멸(止滅)함으로써 지금 여기에서 무루(無漏)의 심해탈(心解脫)과 혜해탈(慧解脫)을 몸소 체험하고, 작증(作證)하고, 성취하여 살아간다오. 비구들이여, 이것을 비구의 위력(威力)이라고 한다오.

비구들이여, 나는 마라의 위력보다 극복하기 힘든 다른 위력은 하나도 보지 못했다오. 그러나 비구들이여, 선법(善法)을 수지(受持)하면,

---

29  'muditāsahagata'의 번역.

30  'upekhāsahagata'의 번역.

31  'āsava'의 번역.

그로 인해서 이와 같이 이러한 공덕(功德)이 늘어난다오."[32]

이것이 세존께서 하신 말씀입니다. 그 비구들은 세존의 말씀에 만족하고 기뻐했습니다.

---

마라(Māra)는 죽음의 신이다. 이 세상에 죽음보다 극복하기 어려운 것은 없지만, 선법(善法)을 수지하면 죽음을 초월하는 무루(無漏)의 해탈을 얻을 수 있다는 말씀이다.

# 태초경
## 太初經[1]

Aggañña Sutta ㉗

해
제

이 경의 이름인 악간냐(aggañña)는 '태초(太初)'라는 뜻이다. 경의 제목과 같이 이 경은 태초에 이 세상이 이루어지는 일에 대하여 이야기 하고 있다. 『장아함경』에는 「소연경(小緣經)」으로 번역되어있다.

기독교에서는 태초에 조물주가 천지를 창조했다고 이야기하는 데, 붓다는 이 경에서 중생의 업(業)에 따라 세계가 형성되고 변화한다고 이야기한다. 붓다 당시의 인도에서는 범천(梵天)이 세계를 창조했다고 믿었다. 그리고 차별적인 신분제도인 사성(四姓) 카스트 제도는 범천이 세계를 창조할 때 만들어진 사회적 구조라고 믿었다. 그러나 붓다는 이러한 당시의 종교적 신념을 사회의 변천에 대한 무지에서 비롯된 것이라고 비판한다. 인간은 본래 평등하며, 단지 업의 차이에 의해 사회적으로 신분의 차이가 나타났을 뿐이라는 것이다.

본래 평등하고 행복한 사회가 인간들의 탐욕과 게으름에 의해 타락해 가면서 차별된 사회계층이 형성되는 과정을 사실적으로 묘사하고 있는 이 경은 불교의 사회철학을 잘 보여주고 있다. 특히 왕은 사람들이 선출한 사람이라는 말씀을 통해 불교가 오늘날의 민주주의 사상과 일치하고 있음을 알 수 있다.

---

01  『디가 니까야(Dīgha-Nikāya)』의 제27경이며, 『장아함경』의 5번째 경인 「소연경(小緣經)」에 상응하는 경.

**◐**

**| 1. |** 이와 같이 나는 들었습니다.

한때 세존께서는 싸왓티의 뿝바라마(Pubbârāma)[02] 미가라마뚜빠
싸다(Migāramātupāsāda)[03]에 머무셨습니다. 그때 와쎗타(Vāseṭṭha)와 바라
드와자(Bhāradvāja)는 비구가 되기 위해 비구들 속에서 별주(別住)하고

---

02 『장아함경』에는 '청신원림(淸信園林)'으로 번역되었다. 대부분의 한역에서는 동원(東園)
으로 번역된다.

03 '녹모강당(鹿母講堂)'으로 한역되는 미가라마뚜빠싸다(Migāramātupāsāda)는 미가라마타
(Migāra-mātar)로 불린 위싸카(Visākha)가 부처님과 승단을 위해 싸왓티의 동쪽에 있는
원림(園林)에 지은 것이다. 위싸카는 미가라(Migāra)의 아내인데, 니간타(Nigaṇṭha)의 신
도였던 미가라가 위싸카의 설득으로 부처님의 설법을 듣고 감사하여, 그의 아내인 위
싸카에게 "당신은 나의 어머니요"라로 하면서 그녀의 젖을 빨았기 때문에 미가라마타
(Migāra-mātar)로 불렸다고 한다. 'migāra'는 '사슴[鹿]'을 의미하고, 'mātar'는 '어머니[母]'
를 의미하기 때문에 한역에서 녹모(鹿母)로 번역했다. 강당(講堂)으로 한역된 'pāsāda'는
큰 저택을 의미한다.

있었습니다.[04] 어느 날 세존께서 해 질 무렵에 연좌(宴坐)[05]에서 일어나 강당을 내려와서 강당의 그늘이 진 마당에서 거니셨습니다.

**2.** 와쎗타는 세존께서 해 질 무렵에 연좌에서 일어나 강당을 내려와서 강당의 그늘이 진 마당을 거니시는 것을 보았습니다. 그것을 보고 바라드와자를 불러서 말했습니다.

"바라드와자 존자여, 세존께서 해 질 무렵에 연좌에서 일어나 강당을 내려와서 강당의 그늘이 진 마당을 거닐고 계십니다. 바라드와자 존자여, 우리 함께 갑시다. 세존에게 갑시다. 분명히 세존으로부터 직접 설법을 들을 수 있을 것입니다."

"그렇게 합시다. 존자여!"

바라드와자는 와쎗타에게 대답했습니다. 그래서 와쎗타와 바라드와자는 세존에게 가서 세존에게 예배한 다음, 거니시는 세존을 따라 거닐었습니다.

**3.** 그러자 세존께서 와쎗타에게 말씀하셨습니다.

"와쎗타여, 그대들은 바라문 가문의 바라문 출신으로서 바라문 집안에서 집을 떠나 출가하였다. 와쎗타여, 바라문들이 그대들을 욕하거나 비난하지는 않던가?"

"분명히 그렇습니다. 세존이시여! 바라문들은 자신들을 위한 험담을 모조리 사용하여 욕하고 비난합니다."

---

04  별주(別住)란 구족계를 받기 전에 승단의 승인을 받기 위해 따로 생활하는 것을 의미한다.

05  'patisallāna'를 번역한 것이다. 홀로 명상하며 앉아있는 것을 의미한다. 『장아함경』에서는 '정실(靜室)'로 번역하고 있다.

"와셋타여, 어떤 이야기로 바라문들은 자신들을 위한 험담을 모조리 사용하여 그대들을 욕하고 비난하는가?"

"세존이시여, 바라문들은 '바라문들은 최상의 계급이고, 다른 사람들은 저열하다. 바라문들은 청정한 계급이고, 다른 사람들은 더럽다. 바라문들은 정화되지만 바라문이 아닌 자들은 그러지 못한다. 바라문들은 범천의 입에서 태어난 적자(嫡子)인 아들로서, 범천에서 생긴, 범천이 만든, 범천의 후계자다. 그런데 너희들은 최상의 계급을 버리고 저열한 계급인, 범천의 발에서 태어난, 더럽고 천한, 삭발(削髮)한 사문(沙門)을 따르고 있다. 너희들이 최상의 계급을 버리고 저열한 계급인, 범천의 발에서 태어난, 더럽고 천한, 삭발한 사문을 따르는 것은 무익하고 적절치 않다'라고 말했습니다. 세존이시여, 바라문들은 이와 같이 자신들을 위한 험담을 모조리 사용하여 욕하고 비난합니다."

**4.** "와셋타여, 바라문들은 분명히 태초를 기억하지 못하기 때문에 그대들에게 '바라문들은 최상의 계급이고, 다른 사람들은 저열하다. 바라문들은 청정한 계급이고, 다른 사람들은 더럽다. 바라문들은 정화되지만 바라문이 아닌 자들은 그러지 못한다. 바라문들은 범천의 입에서 태어난 적자(嫡子)인 아들로서, 범천에서 생긴, 범천이 만든, 범천의 후계자다'라고 말한 것이다. 와셋타여, 바라문 계급의 바라문 여인들로서 월경 중인 여인이나, 임산부나, 산모나, 젖을 먹이는 여인들은 없던가? 그 바라문들도 다른 사람들과 마찬가지로 자궁에서 태어났으면서 그렇게 말한 것이다. 그 바라문들은 실로 중상(中傷)을 하고 있고, 거짓말을 하고 있고, 아무런 공덕도 짓지 못하고 있다.

**5.** 와셋타여, 이 세상에는 크샤트리아(Khattiya), 바라문

(Brāhmaṇa), 바이샤(Vessa), 수드라(Sudda)[06] 등 네 가지 계급이 있다. 와쎗타여, 크샤트리아 가운데는 살생하고, 도둑질하고, 사음(邪淫)하고, 거짓말하고, 이간질하고, 욕설하고, 쓸데없이 잡담 하고, 탐내고, 성내고, 사견(邪見)을 가진 자가 있다. 와쎗타여, 이와 같이 어떤 크샤트리아들에게서는 현자들이 꾸짖는, 착하지 않아서 착하지 않다고 일컬어지고, 허물이 있어서 허물이 있다고 일컬어지고, 해서는 안 되기 때문에 해서는 안 된다고 일컬어지고, 성스럽지 못해서 성스럽지 못하다고 일컬어지는, 사악해서 불행한 과보가 있는 법들을 볼 수 있다. 와쎗타여, 바라문, 바이샤, 수드라도 마찬가지다.

**6.** 와쎗타여, 크샤트리아 가운데는 살생을 삼가고, 도둑질을 삼가고, 사음을 삼가고, 거짓말을 삼가고, 이간질을 삼가고, 욕설을 삼가고, 쓸데없는 잡담을 삼가고, 탐내지 않고, 성내지 않고, 정견(正見)을 가진 이가 있다. 와쎗타여, 이와 같이 어떤 크샤트리아들에게서는 현자들이 찬탄하는, 착해서 착하다고 일컬어지고, 허물이 없어서 허물이 없다고 일컬어지고, 해야 하기 때문에 해야 한다고 일컬어지고, 성스러워서 성스럽다고 일컬어지는, 착해서 행복한 과보가 있는 법들을 볼 수 있다. 와쎗타여, 바라문, 바이샤, 수드라도 마찬가지다.

**7.** 와쎗타여, 이들 네 가지 계급에는 이와 같이 현자들이 꾸짖는 사악한 법과 현자들이 찬탄하는 착한 법이 함께 존재하고 있기 때문에, 바라문들이 '바라문들은 최상의 계급이고, 다른 사람들은 저열하다. 바

---

06  산스크리트로 알려진 사성(四姓) 계급이기 때문에 빨리어가 아닌 산스크리트 음으로 표기했다. 'Brāhmaṇa'는 전통적인 한역에 따라 '바라문'으로 표기한다.

라문들은 청정한 계급이고, 다른 사람들은 더럽다. 바라문들은 정화되지만 바라문이 아닌 자들은 그러지 못한다. 바라문들은 범천의 입에서 태어난 적자(嫡子)인 아들로서, 범천에서 생긴, 범천이 만든, 범천의 후계자다'라고 말한 것을 현자들은 인정하지 않는다. 그 까닭은 무엇인가? 와쎗타여, 이들 네 가지 계급 가운데는 비구로서 번뇌를 멸진하고, 수행을 완성하고, 해야 할 일을 마치고, 짐을 내려놓고, 자신의 목적에 도달하여 존재의 결박[有結]07을 끊고, 바른 지혜를 갖추어 해탈한 아라한(阿羅漢)이 있다. 그 사람을 최상이라고 칭하는 것은 행실[法]08에 의해서이지, 행실이 아닌 다른 것[非法]에 의해서가 아니다. 와쎗타여, 현세에서나 내세에서나 사람에게 가장 중요한 것은 행실[法]이다.

**┃8.┃** 와쎗타여, 이런 까닭에 현세에서나 내세에서나 사람에게 가장 중요한 것은 행실[法]이라는 것을 알아야 한다.

와쎗타여, 빠쎄나디 꼬쌀라(Pasenadi-Kosala) 왕은, '사문 고따마는 최상의 싸꺄(Sakya)족 출가자다'라고 알고 있다. 와쎗타여, 그러나 싸꺄족 사람들은 빠쎄나디 꼬쌀라 왕의 지배를 받고 있다. 와쎗타여, 싸꺄족 사람들은 빠쎄나디 꼬쌀라 왕에게 겸손하게 일어나서 예배하고, 합장하고 공경한다. 와쎗타여, 싸꺄족 사람들이 빠쎄나디 꼬쌀라 왕에게 겸손하게 일어나서 예배하고, 합장하고, 공경하듯이, 빠쎄나디 꼬쌀라 왕은 '사문 고따마께서는 훌륭한 가문 태생이 아니신가요? 저는 보잘

---

07  'bhava-saṃyojana'의 번역.

08  행실[法]로 번역한 'dhamma(sk.dharma)'는 '진리, 의무, 붓다의 가르침' 등 다양한 의미가 있기 때문에 문맥에 따라 각기 다른 말로 번역해야 한다. 여기에서는 사람의 가치는 행실(行實)에서 비롯된다는 의미이므로 행실로 번역했다.

것없는 가문 태생입니다. 사문 고따마께서는 위력이 있고, 저는 힘이 없습니다. 사문 고따마께서는 용모가 빼어나시고, 저는 볼품없습니다. 사문 고따마께서는 큰 권위가 있고, 저는 무력합니다'라고 여래에게 겸손하게 일어나서 예배하고, 합장하고, 공경한다. 이와 같이 그 행실[法]을 공경하고, 존중하고, 존경하고, 숭상하고, 숭배하고 있는 빠쎄나디 꼬쌀라 왕은 여래에게 겸손하게 일어나서 예배하고, 합장하고, 공경한다. 와쎗타여, 이런 까닭에 현세에서나 내세에서나 사람에게 가장 중요한 것은 행실[法]이라는 것을 알아야 한다.

**▌9.　▌** 와쎗타여, 그대들은 태생이 다르고, 성이 다르고, 혈통이 다른 다양한 가문에서 집을 버리고 출가했다. '그대들은 누구인가?'라고 물으면, 그대들은 '우리는 사문(沙門)으로서 싸꺄(Sakya, 釋迦)의 아들이다'09라고 선언하라. 와쎗타여, 여래에 대한 믿음이 확고하게 자리 잡고 뿌리내리고 확립된 사람은 사문이든 바라문이든 천신(天神)이든 마라든 범천(梵天)이든, 세간의 누구도 제압하지 못한다. 이런 사람은 '나는 세존의 입에서 태어난 아들로서, 진리[法]에 의해 태어나, 진리에 의해 만들어지고, 진리를 상속한 적자(嫡子)다'라고 말하는 것이 마땅하다. 그 까닭은 무엇인가? 와쎗타여, 세존에게는 진리의 몸[法身]10이라

---

09　'Samaṇā Sakya-puttiy' amha'의 번역. 축어적으로 번역하면, '우리는 싸꺄의 아들에 속하는 사문이다'가 된다. 붓다에게 출가하면 속가의 성을 버리고 석(釋) 씨가 된다는 의미이다. 「소연경(小緣經)」에서 'Sakya-puttiya'는 석자(釋子)로 한역된다.

10　'Dhamma-kāya'의 번역.

는 이름도 있고, 범천의 몸[梵身][11]이라는 이름도 있고, 진리의 존재[12]라는 이름도 있고, 범천의 존재[13]라는 이름도 있기 때문이다.

**│ 10. │**   와쎗타여, 오랜 시간이 지나 언젠가 이 세계가 괴멸하는 때가 있다. 세계가 괴멸할 때 대부분의 중생은 아밧싸라(Ābhassara, 光音天)에 태어나게 된다. 그들은 그곳에서 의성신(意成身)으로, 기쁨을 음식 삼아, 스스로 빛을 내면서, 허공을 날아다니며, 청정한 상태로 오랫동안 긴 시간을 머문다. 와쎗타여, 오랜 시간이 지나면 언젠가 이 세계가 다시 생성되는 때가 있다. 세계가 다시 생성될 때, 대부분 중생은 아밧싸라의 몸을 상실하고 이 세상에 온다. 그들은 의성신(意成身)으로, 기쁨을 음식 삼아, 스스로 빛을 내면서, 허공을 날아다니며, 청정한 상태로 오랫동안 긴 시간을 머문다.

**│ 11. │**   와쎗타여, 그때는 온 세상이 물로 되어있었으며[14], 칠흑같이 어두웠다. 태양과 달도 보이지 않고 별과 별빛도 보이지 않았으며, 낮과 밤의 구별도 없었고, 달과 계절과 해의 구별도 없었고, 남녀의 구별도 없었다. 중생(衆生)[15]은 오직 중생이라고 불렸다. 와쎗타여, 그런데 오랜 시간이 지나 언젠가 그 중생에게 맛있는 땅[16]이 물 위에 나타났다.

---

11  'Brahma-kāya'의 번역.

12  'Dhamma-bhūta'의 번역.

13  'Brahma-bhūta'의 번역.

14  'Ekodakī-bhūtaṃ'을 번역한 것이다. 'Ekodakī-bhūtaṃ'은 '하나의 물로 된 존재'라는 의미인데, 처음 이 세상은 하나의 물로 되어 있었다는 것이다.

15  'satta'의 번역.

16  'rasa-paṭhavī'의 번역. 「소연경(小緣經)」에서는 '지비(地肥)'로 번역함. 지미(地味)로 한역한 경들도 있음.

그것은 마치 뜨거운 유미(乳糜)죽이 식으면서 표면에 생기는 것처럼 나타났다. 그것은 색과 맛과 향을 갖추고 있는데, 버터나 연유 같은 색을 지니고 있고, 순수한 꿀처럼 달콤했다.

**▌12. ▌**  와쎗타여, 그런데 탐욕이 생긴 어떤 중생이 '잠깐! 이게 어떻게 된 것이지?'라고 하면서 맛있는 땅을 손가락으로 맛보았다. 손가락으로 맛을 본 맛있는 땅이 그를 사로잡아서 그에게 갈애(渴愛)가 생겼다. 와쎗타여, 다른 중생도 그 중생이 하는 것을 보고 본받아서 맛있는 땅을 손가락으로 맛보았다. 손가락으로 맛을 본 맛있는 땅이 그들을 사로잡아서 그들에게도 갈애가 생겼다. 와쎗타여, 그래서 그 중생은 맛있는 땅을 손으로 뜯어먹기 시작했다. 와쎗타여, 중생이 맛있는 땅을 손으로 뜯어먹었기 때문에, 그 중생에게서 자신으로부터 나던 빛이 사라졌다. 자신으로부터 나던 빛이 사라지자 태양과 달이 나타났다. 태양과 달이 나타나자 별과 별빛이 나타났다. 별과 별빛이 나타나자 낮과 밤의 구별이 생겼다. 낮과 밤이 구별되자 달의 구별이 생겼다. 달이 구별되자 계절과 해의 구별이 생겼다. 와쎗타여, 이런 식으로 이 세계는 다시 생성되었다.

**▌13. ▌**  와쎗타여, 그 중생은 맛있는 땅을 음식으로 먹으며 오랫동안 긴 시간을 머물렀다. 그 중생이 오랫동안 긴 시간을 머무는 가운데, 맛있는 땅을 음식으로 먹으면 먹은 만큼 그들의 몸은 굳어졌고 피부색은 퇴색했다. 그리하여 어떤 중생은 아름답게 되고, 어떤 중생은 추하게 되었다. 그러자 아름다운 중생은 '우리는 이렇게 아름다운데 너희들은 이렇게 추하다'라고 생각하여 추한 중생을 경멸했다. 용모에 대한 자부심으로 인해 교만이 생기자 맛있는 땅이 사라졌다. 맛있는 땅이 사라지

자 그들은 모여서 '아! 그 맛, 아! 그 맛!' 하면서 슬퍼했다. 그래서 지금 도 사람들은 무언가 맛있는 것을 먹고서는, '아! 그 맛. 아! 그 맛'이라고 말하는 것이다. 실로 그들은 옛날 태곳적의 관습을 반복하고 있지만, 그 의미는 알지 못하고 있는 것이다.

**14.** 와쎗타여, 그 중생에게 맛있는 땅이 사라지자 땅에서 나오는 떡[17]이 나타났다. 그것은 마치 뱀이나 버섯처럼 [땅속에서] 나타났다. 그 것은 색과 맛과 향을 갖추고 있었는데, 버터나 연유 같은 색을 지니고 있었고, 순수한 꿀처럼 달콤했다. 와쎗타여, 그리하여 그 중생은 땅에 서 나오는 떡을 먹기 시작했다. 그 중생은 땅에서 나오는 떡을 음식으 로 먹으며 오랫동안 긴 시간을 머물렀다. 와쎗타여, 그 중생이 오랫동 안 긴 시간을 머무는 가운데, 땅에서 나오는 떡을 음식으로 먹으면 먹 은 만큼 그들의 몸은 훨씬 더 굳어졌고 피부색은 퇴색했다. 그리하여 어떤 중생은 아름답게 되고, 어떤 중생은 추하게 되었다. 그러자 아름 다운 중생은 '우리는 이렇게 아름다운데 너희들은 이렇게 추하다'라고 생각하여 추한 중생을 경멸했다. 용모에 대한 자부심으로 인해 교만이 생기자 땅에서 나오는 떡이 사라졌다. 땅에서 나오는 떡이 사라지자 바 달라따(badālatā)[18]가 나타났다. 그것은 마치 넝쿨풀처럼 나타났다. 그것 은 색과 맛과 향을 갖추고 있었는데, 버터나 연유 같은 색을 지니고 있 었고, 순수한 꿀처럼 달콤했다.

**15.** 와쎗타여, 그 중생은 바달라따를 먹기 시작했다. 그 중생은 바

---

17 'bhūmi-pappaṭaka'의 번역. 「소연경(小緣經)」에서는 '추후지비(麤厚地肥)'로 번역함.
18 넝쿨 식물의 일종.

달라따를 음식으로 먹으며 오랫동안 긴 시간을 머물렀다. 와쎗타여, 그 중생이 오랫동안 긴 시간을 머무는 가운데, 바달라따를 음식으로 먹으면 먹은 만큼 그들의 몸은 더욱 굳어졌고 피부색은 퇴색했다. 그리하여 어떤 중생은 아름답게 되고, 어떤 중생은 추하게 되었다. 그러자 아름다운 중생은 '우리는 이렇게 아름다운데 너희들은 이렇게 추하다'라고 생각하여 추한 중생을 경멸했다. 용모에 대한 자부심으로 인해 교만이 생기자 바달라따가 사라졌다. 바달라따가 사라지자 그들은 모여서 '아! 이거 참. 아! 이거 참, 우리의 바달라따.' 하면서 슬퍼했다. 그래서 지금도 사람들은 무언가 괴로운 일을 당하면, '아! 이거 참. 아! 이거 참'이라고 말하는 것이다. 실로 그들은 옛날 태곳적의 관습을 반복하고 있지만, 그 의미는 알지 못하고 있는 것이다.

**16.** 와쎗타여, 그 중생에게 바달라따가 사라지자 겨도 없고 껍질도 없는, 향기 좋은 백미가 열리며 경작하지 않아도 익는 쌀이 나타났다. 그들이 저녁에 저녁 식사를 위해 수확하면, 그 쌀은 아침에 다시 자라나서 익고, 아침에 아침 식사를 위해 수확하면 저녁에 다시 자라나 익으면서 끊임없이 열렸다. 와쎗타여, 그리하여 그 중생은 경작하지 않아도 익는 쌀을 음식으로 먹으며 오랫동안 긴 시간을 머물렀다. 와쎗타여, 그 중생이 오랫동안 긴 시간을 머무는 가운데, 경작하지 않아도 익는 쌀을 음식으로 먹으면 먹은 만큼 그들의 몸은 더욱 굳어졌고 피부색은 퇴색했다. 여자에게는 여자의 특징이, 남자에게는 남자의 특징이 나타났으며, 여자는 남자에게, 남자는 여자에게 지나치게 관심을 가졌다. 상호 간에 지나치게 관심을 갖자 애정이 생겨서 몸이 달아올랐다. 그들은 몸이 달아올라서 음행(淫行)을 저질렀다. 와쎗타여, 그 당시 중

생은 음행을 저지르는 자들을 보고서, '사라져라! 더러운 것. 사라져라!
더러운 것. 어떻게 중생이란 자가 중생에게 이런 일을 할 수 있단 말이
냐?'라고 소리 지르면서, 어떤 자들은 흙을 집어 던지고, 어떤 자들은
재를 집어 던지고, 어떤 자들은 쇠똥을 집어던졌다. 그래서 지금도 어
떤 지방에서는 사람들이 신부를 데려와서 어떤 자들은 흙을 집어 던지
고, 어떤 자들은 재를 집어 던지고, 어떤 자들은 쇠똥을 집어던진다. 실
로 그들은 옛날 태곳적의 관습을 반복하고 있지만, 그 의미는 알지 못
하고 있는 것이다.

| 17. |  와쎗타여, 그 당시에는 못된 행실[非法][19]로 여겨지던 것이 지
금은 옳은 행실[法][20]로 여겨지고 있다. 와쎗타여, 그 당시에는 음행을
저지른 자들은 한 달이나 두 달 동안 마을이나 도시에 들어갈 수가 없
었다. 와쎗타여, 그 중생은 죄를 지었을 때 심한 비난을 받았기 때문에,
그 못된 행실[非法]을 감추기 위해서 집을 짓기 시작했다.

　　와쎗타여, 그런데 천성이 게으른 어떤 중생이 '잠깐! 내가 왜 저녁
에는 저녁 식사를 위해서, 아침에는 아침 식사를 위해서 쌀을 수확하는
수고를 해야 하지? 나는 아침·저녁거리로 쌀을 한꺼번에 수확하면 어
떨까?'라고 생각했다. 와쎗타여, 그래서 그 중생은 아침·저녁거리로 쌀
을 한꺼번에 수확했다. 와쎗타여, 그런데 다른 중생이 그 중생에게 가
서 '여보시오, 우리 쌀을 수확하러 갑시다'라고 말하자, '여보시오, 나는
충분하오. 나는 아침·저녁거리로 쌀을 한꺼번에 수확했소'라고 이야

---

19　'adhamma'의 번역.

20　'dhamma'의 번역.

기했다. 와쎗타여, 그러자 그 중생은 '여보시오, 그렇게 하면 좋겠군요' 라면서 그 중생을 본받아서 한꺼번에 이틀분의 쌀을 수확했다. 와쎗타여, 그런데 다른 중생이 그 중생에게 가서 '여보시오, 우리 쌀을 수확하러 갑시다'라고 말하자, '여보시오, 나는 충분하오. 나는 이틀분의 쌀을 한꺼번에 수확했소'라고 이야기했다. 와쎗타여, 그러자 그 중생은 '여보시오, 그렇게 하면 좋겠군요'라고 하면서 그 중생을 본받아서 한꺼번에 나흘분의 쌀을 수확했다. 와쎗타여, 그런데 다른 중생이 그 중생에게 가서 '여보시오, 우리 쌀을 수확하러 갑시다'라고 말하자, '여보시오, 나는 충분하오. 나는 나흘분의 쌀을 한꺼번에 수확했소"라고 이야기했다. 와쎗타여, 그러자 그 중생은 '여보시오, 그렇게 하면 좋겠군요'라고 하면서 그 중생을 본받아서 한꺼번에 여드레분의 쌀을 수확했다. 와쎗타여, 그 중생은 쌀을 저장해두고 먹기 시작했다. 그러자 백미(白米)를 겨가 둘러싸고, 왕겨가 둘러쌌으며, 벼는 베어내면 다시 자라나지 않고 단절되어 그루터기가 남았다.

**18.** 와쎗타여, 그러자 그 중생은 모여서 슬퍼하면서 말했다.

'벗이여, 중생에게 참으로 사악한 행실[法]들이 생겼다. 우리는 예전에 마음으로 이루어졌으며, 기쁨을 음식 삼아, 스스로 빛을 내면서, 허공을 날아다니며, 청정한 상태로 오랫동안 긴 시간을 머물렀다. 그런 우리에게 오랜 시간이 지나자 언제부턴가 물 위에 맛있는 땅이 나타났다. 그것은 색과 향과 맛을 갖추었다. 우리는 그 맛있는 땅을 손으로 뜯어서 먹기 시작했다. 그러자 스스로 나던 빛이 사라졌다. 스스로 나던 빛이 사라지자 태양과 달이 나타났다. 태양과 달이 나타나자 별과 별빛이 나타났다. 별과 별빛이 나타나자 낮과 밤의 구별이 생겼다. 낮과 밤이 구별되자 달의 구별이 생겼다. 달이 구별되자 계절과 해의 구별이 생겼다. 우리는 맛있는 땅을 음식으로 먹으며 오랫동안 긴 시간을 머물렀다. 그런 우리에게 실로 사악하고 못된 법이 생기자 맛있는 땅이 사라졌다. 맛있는 땅이 사라지자 땅에서 나오는 떡이 나타났다. 그것은 색과 향과 맛을 갖추었다. 우리는 그 맛있는 땅에서 나오는 떡을 먹기 시작했다. 우리는 땅에서 나오는 떡을 음식으로 먹으며 오랫동안 긴 시간을 머물렀다. 그런 우리에게 실로 사악하고 못된 행실[法]이 생기자 땅에서 나오는 떡이 사라졌다. 땅에서 나오는 떡이 사라지자 바달라따가 나타났다. 그것은 색과 향과 맛을 갖추었다. 우리는 그 바달라따를 먹기 시작했다. 우리는 그 바달라따를 음식으로 먹으며 오랫동안 긴 시간을 머물렀다. 그런 우리에게 실로 사악하고 못된 행실[法]이 생기자 바달라따가 사라졌다. 바달라따가 사라지자 겨도 없고 껍질도 없는, 향기 좋은 백미가 열리며, 경작하지 않아도 익는 쌀이 나타났다. 저녁에 저녁 식사를 위해 수확하면, 그 쌀은 아침에 다시 자라나서 익고, 아침에 아침 식사를 위해 수확하면 저녁에 다시 자라나 익으면서 끊임없이 열렸다. 우리는 경작하지 않아도 익는 쌀을 음식으로 먹으며 오랫동안 긴 시간을 머물렀다. 그런 우리에게 실로 사악하고 못된 행실[法]이 생기자 백미(白米)를 겨가 둘러싸고, 왕겨가 둘러쌌으며, 벼는 베어내면 다시 자라나지 않고 단절되어 그루터기가 남았다. 그러니 이제 우리는 논의 경계를 구분하여 쌀을 분배하는 것이 어떨까?'

와쎗타여, 그래서 그 중생은 논의 경계를 구분하여 쌀을 분배했다.

**19.** 와쎗타여, 그런데 어떤 중생이 탐욕이 생겨서 자신의 몫은 아껴두고 다른 중생의 몫을 훔쳐서 먹었다. 그들은 이 중생을 붙잡아서,

'중생아, 실로 너는 자신의 몫은 아껴두고 다른 사람의 몫을 훔쳐 먹는 사악한 일을 저질렀다. 중생아, 다시는 이런 짓을 하지 말라!'고 말했다.

이 중생은 '존자여, 알겠습니다'라고 그 중생에게 대답했다.

와쎗타여, 그러나 이 중생은 두 번, 세 번 거듭하여 자신의 몫은 아껴두고, 다른 중생의 몫을 훔쳐서 먹었다. 그들은 이 중생을 붙잡아서, '중생아, 실로 너는 자신의 몫은 아껴두고, 다른 사람의 몫을 훔쳐 먹는 사악한 일을 저질렀다. 중생아, 다시는 이런 짓을 하지 말라!'고 말하면서, 어떤 중생은 손으로 때리고, 어떤 중생은 흙덩어리로 때리고, 어떤 중생은 매로 때렸다. 와쎗타여, 이때 비로소 도둑질이 나타나고, 질책이 나타나고, 거짓말이 나타나고, 매질이 나타났다.

**20.** 와쎗타여, 그러자 그 중생은 모여서 슬퍼하면서 말했다.

'벗이여, 중생에게 참으로 사악한 행실[法]들이 생겼다. 앞으로는 도둑질이 나타날 것이고, 질책이 나타날 것이고, 거짓말이 나타날 것이고, 매질이 나타날 것이다. 그러니 우리는 한 중생을 선출하여, 그로 하여금 마땅히 꾸짖어야 할 자는 꾸짖고, 마땅히 책망해야 할 자는 책망하고, 마땅히 내쫓아야 할 자는 내쫓도록 하는 것이 어떨까? 그리고 우리는 그에게 그 대가로 쌀을 주도록 하자.'

와쎗타여, 그리하여 그 중생은 그들 가운데서 가장 잘생기고, 보기 좋고, 매력 있고, 큰 힘이 있는 중생을 찾아가서 말했다.

'여보시오! 중생이여, 마땅히 꾸짖어야 할 자는 꾸짖고, 마땅히 책망해야 할 자는 책망하고, 마땅히 내쫓아야 할 자는 내쫓아 주시오. 그러면 우리는 그대에게 그 대가로 쌀을 주도록 하겠소.'

그는 그 중생에게 '벗이여, 그렇게 합시다'라고 승낙한 후에 마땅히 꾸짖어야 할 자는 꾸짖고, 마땅히 책망해야 할 자는 책망하고, 마땅히 내쫓아야 할 자는 내쫓았다. 그리고 그들은 그에게 그 대가로 쌀을 주었다.

**21.** 와쎗타여, '대중(大衆)이 선출한 자'[21]라고 해서 마하 싸마따(Mahā-sammata)라고 하였나니, 마하 싸마따라는 말이 맨 처음 생겼다.

와쎗타여, '국토의 주인'[22]이라고 해서 크샤트리아라고 하였나니, 크샤트리아라는 말이 두 번째로 생겼다.

와쎗타여, '행실[法]로 다른 사람들을 기쁘게 한다'[23]고 해서 라자(Rājā)라고 하였나니, 라자라는 말이 세 번째로 생겼다.

와쎗타여, 오래된 태곳적 이야기에 의하면 크샤트리아 계급은 이렇게 해서 생겼다. 그들은 다를 바 없는 똑같은 중생으로부터 생긴 것이지 특별한 것으로부터 생긴 것이 아니며, 행실[法]에 의한 것이지, 행실 아닌 어떤 것[非法]에 의한 것이 아니다.[24] 와쎗타여, 그러므로 현세에서나 내세에서나 사람에게 가장 중요한 것은 행실[法]이다.

**22.** 와쎗타여, 그런데 어떤 중생은 '벗이여, 중생에게 참으로 사악한 행실[法]들이 생겼다. 앞으로는 도둑질이 나타날 것이고, 질책이 나타날 것이고, 거짓말이 나타날 것이고 매질이 나타날 것이다. 그러니 우리는 차라리 사악하고 못된 행실[法]을 멀리하는 것이 어떨까?'라고

---

21 'mahājana-sammata'의 번역.

22 'khettānaṃ pati'의 번역.

23 'dhammena pare rañjeti'의 번역.

24 크샤트리아가 사회적으로 높은 계급이 된 것은 태생에 의해서가 아니라 윤리적인 행위에 의한 것이라는 의미이다.

생각했다. 그들은 사악하고 못된 행실[法]을 멀리했다. 와쎗타여, '사악하고 못된 행실[法]을 멀리한다'[25]고 해서 바라문(Brāhmaṇa)이라고 하였나니, 바라문이라는 말이 맨 처음 생겼다. 그들은 숲속에 나뭇잎 오두막을 짓고 나뭇잎 오두막에서 명상하면서, 절구질하거나 불을 지피지 않고, 저녁에는 저녁 식사를 위하여, 아침에는 아침 식사를 위하여 마을이나 시장이나 도읍(都邑)에 들어가서 음식을 구했다. 그들은 음식을 얻은 후에는 다시 숲속의 나뭇잎 오두막에서 명상했다.

이들을 보고 사람들이 말했다.

'벗이여, 이 중생은 숲속에 나뭇잎 오두막을 짓고, 나뭇잎 오두막에서 명상하면서, 절구질하거나 불을 지피지 않고, 저녁에는 저녁 식사를 위하여, 아침에는 아침 식사를 위하여 마을이나 시장이나 도읍에 들어가서 음식을 구한다. 그들은 음식을 얻은 후에는 다시 숲속의 나뭇잎 오두막에서 명상한다.'

와쎗타여, '명상한다'[26]고 해서 자야까(Jhāyaka)[27]라고 하였나니, 자야까라는 말이 두 번째로 생겼다.

▌**23.** ▌ 와쎗타여, 그 중생 가운데 어떤 중생은 숲속의 나뭇잎 오두막에서 명상을 하지 못하고 마을 근처나 시장 근처에 들어가서 경전(經典)을 만들어서 먹고살았다.

---

25 'bāhenti'의 번역.

26 'jhāyanti'의 번역.

27 브라만에게 제사 지내기 위해서 '불을 지피는 자'라는 의미에서 '자야까'라고 부르는데, 여기에서는 그 의미를 '명상하는 자'라고 설명하고 있다.

이들을 보고 사람들이 말했다.

'벗이여, 이 중생은 숲속의 나뭇잎 오두막에서 명상을 하지 못하고 마을 근처나 시장 근처에 들어가서 경전(經典)을 만들어서 먹고산다. 이들은 이제는 명상하지 않는다.'

와쎗타여, '이제는 명상하지 않는다'고 해서 아자야까(Ajhāyaka)[28]라고 하였나니, 아자야까라는 말이 세 번째로 생겼다.

와쎗타여, 이들은 그때에는 천하게 여겨졌는데 오늘날은 최상으로 여겨지고 있다. 와쎗타여, 오래된 태곳적 이야기에 의하면, 바라문(Brāhmaṇa) 계급은 이렇게 해서 생겼다. 그들은 다를 바 없는 똑같은 중생으로부터 생긴 것이지 특별한 것으로부터 생긴 것이 아니며, 행실[法]에 의한 것이지 행실 아닌 어떤 것[非法]에 의한 것이 아니다. 와쎗타여, 그러므로 현세에서나 내세에서나 사람에게 가장 중요한 것은 행실[法]이다.

▌**24.** ▌ 와쎗타여, 그 중생 가운데 어떤 중생은 결혼하여 여러 가지 직업에 종사했다. 와쎗타여, '결혼하여 여러 가지 직업에 종사한다'[29]고 해서 바이샤(Vessa)라고 하였나니, 바이샤라는 말이 생긴 것이다. 와쎗타여, 오래된 태곳적 이야기에 의하면, 바이샤 계급은 이렇게 해서 생겼다. 그들은 다를 바 없는 똑같은 중생으로부터 생긴 것이지 특별한 것으로부터 생긴 것이 아니며, 행실[法]에 의한 것이지 행실 아닌 어떤 것[非法]에 의한 것이 아니다. 와쎗타여, 그러므로 현세에서나 내세에

---

28  원래는 '베다를 공부하는 자'라는 의미로서 바라문 학자를 가리키는 말이다.

29  'methuna-dhammaṃ samādāya vissuta-kammante payojenti'의 번역.

서나 사람에게 가장 중요한 것은 행실[法]이다.

**25.** 와쎗타여, 그 중생 가운데 나머지 중생은 사냥질을 했다. 와쎗타여, '사냥질은 천한 일이다'고 해서 수드라(Sudda)라고 하였나니, 수드라라는 말이 생긴 것이다. 와쎗타여, 오래된 태곳적 이야기에 의하면, 수드라 계급은 이렇게 해서 생겼다. 그들은 다를 바 없는 똑같은 중생으로부터 생긴 것이지 특별한 것으로부터 생긴 것이 아니며, 행실[法]에 의한 것이지 행실 아닌 어떤 것[非法]에 의한 것이 아니다. 와쎗타여, 그러므로 현세에서나 내세에서나 사람에게 가장 중요한 것은 행실[法]이다.

**26.** 와쎗타여, 그러다가 어느 때가 되자 크샤트리아가 자신의 신분을 비판하고, '나는 사문(沙門)[30]이 되겠다'고 집을 떠나 출가하였다. 바라문도 자신의 신분을 비판하고, '나는 사문이 되겠다'고 집을 떠나 출가하였다. 바이샤도 자신의 신분을 비판하고, '나는 사문이 되겠다'고 집을 떠나 출가하였다. 수드라도 자신의 신분을 비판하고, '나는 사문이 되겠다'고 집을 떠나 출가하였다. 와쎗타여, 이들 네 가지 계급으로부터 사문 계급이 출현하였다. 그들은 다를 바 없는 똑같은 중생으로부터 생긴 것이지 특별한 것으로부터 생긴 것이 아니며, 행실[法]에 의한 것이지 행실 아닌 어떤 것[非法]에 의한 것이 아니다. 와쎗타여, 그러므로 현세에서나 내세에서나 사람에게 가장 중요한 것은 행실[法]이다.

**27.** 와쎗타여, 크샤트리아도 사견(邪見)을 지니고 몸으로 악행을 저지르고, 말로 악행을 저지르고, 마음으로 악행을 저지르면, 사견을

---

30 'samaṇa'의 번역.

지니고 지은 업으로 인해서 몸이 무너져 죽은 후에 험난하고 고통스러운 지옥과 같은 악취(惡趣)에 태어난다. 바라문도, 바이샤도, 수드라도 마찬가지다.

**｜ 28. ｜** 와쎗타여, 크샤트리아도 정견(正見)을 지니고 몸으로 선행을 행하고, 말로 선행을 행하고, 마음으로 선행을 행하면, 정견을 지니고 지은 업으로 인해서 몸이 무너져 죽은 후에 천상(天上) 세계와 같은 선취(善趣)에 태어난다. 바라문도, 바이샤도, 수드라도 마찬가지다.

**｜ 29. ｜** 와쎗타여, 크샤트리아도 정견과 사견을 지니고 몸으로 선행과 악행을 행하고, 말과 마음으로 선행과 악행을 행하며, 정견과 사견을 지니고 지은 업으로 인해서 몸이 무너져 죽은 후에는 즐거움과 괴로움을 겪는다. 바라문도, 바이샤도, 수드라도 마찬가지다.

**｜ 30. ｜** 와쎗타여, 크샤트리아도 몸을 제어하고, 말을 제어하고, 마음을 제어하여, 일곱 가지 깨달음을 돕는 수행법[七覺支]³¹을 닦은 뒤에는 지금 여기에서 반열반(般涅槃)에 들게 된다. 바라문도, 바이샤도, 수드라도 마찬가지다.

**｜ 31. ｜** 와쎗타여, 이들 네 가지 계급 가운데 비구로서 번뇌를 멸진하고, 해야 할 일을 마치고, 짐을 내려놓고 자신의 목적에 도달하여, 존재의 결박[有結]을 끊고 바른 지혜를 갖추어 해탈한 아라한(阿羅漢)이 있다. 그 사람을 최상이라고 칭하는 것은 행실[法]에 의해서이지 행실이 아닌 다른 것[非法]에 의해서가 아니다. 와쎗타여, 현세에서나 내세에서나 사람에게 가장 중요한 것은 행실[法]이다.

---

31 'sattannaṃ bodhi pakkhiyānaṃ dhammānaṃ'의 번역.

**32.** 와쎗타여, 싸낭 꾸마라(Sanaṃ-Kumāra) 범천(梵天)은 이런 게송을 읊었다.”

> 가문에 의지하는 사람들 가운데서는 크샤트리아가 최상이지만,
> 천신과 인간 가운데서는 지혜와 실천을 구족한 분[明行足]이 최
> 상이다.

“와쎗타여, 나는 싸낭 꾸마라(Sanaṃ-Kumāra) 범천(梵天)은 게송을 잘 읊었지 잘못 읊은 것이 아니며, 잘 이야기한 것이지 잘못 이야기한 것이 아니며, 의미 있는 게송이지 무의미한 게송이 아니라고 인정한다. 와쎗타여, 나도 이렇게 말한다.”

> 가문에 의지하는 사람들 가운데서는 크샤트리아가 최상이지만,
> 천신과 인간 가운데서는 지혜와 실천을 구족한 분[明行足]이 최
> 상이다.

세존께서 이와 같이 말씀하시자, 와쎗타와 바라드와자는 세존의 말씀을 듣고 환희에 차서 기뻐했습니다.

# 청정경
## 清淨經<sup>1</sup>

Pāsādika Sutta ㉙

해
제

이 경의 이름인 빠싸디까(pāsādika)는 '유쾌한, 상쾌한, 멋진'의 의미를 지닌 형용사다. 그런데『장아함경』에서는 이 경의 이름을 「청정경(淸淨經)」이라고 번역했다. 청정(淸淨)으로 한역된 빨리어는 '청정, 희열, 만족, 신락(信樂)'을 의미하는 빠싸다(pasāda)이며, 형용사형은 빠싸다까(pasādaka)이다. 한역『아함경(阿含經)』은 산스크리트어로 된 '아가마(Āgama)'를 번역한 것으로 알려져 있기 때문에, 아가마에는 경의 이름이 빠싸다까(pasādaka)로 되어있는지는 알 수 없다. 그렇지만 빠싸디까(pāsādika)와 빠싸다까(pasādaka)는 빠싸다(pasāda)에서 파생된 형용사로서, 빠싸디까(pāsādika)가 청정한 믿음에서 일어나는 즐거움을 의미하기 때문에 두 개념은 의미상 큰 차이가 없다. 따라서 이 경의 이름을 「청정경」으로 번역해도 무리가 없다고 생각된다.

이 경은 자이나(Jaina)교의 창시자인 니간타 나타뿟따(Nigaṇṭha Nāthaputta)가 죽은 후에 교단이 분열되어 다투는 일을 계기로 설해진다. 대부분 종교 교단은 그 교단의 창시자가 죽으면 분열하게 된다. 그 원인은 그 교단이 창시자의 권위나 권력에 의지하고 있기 때문이다. 권력으로 유지되는 교단에서는 항상 권력다툼이 일어난다. 이런 권력다툼을 방지하기 위하여 교주가 죽기 전에 후계자를 정하기도 하지만, 권력을 추구하는 자들은 후계자를 인정하지 않고 권력을 쟁취하려고 한다. 붓다는 이러한 사실을 잘 알고 있었기 때문에 「마하 빠리닙반나 숫따(Mahā-Parinibbāna Sutta)」에서 후계자를 정해줄 것을 요청하는 아난다 존

---

01 『디가 니까야(Dīgha-Nikāya)』의 제29경이며, 『장아함경』의 17번째 경인 「청정경」에 상응하는 경.

자에게 후계자 지명을 거부한다. 그리고 불교는 스스로 진리에 의지하여 깨닫는 종교이므로 다른 사람의 권위나 힘에 의지하지 말고 자기 자신과 진리에 의지하여 살아갈 것을 당부한다. 붓다는 제자들을 권위와 힘으로 지도한 것이 아니라 진리를 가르쳤을 뿐이다.

붓다는 자이나교 교단이 분열한 원인을 다음과 같이 진단한다.

"그렇다. 쭌다여, 그 가르침과 율은 수호할 수 없는 것으로서 잘못 가르쳐진 것이고, 해탈로 이끌지 못하고, 고요함으로 이끌지 못하고, 바른 깨달음을 얻지 못한 사람이 가르친 것이다."

진정한 종교는 실현 가능한 것을 가르쳐야 한다. 죽은 뒤에 천당에 간다거나, 죽은 뒤에 해탈이나 열반이 가능하다고 한다면, 살아있는 동안 누가 그것을 실현할 수 있겠는가? 종교가 권위에 의존하고 권력화되는 것은 모두 실현 불가능한 세계를 가르치기 때문이다. 만약 어떤 종교의 가르침이 누구나 실현 가능하다면, 그 종교에서는 다른 사람의 권위나 힘에 의지할 필요 없이 그 가르침에 따라 스스로 성취하게 될 것이다. 그리고 스스로 성취하는 종교에서는 다른 사람과 권위나 권력을 두고 다툴 필요가 없을 것이다.

불교가 바로 이런 종교이다. 따라서 진정한 불교에는 쟁취해야 할 권위와 권력이 없다. 그럼에도 불구하고 우리 불교계의 현실은 권위를 앞세우고, 권력을 위한 투쟁이 끊이지 않는다. 이 경을 통해 우리는 우리의 현실을 극복하고 화합과 상호존경을 이룰 수 있는 길을 발견할 수 있을 것이다.

| 1. | 이와 같이 나는 들었습니다.

한때 세존께서는 싸꺄(釋迦)족의 도시 웨단냐(Vedhañña)에 있는 망고 숲의 중각강당에 머무셨습니다. 그때 얼마 전에 니간타 나타뿟따(Nigaṇṭha Nāthaputta)가 빠와(Pāvā)에서 죽었습니다. 그가 죽자 두 파로 분열된 니간타(Nigaṇṭha)들은 투쟁과 불화와 논쟁을 일으켜 날카로운 독설로 상호 간에 상대방을 공격하며 지냈습니다.

"너는 이 가르침[法]과 율(律)을 이해하지 못하고 있다. 나는 이 가르침과 율을 이해하고 있다. 너는 왜 이 가르침과 율을 이해하지 못하느냐?" "너는 잘못하고 있다. 내가 제대로 하고 있다." "나는 맞고, 너는 틀렸다.", "너는 먼저 할 말을 뒤에 하고, 뒤에 할 말을 먼저 했다."[02] "너는 반대로 생각하고 있다." "네가 한 말은 비난받아 마땅하다." "할 수

---

02  말에 두서(頭緖)가 없다는 의미.

있다면 해명을 하든지, 아니면 닥치고 꺼져라!"

니간타 나타뿟따의 제자들 사이에 꼭 살육이 발생할 것만 같았습니다. 흰옷을 입는 니간타 나타뿟따의 재가 제자들은 니간타 나타뿟따의 제자들에게 진절머리를 내며 외면하고 분통을 터트렸습니다.

이런 일이 벌어진 것은 그 가르침과 율이 수호할 수 없는 것으로서 잘못 가르쳐진 것이고, 해탈로 이끌지 못하고, 고요함으로 이끌지 못하고, 바른 깨달음을 얻지 못한 사람이 가르친 것으로서 무너진 탑처럼[03] 귀의처가 될 수 없기 때문이었습니다.

**| 2. |** 그때 쭌다(Cunda) 사미(沙彌)가 빠와에서 우기(雨期)를 보내고 아난다 존자를 찾아 싸마가마(Sāmagāma)에 왔습니다. 쭌다 사미는 아난다 존자에게 예배하고 한쪽에 앉은 후에 빠와에서 니간타 나타뿟따가 죽은 후에 일어난 일을 이야기했습니다.

그 이야기를 듣고 아난다 존자가 쭌다 사미에게 말했습니다.

"쭌다여, 이 이야기는 세존님께 알려야 할 이야기다. 쭌다여, 세존님께 가자! 가서 이 내용을 세존님께 알리자!"

쭌다 사미는, "예, 존자님." 하고 아난다 존자에게 대답했습니다.

**| 3. |** 그래서 아난다 존자와 쭌다 사미는 세존에게 갔습니다. 그들은 세존에게 예배하고 한쪽에 앉았습니다. 아난다 존자와 쭌다 사미는 한쪽에 앉아 쭌다 사미가 보고 들은 일을 세존에게 말씀드렸습니다.

그 이야기를 듣고 세존께서 쭌다에게 말씀하셨습니다.

---

03 'bhinna-thūpe'의 번역. 'bhinna'는 '부서진, 쪼개진'의 의미를 지닌 형용사이다. 「청정경 (清淨經)」에는 '朽塔不可汙色(색을 칠할 수 없는 썩은 탑)'으로 번역되어 있다.

"그렇다. 쭌다여, 그 가르침과 율은 수호할 수 없는 것으로서, 잘못 가르쳐진 것이고, 해탈로 이끌지 못하고, 고요함으로 이끌지 못하고, 바른 깨달음을 얻지 못한 사람이 가르친 것이다.

**4.** 쭌다여, 여기에 바른 깨달음을 얻지 못한 스승이 있다고 하자. 그리고 수호할 수 없고, 잘못 가르쳐지고, 해탈로 이끌지 못하고, 고요함으로 이끌지 못하고, 바른 깨달음을 얻지 못한 스승이 가르친 가르침[法]이 있고, 그 가르침 가운데 제자로서 가르침에 따라 여법하게 성취하여 살아가지 않고, 화경(和敬)을 성취하지 않고, 가르침을 따르지 않고, 그 가르침에서 벗어난 사람이 있다고 하자. 그는 이런 말을 들어 마땅할 것이다.

'벗이여, 그대에게 이익이고, 그대에게 축복이다.[04] 그대의 스승은 바른 깨달음을 얻지 못했다. 그의 가르침은 수호할 수 없고, 잘못 가르쳐지고, 해탈로 이끌지 못하고, 고요함으로 이끌지 못하고, 바른 깨달음을 얻지 못한 스승이 가르친 가르침[法]이다. 그대는 그 가르침 가운데서 가르침에 따라 여법하게 성취하여 살아가지 않고, 화경(和敬)을 성취하지 않고, 그 가르침을 따르지 않고, 그 가르침에서 벗어났다.'

쭌다여, 이런 경우에는 스승도 비난받아야 하고, 가르침도 비난받아야 하지만, 제자는 이와 같이 칭찬받을 만하다.

쭌다여, 이러한 제자에게 '여보시오! 존자여, 그대의 스승이 가르치고 시설한 그대로 실천하시오'라고 말한다면, 격려하는 사람과 격려

---

04  'bhinna-thūpe'의 번역. 'bhinna'는 '부서진, 쪼개진'의 의미를 지닌 형용사이다. 「청정경(清淨經)」에는 '朽塔不可汙色(색을 칠할 수 없는 썩은 탑)'으로 번역되어 있다.

하는 일과 격려를 받고 그대로 실천하는 사람 모두가 많은 잘못된 결과를 낳는다. 그 까닭은 무엇이겠느냐? 쭌다여, 그것은 그 가르침과 율이 수호할 수 없는 것으로서 잘못 가르쳐진 것이고, 해탈로 이끌지 못하고, 고요함으로 이끌지 못하고, 바른 깨달음을 얻지 못한 사람이 가르친 것이기 때문이다.

**| 5. |** 쭌다여, 여기에 바른 깨달음을 얻지 못한 스승이 있다고 하자. 그리고 수호할 수 없고, 잘못 가르쳐지고, 해탈로 이끌지 못하고, 고요함으로 이끌지 못하고, 바른 깨달음을 얻지 못한 스승이 가르친 가르침[法]이 있고, 그 가르침 가운데 제자로서 가르침에 따라 여법하게 성취하여 살아가고, 화경(和敬)을 성취하고, 가르침을 따르고, 그 가르침을 수지(受持)하는 사람이 있다고 하자. 그는 이런 말을 들어 마땅할 것이다.

'벗이여, 그대에게 손해이고, 그대에게 불행이다. 그대의 스승은 바른 깨달음을 얻지 못했다. 그의 가르침은 수호할 수 없고, 잘못 가르쳐지고, 해탈로 이끌지 못하고, 고요함으로 이끌지 못하고, 바른 깨달음을 얻지 못한 스승이 가르친 가르침[法]이다. 그대는 그 가르침 가운데서 가르침에 따라 여법하게 성취하여 살아가고, 화경(和敬)을 성취하고, 그 가르침을 따르고, 그 가르침을 수지했다.'

쭌다여, 이런 경우에는 스승도 비난받아야 하고, 가르침도 비난받아야 하고, 제자도 이와 같이 비난받아야 한다.

쭌다여, 이러한 제자에게 '존자여, 바른길을 갔으니 반드시 바른 도리를 얻을 것이오'라고 말한다면, 칭찬하는 사람과 칭찬하는 일과 칭찬을 받고 더욱 정진하는 사람 모두가 많은 잘못된 결과를 낳는다. 그 까닭은 무엇이겠느냐? 쭌다여, 그것은 그 가르침과 율이 수호할 수 없는 것으로서 잘못 가르쳐진 것이고, 해탈로 이끌지 못하고, 고요함으로 이끌지 못하고, 바른 깨달음을 얻지 못한 사람이 가르친 것이기 때문이다.

**6.** 쭌다여, 여기에 바른 깨달음을 얻은 스승이 있다고 하자. 그리고 수호할 수 있고, 잘 가르쳐지고, 해탈로 이끌고, 고요함으로 이끌고, 바른 깨달음을 얻은 스승이 가르친 가르침이 있고, 그 가르침 가운데 제자로서 가르침에 따라 여법하게 성취하여 살아가지 않고, 화경(和敬)을 성취하지 않고, 가르침을 따르지 않고, 그 가르침에서 어긋난 사람이 있다고 하자. 그는 이런 말을 들어 마땅할 것이다.

'벗이여, 그대에게 손해이고, 그대에게 불행이다. 그대의 스승은 바른 깨달음을 얻었다. 그의 가르침은 수호할 수 있고, 잘 가르쳐지고, 해탈로 이끌고, 고요함으로 이끌고, 바른 깨달음을 얻은 스승이 가르친 가르침이다. 그대는 그 가르침 가운데서 가르침에 따라 여법하게 성취하여 살아가지 않고, 화경(和敬)을 성취하지 않고, 그 가르침을 따르지 않고, 그 가르침에서 어긋났다.'

쭌다여, 이런 경우에는 스승도 칭찬받아야 하고, 가르침도 칭찬받아야 하지만, 제자는 이와 같이 비난받아야 한다.

쭌다여, 이러한 제자에게 '여보시오! 존자여, 그대의 스승이 가르치고 시설한 그대로 실천하시오'라고 말한다면, 격려하는 사람과 격려하는 일과 격려를 받는 사람 모두가 큰 공덕을 낳는다. 그 까닭은 무엇이겠느냐? 쭌다여, 그것은 그 가르침과 율이 수호할 수 있는 것으로서, 잘 가르쳐진 것이고, 해탈로 이끌고, 고요함으로 이끌고, 바른 깨달음을 얻은 등정각자(等正覺者)가 가르친 것이기 때문이다.

**7.** 쭌다여, 여기에 바른 깨달음을 얻은 스승이 있다고 하자. 그리

고 수호할 수 있고, 잘 가르쳐지고, 해탈로 이끌고, 고요함으로 이끌고, 바른 깨달음을 얻은 스승이 가르친 가르침이 있고, 그 가르침 가운데 제자로서 가르침에 따라 여법하게 성취하여 살아가고, 화경(和敬)을 성취하고, 가르침을 따르고, 그 가르침을 수지하는 사람이 있다고 하자. 그는 이런 말을 들어 마땅할 것이다.

'벗이여, 그대에게 이익이고, 그대에게 축복이다. 그대의 스승은 바른 깨달음을 얻었다. 그의 가르침은 수호할 수 있고, 잘 가르쳐지고, 해탈로 이끌고, 고요함으로 이끌고, 바른 깨달음을 얻은 스승이 가르친 가르침이다. 그대는 그 가르침 가운데서 가르침에 따라 여법하게 성취하여 살아가고, 화경(和敬)을 성취하고, 그 가르침을 따르고, 그 가르침을 수지했다.'

쭌다여, 이런 경우에는 스승도 칭찬받아야 하고, 가르침도 칭찬받아야 하고, 제자도 이와 같이 칭찬받아야 한다.

쭌다여, 이러한 제자에게 '존자여, 바른길을 갔으니 반드시 바른 도리를 얻을 것이오'라고 말한다면, 칭찬하는 사람과 칭찬하는 일과 칭찬을 받고 더욱 정진하는 사람 모두가 큰 공덕을 낳는다. 그 까닭은 무엇이겠느냐? 쭌다여, 그것은 그 가르침과 율이 수호할 수 있는 것으로서, 잘 가르쳐진 것이고, 해탈로 이끌고, 고요함으로 이끌고, 바른 깨달음을 얻은 등정각자(等正覺者)가 가르친 것이기 때문이다.

**8.** 쭌다여, 세간에 스승으로서 바른 깨달음을 얻은 등정각자(等正覺者), 아라한(阿羅漢)이 출현한다고 하자. 그리고 수호할 수 있고, 잘 가르쳐지고, 해탈로 이끌고, 고요함으로 이끌고, 바른 깨달음을 얻은 등정각자가 가르친 가르침이 있다고 하자. 그런데 제자들은 바른 가르

침 가운데서 의미를 알지 못하고, 그들에게 일체의 주의집중과 신통(神通)을 행하는 완전히 성취된 범행(梵行)이 사람들이 잘 이해할 수 있을 만큼 드러나지 않았다고 하자. 그런데 그들에게 스승이 없어졌다면, 쭌다여, 실로 이러한 스승의 죽음은 제자들에게 애석한 일이다. 그 까닭은 무엇이겠느냐? 쭌다여, 세간에 스승으로서 바른 깨달음을 얻은 등정각자, 아라한이 출현했고, 수호할 수 있고, 잘 가르쳐지고, 해탈로 이끌고, 고요함으로 이끌고, 바른 깨달음을 얻은 등정각자가 가르친 가르침이 있으나, 제자들이 바른 가르침 가운데서 의미를 알지 못하고, 그들에게 일체의 주의집중과 신통을 행하는 완전히 성취된 범행(梵行)이 사람들이 잘 이해할 수 있을 만큼 드러나지 않았는데, 그들에게 스승이 없어졌기 때문이다. 쭌다여, 실로 이러한 스승의 죽음은 제자들에게 애석한 일이다.

**▌ 9. ▐** 쭌다여, 세간에 스승으로서 바른 깨달음을 얻은 등정각자, 아라한이 출현한다고 하자. 그리고 수호할 수 있고, 잘 가르쳐지고, 해탈로 이끌고, 고요함으로 이끌고, 바른 깨달음을 얻은 등정각자가 가르친 가르침이 있는데, 제자들은 바른 가르침 가운데서 의미를 알고, 그들에게 일체의 주의집중과 신통을 행하는 완전히 성취된 범행(梵行)이 사람들이 잘 이해할 수 있을 만큼 드러났다고 하자. 그런데 그들에게 스승이 없어진다면, 쭌다여, 실로 이러한 스승의 죽음은 제자들에게 애석한 일이 아니다. 그 까닭은 무엇이겠느냐? 쭌다여, 세간에 스승으로서 바른 깨달음을 얻은 등정각자, 아라한이 출현했고, 수호할 수 있고, 잘 가르쳐지고, 해탈로 이끌고, 고요함으로 이끌고, 바른 깨달음을 얻은 등정각자가 가르친 가르침이 있으며, 제자들은 바른 가르침 가운데서 의

미를 알고, 그들에게 일체의 주의집중과 신통을 행하는 완전히 성취된 범행(梵行)이 사람들이 잘 이해할 수 있을 만큼 드러났는데, 그들에게 스승이 없어졌기 때문이다. 쭌다여, 실로 이러한 스승의 죽음은 제자들에게 애석한 일이 아니다.

**| 10. |** 쭌다여, 이런 부분들을 구족한 범행(梵行)이 있어도, 스승이 장로로서 출가한 지 오래되고 나이 많고 경험 많은 원로가 아니라면, 그 범행(梵行)은 그로 인해서 완전한 것이 못 된다. 쭌다여, 이런 부분들을 구족한 범행(梵行)이 있는데, 스승이 장로로서 출가한 지 오래되고 나이 많고 경험 많은 원로라면, 그 범행(梵行)은 그로 인해서 완전한 것이 된다.

**| 11. |** 쭌다여, 이런 부분들을 구족한 범행(梵行)이 있는데, 스승이 장로로서 출가한 지 오래되고, 나이 많고, 경험 많은 원로라고 할지라도, 장로 비구로서 학식이 있고, 수련이 잘 되고, 속박에서 벗어나 안온을 성취하고, 정법(正法)을 선양(宣揚)하고, 정법으로 논쟁(論爭)을 절복(折伏)하고, 절복한 다음에 신통을 갖춘 법을 드러낼 수 있는 제자가 없다면, 그 범행(梵行)은 그로 인해서 완전한 것이 못 된다. 쭌다여, 이런 부분들을 구족한 범행(梵行)이 있는데, 스승이 장로로서 출가한 지 오래되고 나이 많고 경험 많은 원로인데, 장로 비구로서 수련이 잘 되고, 속박에서 벗어나 안온을 성취하고, 정법을 선양(宣揚)하고, 정법으로 논쟁(論爭)을 절복(折伏)하고, 절복한 다음에 신통을 갖춘 법을 드러낼 수 있는 제자들이 있다면, 그 범행(梵行)은 그로 인해서 완전한 것이 된다.

**| 12. |** 쭌다여, 이런 부분들을 구족한 범행(梵行)이 있는데, 장로로서 출가한 지 오래되고 나이 많고 경험 많은 원로인 스승이 있고, 수련이 잘 되고, 속박에서 벗어나 안온을 성취하고, 정법을 선양(宣揚)하고, 정

법으로 논쟁(論爭)을 절복(折伏)하고, 절복한 다음에 신통을 갖춘 법을 드러낼 수 있는 장로 비구 제자들이 있어도 그와 같은 중견 비구 제자들이 없으면, 그와 같은 중견 비구 제자들이 있어도 그와 같은 신참 비구 제자들이 없으면, 그와 같은 신참 비구 제자들이 있어도 그와 같은 장로 비구니 제자들이 없으면, 그와 같은 장로 비구니 제자들이 있어도 그와 같은 중견 비구니 제자들이 없으면, 그와 같은 중견 비구니 제자들이 있어도 그와 같은 신참 비구니 제자들이 없으면, 그와 같은 신참 비구니 제자들이 있어도 흰옷을 입은 재가 제자로서 범행을 실천하는 그와 같은 청신사(淸信士)들이 없으면, 흰옷을 입은 재가(在家) 제자로서 범행을 실천하는 그와 같은 청신사들이 있어도 흰옷을 입은 재가 제자로서 욕락(欲樂)을 즐기는 그와 같은 청신사들이 없으면, 흰옷을 입은 재가 제자로서 욕락을 즐기는 그와 같은 청신사들이 있어도 흰옷을 입은 재가 제자로서 범행을 실천하는 그와 같은 청신녀(淸信女)들이 없으면, 흰옷을 입은 재가 제자로서 범행을 실천하는 그와 같은 청신녀들이 있어도 흰옷을 입은 재가 제자로서 욕락을 즐기는 그와 같은 청신녀들이 없으면, 흰옷을 입은 재가 제자로서 욕락을 즐기는 그와 같은 청신녀들이 있어도 두루 널리 퍼지고 많은 사람들에게 널리 알려져서 사람들이 잘 알 수 있는 범행(梵行)이 아니라면, 두루 널리 퍼지고 많은 사람들에게 널리 알려져서 사람들이 잘 알 수 있는 범행(梵行)이라 할지라도 최상의 후원과 최상의 명성을 얻지 못한다면, 그 범행은 그로 인해서 완전한 것이 못 된다.

▎**13.** ▎ 쭌다여, 이런 부분들을 구족한 범행(梵行)이 있는데, 장로로서 출가한 지 오래되고 나이 많고 경험 많은 원로인 스승이 있고, 수련이

잘 되고, 속박에서 벗어나 안온을 성취하고, 정법을 선양(宣揚)하고, 정법으로 논쟁(論爭)을 절복(折伏)하고, 절복한 다음에 신통을 갖춘 법을 드러낼 수 있는 장로 비구 제자들이 있고, 그와 같은 중견 비구 제자들이 있고, 그와 같은 신참 비구 제자들이 있고, 그와 같은 장로 비구니 제자들이 있고, 그와 같은 중견 비구니 제자들이 있고, 그와 같은 신참 비구니 제자들이 있고, 흰옷을 입은 재가 제자로서 범행을 실천하는 그와 같은 청신사들이 있고, 흰옷을 입은 재가 제자로서 욕락을 즐기는 그와 같은 청신사들이 있고, 흰옷을 입은 재가 제자로서 범행을 실천하는 그와 같은 청신녀들이 있고, 흰옷을 입은 재가 제자로서 욕락을 즐기는 그와 같은 청신녀들이 있고, 두루 널리 퍼지고 많은 사람들에게 널리 알려져서 사람들이 잘 알 수 있는 범행(梵行)으로서 최상의 후원과 최상의 명성을 얻는다면, 그 범행은 그로 인해서 완전한 것이 된다.

**14.** 쭌다여, 지금 나는 스승으로서 세간에 출현한 아라한이며, 바른 깨달음을 얻은 등정각자이며, 수호할 수 있고, 잘 가르쳐지고, 해탈로 이끌고, 고요함으로 이끄는 바른 깨달음을 얻은 등정각자가 가르친 가르침[法]이 있다. 그리고 제자들은 바른 가르침 가운데서 의미를 알며, 그들에게 일체의 주의집중과 신통을 행하는 완전히 성취된 범행(梵行)이 사람들이 잘 이해할 수 있을 만큼 드러났다. 쭌다여, 게다가 나는 지금 장로로서 출가한 지 오래되고 나이 많고 경험 많은 원로인 스승이다.

**15.** 쭌다여, 그리고 지금 수련이 잘 되고, 속박에서 벗어나 안온을 성취하고, 정법을 선양(宣揚)하고, 정법으로 논쟁(論爭)을 절복(折伏)하고, 절복한 다음에 신통을 갖춘 법을 드러낼 수 있는 장로 비구 제자들이 있고, 그와 같은 중견 비구 제자들이 있고, 그와 같은 신참 비구 제자

들이 있고, 그와 같은 장로 비구니 제자들이 있고, 그와 같은 중견 비구니 제자들이 있고, 그와 같은 신참 비구니 제자들이 있고, 흰옷을 입은 재가 제자로서 범행을 실천하는 그와 같은 청신사들이 있고, 흰옷을 입은 재가 제자로서 욕락을 즐기는 그와 같은 청신사들이 있고, 흰옷을 입은 재가 제자로서 범행을 실천하는 그와 같은 청신녀들이 있고, 흰옷을 입은 재가 제자로서 욕락을 즐기는 그와 같은 청신녀들이 있으며, 범행(梵行)은 두루 널리 퍼지고, 많은 사람들에게 널리 알려져서 사람들이 잘 알 수 있다.

**| 16. |** 쭌다여, 지금 세간에 스승들이 출현했지만, 쭌다여, 나는 나처럼 최상의 이익[05]과 최상의 명성을 얻은 스승은 한 사람도 보지 못했다. 쭌다여, 지금 세간에 승가(僧伽)들이나 대중(大衆)[06]들이 출현했지만, 쭌다여, 나는 비구 승가처럼 최상의 이익과 최상의 명성을 얻은 승가는 하나도 보지 못했다. 쭌다여, 바르게 이야기하면서 '일체의 조건을 구족하고, 일체의 조건이 충족된, 부족하지도 않고, 지나치지도 않은, 잘 설해지고, 완전하며, 잘 드러난 범행(梵行)이다'라고 말한다고 한다면, 이것을 두고 말하는 것이다.

쭌다여, 웃다까 라마뿟따(Uddaka Rāmaputta)는 '보면서 보지 못한다'라고 말한다.[07] 무엇을 보면서 보지 못하는가? 날카로운 면도칼의

---

05  최상의 이익이란 수행의 결과 얻은 수승한 경지로서 '열반'을 의미한다.

06  'gaṇa'의 번역.

07  웃다까 라마뿟따는 비유상비무상처(非有想非無想處)를 수행의 궁극의 경지라고 가르친 사람이다. 붓다는 그를 스승으로 삼아 그에게서 비유상비무상처에 이르렀다는 인정을 받았지만, 그것을 청정한 범행의 완성이라고 보지 않고 그를 떠나 스스로 수행하여 깨

면은 보지만, 칼날은 보지 못한다는 것이다. 쭌다여, 그가 말하는 '보면서 보지 못한다'는 것은 이것을 두고 말한 것이다. 쭌다여, 웃다까 라마뿟따는 그것에 대하여 실로 속세(俗世) 범부(凡夫)의 천박하고 무익한 면도칼을 이야기한 것이다. 쭌다여, '보면서 보지 못한다'는 말을 바르게 이야기한다면, 이런 것을 이야기해야 할 것이다. 무엇을 보면서 보지 못하는가? 이와 같이 일체의 조건을 구족하고, 일체의 조건이 충족된, 부족하지도 않고, 지나치지도 않은, 잘 설해지고, 완전하며, 잘 드러난 범행(梵行)을 보면서, '지금 이것을 제거하면 보다 청정한 범행이 될 것이다'라고 하여 제거해야 할 것을 보지 못하고, '지금 이것을 집어넣으면 그 범행이 완성될 것이다'라고 하여 집어넣어야 할 것을 보지 못한다면, 이것을 두고 '보면서 보지 못한다'고 말하는 것이다.

쭌다여, 바르게 이야기하면서 '일체의 조건을 구족하고, 일체의 조건이 충족된, 부족하지도 않고, 지나치지도 않은, 잘 설해지고, 완전하

---

달음을 이루었다. 여기에서 칼날의 비유는 비유상비무상처에 대한 웃다까 라마뿟따의 비유를 뜻하는 것 같다. 우리는 칼의 양면은 볼 수 있지만, 양면이 만나는 칼날은 볼 수 없다. 이와 같이 유상(有想)과 무상(無想)은 칼의 양면처럼 볼 수 있지만, 비유상비무상처는 칼날처럼 존재하지만 볼 수는 없다는 것이다. 붓다가 웃다까 라마뿟따를 떠난 이유는 비유상비무상처가 선정(禪定) 속에서는 있지만 현실 속에서는 존재하지 않는다는 것이었다. 즉, 비유상비무상처라는 선정에 들어가 있을 때는 모든 괴로움이 없어지지만, 선정에서 깨어나면 예전과 다름이 없게 된다는 것이다. "보면서 보지 못한다"는 것은 비유상비무상을 이야기한 것이다. '보는 것'은 유상(有想)이고 '보지 못하는 것'은 무상(無想)이다. 즉, 우리에게 있다는 관념(有想)은 봄을 통해서 나타나고, 없다는 관념(無想)은 보지 못할 때 나타난다. 그런데 '보면서 보지 못 한다'면 그것은 (有想)이라고 할 수도 없고, (無想)이라고 할 수도 없을 것이다. 그렇다면 그런 일이 어떻게 가능한가? 우리가 면도칼을 볼 때 칼의 양면은 보지만, 칼날은 보지 못한다. 동일한 사물 속에 있는 것을 우리는 보면서 보지 못하는 것이다. 붓다는 이것을 세속의 천박한 말장난이라고 비판하고 있다.

며 잘 드러난 범행(梵行)이다'라고 말한다고 한다면, 이것을 두고 말하는 것이다.

**▎17. ▎** 쭌다여, 그러므로 내가 체득하여 그대들에게 가르친 가르침들을 함께 만나고 모여서 의미(意味)[08]는 의미로, 문장(文章)[09]은 문장으로 합송(合誦)하되, 논쟁하지 말라. 그리하여 많은 사람들의 이익과 행복을 위하여, 세간을 연민하여, 천신과 인간의 부(富)와 이익과 행복을 위하여, 이 범행이 길이 오래 머물도록 하여라.

쭌다여, 내가 체득하여 그대들에게 가르친 가르침들은 어떤 것인가? 그것은 4념처(四念處), 4정근(四正勤), 4신족(四神足), 5근(五根), 5력(五力), 7각지(七覺支), 8정도(八正道)이다. 쭌다여, 이것이 내가 체득하여 그대들에게 가르친 가르침들이니 함께 만나고 모여서 의미(意味)는 의미로, 문장(文章)은 문장으로 합송(合誦)하되, 논쟁하지 말라. 그리하여 많은 사람들의 이익과 행복을 위하여, 세간을 연민하여, 천신과 인간의 부(富)와 이익과 행복을 위하여, 이 범행이 길이 오래 머물도록 하라.

**▎18. ▎** 쭌다여, 그대들은 우애를 가지고 화합하여 다투지 말고 공부하라. 만약 어떤 도반이 승가에서 가르침에 대하여 이야기한다고 하자. 거기에서 그대들에게 '이 존자는 의미를 잘못 파악하고 있고, 문장을 잘못 사용하고 있다'는 생각이 들면, 그에게 호응하지도 말고 비난하지도 말아야 한다. 호응하지도 말고 비난하지도 말고 이렇게 말해야 한다.

'법우여, 이 의미에는 이 문장들이나 저 문장들 가운데 어떤 것들

---

08  'attha'의 번역.

09  'vyañjana'의 번역.

이 더 적당합니까? 이 문장들에는 이 의미와 저 의미 가운데 어떤 것이 더 적당합니까?'

만약 그가 '법우여, 이 의미에는 이 문장들이 더 적당합니다. 그리고 이 문장들에는 이 의미가 더 적당합니다'라고 말하면, 그를 칭찬하지도 말고, 비난하지도 말아야 한다. 칭찬하지도 말고, 비난하지도 말고, 주의해서 그 의미에 그 문장들을 충분하게 설명해주어야 한다.

**▌19. ▌** 쭌다여, 만약 또 다른 도반이 승가에서 가르침에 대하여 이야기한다고 하자. 거기에서 그대들에게 '이 존자는 의미를 잘못 파악하고 있으나, 문장은 바르게 사용하고 있다'는 생각이 들면, 그에게 호응하지도 말고, 비난하지도 말아야 한다. 호응하지도 말고, 비난하지도 말고, 이렇게 말해야 한다.

'법우여, 이 문장들에는 이 의미와 저 의미 가운데 어떤 것이 더 적당합니까?'

만약 그가 '법우여, 이 문장들에는 이 의미가 더 적당합니다'라고 말하면, 그를 칭찬하지도 말고 비난하지도 말아야 한다. 칭찬하지도 말고, 비난하지도 말고 주의해서 그 의미에 대하여 충분하게 설명해주어야 한다.

**▌20. ▌** 쭌다여, 만약 또 다른 도반이 승가에서 가르침에 대하여 이야기한다고 하자. 거기에서 그대들에게 '이 존자는 의미는 바르게 파악하고 있으나 문장을 잘못 적용하고 있다'는 생각이 들면, 그에게 호응하지도 말고 비난하지도 말아야 한다. 호응하지도 말고 비난하지도 말고, 이렇게 말해야 한다.

'법우여, 이 의미에는 이 문장들과 저 문장들 가운데 어떤 것이 더

적당합니까?'

　　만약 그가 '법우여, 이 의미에는 이 문장들이 더 적당합니다'라고 말하면, 그를 칭찬하지도 말고, 비난하지도 말아야 한다. 칭찬하지도 말고, 비난하지도 말고, 주의해서 그 문장에 대하여 충분하게 설명해주어야 한다.

**| 21. |** 쭌다여, 만약 또 다른 도반이 승가에서 가르침에 대하여 이야기한다고 하자. 거기에서 그대들에게 '이 존자는 의미도 바르게 파악하고 있고, 문장도 바르게 사용하고 있다'는 생각이 들면, 그에게 '훌륭합니다'라고 말하면서 기뻐하고 감사해야 한다. 그에게 '훌륭합니다'라고 말하면서 기뻐하고, 감사하고, 이렇게 말해야 한다.

　　'법우여, 우리는 이와 같이 의미를 갖추고 문장을 갖춘 존자와 같은 도반을 뵙게 되어 실로 다행이고 축복입니다.'

**| 22. |** 쭌다여, 나는 현세의 번뇌를 제어하기 위한 법을 가르치지 않는다. 쭌다여, 나는 후세의 번뇌를 막기 위한 법을 가르치지도 않는다. 쭌다여, 나는 현세의 번뇌를 제어하고, 후세의 번뇌를 막기 위한 법을 가르친다.

　　쭌다여, 그러므로 여기 내가 그대들에게 허락한 법의(法衣)[10]는 그대들이 추위를 막고, 더위를 막고, 등에나 모기나 바람이나 햇빛이나 뱀이 접촉하는 것을 막기에 충분한 것이며, 치부를 가리는 옷으로 충분한 것이다.

　　내가 그대들에게 허락한 탁발(托鉢) 음식은 '나는 이전의 감정은

---

10　'cīvara'의 번역.

가라앉히고, 새로운 감정은 일으키지 않으리라. 나는 허물없이 평안하게 지내리라'라고 생각하면서 그대들이 이 몸을 지탱하고, 유지하고, 악을 그치고, 범행(梵行)을 돕는데 충분한 것이다.

내가 그대들에게 허락한 방사(房舍)는 그대들이 추위를 막고, 더위를 막고, 등에나 모기나 바람이나 햇빛이나 뱀이 접촉하는 것을 막고, 계절의 위난을 피하여 홀로 선정을 즐기기에 충분한 것이다.

내가 그대들에게 허락한 의약(醫藥)과 자구(資具)는 이미 발생한 고통을 없애고, 최선으로 고통이 없게 하기에 충분한 것이다.

**| 23. |** 쭌다여, 그런데 외도(外道) 출가자들이 '석씨(釋氏)[11] 사문(沙門)들은 안락의 추구[12]에 전념하며 살아간다'라고 말하는 경우가 있을 것이다.

쭌다여, 이렇게 말하는 외도 출가자들에게는 '존자여, 그대가 말하는 안락의 추구는 어떤 것인가? 안락의 추구는 많고 다양하며 여러 가지다'라고 말해야 한다.

쭌다여, 다음의 네 가지 열등한 속세(俗世) 범부(凡夫)의 천박하고 무익한 안락의 추구는 염리(厭離),[13] 이욕(離欲),[14] 지멸(止滅),[15] 적정(寂

---

11 'Sakya-puttiya'의 번역. 'Sakya-puttiya'는 '싸꺄의 아들에 속하는'의 뜻이다. 일반적으로 불교에 귀의한 승려들을 석씨(釋氏)라고 하기 때문에 '석씨'로 번역했다. 한역 「청정경(清淨經)」에서는 석자(釋子)로 번역하였다.

12 'sukhallikânuyoga'의 번역.

13 'nibbidā'의 번역.

14 'virāgā'의 번역.

15 'nirodhā'의 번역.

靜),<sup>16</sup> 승지(勝智),<sup>17</sup> 정각(正覺),<sup>18</sup> 열반(涅槃)<sup>19</sup>에 도움이 되지 못한다. 그네 가지는 어떤 것인가?

쭌다여, 어떤 어리석은 자는 생명을 해치고서 스스로 기뻐하고 만족해한다. 이것이 첫째 안락의 추구다.

쭌다여, 다음으로 어떤 자는 주지 않은 것을 취하고서 스스로 기뻐하고 만족해한다. 이것이 둘째 안락의 추구다.

쭌다여, 다음으로 어떤 자는 거짓말을 하고서 스스로 기뻐하고 만족해한다. 이것이 셋째 안락의 추구다.

쭌다여, 다음으로 어떤 자는 다섯 가지 감각적 욕망을 구족하고서 스스로 기뻐하고 만족해한다. 이것이 넷째 안락의 추구다.

쭌다여, 이상의 네 가지 열등한 속세(俗世) 범부(凡夫)의 천박하고 무익한 안락의 추구는 염리(厭離), 이욕(離欲), 지멸(止滅), 적정(寂靜), 승지(勝智), 정각(正覺), 열반(涅槃)에 도움이 되지 못한다.

**【24.】** 쭌다여, 그런데 외도 출가자들이 '석씨(釋氏) 사문(沙門)들은 이들 네 가지 안락의 추구에 전념하며 살아간다'라고 말하는 경우가 있을 것이다. 그들에게는 '결코 그렇지 않다'라고 말해야 하나니, 그들은 그대들에게 바른말을 하지 않고 있으며, 사실이 아닌 거짓으로 비방하고 있기 때문이다.

---

16 'upasama'의 번역.
17 'abhiññā'의 번역.
18 'sambodha'의 번역.
19 'nibbāna'의 번역.

쭌다여, 다음의 네 가지 안락의 추구는 전적으로 염리(厭離), 이욕(離欲), 지멸(止滅), 적정(寂靜), 승지(勝智), 정각(正覺), 열반(涅槃)에 도움이 된다.

그 네 가지는 어떤 것인가?

쭌다여, 비구는 감각적 욕망을 멀리하고, 불선법(不善法)을 멀리하며, 사유(思惟)가 있고 숙고(熟考)가 있으며, 멀리함에서 생긴 기쁨과 행복감이 있는 초선(初禪)을 성취하여 살아간다. 이것이 첫째 안락의 추구다.

쭌다여, 다음으로 비구는 사유(思惟)와 숙고(熟考)를 억제하고 내적으로 평온하게 마음이 집중된, 사유가 없고 숙고가 없는, 삼매(三昧)에서 생긴 기쁨과 행복감이 있는 제2선(第二禪)을 성취하여 살아간다. 이것이 둘째 안락의 추구다.

쭌다여, 다음으로 비구는 기쁨에서 벗어나 평정한 마음으로 주의집중과 알아차림을 하며 지내는 가운데, 몸으로 행복을 느끼면서 성자들이 '평정한 주의집중을 하는 행복한 상태'라고 이야기한 제3선(第三禪)을 성취하여 살아간다. 이것이 셋째 안락의 추구다.

쭌다여, 다음으로 비구는 행복감을 포기하고 괴로움을 버림으로써 이전의 만족과 불만이 소멸하여 괴롭지도 않고 행복하지도 않은, 평정한 주의집중이 청정한 제4선(第四禪)을 성취하여 살아간다. 비구들이여, 이것이 넷째 안락의 추구다.

쭌다여, 이상의 네 가지 안락의 추구는 전적으로 염리(厭離), 이욕(離欲), 지멸(止滅), 적정(寂靜), 승지(勝智), 정각(正覺), 열반에 도움이 된다.

쭌다여, 외도 출가자들이 '석씨(釋氏) 사문(沙門)들은 이들 네 가지 안락의 추구에 전념하며 살아간다'라고 말하는 경우가 있을 것이다. 그들에게는 '참으로 그렇다'라고 말해야 하나니, 그들은 그대들에게 바른 말을 하고 있으며, 사실이 아닌 거짓으로 그대들을 비방하는 것이 아니기 때문이다.

**│ 25. │** 쭌다여, 외도 출가자들이 '존자여, 이들 네 가지 안락의 추구에 전념하며 살아가면 어떤 과보(果報)와 어떤 이익을 기대할 수 있는가?'라고 묻는 경우가 있을 것이다. 쭌다여, 이렇게 묻는 외도 출가자들에게는 다음과 같이 대답해야 한다.

'존자여, 이들 네 가지 안락의 추구에 전념하며 살아가면 네 가지 과보와 네 가지 이익을 기대할 수 있소. 그 네 가지는 어떤 것인가? 존자여, 비구는 세 가지 결박이 감소한 수다원이 되어 악취에 떨어지지 않고 결국은 정각(正覺)을 성취하도록 결정되나니, 이것이 첫째 과보이며 첫째 이익이오. 존자여, 다음으로 비구는 세 가지 결박[三結]이 감소하고 탐냄과 성냄과 어리석음을 소멸한 사다함이 되어 이 세계에 다시 와서 괴로움을 끝내나니, 이것이 둘째 과보이며, 둘째 이익이오. 존자여, 다음으로 비구는 다섯 가지 낮은 단계의 결박[五下分結]이 감소하여 화생(化生)한 후에 다시 돌아오지 않고[不還] 그 세계에서 바로 반열반(般涅槃)하는 사람이 되나니, 이것이 셋째 과보이며 셋째 이익이오. 존자여, 다음으로 비구는 번뇌를 소멸하여 무루(無漏)의 심해탈(心解脫)과 혜해탈(慧解脫)을 지금 여기에서 승지(勝智)로 작증하고 성취하여 살아가나니, 이것이 넷째 과보이며 넷째 이익이오. 존자여, 이들 네 가지 안락의 추구에 전념하며 살아가면 이러한 네 가지 과보와 네 가지 이익을 기대할 수 있소.'

**┃ 26. ┃** 쭌다여, 외도 출가자들이 '석씨 사문들은 고정되지 않은 법으로[20] 살아간다'라고 말하는 경우가 있을 것이다. 쭌다여, 이렇게 말하는 외도 출가자들에게는 다음과 같이 대답해야 한다.

'존자여, 아는 분이시며, 보는 분이시며, 아라한이시며, 등정각자(等正覺者)이신 세존께서 제자들에게 가르치고 시설하신, 생명이 있는 한 어겨서는 안 되는 법들이 있소. 존자여, 그것은 마치 깊이 뿌리박히고 잘 설치되어 움직이지 않고 흔들리지 않는 문설주[21]나 쇠기둥과 같나니, 아는 분이시며, 보는 분이시며, 아라한이시며, 등정각자이신 세존께서는 제자들에게 이와 같은 생명이 있는 한 어겨서는 안 되는 법들을 가르치고 시설하시었소. 존자여, 비구로서 번뇌를 멸진하고, 수행을 완성하고, 해야 할 일을 마치고, 짐을 내려놓고, 자신의 목적에 도달하여 존재의 결박[有結]을 끊고, 바른 지혜를 갖추어 해탈한 아라한은 아홉 가지 일을 할 수 없다오. 존자여, 번뇌가 멸진한 비구는 고의로 중생으로부터 목숨을 빼앗을 수 없다오. 번뇌가 멸진한 비구는 주지 않은 물건을 취하는 도둑질을 할 수 없다오. 번뇌가 멸진한 비구는 음행(淫行)을 할 수 없다오. 번뇌가 멸진한 비구는 알면서 거짓말을 할 수 없다오. 번뇌가 멸진한 비구는 예전에 속가(俗家)에서처럼 재산을 모아놓고

---

20 'aṭṭhita-dhammā'의 번역.

21 'inda-khīla'의 번역. 'inda-khīla'는 본래 인드라천의 성문 기둥을 의미하는데, 이것은 문설주의 의미로 사용된다. 「청정경(淸淨經)」에서는 '문지방[門閫]'으로 번역하였다. 문설주와 문지방은 문을 잘 여닫을 수 있도록 단단하게 고정된 문틀이다. 문틀이 단단하게 고정되어야 문을 자유자재로 여닫을 수가 있다. 부처님의 가르침은 우리가 자유자재한 삶을 살기 위해 반드시 지켜야 하는 고정 불변하는 진리라는 것을 문설주로 비유한 것이다.

쾌락을 향유할 수 없다오. 번뇌가 멸진한 비구는 욕망에 사로잡혀 해서는 안 될 일을 할 수 없다오. 번뇌가 멸진한 비구는 분노에 사로잡혀 해서는 안 될 일을 할 수 없다오. 번뇌가 멸진한 비구는 어리석음에 사로잡혀 해서는 안 될 일을 할 수 없다오. 번뇌가 멸진한 비구는 두려움에 사로잡혀 해서는 안 될 일을 할 수 없다오. 존자여, 비구로서 번뇌를 멸진하고, 수행을 완성하고, 해야 할 일을 마치고, 짐을 내려놓고, 자신의 목적에 도달하여 존재의 결박[有結]을 끊고, 바른 지혜를 갖추어 해탈한 아라한은 이상의 아홉 가지 일을 할 수 없다오.'

**▌27. ▌** 쭌다여, 외도 출가자들이 '사문 고따마는 과거에 대해서는 한계가 없는 지견(知見)을 알려주지만,[22] 미래에 대해서는 한계가 없는 지견을 알려주지 않는다. 도대체 왜, 도대체 무엇 때문에 그러한가?'라고 말하는 경우가 있을 것이다. 그 외도 출가자들은 어리석은 바보처럼 망상에 사로잡힌 지견으로 망상에 사로잡힌 지견을 언표(言表)할 수 있다고 생각하고 있다.[23] 쭌다여, 과거에 대해서 여래에게는 주의집중에 따르는 앎[24]이 있나니, 여래는 원하는 대로 기억한다. 그리고 미래에 대해서 여래에게는 무한한 깨달음에서 생긴 '이것이 최후의 생(生)[25]이다.

---

22 'atīrakaṃ ñāṇa-dassanaṃ paññāpeti'의 번역.

23 'Ten' eva añña-titthiyā paribbājakā añña-vihitakena ñāṇa-dassanena añña-vihitakaṃ ñāṇa-dassanaṃ paññāpetabbaṃ maññanti'의 번역. 외도들이 미래에 대한 예언을 기대하는 것은 실재하지 않는 미래의 일을 마치 실재하는 일처럼 이야기할 수 있다고 생각하기 때문이라는 뜻이다. 미래는 결정된 것이 아니기 때문에 예언할 수 없다는 의미이다.

24 'satānusāri-viññāṇaṃ'의 번역.

25 'jāti'를 말한다.

이제 이후의 존재[後有][26]는 없다'는 앎이 생긴다.

**| 28. |** 쭌다여, 만약 과거에 대한 물음이 사실이 아니고 진실이 아니며 의미가 없다면, 여래는 그런 과거에 대해서는 설명하지 않는다. 쭌다여, 만약 과거에 대한 물음이 사실이고 진실이지만 의미가 없다면, 여래는 그런 과거에 대해서도 설명하지 않는다. 쭌다여, 만약 과거에 대한 물음이 사실이고 진실이고 의미가 있으면, 그때 여래는 적당한 때를 알아 그 물음에 대답한다.

쭌다여, 만약 미래에 대한 물음이 사실이 아니고 진실이 아니며 의미가 없다면, 여래는 그런 미래에 대해서는 설명하지 않는다. 쭌다여, 만약 미래에 대한 물음이 사실이고 진실이지만 의미가 없다면, 여래는 그런 미래에 대해서도 설명하지 않는다. 쭌다여, 만약 미래에 대한 물음이 사실이고 진실이고 의미가 있으면, 그때 여래는 적당한 때를 알아 그 물음에 간략하게 대답한다.

쭌다여, 만약 현재에 대한 물음이 사실이 아니고 진실이 아니며 의미가 없다면, 여래는 그런 현재에 대해서는 설명하지 않는다. 쭌다여, 만약 현재에 대한 물음이 사실이고 진실이지만 의미가 없다면, 여래는 그런 현재에 대해서도 설명하지 않는다. 쭌다여, 만약 현재에 대한 물음이 사실이고 진실이고 의미가 있으면, 그때 여래는 적당한 때를 알아 그 물음에 대답한다.

쭌다여, 이와 같이 여래는 과거, 현재, 미래의 법에 대하여 시의적절하게 말하는 자이며, 사실을 말하는 자이며, 의미 있는 말을 하는 자

---

26 'punabbhava'의 번역.

이며, 법(法)을 말하는 자이며, 율(律)을 말하는 자이다. 그래서 여래(如來)라고 부른다.

**｜ 29. ｜** 쭌다여, 천신(天神)과 마라와 범천(梵天)을 포함하는 세간(世間)과 사문과 바라문과 왕과 사람들을 포함하는 인간이 보고, 듣고, 지각하고, 인식하고, 마음으로 탐구하고 숙고한 일체(一切)를 여래는 바르고 원만하게 깨달았다. 그래서 여래라고 부른다.

쭌다여, 여래가 위없는 바르고 평등한 깨달음을 원만하게 성취한 밤부터 무여열반계(無餘涅槃界)에 입적(入寂)하는 밤까지 가르치고, 이야기하고, 설명한 모든 것은 진실한 것일 뿐 다른 것이 아니다. 그래서 여래라고 부른다.

쭌다여, 여래는 말한 대로 행동하는 자이고, 행동한 대로 말하는 자이다. 이와 같이 말한 대로 행동하는 자이고, 행동한 대로 말하는 자이기 때문에 여래라고 부른다.

쭌다여, 천신과 마라와 범천(梵天)을 포함하는 세간과 사문과 바라문과 왕과 사람들을 포함하는 인간 가운데서, 여래는 승리자이며, 패배하지 않는 자이며, 모든 것을 보는 자이며, 전능한 자이다. 그래서 여래라고 부른다.

**｜ 30. ｜** 쭌다여, 외도 출가자들이 '존자여, 여래는 죽은 후에 존재하는가? 이것은 실로 진실이고, 다른 것은 거짓인가?'라고 묻는 경우가 있을 것이다. 쭌다여, 이렇게 말하는 외도 출가자들에게는 '존자여, 세존께서는 '여래는 죽은 후에 존재한다. 이것은 실로 진실이고, 다른 것은 거짓이다'라고 설명하시지 않았소'라고 대답해야 한다.

쭌다여, 외도 출가자들이 '존자여, 여래는 죽은 후에 존재하지 않는가? 이것은 실로 진실이고, 다른 것은 거짓인가?'라고 묻는 경우가 있을 것이다. 쭌다여, 이렇게 말하는 외도 출가자들에게는 '존자여, 세존께서는 '여래는 죽은 후에 존재하지 않는다. 이것은 실로 진실이고, 다른 것은 거짓이다'라고 설명하시지 않았소'라고 대답해야 한다.

쭌다여, 외도 출가자들이 '존자여, 여래는 죽은 후에 존재하기도 하고, 존재하지 않기도 하는가? 이것은 실로 진실이고, 다른 것은 거짓인가?'라고 묻는 경우가 있을 것이다. 쭌다여, 이렇게 말하는 외도 출가자들에게는 '존자여, 세존께서는 '여래는 죽은 후에 존재하기도 하고, 존재하지 않기도 한다. 이것은 실로 진실이고, 다른 것은 거짓이다'라고 설명하시지 않았소'라고 대답해야 한다.

쭌다여, 외도 출가자들이 '존자여, 여래는 죽은 후에 존재하는 것도 아니고 존재하지 않는 것도 아닌가? 이것은 실로 진실이고, 다른 것은 거짓인가?'라고 묻는 경우가 있을 것이다. 쭌다여, 이렇게 말하는 외도 출가자들에게는 '존자여, 세존께서는 '여래는 죽은 후에 존재하는 것도 아니고, 존재하지 않는 것도 아니다. 이것은 실로 진실이고, 다른 것은 거짓이다'라고 설명하시지 않았소'라고 대답해야 한다.

**▌ 31. ▌** 쭌다여, 외도 출가자들이 '사문 고따마는 왜 이런 것을 설명하지 않는가?'라고 묻는 경우가 있을 것이다. 쭌다여, 이렇게 말하는 외도 출가자들에게는 다음과 같이 말해야 한다.

'존자여, 이런 것은 의미가 없고,[27] 진리[法]와 무관하며,[28] 범행(梵

---

27  'na attha-saṃhita'의 번역.

28  'na dhamma-saṃhita'의 번역.

行)의 토대가 아니며,[29] 염리(厭離), 이욕(離欲), 지멸(止滅), 적정(寂靜), 승지(勝智), 정각(正覺), 열반(涅槃)에 도움이 되지 않소. 그래서 세존께서는 그것을 설명하지 않으셨소.'

| 32. |　쭌다여, 외도 출가자들이 '사문 고따마는 어떤 것을 설명하는가?'라고 묻는 경우가 있을 것이다. 쭌다여, 이렇게 말하는 외도 출가자들에게는 다음과 같이 말해야 한다.

'존자여, 세존께서는 '이것이 괴로움이다'라고 설명하셨소. 존자여, 세존께서는 '이것이 괴로움의 집(集)이다'라고 설명하셨소. 존자여, 세존께서는 '이것이 괴로움의 소멸[滅]이다'라고 설명하셨소. 존자여, 세존께서는 '이것이 괴로움의 소멸에 이르는 길이다'라고 설명하셨소.'

| 33. |　쭌다여, 외도 출가자들이 '사문 고따마는 왜 이것을 설명하는가?'라고 묻는 경우가 있을 것이다. 쭌다여, 이렇게 말하는 외도 출가자들에게는 다음과 같이 말해야 한다.

'존자여, 이것은 의미가 있고, 진리[法]에 관한 것이며, 범행(梵行)의 토대이며, 염리(厭離), 이욕(離欲), 지멸(止滅), 적정(寂靜), 승지(勝智), 정각(正覺), 열반(涅槃)에 도움이 되오. 그래서 세존께서는 이것을 설명하셨소.'

| 34. |　쭌다여, 과거와 관련된[30] 견해에 대하여 나는 그대들에게 설명해야 할 것은 설명했다. 그러나 설명해서는 안 될 것을 내가 어떻게 그

---

29　'na ādibrahmacariyaka'의 번역.

30　'pubbanta-sahagata'의 번역. 'pubbanta'는 '앞'이라는 의미의 'pubba'와 '끝'이라는 의미의 'anta'의 합성어로서, 전제(前際)로 한역된다. '앞의 끝'이란 시간적으로는 '시작'을 의미하는데, 일반적으로 '과거'의 의미로 사용된다.

대들에게 설명하겠는가? 쭌다여, 미래와 관련된[31] 견해에 대하여 나는 그대들에게 설명해야 할 것은 설명했다. 그러나 설명해서는 안 될 것을 내가 어떻게 그대들에게 설명하겠는가?

쭌다여, 과거와 관련된 견해에 대하여 내가 그대들에게 설명해야 할 것은 어떤 것이고, 설명해서는 안 될 것은 어떤 것인가?

쭌다여, 어떤 사문과 바라문들은 이와 같은 견해를 가지고 이와 같이 주장한다.

'자아와 세계는 상주(常住)한다. 이것은 실로 진실이고 다른 것은 거짓이다.'

'자아와 세계는 상주하지 않는다. 이것은 실로 진실이고 다른 것은 거짓이다.'

'자아와 세계는 상주하기도 하고, 상주하지 않기도 한다. 이것은 실로 진실이고 다른 것은 거짓이다.'

'자아와 세계는 상주하는 것도 아니고, 상주하지 않는 것도 아니다. 이것은 실로 진실이고 다른 것은 거짓이다.'

'자아와 세계는 자신이 만든 것이다. 이것은 실로 진실이고 다른 것은 거짓이다.'

'자아와 세계는 다른 것이 만든 것이다. 이것은 실로 진실이고 다른 것은 거짓이다.'

---

31  'aparanta-sahagata'의 번역. 'aparanta'는 '뒤'라는 의미의 'apara'와 '끝'이라는 의미의 'anta'
의 합성어로서, 후제(後際)로 한역된다. '뒤의 끝'이란 시간적으로는 '종말'을 의미하는
데, 일반적으로 '미래'의 의미로 사용된다.

'자아와 세계는 자신이 만든 것도 있고, 다른 것이 만든 것도 있다. 이것은 실로 진실이고 다른 것은 거짓이다.'

'자아와 세계는 자신이 만든 것도 아니고, 다른 것이 만든 것도 아니며, 우연히 발생한 것이다. 이것은 실로 진실이고 다른 것은 거짓이다.'

'고락(苦樂)은 상주한다. 이것은 실로 진실이고 다른 것은 거짓이다.'

'고락은 상주하지 않는다. 이것은 실로 진실이고 다른 것은 거짓이다.'

'고락은 상주하기도 하고, 상주하지 않기도 한다. 이것은 실로 진실이고 다른 것은 거짓이다.'

'고락은 상주하는 것도 아니고, 상주하지 않는 것도 아니다. 이것은 실로 진실이고 다른 것은 거짓이다.'

'고락은 자신이 만든 것이다. 이것은 실로 진실이고 다른 것은 거짓이다.'

'고락은 다른 것이 만든 것이다. 이것은 실로 진실이고 다른 것은 거짓이다.'

'고락은 자신이 만든 것도 있고, 다른 것이 만든 것도 있다. 이것은 실로 진실이고 다른 것은 거짓이다.'

'고락은 자신이 만든 것도 아니고, 다른 것이 만든 것도 아니며, 우연히 발생한 것이다. 이것은 실로 진실이고 다른 것은 거짓이다.'

**35.** 쭌다여, 나는 이 문제에 관하여 '자아와 세계는 상주한다. 이것은 실로 진실이고 다른 것은 거짓이다'라는 견해를 가지고 이렇게 주장하는 사문과 바라문들에게 가서 이렇게 말한다. '존자여, 그대는 '자아와 세계는 상주한다'라고 주장했는가?'

그들이 '이것은 실로 진실이고 다른 것은 거짓이다'라고 주장한 것을 나는 허용하지 않는다. 그 까닭은 무엇인가? 그 문제에 대하여 어떤 중생은 다른 관념을 가지고 있기 때문이다.[32]

쭌다여, 나는 이 문제에 대한 설명[33]에서 나와 동등한 것을 보지 못했는데 어떻게 나보다 더 뛰어날 수 있겠는가? 그 문제에 대한 나의 설명은 뛰어난 설명으로서, 내가 가장 훌륭하다.

**| 36. |** 쭌다여, 나는 이 문제에 관하여 '자아와 세계는 상주하지 않는다. …(중략)… 고락은 자신이 만든 것도 아니고, 다른 것이 만든 것도 아니며, 우연히 발생한 것이다. 이것은 실로 진실이고 다른 것은 거짓이다'라는 견해를 가지고 이렇게 주장하는 사문과 바라문들에게 가서 이렇게 말한다. '존자여, 그대는 '고락은 자신이 만든 것도 아니고, 다른 것이 만든 것도 아니며, 우연히 발생한 것이다'라고 주장했는가?'

그들이 '이것은 실로 진실이고 다른 것은 거짓이다'라고 주장한 것을 나는 허용하지 않는다. 그 까닭은 무엇인가? 그 문제에 대하여 어떤 중생은 다른 관념을 가지고 있기 때문이다.

쭌다여, 나는 이 문제에 대한 설명에서 나와 동등한 것을 보지 못했는데, 어떻게 나보다 더 뛰어날 수 있겠는가? 그 문제에 대한 나의 설명은 뛰어난 설명으로서 내가 가장 훌륭하다.

쭌다여, 이 과거와 관련된 견해에 대하여 나는 그대들에게 설명해

---

32  'Aññathā-saññino pi h'ettha Cunda sant'eke sattā'의 번역. 자아와 세계에 대하여 중생은 각기 다른 관념을 가지고 있다는 의미이다.

33  'paññatti'의 번역.

야 할 것은 설명했다. 그러나 설명해서는 안 될 것을 내가 어떻게 그대들에게 설명하겠는가?

**┃ 37. ┃** 쭌다여, 미래와 관련된 견해에 대하여 내가 그대들에게 설명해야 할 것은 어떤 것이고, 설명해서는 안 될 것은 어떤 것인가?

쭌다여, 어떤 사문과 바라문들은 이와 같은 견해를 가지고 이와 같이 주장한다.

'자아는 사후(死後)에 병이 없는 몸을 지닌다.[34] 이것은 실로 진실이고 다른 것은 거짓이다.'

쭌다여, 또 어떤 사문과 바라문들은 이와 같은 견해를 가지고 이와 같이 주장한다.

'자아는 사후에 몸이 없다.[35] 이것은 실로 진실이고 다른 것은 거짓이다.'

'자아는 사후에 몸이 있기도 하고 없기도 하다. 이것은 실로 진실이고 다른 것은 거짓이다.'

'자아는 사후에 몸이 있는 것도 아니고, 없는 것도 아니다. 이것은 실로 진실이고 다른 것은 거짓이다.'

'자아는 사후에 관념[想]이 있다.[36] 이것은 실로 진실이고 다른 것은 거짓이다.'

---

34 'rūpin'의 번역.

35 'arūpin'의 번역.

36 'saññin'의 번역.

'자아는 사후에 관념[想]이 없다.[37] 이것은 실로 진실이고 다른 것은 거짓이다.'

'자아는 사후에 관념[想]이 있는 것도 아니고 없는 것도 아니다. 이 것은 실로 진실이고 다른 것은 거짓이다.'

'자아는 단멸(斷滅)하여 사라지고, 사후에는 존재하지 않는다. 이 것은 실로 진실이고 다른 것은 거짓이다.'

**38.** 쭌다여, 나는 이 문제에 관하여 '자아는 사후에 병이 없는 몸을 지닌다. 이것은 실로 진실이고 다른 것은 거짓이다'라는 견해를 가지고 이렇게 주장하는 사문과 바라문들에게 가서 이렇게 말한다. '존자여, 그 대는 '자아는 사후에 병이 없는 몸을 지닌다'라고 주장했는가?

그들이 '이것은 실로 진실이고 다른 것은 거짓이다'라고 주장한 것을 나는 허용하지 않는다. 그 까닭은 무엇인가? 그 문제에 대하여 어 떤 중생은 다른 관념을 가지고 있기 때문이다.

쭌다여, 나는 이 문제에 대한 설명에서 나와 동등한 것을 보지 못 했는데 어떻게 나보다 더 뛰어날 수 있겠는가? 그 문제에 대한 나의 설 명은 뛰어난 설명으로서, 내가 가장 훌륭하다.

**39.** 쭌다여, 나는 이 문제에 관하여 '자아는 사후에 몸이 없다. … (중략)… 자아는 단멸(斷滅)하여 사라지고, 사후에는 존재하지 않는다. 이 것은 실로 진실이고 다른 것은 거짓이다'라는 견해를 가지고 이렇게 주 장하는 사문과 바라문들에게 가서 이렇게 말한다. '존자여, 그대는 '자아 는 단멸하여 사라지고, 사후에는 존재하지 않는다'라고 주장했는가?'

---

37 'asaññin'의 번역.

그들이 '이것은 실로 진실이고 다른 것은 거짓이다'라고 주장한 것을 나는 허용하지 않는다. 그 까닭은 무엇인가? 그 문제에 대하여 어떤 중생은 다른 관념을 가지고 있기 때문이다.

쭌다여, 나는 이 문제에 대한 설명에서 나와 동등한 것을 보지 못했는데, 어떻게 나보다 더 뛰어날 수 있겠는가? 그 문제에 대한 나의 설명은 뛰어난 설명으로서, 내가 그들보다 훌륭하다.

쭌다여, 이 미래와 관련된 견해에 대하여 나는 그대들에게 설명해야 할 것은 설명했다. 그러나 설명해서는 안 될 것을 내가 어떻게 그대들에게 설명하겠는가?

**40.** 쭌다여, 나는 이들 과거와 관련된 견해들을, 그리고 미래와 관련된 견해들을 끊어버리고 초월하도록 4념처(四念處)를 시설하여 가르쳤다.

4념처란 어떤 것인가? 쭌다여, 비구는 몸[身]을 관찰하며 몸에 머물면서, 열심히 주의집중을 하고 알아차려 세간에 대한 탐욕과 불만을 제거해야 한다. 감정[受]을 관찰하며 감정에 머물면서, 열심히 주의집중을 하고 알아차려, 세간에 대한 탐욕과 불만을 제거해야 한다. 마음[心]을 관찰하며 마음에 머물면서, 열심히 주의집중을 하고 알아차려, 세간에 대한 탐욕과 불만을 제거해야 한다. 법(法)을 관찰하며 법에 머물면서, 열심히 주의집중을 하고 알아차려, 세간에 대한 탐욕과 불만을 제거해야 한다.

쭌다여, 나는 이들 과거와 관련된 견해들을, 그리고 미래와 관련된 견해들을 끊어버리고, 초월하도록 4념처를 시설하여 가르쳤다."

**41.** 그때 우빠와나(Upavāna) 존자는 세존 뒤에 서서 세존에게 부채

질을 해드리고 있었습니다. 그래서 우빠와나 존자가 세존에게 이렇게 말씀드렸습니다.

"경이롭습니다. 세존이시여! 희유합니다. 세존이시여! 세존이시여, 참으로 이 법문(法門)은 상쾌(爽快)합니다. 세존이시여 참으로 이 법문은 더없이 상쾌합니다. 세존이시여, 이 법문의 이름은 무엇입니까?"

"우빠와나여, 그렇다면 그대는 이제 이 법문을 '빠싸디까(Pāsādika)'[38]라고 기억하라."

세존께서 이와 같이 말씀하시자, 우빠와나 존자는 세존의 말씀을 듣고 환희에 차서 기뻐했습니다.

---

38 '상쾌한, 유쾌한, 평안한'의 의미이다.

# 씽갈라를 가르치신 경[1]

Siṅgālovāda Sutta ㉛

해
제

이 경의 이름인 씽갈로와다(Singālovāda)는 사람의 이름인 씽갈라(Singāla)
와 교계(教誡), 훈계(訓戒)의 의미인 오와다(ovāda)의 합성어로서, 「씽갈라
를 가르친 경」이라는 의미다. 불교는 세간(世間)의 삶보다는 출세간(出世
間)의 해탈을 추구하기 때문에 재가자들의 삶에 대한 가르침이 상대적
으로 많지 않다. 그렇지만 붓다가 재가자들의 삶에 무관심했던 것은 아
니라는 것을 이 경은 잘 보여준다.

　　우리는 각자가 우주의 중심에 있고, 자신을 중심으로 사방(四方)
과 상하(上下)가 펼쳐진다. 삶도 마찬가지다. 주변의 여러 인간관계 속에
자신이 위치하여 살아간다. 그 관계가 없다면 우리는 존재할 수도 없고,
살아갈 수도 없다. 그 관계가 잘 맺어지면 행복한 삶이 되고, 그 관계가
어긋나면 불행한 삶이 된다. 따라서 주변의 여러 사람들과 좋은 관계를
맺는 것이 행복한 삶의 근본이다.

　　이 경은 육방(六方)을 우리가 맺고 있는 여러 인간관계에 비유하
여 그 관계를 어떻게 맺어야 하는지를 가르치고 있다. 이 경에서 보여주
는 인간관계는 평등에 기초한 상호관계이다. 어떤 관계도 일방적인 관
계는 없다. 아들이 아버지에게 해야 할 도리가 있고, 그에 상응하는 아버
지의 도리가 있다. 아내가 남편에게 해야 할 도리가 있고, 그에 상응하는
남편의 도리가 있다. 이런 도리를 윤리라고 할 때, 이 경은 불교윤리를
가르치는 경이라고 할 수 있다.

　　이 경은 재가불자에게 매우 중요한 경전으로 인식되었기 때문에

---

01 『디가 니까야(Dīgha-Nikāya)』의 제31경이며, 『장아함경』의 16번째 경인 「선생경(善生
經)」에 상응하는 경. 『중아함경』에도 「선생경」이라는 이름으로 번역됨.

대승적인 의미가 덧붙여진 대승경전으로도 만들어졌으며, 동아시아에
서는 「선생경(善生經)」, 「육방예경(六方禮經)」 등 여러 이름으로 번역되어
널리 유포되었다.

◗

**1.** 이와 같이 나는 들었습니다.

한때 세존께서 라자가하에 있는 웰루와나 깔란다까니와빠[02]에 머무셨습니다. 그때 거사(居士)의 아들 씽갈라까(Siṅgālaka)[03]는 아침 일찍 일어나 라자가하성에서 나와, 젖은 옷과 젖은 머리 차림으로, 동방, 남방, 서방, 북방, 하방, 상방에 각각 합장 예배했습니다.

**2.** 세존께서는 오전에 옷을 입고, 발우와 법의를 들고 탁발하러 라자가하성에 들어가셨습니다. 세존께서는 거사의 아들 씽갈라까가 아침 일찍 일어나, 라자가하성에서 나와, 젖은 옷과 젖은 머리 차림으로, 동방, 남방, 서방, 북방, 하방, 상방에 각각 합장 예배하는 것을 보셨

---

02  마가다국에 최초로 세워진 사원(寺院)으로서 죽림정사(竹林精舍)로 알려진 곳이다.

03  경의 제목에는 씽갈라(Siṅgāla)로 되어있는데, 본문에서는 어미에 'ka'가 첨가되어 씽갈라까(Siṅgālaka)로 부르고 있다. PTS본(The Dīgha-Nikāya, vol.3, p.180)의 주석에 의하면 스리랑카 필사본들에는 씽갈라(Siṅgāla)나 씨갈라(Sīgāla)로 표기된 부분이 많다고 한다.

습니다. 이를 보시고 거사의 아들 씽갈라까에게 말씀하셨습니다.

"거사의 아들이여, 그대는 어찌하여 아침 일찍 일어나 라자가하성에서 나와, 젖은 옷과 젖은 머리 차림으로, 동방, 남방, 서방, 북방, 하방, 상방에 각각 합장 예배하는가?"

"세존이시여, 돌아가신 아버지께서 저에게 '아들아, 여러 방향에 예배하여라'라고 말씀하셨습니다. 세존이시여, 그래서 저는 아버지의 말씀을 존경하고 존중하고 받들어, 아침 일찍 일어나 라자가하성에서 나와, 젖은 옷과 젖은 머리 차림으로, 동방, 남방, 서방, 북방, 하방, 상방에 각각 합장 예배합니다."

"거사의 아들이여, 성자의 율(律)에서는 이와 같이 여섯 방향에 합장 예배하지 않는다."

"세존이시여, 그렇다면 성자의 율에서는 어떻게 여섯 방향에 합장 예배합니까? 세존이시여, 세존께서는 부디 저에게 성자의 율에서 여섯 방향에 합장 예배하는 법을 가르쳐주십시오."

"거사의 아들이여, 그렇다면 잘 듣고 깊이 생각해보아라. 내가 이야기하겠다."

거사의 아들 씽갈라까는 "그렇게 하겠습니다. 세존이시여!"라고 세존에게 약속했습니다.

세존께서 말씀하셨습니다.

**3.** "거사의 아들이여, 성자의 제자는 네 가지 [자신을] 더럽히는 업(業)[04]을 버린다. 그리고 네 가지 이유로 인해 악업을 짓지 않으며, 여섯

---

04 'kamma-kilesa'의 번역.

가지 재산을 탕진하는 파멸의 문05에 들어가지 않는다. 그는 이와 같은 열네 가지 사악함을 제거하고, 여섯 방향을 보호하여 이 세상과 저세상에서 승리를 얻는다. 그는 몸이 무너져 죽은 후에 행복한 천상 세계에 태어난다.

어떤 것이 그가 버린 [자신을] 더럽히는 네 가지 업인가? 거사의 아들이여, 살생(殺生)이 [자신을] 더럽히는 업이다. 도둑질이 [자신을] 더럽히는 업이다. 사음(邪淫)이 [자신을] 더럽히는 업이다. 거짓말이 [자신을] 더럽히는 업이다. 이것이 그가 버린 [자신을] 더럽히는 네 가지 업이다."

이렇게 세존께서 말씀하셨습니다.

**| 4. |** 선서(善逝)께서는 이렇게 말씀하셨습니다. 스승님께서는 다시 이렇게 말씀하셨습니다.

살생하고, 도둑질하고, 거짓말하고,
남의 아내를 범하는 일을 현자들은 칭찬하지 않는다네.

**| 5. |** "성자의 제자는 어떤 네 가지 이유로 인해 악업(惡業)을 짓지 않는가?

성자의 제자는 욕망06에 빠져서 악업을 짓지 않는다.

성자의 제자는 분노07에 빠져서 악업을 짓지 않는다.

---

05 'apāya-mukha'의 번역.

06 'chanda'의 번역.

07 'dosa'의 번역.

성자의 제자는 어리석음[08]에 빠져서 악업을 짓지 않는다.

성자의 제자는 두려움[09]에 빠져서 악업을 짓지 않는다.

거사의 아들이여, 성자의 제자는 결코 욕망에 빠지지 않고, 분노에 빠지지 않고, 어리석음에 빠지지 않고, 두려움에 빠지지 않기 때문에, 이들 네 가지 이유로 인해 악업을 짓지 않는다."

이렇게 세존께서 말씀하셨습니다.

**▌6.  ▐** 선서께서는 이렇게 말씀하셨습니다. 스승님께서는 다시 이렇게 말씀하셨습니다.

욕망과 분노와 두려움과 어리석음 때문에
법도(法道)[10]를 어기는 사람은
그의 권위[11]가 사라진다네.
어둡게 이지러지는 달처럼.


욕망과 분노와 두려움과 어리석음 때문에
법도(法道)를 어기지 않는 사람은
그의 권위가 증가한다네.
밝게 차오르는 달처럼.

---

08  'moha'의 번역.

09  'bhaya'의 번역.

10  'dhamma'의 번역.

11  'vasa'의 번역.

**┃7. ┃** "어떤 것이 성자의 제자가 들어가지 않는 여섯 가지 재산을 탕진하는 파멸의 문인가?

거사의 아들이여, 곡주나 과주를 마시며 방일에 전념하는 것이 재산을 탕진하는 파멸의 문이다. 밤길을 배회하는 일에 전념하는 것이 재산을 탕진하는 파멸의 문이다. 구경거리에 빠지는 것이 재산을 탕진하는 파멸의 문이다. 도박에 빠지는 것이 재산을 탕진하는 파멸의 문이다. 못된 친구에 빠지는 것이 재산을 탕진하는 파멸의 문이다. 게으름에 빠지는 것이 재산을 탕진하는 파멸의 문이다.

**┃8. ┃** 거사의 아들이여, 곡주나 과주를 마시고 방일에 전념하면 여섯 가지 재난이 있다. 바로 그 자리에서 재산의 손실이 있고, 싸움이 잦아지고, 병의 근원이 되고, 악명(惡名)을 얻게 되고, 치부를 드러내게 되고, 지혜가 없어지나니, 이러한 여섯 가지 재난이 있다. 거사의 아들이여, 곡주나 과주를 마시고 방일에 전념하면 이와 같은 여섯 가지 재난이 있다.

**┃9. ┃** 거사의 아들이여, 밤길을 배회하는 일에 전념하면 여섯 가지 재난이 있다. 자기 자신을 지키고 보호할 수 없으며, 자녀와 아내를 지키고 보호할 수 없으며, 재산을 지키고 보호할 수 없으며, 범죄의 혐의를 받기 쉬우며, 그에게 헛소문이 퍼지며, 많은 괴로운 일이 따르나니, 이러한 여섯 가지 재난이 있다. 거사의 아들이여, 밤길을 배회하는 일에 전념하면 이와 같은 여섯 가지 재난이 있다.

**┃10. ┃** 거사의 아들이여, 구경거리에 빠지면 여섯 가지 재난이 있다. '놀이판은 어디에서 벌어지나, 노래판은 어디에서 벌어지나, 연주는 어디에서 하나, 만담은 어디에서 하나, 자바라(啫哱囉)는 어디에서 치나,

북은 어디에서 치나?' 하며 찾아다닌다. 거사의 아들이여, 구경거리에 빠지면 이와 같은 여섯 가지 재난이 있다.

**11.** 거사의 아들이여, 도박에 빠지면 여섯 가지 재난이 있다. 승자는 원한을 낳고, 패자는 잃은 재물을 한탄하며, 바로 그 자리에서 재산의 손실이 있고, 법정에서 한 진술이 효력을 미치지 못하며, 동료와 친구들이 경멸하고, 노름꾼은 여자를 부양하지 못한다고 하여 청혼(請婚)하지 않는다. 거사의 아들이여, 도박에 빠지면 이와 같은 여섯 가지 재난이 있다.

**12.** 거사의 아들이여, 못된 친구에 빠지면 여섯 가지 재난이 있다. 노름꾼, 난봉꾼, 술꾼, 사기꾼, 협잡꾼, 폭력배들이 그의 친구가 된다. 거사의 아들이여, 못된 친구에 빠지면 이와 같은 여섯 가지 재난이 있다.

**13.** 거사의 아들이여, 게으름에 빠지면 여섯 가지 재난이 있다. 그는 춥다고 일하지 않고, 덥다고 일하지 않고, 너무 늦었다고 일하지 않고, 너무 빠르다고 일하지 않고, 배고프다고 일하지 않고, 배부르다고 일하지 않는다. 이와 같이 해야 할 일에 여러 가지 핑계를 대며 지내면 새로운 재산은 생기지 않고, 얻은 재산은 줄어든다. 거사의 아들이여, 게으름에 빠지면 이와 같은 여섯 가지 재난이 있다."

이렇게 세존께서 말씀하셨습니다.

**14.** 선서께서는 이렇게 말씀하셨습니다. 스승님께서는 다시 이렇게 말씀하셨습니다.

술친구가 있어
'벗이여, 벗이여!'라고 하지만,

필요할 때 함께하는 사람,
그가 진정한 친구라네.


해가 중천에 뜨도록 자고, 남의 아내를 범하고,
원한을 품고, 무익한 일을 하고,
못된 친구를 사귀고, 인색하면,
이 여섯 가지 일이 인간을 파멸로 이끈다네.


못된 동료, 못된 친구와 어울려
못된 곳을 다니며 못된 짓을 하면,
이 세상과 저세상
두 세상에서 인간은 파멸한다네.


도박과 여자에 빠지고, 술과 춤과 노래에 빠지고,
낮에는 자고, 밤에 돌아다니고,
못된 친구를 사귀고, 인색하면,
이 여섯 가지 일이 인간을 파멸로 이끈다네.


도박에 빠지고, 술에 빠지고,
타인의 목숨 같은 여인을 넘보고,
천박한 사람을 따르고, 덕 있는 사람을 따르지 않으면,
이지러지는 달처럼 파멸한다네.

가진 것 없는 가난한 자가
갈증에 물 마시듯 술을 마시면,
물속에 빠지듯이 빚에 빠지고,
자신의 가문은 순식간에 몰락한다네.

낮에 자는 습관을 가진 사람
밤에 일어나 활동하는 사람
항상 술에 취해 있는 사람
그는 가정생활을 할 수 없다네.

"춥다. 덥다. 늦었다"라고 핑계 대면서,
할 일을 팽개치고 내버려 두면,
젊은이에게 좋은 기회는 흘러간다네.

추위와 더위를 검불만도 못하게 여기고,
사람으로서 해야 할 일을 하는 사람은
행복을 잃지 않는다네.

**| 15. |** "거사의 아들이여, 다음의 네 부류는 친구처럼 보이는 적이라는 것을 알아야 한다.

언제나 가져가기만 하는 사람은 친구처럼 보이는 적이라는 것을 알아야 한다.

말만 번지르르한 사람은 친구처럼 보이는 적이라는 것을 알아야 한다.

듣기 좋은 말만 하는 사람은 친구처럼 보이는 적이라는 것을 알아야 한다.

방탕한 동료는 친구처럼 보이는 적이라는 것을 알아야 한다.

**16.** 거사의 아들이여, 언제나 가져가기만 하는 사람은 친구처럼 보이는 적이라는 것을 다음의 네 가지를 근거로 알아야 한다.

언제나 가져가기만 한다.

적은 것으로 많은 것을 요구한다.

두려움 때문에 할 일을 한다.

이익을 위해서 교제한다.

거사의 아들이여, 이러한 네 가지를 근거로 언제나 가져가기만 하는 사람은 친구처럼 보이는 적이라는 것을 알아야 한다.

**17.** 거사의 아들이여, 말만 번지르르한 사람은 친구처럼 보이는 적이라는 것을 다음의 네 가지를 근거로 알아야 한다.

과거의 일로 공치사(空致辭)한다.

미래의 일로 공치사한다.

빈말로 환심을 산다.

해야 할 일을 당해서는 난색(難色)을 보인다.

거사의 아들이여, 이러한 네 가지를 근거로 말만 번지르르한 사람은 친구처럼 보이는 적이라는 것을 알아야 한다.

**18.** 거사의 아들이여, 듣기 좋은 말만 하는 사람은 친구처럼 보이는 적이라는 것을 다음의 네 가지를 근거로 알아야 한다.

못된 일을 하는 데 동조한다.

좋은 일을 하는 데 동조하지 않는다.

면전에서는 칭찬한다.

돌아서서는 비난한다.

거사의 아들이여, 이러한 네 가지를 근거로 듣기 좋은 말만 하는 사람은 친구처럼 보이는 적이라는 것을 알아야 한다.

**19.** 거사의 아들이여, 방탕한 동료는 친구처럼 보이는 적이라는 것을 다음의 네 가지를 근거로 알아야 한다.

술에 빠져 있을 때 함께 어울린다.

밤길을 배회할 때 함께 어울린다.

구경거리를 찾아다닐 때 함께 어울린다.

도박에 빠져있을 때 함께 어울린다.

거사의 아들이여, 이러한 네 가지를 근거로 방탕한 동료는 친구처럼 보이는 적이라는 것을 알아야 한다.”

이렇게 세존께서 말씀하셨습니다.

**20.** 선서께서는 이렇게 말씀하셨습니다. 스승님께서는 다시 이렇게 말씀하셨습니다.

언제나 가져가기만 하는 친구,

말만 번지르르한 친구,

듣기 좋은 말만 하는 친구,

못된 일에 함께 어울리는 친구,

이들 네 부류는 적이라는 것을

현명한 사람은 알아차리고,

무서운 길을 피해가듯이,

멀리 피해야 한다네.


**∥21.∥** "거사의 아들이여, 다음의 네 부류는 좋은 친구라는 것을 알아
야 한다.

도움을 주는 친구는 좋은 친구라는 것을 알아야 한다.

고락(苦樂)을 함께하는 친구는 좋은 친구라는 것을 알아야 한다.

유익한 충고를 하는 친구는 좋은 친구라는 것을 알아야 한다.

동정심이 있는 친구는 좋은 친구라는 것을 알아야 한다.

**∥22.∥** 거사의 아들이여, 도움을 주는 친구는 좋은 친구라는 것을 다
음의 네 가지를 근거로 알아야 한다.

방일할 때 그대를 지켜준다.

방일할 때 재산을 지켜준다.

두려울 때 의지처가 되어준다.

일이 생겼을 때 필요한 비용의 갑절로 도와준다.

거사의 아들이여, 이러한 네 가지를 근거로 도움을 주는 친구는
좋은 친구라는 것을 알아야 한다.

**∥23.∥** 거사의 아들이여, 고락(苦樂)을 함께하는 친구는 좋은 친구라
는 것을 다음의 네 가지를 근거로 알아야 한다.

자신의 비밀을 이야기한다.

그대의 비밀을 지켜준다.

어려움에 처했을 때 떠나지 않는다.

그대를 위하여 신명(身命)을 아끼지 않는다.

거사의 아들이여, 이러한 네 가지를 근거로 고락을 함께하는 친구는 좋은 친구라는 것을 알아야 한다.

**24.** 거사의 아들이여, 유익한 충고를 하는 친구는 좋은 친구라는 것을 다음의 네 가지를 근거로 알아야 한다.

못된 짓을 하지 못하게 충고한다.

좋은 일을 하도록 간청한다.

들어보지 못한 것을 듣게 한다.[12]

천상(天上)으로 가는 길을 알려준다.

거사의 아들이여, 이러한 네 가지를 근거로 유익한 조언을 하는 친구는 좋은 친구라는 것을 알아야 한다.

**25.** 거사의 아들이여, 동정심이 있는 친구는 좋은 친구라는 것을 다음의 네 가지를 근거로 알아야 한다."

그대의 불운을 기꺼워하지 않는다.

그대의 성공을 기뻐한다.

그대를 비난할 때 보호해준다.

그대를 찬탄할 때 동조한다.

거사의 아들이여, 이러한 네 가지를 근거로 동정심이 있는 친구는 좋은 친구라는 것을 알아야 한다."

이렇게 세존께서 말씀하셨습니다.

**26.** 선서께서는 이렇게 말씀하셨습니다. 스승님께서는 다시 이렇게 말씀하셨습니다.

---

12 지금까지 들어보지 못한 부처님의 가르침을 듣게 한다는 의미.

도움을 주는 친구,

고락(苦樂)을 함께하는 친구,

유익한 충고를 하는 친구,

동정심이 있는 친구,

이들 네 부류는 참된 친구라는 것을

현명한 사람은 알아차리고

어머니가 자식이나 적자(嫡子)를 대하듯이

공손(恭遜)하게 모셔야 한다네.

계행을 갖춘 현명한 사람은

타오르는 불처럼 빛난다네.


벌이 꿀을 모으듯이

재산을 모으면

개미탑이 쌓이듯이

재산은 계속해서 모인다네.

이와 같이 재산을 모은 후에

가장은 가족을 부양할 수 있다네.

재산은 네 부분으로 나누고

친구들은 결속해야 한다네.

재산의 한 부분은 생계(生計)에 쓰고,

두 부분은 사업하는 데 쓰고,

네 번째 부분은 저축을 해야

어려움을 당했을 때 쓸 수 있다네.

**▌27. ▌** "거사의 아들이여, 성자의 제자는 어떻게 여섯 방향을 수호(守護)하는가? 거사의 아들이여, 여섯 방향을 다음과 같이 알아야 한다. 동방(東方)은 부모로 알아야 한다. 남방(南方)은 스승으로 알아야 한다. 서방(西方)은 아내로 알아야 한다. 북방(北方)은 친구와 동료로 알아야 한다. 하방(下方)은 하인(下人)이나 고용인으로 알아야 한다. 상방(上方)은 사문(沙門)이나 바라문으로 알아야 한다.

**▌28. ▌** 거사의 아들이여, 자식(子息)은 다음과 같이 다섯 가지 도리를 실천하여 동방(東方)인 부모를 수호해야 한다.

나는 양육을 받았으니 부모를 봉양(奉養)하겠다.

나는 부모에 대한 책무(責務)를 다하겠다.

나는 가문의 혈통과 전통을 잇겠다.

나는 유산(遺産)을 지키겠다.

나는 부모의 사후(死後)에 혼령(魂靈)에게 공양을 베풀겠다.

거사의 아들이여, 자식은 이와 같이 다섯 가지 도리를 실천하여 동방인 부모를 수호해야 하며, 부모는 다음과 같이 다섯 가지 도리를 실천하여 자식을 사랑해야 한다.

못된 짓을 하지 못하게 막는다.

좋은 일을 하도록 장려한다.

기술을 가르친다.

어울리는 배우자와 맺어준다.

적당한 때에 유산을 물려준다.

거사의 아들이여, 자식은 이와 같이 다섯 가지 도리를 실천하여 동방인 부모를 수호해야 하며, 부모는 이와 같이 다섯 가지 도리를 실천하여 자식을 사랑해야 한다.

이와 같이 동방을 수호하면 두려움 없이 평온할 것이다.

**│ 29. │** 거사의 아들이여, 제자는 다음과 같이 다섯 가지 도리를 실천하여 남방(南方)인 스승을 수호해야 한다.

일어나서 맞이한다.

공경하여 받든다.

가르침을 따른다.

시중을 든다.

공손하게 가르침을 받는다.

거사의 아들이여, 제자는 이와 같이 다섯 가지 도리를 실천하여 남방인 스승을 수호해야 하며, 스승은 다음과 같이 다섯 가지 도리를 실천하여 제자를 사랑해야 한다.

잘 배우도록 가르친다.

잘 이해하도록 이해시킨다.

자신의 모든 기술과 학문을 남김없이 가르친다.

좋은 친구와 동료를 맺어준다.

세간에서 보호막이 되어준다.

거사의 아들이여, 제자는 이와 같이 다섯 가지 도리를 실천하여 남방인 스승을 수호해야 하며, 스승은 이와 같이 다섯 가지 도리를 실천하여 제자를 사랑해야 한다.

이와 같이 남방을 수호하면 두려움 없이 평온할 것이다.

**│ 30. │** 거사의 아들이여, 남편은 다음과 같이 다섯 가지 도리를 실천하여 서방(西方)인 아내를 수호해야 한다.

아내를 존중하며,

예를 갖추어 대하며,

신의를 지키며,

집안 살림을 맡기며,[13]

장신구(裝身具)를 마련해준다.

거사의 아들이여, 남편은 이와 같이 다섯 가지 도리를 실천하여 서방인 아내를 수호해야 하며, 아내는 다음과 같이 다섯 가지 도리를 실천하여 남편을 사랑해야 한다.

집안일을 잘 다스린다.

양가의 친족을 잘 보살핀다.[14]

신의를 지킨다.

남편이 모은 재산을 지킨다.

해야 할 모든 일에 능숙하고,

게으름 피지 않는다.

거사의 아들이여, 남편은 이와 같이 다섯 가지 도리를 실천하여 서방인 아내를 수호해야 하며, 아내는 이와 같이 다섯 가지 도리를 실천하여 남편을 사랑해야 한다.

---

13 'issariya-vossaggena'의 번역. 축어적으로는 '자주권을 넘겨준다'는 의미이다. 아내에게 주는 자주권이란 집안 살림에 대한 자주권이라고 할 수 있다. 『중아함경』의 「선생경(善生經)」에서는 '於家中得自在'로 번역하고 있다. 따라서 '집안 살림을 맡긴다'는 의미로 해석했다.

14 'susaṅgahita-parijanā'의 번역. 축어적으로는 '주위 사람에게 친절하게 대한다. 주변 사람과 잘 어울린다'는 의미이다.

이와 같이 서방을 수호하면 두려움 없이 평온할 것이다.

**|31. |** 거사의 아들이여, 선남자(善男子)는 다음과 같이 다섯 가지 도리를 실천하여 북방(北方)인 친구와 동료를 수호해야 한다.

친구에게 베풀고(布施),

곱게 말하고(愛語),

이로운 일을 하고,

자신처럼 대하고,

정직하고 성실하게 대한다.

거사의 아들이여, 선남자는 이와 같이 다섯 가지 도리를 실천하여 북방인 친구와 동료를 수호해야 하며, 친구와 동료는 다음과 같이 다섯 가지 도리를 실천하여 그 선남자를 사랑해야 한다.

방일할 때 지켜준다.

방일할 때 재산을 지켜준다.

두려울 때 의지처가 되어준다.

어려울 때 떠나지 않는다.

자손을 존중한다.

거사의 아들이여, 선남자는 이와 같이 다섯 가지 도리를 실천하여 북방인 친구와 동료를 수호해야 하며, 친구와 동료는 이와 같이 다섯 가지 도리를 실천하여 그 선남자를 사랑해야 한다.

이와 같이 서방을 수호하면 두려움 없이 평온할 것이다.

**|32. |** 거사의 아들이여, 주인은 다음과 같이 다섯 가지 도리를 실천하여 하방(下方)인 하인(下人)이나 고용인을 수호해야 한다.

능력만큼 일을 준다.

음식과 노임을 제공한다.

병자(病者)는 치료해준다.

좋은 음식은 함께 나눈다.

적당한 때에 쉬게 한다.

거사의 아들이여, 주인은 이와 같이 다섯 가지 도리를 실천하여 하방인 하인이나 고용인을 수호해야 하며, 하인이나 고용인은 다음과 같이 다섯 가지 도리를 실천하여 그 주인을 사랑해야 한다.

주인보다 먼저 잠자리에서 일어난다.

뒤에 잠자리에 든다.

준 것에 만족한다.

주어진 일을 성실하게 한다.

주인을 칭찬한다.

거사의 아들이여, 선남자는 이와 같이 다섯 가지 도리를 실천하여 하방인 하인이나 고용인을 수호해야 하며, 하인이나 고용인은 이와 같이 다섯 가지 도리를 실천하여 그 주인을 사랑해야 한다.

이와 같이 하방을 수호하면 두려움 없이 평온할 것이다.

**33.** 거사의 아들이여, 선남자는 다음과 같이 다섯 가지 도리를 실천하여 상방(上方)인 사문이나 바라문을 수호해야 한다.

자애로운 태도로 대한다.

자애로운 말로 대한다.

자애로운 마음으로 대한다.

문을 열어 맞이한다.

음식을 대접한다.

거사의 아들이여, 선남자는 이와 같이 다섯 가지 도리를 실천하여
상방인 사문이나 바라문을 수호해야 하며, 사문이나 바라문은 다음과
같이 여섯 가지 도리를 실천하여 그 선남자를 사랑해야 한다.

못된 짓을 하지 못하게 막는다.

좋은 일을 하도록 장려한다.

좋은 마음으로 자애롭게 보살핀다.

배우지 못한 것을 가르친다.

배운 것을 잘 이해시킨다.[15]

천상(天上)으로 가는 길을 알려준다.

거사의 아들이여, 선남자는 이와 같이 다섯 가지 도리를 실천하여
상방인 사문이나 바라문을 수호해야 하며, 사문이나 바라문은 이와 같
이 다섯 가지 도리를 실천하여 그 선남자를 사랑해야 한다.

이와 같이 상방을 수호하면 두려움 없이 평온할 것이다.”

이렇게 세존께서 말씀하셨습니다.

**34.** 선서께서는 이렇게 말씀하셨습니다. 스승님께서는 다시 이렇
게 말씀하셨습니다.

부모는 동방
스승은 남방

---

15  'sutaṃ pariyodapenti'의 번역. 축어적으로는 ‘들은 것을 정화(淨化)한다’는 의미이다. 한역
『장아함경』의 「선생경(善生經)」에서는 ‘已聞能使善解’로 번역하고 있다. 따라서 ‘배운
것을 잘 이해시킨다’로 번역했다.

처자(妻子)는 서방
친구와 동료는 북방
하인과 고용인은 하방
사문과 바라문은 상방
선남자는 이들 방향을
공경해야 한다네.

계행(戒行)을 갖추고,
온화하고, 재치 있고,
겸손하고, 유연한 현자(賢者),
이러한 사람은 명예를 얻는다네.

근면하고, 부지런하고,
재난에 처해서 흔들리지 않고,
청렴(淸廉)하게 살아가는 총명한 사람,
이러한 사람은 명예를 얻는다네.

친절하고, 친구가 되어주고,
관대하고, 인색하지 않고,
[바른길로] 안내하고, 화해시키는 지도자,
이러한 사람은 명예를 얻는다네.

보시(布施)와 애어(愛語) 그리고 이행(利行)을

이 세상에서 행하는 일,

그리고 모든 일을 공평하게

언제 어디서나 적절하게 행하는,

이런 일들이 수레의 바퀴를 고정하는 쐐기처럼 모여서

세상을 돌아가게 한다네.


이런 일들이 없으면,

아들이 공경하여 올리는 공양을

어머니가 받을 일도 없고,

아버지 또한 그러하리라.


그러므로 이런 일들을

현자는 주의 깊게 살핀다네.

그리하여 위대한 인물이 되어

찬탄을 받게 된다네.

**35.** 이와 같이 말씀하시자, 거사의 아들 씽갈라까는 세존에게 이렇게 말했습니다.

"훌륭합니다. 세존이시여! 훌륭합니다. 세존이시여! 세존이시여, 마치 뒤집힌 것을 바로 세우는 것 같고, 감추어진 것을 드러내는 것 같고, 길 잃은 자에게 길을 알려주는 것 같고, '눈 있는 자들은 보라'고 어둠 속에 등불을 비춰주는 것 같습니다. 이와 같이 세존께서는 여러 가지 방법으로 진리를 알려주셨습니다. 세존이시여, 그래서 저는 세존께 귀의합니다. 가르침과 비구 승가에 귀의합니다. 세존께서는 저를 청신사로 받아주소서. 지금부터 살아있는 날까지 귀의하겠나이다."

**이중표**

전남대학교 철학과를 졸업한 뒤 동국대학교 대학원에서 불교학 석 · 박사 학위를 취득했다.
이후 전남대학교 철학과 교수로 재직했으며, 정년 후 동 대학교 철학과 명예교수로 위촉됐다.
호남불교문화연구소 소장, 범한철학회 회장, 불교학연구회 회장을 역임했으며,
현재 불교 신행 단체인 '붓다나라'를 설립하여 포교와 교육에 힘쓰고 있다.
저서로는 『정선 맛지마 니까야』, 『정선 쌍윳따 니까야』, 『정선 앙굿따라 니까야』, 『붓다의 철학』,
『니까야로 읽는 금강경』, 『니까야로 읽는 반야심경』, 『담마빠다』, 『숫따니빠따』, 『불교란 무엇인가』,
『붓다가 깨달은 연기법』, 『근본불교』 외 여러 책이 있으며, 역서로 『붓다의 연기법과 인공지능』,
『불교와 양자역학』 등이 있다.

**精選 디가 니까야**

© 이중표, 2019

2019년 5월 10일 초판 1쇄 발행
2025년 3월 21일 초판 3쇄 발행

지은이 이중표
발행인 박상근(至弘) · 편집인 류지호 · 편집이사 양동민
편집 김재호, 양민호, 김소영, 최호승, 정유리 · 디자인 쿠담디자인
제작 김명환 · 마케팅 김대현, 김대우, 이선호, 류지수 · 관리 윤정안
콘텐츠국 유권준, 김희준
펴낸 곳 불광출판사 (03169) 서울시 종로구 사직로10길 17 인왕빌딩 301호
　　　　대표전화 02) 420-3200 편집부 02) 420-3300 팩시밀리 02) 420-3400
　　　　출판등록 제300-2009-130호(1979. 10. 10.)

ISBN 978-89-7479-669-3 (04220)
　　　 978-89-7479-668-6 (04220) (세트)

값 32,000원

잘못된 책은 구입하신 서점에서 바꾸어 드립니다.
독자의 의견을 기다립니다. www.bulkwang.co.kr
불광출판사는 (주)불광미디어의 단행본 브랜드입니다.